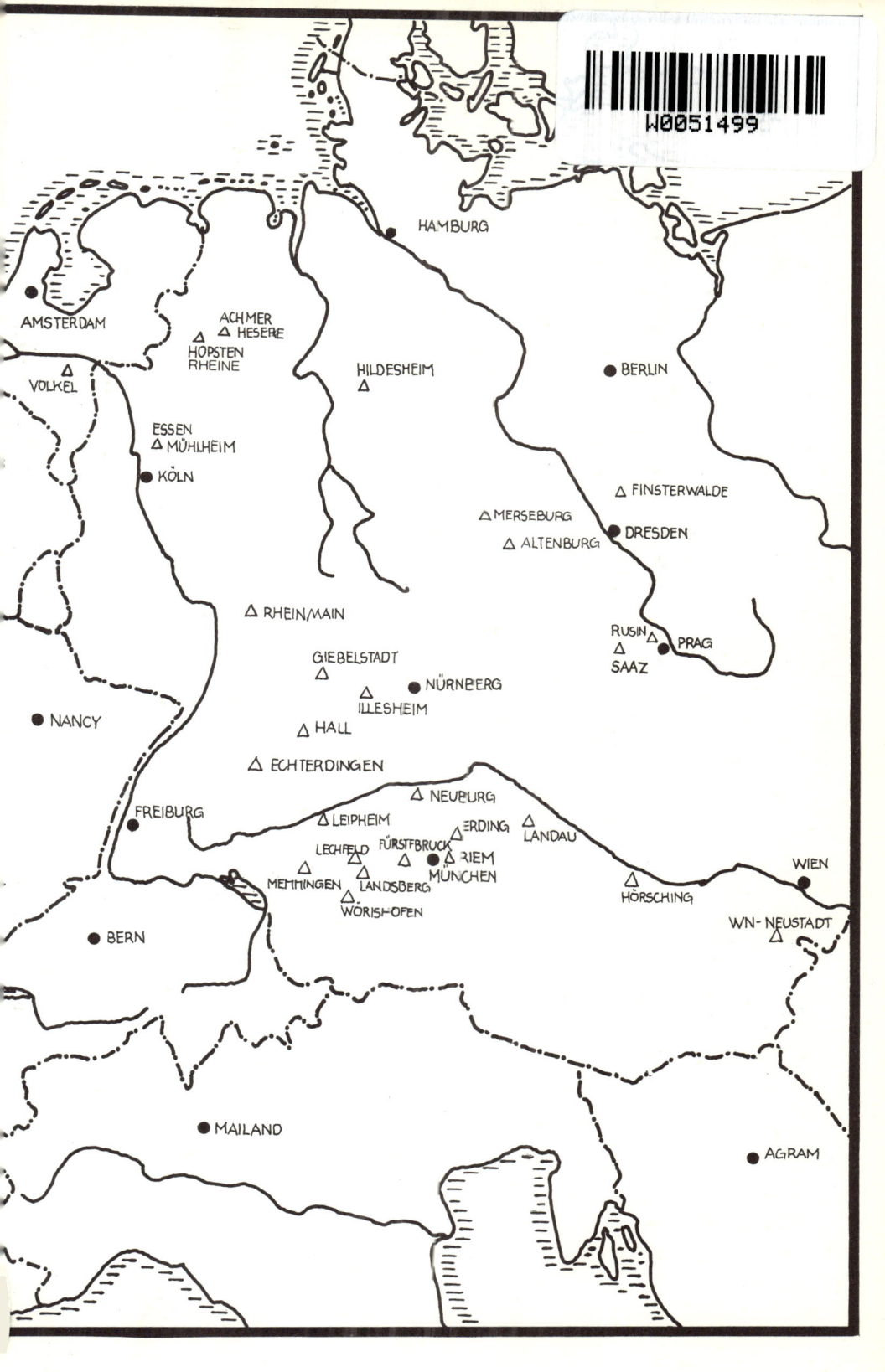

KAMPFGESCHWADER 51 »EDELWEISS«

Eine Chronik
aus Dokumenten und Berichten
1937–1945

Wolfgang Dierich

KAMPFGESCHWADER 51
»EDELWEISS«

Motorbuch Verlag Stuttgart

Umschlag-Zeichnung: Carlo Demand.
Einband und Umschlag-Konzeption: Siegfried Horn.

Die Zeichnung von Carlo Demand auf dem Schutzumschlag zeigt eine Ju 88 A-4 in der Bemalung der III./KG 51. Im Verlauf des Krieges trugen schließlich alle Maschinen des KG 51 das Geschwaderwappen und nicht mehr das Gruppenwappen. Die Ausführungen des Wappens wiesen hie und da kleinere Unterschiede auf. Für Nachteinsätze wurde der seitliche und untere Anstrich einschließlich der Kennung oft einfach mit Rußfarbe überstrichen.

Bildquellen: Barth (16), Batel (1), Bernhardt (1), Buck (2), Feldmann (15), Gutzmer (1), Häberlen (4), Hinrichs (1), Hoiß (3), Kliebenstein (1), Lauterwasser (41), Löffelbein (8), Maser (6), Puls (2), Rath (1), Schwachenwald (8), Schilling (1), Stahl (2), Trautwein (1), Unrau (3), Zepf (1).

Zeichnungen: BMVg (1), Thoms (2), Zimmermann (5).

ISBN 3-87943-272-4

1. Auflage 1973.
Copyright © 1973 by Motorbuch Verlag, 7 Stuttgart 1, Postfach 1370.
Eine Abteilung des Buch- und Verlagshauses Paul Pietsch GmbH & Co. KG. Sämtliche Rechte der Verbreitung – in jeglicher Form und Technik – sind vorbehalten.
Satz und Druck: H. Fink KG, Stuttgart.
Bindung: Verlagsbuchbinderei Karl Dieringer, Stuttgart.
Printed in Germany.

INHALTSVERZEICHNIS

»Der Krieg ist kein Abenteuer,
der Krieg ist eine Krankheit . . .«

(Antoine de Saint-Exupéry, aus »Flug nach Arras«)

Dem Jagdbombergeschwader 34
in Memmingerberg / Allgäu

VORWORT

Aus Dokumenten und Berichten wurde die Chronik des Kampfgeschwaders 51 (Edelweißgeschwader) zusammengestellt.

Damit erscheint die erste Darstellung der Verwendung und der Einsätze eines deutschen Kampfgeschwaders aus der Zeit des zweiten Weltkrieges überhaupt. Der Entwicklung des Luftkrieges und der Kampfflieger im besonderen wurde aus diesem Grunde entsprechend Raum gewidmet.

Der Verfasser, Oberstleutnant i.G. Wolfgang Dierich, gehört nicht zur Kriegsgeneration. Aber schon als Staffelkapitän der 2. JaboG 34 der Bundesluftwaffe in Memmingerberg, dem Vorkriegsfliegerhorst der III./KG 255/51, begeisterte sich sein junges Fliegerherz für die Überlieferungen des im zweiten Weltkrieg als »Edelweißgeschwader« bekanntgewordenen KG 51. Aus eigenem Antrieb übernahm er das Edelweiß als Wappen seiner Staffel, und es wird auch von den Fliegern der Bundesluftwaffe in Memmingerberg an den Flugdienstanzügen getragen.

Seither verbindet sie gute Kameradschaft mit der »Traditionsgemeinschaft des KG 51« in Landsberg/Lech, dem Friedensstandort des KG 255/51, dessen drei Kampfgruppen in Landsberg, Leipheim und Memmingen als Gruppenwappen Alpenrose, Enzian und Edelweiß trugen und als »Alpengeschwader« bekannt waren. Im Kriege entstand daraus das »Edelweißgeschwader«.

Durch freiwillige Übernahme der Aufgabe, die Kriegsgeschichte des KG 51 zu schreiben, hat Wolfgang Dierich großes Verdienst erworben und verdient Dank und Anerkennung, die ich ihm als erster Kommodore des Geschwaders im Namen aller Geschwaderangehörigen, sowohl der Lebenden wie der Gefallenen und Vermißten, ausdrücken möchte.

Dem Flieger lagen Heroisierung seines Handelns, Denkens und Fühlens noch nie. Nach außenhin hielt und hält er sich auch heute noch in Schilderungen darüber zurück. Das harte Kriegserlebnis prägte ihn.

Dennoch gelang es den Bemühungen des Verfassers mittels unzähliger Gespräche und ausführlichem, teilweise leider enttäuschendem Briefwechsel, die noch Lebenden vom »Edelweiß« und auch die Angehörigen Gefallener und Vermißter, trotz verständlicher

Zurückhaltung, zu fruchtbarer Mitarbeit anzuregen und zu gewinnen. Nur so konnte diese Chronik entstehen und wachsen.

Fast regelmäßig erhielt das »Edelweißgeschwader« das jeweils neueste Fluggerät der Reichsluftwaffe zugewiesen. Ob es die ihrer Zeit weit voraus entwickelte und schon bei seiner Aufstellung im Frieden zugeteilte Dornier Do 17, später die Heinkel He 111, die Junkers Ju 88, die Messerschmitt Me 262 waren, stets flog das Geschwader an der Spitze technischen Fortschritts. Mit allen zeitweiligen Vorteilen gegenüber einem materiell übermächtigen Gegner und allen Nachteilen und Schwierigkeiten, die die Einführung neuer Flugzeugmuster immer mit sich bringen wird.

Das Geschwader kämpfte nur an Schwerpunkten. Es galt an allen Fronten als stets verfügbare »Feuerwehr«. 1 500 Gefallene und Vermißte legen Zeugnis für die Härte der Einsätze ab.

Ob in Frankreich und gegen England, auf dem Balkan oder in den Weiten Rußlands, das »Edelweiß« hatte einen guten Namen.

Nach dem Erscheinen dieser Chronik werden sich ganz sicher viele Stimmen melden, die darauf aufmerksam machen werden, nicht gehört worden zu sein. Damit muß man stets rechnen. Mangels erreichbarer Informationen und trotz aller Detailnachfragen werden noch Lücken vorhanden sein. Ergänzende Beiträge können für zukünftige Veröffentlichungen in den Text eingearbeitet werden.

Ganz besonderer Dank für unermüdliche Mitarbeit gilt an dieser Stelle Herrn Oberst i.G. Dr. Gundelach vom Militärgeschichtlichen Forschungsamt der Bundeswehr in Freiburg und dem Zentralarchiv Kornelimünster.

Die Herren Arz, Delles, Dierich, Feldmann, Hoiß, Maser, Pflüger, Poetter, Schwachenwald, Dr. Stahl und Widmann besorgten die kritische Durchsicht des Manuskriptes und gaben dankbarerweise wertvolle Anregungen und Hinweise. Dem Verlag, insbesondere Herrn Wolfgang Schilling, der zu dieser Arbeit anregte, sei Dank für die entgegen allen Absprachen großzügige Ausstattung des Buches.

Dem jungen Leser möge dieses Buch einen Teil der Geschichte der deutschen Luftwaffe näherbringen.

Willibald Spang

Generalleutnant a.D.
erster Kommodore im KG 255/51

Eine neue Waffe entsteht

BALLONE UND LUFTSCHIFFE

Bei dem ersten, unbemannten Aufstieg eines Heißluftballons der Gebrüder Montgolfier am 5. Juni 1783 wurde bereits daran gedacht, wie man dieses Luftfahrzeug »leichter als Luft« wohl militärisch nutzen könne. Zehn Jahre später, im Jahre 1793, stellten die Franzosen Fesselballonabteilungen — »Aérostiers« — auf, nachdem am 7. Januar 1785 die Überquerung des Ärmelkanals innerhalb von nur zwei Stunden durch Blanchard und Dr. Jeffres gelang. Erstmals in der Geschichte des Luftkrieges wird berichtet, daß in der Schlacht um Fleurus am 26. Juni 1794 ein mit Wasserstoff gefüllter Fesselballon zur Erkundung feindlicher Stellungen und der Wirkung eigener Artilleriefeuerleitung zum Einsatz kam. Auch während der Belagerung von Mainz, im Jahre 1796, spielte ein französischer Fesselballon eine maßgebliche Rolle als Demonstrationsmittel der Macht.
Weit später erst, in der Schlacht von Solferino (24. Juni 1859), schlug die Stunde militärischer Bildaufklärung. Die französischen Streitkräfte fotografierten mit einem Fesselballon österreichische Stellungen aus der Luft. Wenn man jahrelang den militärischen Wert dieser Geräte nicht erkannte, so brachte die Belagerung und Abschnürung des Hinterlandes von Paris im Kriegsjahre 1870 die Wende. 66 kugelförmige Ballone, von denen fünf in deutsche Hände fielen und zwei über das Meer abgetrieben wurden, verließen Paris und beförderten 147 Personen, 363 Brieftauben, 9 Tonnen Depeschen und 2,5 Millionen Briefe. Auch Léon Gambetta, der Organisator des französischen Widerstandes, entkam mit einem dieser Ballone aus Paris und konnte weiterhin politisch wirken.
Einige Jahre später ermöglichte eine Erfindung der deutschen Hauptleute von Sigisfeld und von Parseval — der windstabile »Drachenballon« (unstarres Luftschiff genannt) — noch bessere Beobachtungen, weil inzwischen sowohl ein Antrieb (Benzinmotor

von Daimler 1883) als auch eine Lenkung entwickelt worden
waren. Sehr bald wurde durch weitere technische Verbesserungen
das Luftschiff zu einem Fluggerät, das für die Bevölkerung Sinn-
bild höchsten technischen Fortschritts war. Das »starre Luftschiff«
des Grafen Zeppelin — Vater der Idee und deren Verwirklichung
(LZ 1 startete am 2. 7. 1900) — wurde zu einem Begriff; Schütte-
Lanz mit seinen Holzgerüst-»Schiffen«, getragen von »Ballonets«
(Gassäcken), wählte nur eine andere — vielleicht billigere —
Konstruktionsart.
Mit Ausbruch des 1. Weltkrieges besaß die Oberste Heeresleitung
(OHL): 9 »Zeppeline«, 1 »Parseval«, 1 »Schütte-Lanz«. Die
Marineleitung verfügte zunächst über einen, später über drei
»Zeppeline«. Alle diese Luftschiffe wurden ihren strategischen
Aufgaben gemäß zur operativen Fernaufklärung verwendet.
Dank ihrer beachtlichen Nutzlast von anfänglich ca. 8,5 Tonnen
hatten die Luftschiffe gegenüber Flugzeugen den Vorteil, erhebliche
Bombenlasten tragen zu können. In der Nacht vom 5. auf 6.
August 1914 fuhr das Luftschiff »Zeppelin« Z-6 den ersten Bom-
benangriff in der Luftkriegsgeschichte auf die belgische Festung
Lüttich. Es folgten Bombenangriffe auf Ziele an der Westfront,
wie Manon-Viller, Antwerpen, Ostende und Calais, an der Ostfront Fahrten gegen Mlawa und Lodz. Mit Beginn des Jahres 1915
fuhren deutsche Luftschiffe Großangriffe zur Bekämpfung von
Paris, London und englischer Häfen. Die Franzosen führten einen
Luftangriff gegen die offene Stadt Karlsruhe am 9. 8. 1915.
Trotz der gegen Ende des Weltkrieges möglichen Nutzlast von
52 (!) Tonnen waren die leicht verwundbaren Luftschiffe als Träger
des strategischen Bombenkrieges aufgrund großer Verluste nicht
mehr für militärische Einsätze geeignet. Nur der Fesselballon —
obwohl ebenfalls leicht verwundbar — sollte als Relikt dieser
Entwicklungsepoche noch im 2. Weltkrieg zum Schutz von wichtigen Objekten seinen Daseinswert behalten. Insbesondere viele
Kampfflieger wissen von überraschenden Flugerlebnissen mit Sperr-
ballonen zu berichten. Man denke nur an die England-Einsätze in
den Jahren 1940 und 1941.

DAS FLUGZEUG

Die Grundlagen für das »Luftfahrzeug schwerer als die Luft« wurden durch Otto Lilienthal († 9. 8. 1896) erarbeitet und erforscht, obwohl sich schon vor ihm viele, teils bedeutende Männer wie Leonardo da Vinci, Henson, Penaud und Langley mit der Verwirklichung des Fliegens beschäftigten. Aufbauend auf Lilienthals Forschungen und Erprobungen — insbesondere des Gleitfluges — arbeiteten in aller Welt begeisterte Flugpioniere weiter. Mit dem 17. Dezember 1903 schlug die Geburtsstunde des Motorfluges. Orville Wright erhob sich mit seinem Flugapparat 12 Sekunden in die Luft und legte die beachtliche Strecke von 36,6 Metern zurück.

Sprunghaft folgte die weitere Entwicklung. Teilweise entstanden sehr ausgefallene, merkwürdig aussehende Flugzeuge. Frankreich spielte jahrelang eine führende Rolle. Blériot flog am 25. Juli 1909 mit seinem Motorflugzeug über den Kanal, zum Schrecken der Engländer, die ihre »splendid isolation« gefährdet sahen. Garros stellte 1912 einen Höhenweltrekord auf. Er stieg mit seinem Motorflugzeug 5600 m hoch.

Das Flugzeug bot sich wegen seiner zu erwartenden Leistungsfähigkeit und Beweglichkeit als entwicklungsfähiges Kriegsgerät an. Maßgebliche militärische Kreise erkannten ein Mittel, die Aufklärungstätigkeit der Kavallerie in die Tiefe des Gegners wesentlich zu erweitern. Die operative und strategische Fernaufklärung stand bei der Beurteilung des Flugzeuges als neues Kriegsmittel durch die Generalstäbe im Vordergrund des Interesses.

In der Nutzung des Flugzeuges für andere militärische Aufgaben war Frankreich wiederum wegweisend. Dort wurde es zur Artilleriebeobachtung, zum Einschießen sowie zum Bombenwurf verwendet. Der Einbau von Funkgeräten erleichterte die Verständigung Bord — Boden, die Führung mit Sichtzeichen konnte dadurch weitgehend eingeschränkt werden.

Der Einsatz des Flugzeuges als Kriegsmittel im Italienisch-Türkischen Krieg (1911 Tripolis und Libyen) und in den Balkankriegen (1912 — 1913) ist zwar von luftkriegsgeschichtlicher Bedeutung, aber nicht von militärischem Wert. Auf diesen Kriegsschauplätzen hatte er vorwiegend moralische Wirkung.

DIE DEUTSCHE FLIEGERTRUPPE IM 1. WELTKRIEG

Im Jahre 1910 wurde in kleinem, bescheidenem Rahmen die Militärfliegerschule Döberitz aufgestellt. Zivilfluglehrer bildeten im ersten Kursus vier Offiziere aus, bald meldeten sich weitere junge Heeresoffiziere freiwillig zur Ausbildung.

Ein Offizier, der sich seinerzeit zur Fliegertruppe meldete, galt in den Augen mancher Vorgesetzter oft als Abenteurer, den man wohlwollend ziehen ließ, damit er wenigstens auf anderen Gebieten keine Dummheiten mache. Die Möglichkeiten, die die deutsche Fliegerei noch eröffnen sollte, wurde von der breiten Masse des Volkes und den Waffengattungen des Heeres unterschätzt.

Obwohl zunächst keineswegs anerkannt, gingen die Offiziere der jungen Fliegertruppe frohen Mutes daran, trotz mancher Rückschläge, ihre Waffe aufzubauen. Am 1. Oktober 1913 wurden vier Fliegerbataillone zu je drei Kompanien gebildet, nachdem mit dem Aufruf zur nationalen Flugspende entsprechende finanzielle Mittel zur Verfügung gestellt worden waren. Frankreich hingegen hatte bereits 1911 170 Kriegsflugzeuge im Dienst. 150 Offiziere besaßen das Flugzeugführerzeugnis, davon 73 das Militärdiplom, unter diesen wiederum 40 das Feldflugzeugnis, das ihnen die volle Kriegsverwendungsmöglichkeit in fliegerischer und militärischer Hinsicht bescheinigte.

Bei Kriegsausbruch verfügte die gesamte deutsche Armee über 254 ausgebildete Beobachter. Die Franzosen hatten mindestens die doppelte Anzahl. Mit der Mobilmachung wurden deutscherseits 34 Fliegerabteilungen zu je sechs Flugzeugen mit kompletter Besatzung (Flugzeugführer und Beobachter), ferner sieben Festungsflieger-Abteilungen, acht Etappenflugparks und fünf Fliegerersatzabteilungen aufgestellt. Die Flugzeuge wurden in zehn kleineren Fabriken gebaut. Die Feldfliegerabteilungen unterstanden den Armeeoberkommandos bzw. den Generalkommandos; eine oberste Führung der Flieger bei der OHL gab es nicht. Auch bei den Armeeoberkommandos sorgte keine Dienststelle für praktische und organisatorische Verbindungen und Koordination zwischen Fliegern und der auf der Erde kämpfenden Truppe.

Die ersten Einsätze im Weltkriege waren Aufklärungsflüge bis weit hinter die gegnerische Front, die entscheidende Entschlüsse der

Heeresführung ermöglichten. Sowohl in der Marneschlacht als auch in der Schlacht bei Tannenberg haben Flieger die gegnerischen Truppenverschiebungen rechtzeitig festgestellt und gemeldet. Der Beobachtungsflieger wurde zum Auge des Heeres. Die ersten Aufklärungsflüge waren keineswegs gefahrlose Spazierflüge. Mit einer Reisegeschwindigkeit von etwa 100 km/h boten die Flugzeuge den gutschießenden gegnerischen Flugabwehrkanonen lohnende Ziele.

Der Bombenwurf wurde wegen der geringen Treffererwartung kaum weiterentwickelt. Der Einsatz von Flugzeugen konzentrierte sich auf die Aufklärung. Bald hatten es die unbewaffneten deutschen Flugzeuge mit feindlichen Kampfflugzeugen zu tun, die über Maschinengewehre verfügten. Die Bewaffnung deutscher Flugzeuge war daraufhin nur selbstverständliche Folge.

Mit den nunmehr einsetzenden Luftkämpfen begann das Ringen um die Überlegenheit in der Luft, die zunehmend ein wesentlicher Teil der gesamten militärischen Überlegenheit wurde. Erst später, nämlich im Jahre 1917, als in Deutschland Mangel an ausgebildetem Personal und verfügbarem Material einsetzte, ging die Überlegenheit in der Luft wiederum an die westlichen Alliierten über. Das erforderte außergewöhnliche Leistungen der deutschen Fliegertruppe und den letzten Einsatz jedes einzelnen Fliegers.

Zu Beginn des Krieges mußte der Flieger verschiedenartige Aufgaben lösen. Er war Aufklärer, leitete das Artillerieeinschießen, fotografierte Front und Hinterland des Gegners, warf Bomben und griff in Einzelfällen sogar in den Infanteriekampf ein. Obwohl anfänglich durch den umfangreichen Troß nicht allzu beweglich, konnten durch die Entschlußfreudigkeit ihrer Führer die Feldfliegerabteilungen doch der schnell vormarschierenden Truppe nicht nur folgen, sondern mit ihren Aufklärungsflügen weit vorauseilen. Es war während der Marneschlacht sogar möglich, Fliegeraufklärung bis nach Paris zu betreiben.

Alle diese Umstände brachten es mit sich, daß bei der noch jungen deutschen Fliegertruppe eine unzerreißbare Kameradschaft bestand. Die aus Flugzeugführer und Beobachter bestehende Besatzung war vom Augenblick des Abfluges bis zur Landung untrennbar verbunden, aufeinander angewiesen und mit dem Auftrag und Gegner allein. Die Monteure (Warte), die auf den abgelegenen Feldflugplätzen für Flugzeug, Motor und Waffen sorgten, nahmen innersten Anteil am Erfolg und Schicksal ihrer fliegenden Besatzungen und

Staffeln. Von ihrer Kenntnis und Sorgfalt hing es ab, ob der damals nicht immer sehr zuverlässige Motor durchhielt und ob die Flugeigenschaften des Flugzeuges beständig blieben. Es entstand ein ganz besonderes Vertrauensverhältnis. Die Kameradschaft zwischen fliegendem und nichtfliegendem Personal war stärker als jedes formalistische Vorgesetztenverhältnis zwischen Mann und Offizier.

Je mehr die Führung der Armeekorps und der Armeen die Möglichkeiten erkannte, die sich aus der Fliegerbeobachtung ergaben, umso größere Unterstützung fanden die Flieger bei ihrem Ruf nach einheitlicher Führung der Feldflieger. Oberstleutnant Siegert wirkte maßgeblich daran mit, daß am 11. März 1915 Major Thomsen als »Chef des Feldflugwesens« bestellt wurde. Er trat an die Spitze des gesamten Flieger- und Luftschiffwesens, sowie des Heereswetterdienstes der Armee. Er wurde dem Generalquartiermeister unmittelbar unterstellt. Damit schieden die Luftstreitkräfte aus dem Verband der Verkehrstruppen aus und wurden selbständig.

In der Heimat vollzog die »Inspektion der Flieger« die Weisungen und Anregungen des Feldflugchefs. Sie trug durch straffe Organisation der Flugzeugindustrie dafür Sorge, daß die sowohl qualitativ als auch quantitativ sprunghaft steigenden Ansprüche an der Front befriedigt wurden und die unmittelbaren Bestellungen der Frontfliegerabteilungen bei den Fabriken unterblieben! Bei allen Armee-Oberkommandos wurde die Dienststelle eines »Stabsoffiziers der Flieger« geschaffen, um die praktische Zusammenarbeit zwischen Fliegertruppe und anderen Waffengattungen einzuleiten und sicherzustellen. Ihnen unterstanden auch die selbständig gewordenen Armeeflugparks.

Die Zahl der Feldfliegerabteilungen wurde inzwischen mehr als verdoppelt (25). Darüber hinaus hatte die Oberste Heeresleitung ein Fliegerkorps mit 36 Flugzeugen zur unmittelbaren Verfügung für strategische Aufgaben.

Leistungen und Kräfte der Feldflieger nahmen ständig zu. Monatlich kamen bis zu 2 000 Flugzeuge zum Einsatz, die Steighöhe der Flugzeuge wuchs von 2 000 Meter auf 6 000 Meter, die Geschwindigkeiten verdoppelten sich. Gute Zieleinrichtungen ermöglichten es, Bomben von 10 — 1 000 kg fast treffsicher und wirkungsvoll zu werfen. Infanterieflieger jagten im Trommelfeuer im Tiefstflug über die kämpfende Infanterie und unterstützten sie im Kampf. Die Verluste stiegen mit der Härte der Anforderungen. Von drei

16

Besatzungen, die zum Feindflug starteten, kam oft nur eine zurück. Vom einzelnen Luftkampf entwickelten sich die atemberaubenden, erregenden Luftschlachten weiter.

Vom April 1915 bis April 1916 wurde die Fliegertruppe um weitere 50 Prozent verstärkt. Ausbau der Organisation, gründliche Schulung der Besatzungen und technische Weiterentwicklung waren Hauptaugenmerk in diesem Kriegsjahr.

Während bisher ein und dieselbe Flugzeugart mit derselben Besatzung die verschiedensten taktischen Aufgaben zu lösen hatte, trat nunmehr eine Spezialisierung ein. Es entstanden Fernaufklärer, Infanterieflugzeuge, Tag- und Nachtbombenflugzeuge, zweisitzige Schulflugzeuge und vor allem Jagdeinsitzer, die in eigene Fliegerabteilungen / Staffeln gegliedert waren.

So wurden aufgestellt:

— Aufklärungsabteilungen
— Artillerieabteilungen
— Schlachtstaffeln
— Fernaufklärungsabteilungen der OHL
— Bombengeschwader der OHL (BOGOHL)
— Jagdstaffeln (JASTA), Jagdgeschwader

Der Gegner hatte die größeren Hilfsquellen. Das mußte durch erhöhte Leistungen der einzelnen Flugzeuge und Besatzungen unter möglichst kräftesparender Ausnutzung des vorhandenen Materials und Personals wettgemacht werden.

In dieser Zeit so grundlegender Entwicklungen haben die Flugzeugbesatzungen zum Teil fast Unmögliches vollbringen und leisten müssen.

Das Flieger- bzw. Beobachter-Abzeichen konnte man nicht in der Etappe, sondern immer nur nach Bewährung an der Front gewinnen. Das Fliegererinnerungsabzeichen, die seinerzeit wohl begehrteste Auszeichnung eines jeden Fliegers bekam nur, wer lange Zeit an der Front geflogen war. Nicht selten haben Flieger nach Erledigung ihres täglichen Aufklärungsprogrammes aus eigenem Antrieb weit hinter der Front Zwischenlandungen gemacht und z. B. Eisenbahnkörper gesprengt.

Wie kritisch die Flieger schon immer eigenen Rohrwaffen gegenüber waren, bringt das folgende Gedicht zum Ausdruck:

PALMSTRÖM ALS FLIEGER

Palmström, ohnehin verdrossen,
Wird beim Flug in deutschen Zonen
Und von deutschen Feldkanonen
Angeschossen.

Wie — so denkt er, leis sich wiegend,
Und entschlossen weiterfliegend —
Wie war dieses möglich, ja,
Daß es überhaupt geschah?

Ist die Artillerie nichts nütze
In Bezug auf Feldgeschütze,
Oder gibt die Schießvorschrift
Dem Schrapnell hier freie Trift?

Eingehüllt in feuchte Tücher
Prüft er Dienstvorschriftenbücher,
Und bald ist er im Gewissen:
Deutsche durften hier nicht schießen.

Und er kommt zu dem Ergebnis:
Nur ein Traum war das Erlebnis,
weil — so schließt er messerscharf —
Nicht sein kann, was nicht sein darf.

Als sich dann im Sommer 1916 das Kriegsbild in den Kämpfen um
Verdun und an der Somme zur Materialschlacht wandelte, fanden
die Luftstreitkräfte am 8. 10. 1916 ihre endgültige Form und
Organisation.
An ihrer Spitze stand von nun an der »Kommandierende General
der Luftstreitkräfte«, General der Kavallerie von Hoeppner, mit
eigenem Fliegergeneralstab, der planmäßig und schwerpunktbe-
zogen den strategischen und taktischen Einsatz der Flieger organi-
sierte und überwachte.
Ihm unterstanden bei den Armeekorps die »Kommandeure der
Flieger«. Ihre Aufgabe war es, die einzelnen Abteilungen bzw.
Staffeln zum Zusammenwirken untereinander und mit der auf der
Erde kämpfenden Truppe zu bringen. Darüber hinaus bestanden

besondere Fliegerverbände zur Verwendung der Obersten Heeresleitung durch den »Kommandierenden General der Luftstreitkräfte« (KoGenLuft).

Boelcke war der Lehrmeister für die Kämpfer in der Luft. Als er
unbesiegt einem tragischen Unfall zum Opfer fiel, übernahm Man-
fred von Richthofen, der »rote« Baron, sein Erbe.

Zahlen mögen in dieser kurzen Übersicht trocken anmuten, sagen
mitunter jedoch oft mehr als Worte.

Bis zum Kriegsende wurden an die deutsche Heeresverwaltung
über 47 000 Flugzeuge abgeliefert. Im Herbst 1918, kurz vor
Kriegsende, standen etwa 5 000 Flugzeuge an der Front. Frankreich
baute von 1914 bis 1918 ca. 68 000 Flugzeuge und 85 000 Flug-
zeugmotoren, England etwa 50 000 Flugzeuge, die USA etwa
11 000 Flugzeuge und 29 000 Flugmotoren; ohne Rußland und
Italien baute der Gegner also insgesamt 129 000 Flugzeuge und
114 000 Flugmotoren, während Deutschland nur 47 000 Flugzeuge
liefern konnte. Welche Aufbauarbeit hierzu erforderlich war, gibt
folgender Zahlenvergleich.

Zu Beginn des Krieges verfügte Deutschland über acht kleinere
Flugzeugfabriken. 1918 dagegen mußten 83 Flugzeug- und Moto-
renfabriken mit etwa 75 000 Arbeitern rastlos tätig sein, um den
Frontbedarf auch nur annähernd befriedigen zu können. Die
Motorenindustrie lieferte während des Krieges 40 500 Flugmotoren. 1918 standen den 5 000 deutschen Flugzeugen an der Westfront weit mehr als die doppelte Zahl feindlicher Flugzeuge gegenüber.

Die folgenden Angaben mögen den Abriß der Geschichte der
deutschen Fliegertruppe im 1. Weltkrieg abrunden.

Betriebsstoffverbrauch monatlich:

1914	600 Tonnen
1915	3 000 Tonnen
1916	4 500 Tonnen
1917	5 500 Tonnen
1918	7 000 Tonnen

Der Gesamtkriegsverbrauch belief sich mithin auf 232 000 Tonnen
Benzin und 30 000 Tonnen Öl.

Jedes der deutschen Bombengeschwader warf während der letzten
Kriegsjahre monatlich 100 Tonnen Bomben. In den 5 000 Flug-

zeugen waren 1918 ca. 7 000 Flugzeugmaschinengewehre und später auch zahlreiche kleinkalibrige (2 cm) Flugzeugkanonen eingebaut. Bei Kriegsende kamen auf deutscher Seite über der feindlichen Front etwa 2 000 Flugzeugkameras mit Brennweiten bis zu 1.20 Meter und etwa 100 Reihenbildner zum Einsatz. Täglich wurden zum Beispiel im Mai 1915 ca. 400 Aufnahmen, im Mai 1917 etwa 1500 Aufnahmen hinter der feindlichen Front gemacht. Nach vorsichtiger Schätzung wurde im Jahre 1918 allein wöchentlich an der Westfront eine Fläche von mehr als 25 000 Quadratkilometer Feindgebiet durch Flugzeugaufnahmen gedeckt. Dieser Raum entspricht etwa der Größe Hessens. Insgesamt dürften wohl während des Krieges ungefähr 3 Millionen Quadratkilometer Bodenfläche, unter kriegsmäßigen Bedingungen wohlgemerkt, fotografiert worden sein, selbstverständlich mit mehrfacher Abdeckung. 1918 standen 5 000 Offiziere, Unteroffiziere und Mannschaften als fliegendes Personal an der Front, genausoviel befanden sich in Ausbildung in der Heimat. Die Front verlangte monatlich ca. 15 % ihres fliegenden Personals als Ersatz, zuletzt also 750 Flugzeugführer, Beobachter und MG-Schützen. Allein von Januar bis September 1918 fielen 1 099 Mann fliegendes Personal an der Westfront!

Die schmachvollen Waffenstillstandsbedingungen von Compiègne (8. Nov. 1918) beendeten den Krieg und zogen die Fliegertruppe in den Strudel revolutionärer Ereignisse.

Am 16. Januar 1919 wurde die Dienststelle des Kommandierenden Generals der Luftstreitkräfte aufgelöst. Mit Ende des Krieges betrugen die Verluste der Fliegertruppe (Tote, Vermißte, Verwundete):

13 100 (71 %) von 17 000 ausgebildeten Flugzeugführern.

Nach den Bestimmungen des Vertrages von Versailles mußten 15 714 Einsatz- und Schulflugzeuge, 27 000 Flugmotoren, sowie unermeßliche Materialwerte abgeliefert bzw. zerstört werden. Nur wenige Polizeifliegerstaffeln sollten den Polizeiverwaltungen verbleiben.

DIE LUFTKRIEGSTHEORIEN

Aus den Einsatzerfahrungen des 1. Weltkrieges und den kriegerischen Auseinandersetzungen der Zwischenzeit bis zum 2. Weltkrieg entwickelten sich verschiedene Luftkriegstheorien, deren Kenntnis in der Rückschau manches für die Betrachtung und das Verständnis des Luftkrieges klarer werden läßt.

(1) Der italienische General Douhet schuf eine neue Lehre vom strategischen Luftkrieg, an der sich die militärischen Fachkreise in Diskussionen erhitzten. Douhet stellte die kriegsentscheidende Rolle von Luftstreitkräften als erster eindeutig heraus.

Nach seiner Theorie sollte zunächst die absolute Luftherrschaft (Vernichtung der feindlichen Luftstreitkräfte in der Luft und am Boden) errungen werden. Erst dann sollten strategische Bomberflotten den Luftkrieg rücksichtslos und pausenlos in die militärischen, industriellen und politischen Zentren des Feindes tragen, bis der Lebens- und Widerstandswille der Bevölkerung gebrochen ist.

Wie prophetisch diese Gedanken waren, zeigen die Erfolge, die die alliierten Bomberverbände in konsequenter Verfolgung dieser Ideen besonders gegen Ende des 2. Weltkrieges erzielten.

Der Gegner hatte die Luftherrschaft errungen. Deutschland war zur Festung ohne Dach geworden.

Die Douhet'schen ›Luftkreuzer‹ waren von den Amerikanern in der B-17 ›Fortress‹, von den Engländern in den viermotorigen Bombern ›Halifax‹ und ›Lancaster‹ geschaffen worden. Vor allem England hatte schon 1939 in seinem ›Masterplan‹ bewußt den strategischen Luftkrieg gegen den möglichen Gegner Deutschland geplant.

(2) Eine andere Gruppe von militärischen Fachleuten betrachtete die ›Kooperation‹, d. h. Zusammenarbeit zwischen Luftstreitkräften und den erdgebundenen Teilstreitkräften Heer und Marine, als beste Wirkungsmöglichkeit im Kriege. Sie sah im Flugzeug nur eine Hilfswaffe des Heeres zur Unterstützung taktischer Operationen. Eine selbständige strategische Aufgabe dachte sie ihm nicht zu.

Gedanken dieser Richtung finden sich in der deutschen Fachliteratur der 30er Jahre, was sich teilweise in der Gliederung der späteren Luftflotten der Reichsluftwaffe niederschlug. Sie waren kleine, selbständige ›Luftwaffen‹ mit Jagd-, Aufklärer-, Sturzkampf-,

Zerstörer-, Schlacht- und Kampf- (Bomber-) Verbänden, geboren aus Hitlers Blitzkrieg-Konzept. In der Konzeption dieser Gliederungen spielten die positiven Erfahrungen, die im Spanischen Bürgerkrieg gesammelt wurden, eine maßgebliche Rolle.

Trotz dieser Ideen und Tendenzen wurde mit Erlaß vom 26. Februar 1935 die ›Reichsluftwaffe‹ (eine Bezeichnung, die sich nie durchsetzen sollte — es blieb bei ›Luftwaffe‹) als selbständiger, dritter Wehrmachtsteil aufgestellt.

(3) Die Gruppe der sogenannten ›gemäßigten Douhetisten‹ forderte strategische Luftkriegführung und Kooperation. Sie sah die Aufgaben der Luftstreitkräfte sowohl im strategischen als auch taktischen bzw. operativen Einsatz. Der Vorrang des strategischen oder taktischen Einsatzes wurde von den Parteien sehr unterschiedlich beurteilt.

Eine klare Aufgabenteilung hinsichtlich strategischer und taktischer Luftkriegführung ergab sich aus Organisation und Ausrüstung der Royal Air Force (RAF). Sie besaß strategische Langstreckenbomber, Jagdfliegerverbände für die Heimatluftverteidigung und Flugzeuge zur Unterstützung der Seestreitkräfte.

Ähnliche Überlegungen bestimmten Planung und Ausrüstung der amerikanischen Armee-Luftstreitkräfte (USAAF). Im Hinblick auf die Möglichkeiten der Zusammenarbeit mit dem Heere kam ihnen jedoch die Erfahrung der ersten beiden Jahre des 2. Weltkrieges zugute.

Bei der deutschen Luftwaffe standen zweifelsohne Luftkriegshandlungen für die direkte oder indirekte Zusammenarbeit mit dem Heer im Vordergrund. Für einen unabhängigen, selbständigen strategischen Luftkrieg war die Luftwaffe weder personell noch materiell gerüstet, letztlich von der politischen Führung auch gar nicht dafür vorgesehen. Das ›Blitzkriegkonzept‹ beinhaltete nur den operativen und taktischen Einsatz der Luftstreitkräfte.

Besonders hervorstechend trat die ›Kooperation‹ zwischen Luftstreitkräften und der Armee bei den Sowjets in Erscheinung. Außer Störangriffen haben die russischen Armee-Luftstreitkräfte im 2. Weltkrieg nie Luftkriegshandlungen unternommen, die operativen, geschweige denn strategischen Charakter trugen. Trotzdem haben russische Schlacht- und Jagdflieger den deutschen Wehrmachtteilen teilweise erhebliche Verluste mit der ›Nadelstichtaktik‹ zugefügt.

WAS HEISST KAMPFFLIEGER?

Der Begriffsinhalt ›Kampfflieger‹ hat seit dem 1. Weltkrieg einen großen Wandel durchgemacht.

Zunächst bezeichnete man Verbände mit Jagdeinsitzern (Jagdstaffeln-›Jasta‹) als Kampfflieger — man denke nur an von Richthofens ›rote Kampfflieger‹.

Bald trat hingegen eine Unterscheidung nach den besonderen Aufgaben im Luftkrieg ein. So auch für Verbände, die im Besonderen für den Bombenkrieg vorgesehen waren — die Bombengeschwader der Obersten Heeresleitung (BOGOHL). Sie verdanken ihre Entstehung und schnelle Entwicklung dem Versacken des 1. Weltkriegs in einen Stellungs- und Zermürbungskrieg. Beide kriegführenden Parteien legten nach Erstarrung der Fronten hinter ihrem Grabensystem außerhalb der Reichweite schwerer Artillerie große Munitionslager und Materialdepots an, ferner wurden in diesen Räumen auch Personalreserven zusammengezogen und ausgebildet, um sie an die frontnahen Kriegsverhältnisse zu gewöhnen. Der Eisenbahn- und Straßenverkehr dorthin war so umfangreich, daß Bahnhöfe und Ortschaften überfüllt und vollgestopft mit Truppen und Material waren.

Zwangsläufig suchten alle kriegführenden Mächte nach Mitteln, um diese lohnenden Ziele, die jenseits der Reichweite der eigenen Artillerie lagen, zu bekämpfen. Als wirkungsvollstes Mittel erwies sich hierfür das bombentragende Flugzeug. Wurden Ende 1914 die 3,5 kg-Bomben und spitzen Fliegerpfeile noch ohne Abwurf- und Zielvorrichtung einfach mit der Hand über Bord geworfen, so führten Anfang 1915 die Aufklärungsflugzeuge schon 10 und 20-kg-Bomben mit sich. Sie erzielten verständlicherweise jedoch nur geringe Wirkung.

Man plante, erprobte und baute inzwischen besondere Bombenflugzeuge für zunächst nur taktische Aufgaben als sogenannte »vertikale Artillerie«. Ihnen lag die Idee der vertikalen Umfassung ebenso zugrunde wie der Aufklärung, der man ja den Beinamen »vertikale Kavallerie« schon lange zugeordnet hatte.

Konnten die Bombenflugzeuge (G-Typ = Großflugzeug bzw. GL-Typ = leichtes Großflugzeug) 1916 mit ca. 110 km/h in 1 000 Meter Höhe etwa 200 kg Bombenlast über 400 km weit tragen, so erreichten sie im Jahre 1918 mit 130 km/h in 4 000 Meter Höhe und 800 kg Bombenlast Ziele in etwa 800 km Entfernung. Die wenigen viermotorigen, mehrsitzigen ›Riesenflugzeuge‹ (R-Typ = Großbomber) von Handley-Page, Sikorsky und der Flugzeugwerft Staaken konnten sogar bis zu 3 000 kg Bomben über weite Entfernungen zum Einsatz bringen.

Die im Frühjahr 1917 begonnenen deutschen Luftangriffe auf die Südostküste Englands, auf Dünkirchen und Paris trugen ebenso deutlich strategischen Charakter wie die gegnerischen Angriffe auf deutsche Industriewerke am Oberrhein und im Ruhrgebiet.

In der Entwicklungsgeschichte der Bombenflugzeuge treten immer wieder die Bezeichnungen ›leichter‹, ›mittlerer‹ und ›schwerer‹ Bomber auf. Diese Begriffe sind verwirrend, zeigen sie doch lediglich für die betreffenden Zeitabschnitte auf, wieviel Bombenlast ein Flugzeug jeweils tragen konnte, bzw. wie schwer bewaffnet d. h. mit wieviel Abwehrbewaffnung (MG/MK-Stände) ein Kampfflugzeug versehen war.

General Douhet forderte den mit MG-Abwehrständen schwer bewaffneten, eine große Bombenlast tragenden ›Luftkreuzer‹, der später in etwa in den amerikanischen und englischen mehrmotorigen Bombenflugzeugen seine Verwirklichung fand.

Hingegen vertrat der französische Chefingenieur Camille Rougeron in seinem für seine Zeit sehr aufschlußreichen Buch ›L'Aviation de Bombardement‹ die Ansicht, ein ›Schnellbomber‹ sei weitaus weniger verwundbar und damit wirkungsvoller in seiner Leistung, er erfordere auch keine umfangreiche, im Verlustfalle nur schwer zu ersetzende Besatzung.

Die berühmte De Havilland ›Mosquito‹ kam diesen Forderungen wohl am nächsten. Während die Deutsche Luftwaffe in der Do 17 mit ihrem spektakulären Erfolg anläßlich des 4. Internationalen Flugmeeting in Zürich 1937 einen Typ vorgeführt hatte, der schneller als alle teilnehmenden serienmäßigen Jagdflugzeuge war und den Sieg beim Internationalen Alpenrundflug für Militärflugzeuge erringen konnte.

Dieses frisierte Flugzeug sorgte für eine Sensation und zeigte auf, in welche Richtung hinsichtlich industrieller Möglichkeiten die Entwicklung in Deutschland laufen konnte und sollte.

Mit Befehl des Reichsministers der Luftfahrt für den 3. Aufstellungsabschnitt (1936) vom 25. 5. 1934 trat anstelle des Begriffes ›Bombenfliegerverband‹ die Bezeichnung ›Kampfverband‹.

Zur Fliegertruppe zählten die fliegenden Verbände der Luftwaffe mit den zur Fliegertruppe gehörenden Schulen. Das Personal der Fliegertruppe teilt sich in fliegendes, technisches und allgemeines Personal.

Neun Flugzeuge bildeten im allgemeinen eine Staffel, drei Staffeln und später zwei Flughafenbetriebskompanien (FBK) die Gruppe und drei Gruppen und eine Stabsstaffel das Geschwader. Pro Staffel kamen drei Flugzeuge als Reserve für den Parkzug hinzu.

AUFGABEN DER KAMPFFLIEGER

Nach den folgenden Grundsätzen wurden die deutschen (Bomben-) Kampfflieger ausgebildet:

»Die Kampfflieger lösen ihre Aufgaben durch Ausführung von Bombenangriffen. Durch Kampf gegen die Kraftquellen der feindlichen Wehrmacht und durch Unterbindung des Kraftstromes aus ihnen zur Front einschließlich aller Verkehrsmittel und Wege versuchen sie, die feindliche Wehrmacht zum Erliegen zu bringen. Zu diesen Kraftquellen gehören alle Einrichtungen und Vorkehrungen des Gegners, die der Stärkung und Vermehrung der kämpfenden Streitkräfte dienen. Es sind im wesentlichen örtlich gebundene, feste Anlagen.

Das Ziel des Luftkrieges, den Kampfwillen und die Kampfkraft des Gegners zu brechen, wird nur unvollständig erreicht, wenn die Luftkriegführung auf die Tageszeit beschränkt bleibt und der Gegner bei Nacht wieder Atem schöpfen kann. Die Wirkung von Tagangriffen muß daher durch Angriffe in der Dämmerung und Nacht ergänzt werden.

Als Angriffsziele kommen folgende Hauptzielgruppen in Betracht:
— die feindliche Luftwaffe
— das feindliche Heer
— die feindliche Marine
— die Kraftquellen der feindlichen Armee

Bei entscheidenden Operationen im Rahmen der Gesamtkriegführung ist der Einsatz der Kampfflieger zur unmittelbaren Unterstützung des Heeres oder der Kriegsmarine möglich und erforderlich.

Forderung jedes Kampffliegereinsatzes ist die Zerstörung bzw.

Vernichtung des angegriffenen Zieles. Auch stärkste feindliche Abwehr darf den Kampfflieger nicht hindern, seine Angriffsaufgaben durchzuführen.

Der Kampf der Luftwaffe trifft auch das feindliche Volk und Land an ihren empfindlichen Stellen. Unbeabsichtigte Nebenwirkungen lassen sich bei Angriffen nicht vermeiden. Der Angriff auf Städte zum Zwecke des Terrors gegen die Bevölkerung ist grundsätzlich abzulehnen. Erfolgen jedoch Terrorangriffe durch den Gegner auf schutz- und wehrlose offene Städte, so können Vergeltungsangriffe das einzige Mittel sein, den Gegner von dieser brutalen Art der Kriegführung abzubringen.

Wichtige Unterlagen für den Einsatz der Kampfverbände liefert das Luftbild.

Gewissenhafte taktische, nachrichtentechnische und Kartenvorbereitungen sind Voraussetzung für den erfolgreichen Angriff des Kampffliegers. Der Einsatz der Kampfflieger erfolgt bei Tag und Nacht, im Hoch- und Tiefangriff, tags nicht unter Kettenstärke (3 Flugzeuge). Während eines Angriffs bei Tag ist der Kampfverband dem feindlichen Flakbeschuß und den Jagdfliegern mehr als bei Nacht ausgesetzt, sofern nicht Bewölkung für An- und Abflug ausgenutzt werden.

Der Anflug bei Nacht hat neben dem Nachteil schlechterer Orientierung den Vorzug, unter dem Schutz der Dunkelheit zu fliegen.

Hoch- und Tiefangriffe sind abhängig von
— allgemeiner Feindlage
— Art des anzugreifenden Ziels
— Art der zur Verfügung stehenden Flugzeuge
— Witterung, Tageszeit, Gelände

Bei sichtiger Witterung ermöglicht der Hochflug gutes Orientieren und Schonung der Besatzung. Ein hochfliegender Verband wird vom Gegner eher erkannt als ein tieffliegender, der fast immer überraschend kommt und die Wirkung der feindlichen Erd- und Luftabwehr erheblich herabmindert. Der Tiefflug stellt an die Besatzung erhöhte Anforderungen und Ausbildungserfahrung.«

Unter dem großen Begriff *Kampfflugzeug* verstand man, unterschieden nach Verwendungszweck und Verwendungsbereich, eine Vielfalt von Typen und Aufgaben, die der Ergänzung halber aufgeführt werden:

Verwendungszweck:

Mittleres Kampfflugzeug, Fernkampfflugzeug, Torpedoflugzeug, Minenleger, Pfadfinder/Beleuchter, Ballonzerstörer, Schleppflugzeug für Lastensegler, ›Mistel‹-Flugzeug, Transportflugzeug, Flugzeug zum Absetzen von Fallschirmjägern und Agenten, Suchflugzeug, Kurier- und Wettererkundungsflugzeug.

Verwendungsbereich:

Kampfgeschwader (KG), Kampfgruppe (KGr), Ergänzungskampfgruppe (EKGr), Kampfgruppe z. b. V. (KGrzbV), Eisenbahnbekämpfungseinheiten (Eis), Küstenfliegergruppen (KüFlGr), Transportgeschwader (TG), Schleppgruppe, Wettererkundungsstaffel (Westa, Wekusta), Kampffliegerschule, Große Kampffliegerschule, Luftdienstkommando (LD), Kurierstaffel, Fliegerverbindungsgruppe.

LEGENDEN UM DIE DEUTSCHE BOMBERENTWICKLUNG

Noch heute finden sich in Literatur und mündlichen Kommentaren, mangels genauer Kenntnisse der Zusammenhänge oder aber bewußter Fehlinformation, Äußerungen im Hinblick auf die Luftrüstung der Deutschen Luftwaffe, die falsch sind. Dank nun verfügbarer ausführlicher Dokumentationen von K. H. Völker aus dem Militärgeschichtlichen Forschungsamt in Freiburg wird versucht werden, in kurzer Form einige Legenden um das »Wenn und Aber« aufzuhellen und klarzustellen.

1. Falsch ist zu behaupten, daß mit dem tragischen Tode des Chefs des Luftkommandoamtes (Generalstab), General Wever, am 3. Juni 1936 die Verwirklichung zur Schaffung einer strategischen Fernbomberflotte starb.

Dagegen ist richtig:

Die Versuchsmuster der viermotorigen Kampfflugzeuge Do 19 und Ju 89 entsprachen insbesonders in ihren Motor-Leistungen in keiner

Hinsicht, selbst nach den damaligen Vorstellungen nicht, den militärischen Forderungen zur Führung eines operativen oder gar strategischen Luftkrieges. Die Flugmotorenentwicklung für diese schweren Flugzeugtypen war völlig unzureichend.

Göring verfügte daraufhin erst am 29. April 1937 die Einstellung der weiteren Entwicklung. Die drei Do 19 Versuchsmuster wurden verschrottet, während die Ju 89 in eine Zivilversion der Deutschen Lufthansa, als Ju 90, umgebaut und später noch weiterentwickelt wurde.

Bereits im Herbst 1936 forderte der Generalstab den Bau eines weiteren schweren Bombertypes (den später sogenannten ›Uralbomber‹). Der Auftrag wurde an die renommierte Firma Heinkel vergeben.

Das als He 177 ›Greif‹ bezeichnete Muster wurde als viermotoriger Fernaufklärer und Fernbomber konzipiert. Seine Besonderheit und Achillesferse zugleich waren die zwei Doppeltriebwerke, die auf je eine übergroße Luftschraube wirkten. Diese Triebwerke wurden nie ganz betriebssicher (›Heißläufer‹). Die weitere, wahnwitzige Forderung nach Sturzflugtauglichkeit verurteilte dieses große, schwere Kampfflugzeug zu einem Unglücksvogel, der Mißerfolge ernten sollte.

Unmengen wertvoller Baustoffe, Engpaßteile und Konstruktionskapazitäten flossen in dieses Projekt mit dem Ergebnis, daß es an entsprechender Industriekapazität für die so notwendigen Jagd- und mittleren Kampfflugzeuge fehlte.

Der zahlenmäßig erforderliche Produktionsausstoß strategischer Bomber wäre bei der steten Rohstoff- und vor allem chronischen Treibstoffknappheit, die während und auch schon vor dem Krieg herrschte, auf Kosten der anderen Flugzeugtypen und Rüstungsgüter gegangen.

Die Luftwaffe wählte die ›zweitbeste Lösung‹, den Bau einer großen Flotte mittlerer, möglichst weitreichender Bomber zu verwirklichen.

2. *Falsch ist*, zu behaupten, Udet habe das Sturzangriffsverfahren in die Luftwaffe eingeführt.

Richtig dagegen ist:

Bereits zur Zeit als die deutsche geheime ›Fliegerschule Stahr‹ auf dem russischen Flugplatz Lipezk (ab 1925) den Flugbetrieb aufnahm, gehörte der Sturzangriff zum taktischen Ausbildungsprogramm. Nicht von ungefähr wurden die Erfahrungen der Infanterie- und Schlachtflieger des 1. Weltkrieges ausgewertet.

Die Treffererwartung und -ergebnisse bei Bombenwürfen aus dem Sturzflug waren besser, denn es war leichter, mit dieser Taktik gute Wurfwerte zu erzielen, da es noch an geeigneten Zielgeräten für den Horizontalabwurf fehlte.

Bevor Udet überhaupt in den Dienst der Luftwaffe (Reichswehr) trat, wurde am 12. Oktober 1933 schon kurz nach Beginn des getarnten Aufbaus der Luftwaffe die Aufstellung eines Sturzkampffliegerverbandes befohlen. Udet förderte später die ›Sturzflugidee‹ dank eigener Erfahrung sehr, vielleicht zu sehr (siehe Fiasko mit der He 177).

3. Falsch ist ferner, zu behaupten, von Richthofen (Leiter der Entwicklungsabteilung des Technischen Amtes) habe die Entwicklung des Sturzkampfflugzeuges Junkers Ju 87 ›Stuka‹ im Juni 1936 abbrechen lassen.

Dagegen ist richtig:

Nur der Amtschef des Technischen Amtes (Udet) hätte dies veranlassen können.

Der Heinkel He 50 und Henschel Hs 123 mangelte es an Eignung für die Sturzangriffstaktik. Da Junkers, aufbauend auf die Erfahrungen mit der Ju K47, in der Ju 87 ein robustes Sturzkampfflugzeug geschaffen hatte, kam es im Dezember 1936 bereits in der ›Legion Condor‹ in Spanien zum Einsatz und bewährte sich. Innerhalb von nur fünf Monaten wird wohl kaum ein derartiger Gesinnungswandel in von Richthofen eingetreten sein. Vielmehr wurde seine Weisung zur Weiterentwicklung der Ju 87 falsch ausgelegt — und eifrig weiterkolportiert!

DER BOGEN WAR ÜBERSPANNT

Die deutsche Luftwaffe war personell und materiell einfach überfordert, innerhalb von nur sechs Jahren dem von der politischen Führung gestellten Auftrag zur Herstellung der vollen Kriegsbereitschaft gerecht zu werden. Der Bogen war überspannt.

Mängel, Schwächen, Niederlagen und Versagen der Luftwaffe im 2. Weltkrieg finden ihre Erklärung in den Fehlern, Unstimmigkeiten und Versäumnissen der kurzen Aufbauzeit. Die Improvisation — gepaart mit der Taschenspielermentalität in weiten Kreisen der NS-Führer — trat hauptsächlich an die Stelle von Führungskunst im Verlaufe des Krieges. Das sollte nicht nur den fliegenden Besatzungen einen so hohen Blutzoll abverlangen!

Ein strategischer Luftkrieg gegen die Kraftquellen Englands und Rußlands war undurchführbar; es fehlte an brauchbaren, viermotorigen Fernbombern. Die zweimotorigen, mittleren Kampfflugzeuge mußten immer wieder an Brennpunkten der Wehrmacht an allen Fronten, besonders der Ostfront, unter hohen Verlusten in den frontnahen Einsatz geworfen werden. Dennoch trugen die Kampfflieger maßgeblich zu den Anfangserfolgen in den ›Blitzkriegen‹ bei.

In der Luftkriegsvorschrift von 1936 (LDv 16) fehlte die strategische Konzeption bewußt, weil dafür der politische Auftrag fehlte. Die operative Luftwaffe war auf den operativen Luftangriff — direkte und indirekte Zusammenarbeit mit dem Heer — zugeschnitten. Oder wirkte vielleicht die Weisung des Chefs der Heeresleitung der Reichswehr vom 24. Februar 1932 noch nach?

Sie besagte unter anderem:

»Die Luftstreitkräfte und die Luftschutzkräfte sind Hilfswaffen von Heer bzw. Marine. Ihre Kampfhandlungen fügen sich in den Land- bzw. Seekrieg ein. Dies schließt nicht aus, daß im Bedarfsfall Bombenverbände der Luftstreitkräfte von Heer und Marine zu einheitlichem Einsatz zusammengefaßt werden.«

EIN KAMPFGESCHWADER ENTSTEHT

Fehlte es im Etat der Reichswehr noch an finanziellen Mitteln, um während der geheimen Ausbildung in Lipezk (Rußland) außer wenigen Beobachtern den Kader für künftige Bomber-(Kampfflieger-)Verbände auszubilden, so trat im Oktober 1933 insofern eine Wende ein, als die ›Verkehrsinspektion der Deutschen Lufthansa‹ die Tarnbezeichnung für ein sogenanntes Behelfsbombergeschwader war, das im Mobilmachungsfalle mit noch umzurüstenden Flugzeugen der Deutschen Lufthansa, sowie ihrem Personal und Material, aufgestellt werden sollte.

Die Angehörigen dieses Behelfsbombengeschwaders wurden als zukünftige Kampffliegerbesatzungen entlang der besonderen ›RB-Strecken‹ (Deutsche Reichsbahnstrecken) nachts auf mehrmotorigen Flugzeugen in Langstreckennavigation, Blind- und Nachtflug ausgebildet.

Der personelle Grundstock der Luftwaffe wurde aus Soldaten gebildet, die im Jahre 1933 offiziell unter oft merkwürdigen Gründen aus der Reichswehr ausschieden und in den Befehlsbereich des Reichsministers der Luftfahrt übertraten. Die Verabschiedung war eine reine Formsache. Aus Tarnungsgründen erhielten sie zusätzlich zu ihrem mit dem Zusatz ›a. D.‹ geführten Dienstgrad einen entsprechenden Führerrang im Deutschen Luftsportverband (DLV), dem die Soldaten der ›Fliegerschaft‹ (Tarnbezeichnung für Fliegertruppe und Luftwaffe) korporativ angeschlossen waren.

VERGLEICHBARE DIENSTGRADE UND DLV-RANG:

Generalleutnant	*DLV-Fliegerchef*
Generalmajor	*DLV-Fliegervizechef*
Oberst	*DLV-Flieger-Kommodore*
Oberstleutnant	*DLV-Fliegervizekommodore*
Major	*DLV-Fliegerkommandant*
Hauptmann	*DLV-Flieger-Kapitän*
Oberleutnant	*DLV-Schwarmführer*
Leutnant	*DLV-Kettenführer*
Oberfeldwebel	*DLV-Obermeister*
Feldwebel	*DLV-Meister*
Unteroffizier	*DLV-Flugzeugführer*
	(Oberwart, Bordfunker)
Gefreiter	*DLV-Hilfsflugzeugführer (Unterwart)*
(Ober)Flieger	*DLV-(Ober)Flieger*

Die graublaue (›fliegerblaue‹) Uniform entsprach in ihrem modernen Schnitt schon der späteren Luftwaffenuniform, wie sie die Bundeswehr-Luftwaffe ähnlich noch heute trägt.

Personal- als auch disziplinarrechtlich wurden die ›ehemaligen‹ Soldaten nach den geltenden Vorschriften der Reichswehr geführt. Die Behelfsbombenflugzeuge Do 11 und Ju 52 / 3 mg 3 e (mit ausfahrbarer Waffentonne als C-Stand) waren 1933 als Ausrüstung der Behelfsbombengeschwader vorgesehen bzw. eingeführt, entsprachen aber in Geräte- und Funkausrüstung nur unzureichend den Anforderungen.

Am 1. April 1934 wurde die Aufstellung von sechs Luftkreiskommandos (Tarnname: Gehobenes Luftamt) zur Abdeckung der territorialen militärischen Luftwaffenkommandobehörden befohlen:

Luftkreiskommando I	Königsberg
Luftkreiskommando II	Berlin
Luftkreiskommando III	Dresden
Luftkreiskommando IV	Münster
Luftkreiskommando V	München
Luftkreiskommando VI (See)	Kiel

Oberst Sperrle (der spätere Luftflottenchef) befehligte seinerzeit als Kommandeur der Heeresflieger alle bis dahin vorhandenen Landfliegerverbände (u. a. KG 154 ›Fliegergruppe Faßberg‹ und KG 252 ›Fliegergruppe Tutow‹ mit je zwei bis drei Staffeln (!)).

Dank der allgemeinen Begeisterung für den Flugsport wurden im Jahre 1934 an zahlreichen Orten Deutschlands Segel- und Motorfluggruppen gegründet, zur großen Freude der Jugend. Wie zu allen Zeiten fehlte es diesen Sportgruppen an den notwendigen Geldmitteln. Das Reich unterstützte sie finanziell, materiell und organisatorisch so gut wie möglich und mit gezielter Weitsicht hinsichtlich militärischer Pläne. Der Deutsche Luftsportverband mit seinen Einrichtungen nutzte die Chance und bot als willkommene Tarninstitution die Basis für den Aufbau der Luftwaffe.

So wurden u. a. in Mitteldeutschland Sportflugplätze gebaut, deren Ausmaße für die meist kleinen Sportflugzeuge eigentlich zu groß dimensioniert waren. Auch in Merseburg, Finsterwalde und Altenburg wurden ›Sportflugplätze‹ nach dem damals modernsten Stand mit großen Hallen und weiträumigen Unterkünften errichtet. Es entstanden die ›Höhenflugzentrale des Deutschen Flugwetterdienstes‹ als getarnte Kampffliegerschule Lager-Lechfeld südlich von Augsburg, die ›Hanseatische Fliegerschule e. V.‹ als KG 154 Faßberg in der Lüneburger Heide, das ›Funkpeilversuchsinstitut des Reichsverbandes der elektrotechnischen Industrie‹ als KG 252 Tutow (*T*rinken *u*nd *T*oben ohne *W*eiber!) südlich von Greifswald, das ›Forst- und Landwirtschaftliche Flugversuchsinstitut‹ als

Bei der Begrüßung der jungen Flieger
in der neuen Garnison Landsberg 1937,
Kommodore des KG 255, Oberst Spang
(Mitte, mit Luftwaffendegen).

Oberst Alois Stoeckl, Kdr. III. Gruppe
KG 255 Memmingerberg. † 14. 8. 1940
über England als Kommodore KG 55
»Greif«.

Kampfflugzeuge
der Anfangsjahre
Do 23 des KG 153
in Merseburg,
1937.

Ju 86 als
Zwischenlösung . .

Do 17 E des
KG 255 mit der ●
Markierung an-
stelle des Balken-
kreuzes für das
Herbstmanöver
1938 im Tiefflug
über Bayern.

Regelmäßig wurde 1939/40 mit der He 111 auf E-häfen, wie hier Bad Wörishofen, verlegt.

Hauptmann Poetter, Staffelkapitän 7./KG 51, gibt seinem Funker, Ofw. Sepp Traut, Anweisungen.

Eine He 111 der 7. Staffel über dem Alpenpanorama der bayerischen Berge.

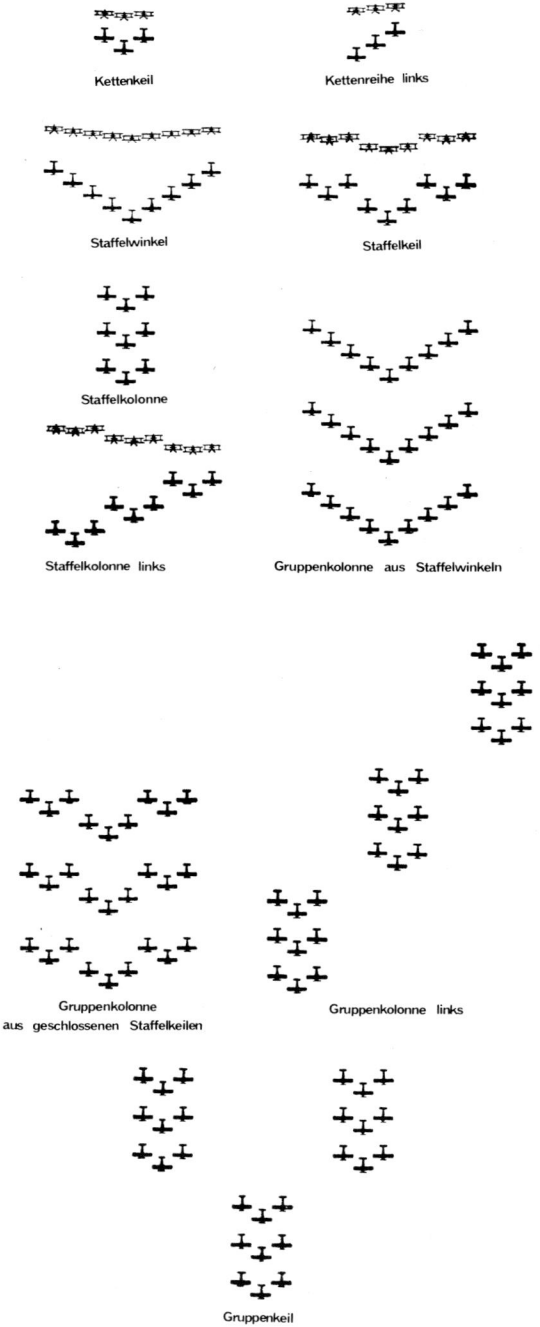

Kettenkeil

Kettenreihe links

Staffelwinkel

Staffelkeil

Staffelkolonne

Staffelkolonne links

Gruppenkolonne aus Staffelwinkeln

Gruppenkolonne
aus geschlossenen Staffelkeilen

Gruppenkolonne links

Gruppenkeil

Die gebräuchlichsten Verbandsflugformen zu Beginn des Krieges.

Kampffliegerschule Prenzlau südöstlich von Neubrandenburg sowie weitere ähnliche staatliche Einrichtungen mit unverfänglichen Bezeichnungen.

Die Geschwader- bzw. Staffelnummern wurden nur im internen und als ›Geheime Kommandosache‹ (die höchste Geheimhaltungsstufe) geführten Schriftverkehr der Luftwaffe gebraucht. Ihre dreistellige Zahl sollte die Verbandsbezeichnung verschleiern, was jedoch nur unvollkommen gelang. Im Anhang werden sie chronologisch kurz erläutert werden.

DIE ENTTARNUNG

Noch vor Einführung der allgemeinen Wehrpflicht (21. Mai 1935) wurde die Luftwaffe am 1. März 1935 offiziell enttarnt. Ihre Aktivität ließ sich ohnehin nicht mehr — auch nicht mehr gegenüber dem Ausland — verheimlichen.

An der Luftsportuniform wurden die Schulterlitzen entsprechend denen des Reichsheeres durch Schulterstücke und Schulterklappen ersetzt. Das ›Fliegerabzeichen‹ wurde nun zum Hoheitsabzeichen der Luftwaffe an Uniform und Standern. Zur Kennzeichnung der Waffengattungen und Zugehörigkeit galten als Farben der Kragenspiegel:

weiß	*Generale*
schwarz	*Reichsluftfahrtministerium (RLM) und unterstellte Verbände*
karmesinrot	*Generalstab*
goldgelb	*Fliegertruppe*
hochrot	*Flakartillerie*
gold/hellbraun	*Luftnachrichtentruppe*
dunkelblau	*Sanitätspersonal*
dunkelgrün	*Nautikerkorps und Beamte*
hellgrün	*Luftaufsicht / Luftpolizei*
rosa	*Ingenieurkorps*

Flieger aus dem 1. Weltkrieg und Besatzungen der Deutschen Lufthansa bildeten den fliegerischen Stamm. Weitere Kräfte kamen für die junge Truppengattung aus Verbänden des Reichsheeres, der Landespolizei sowie den Motor- und Segelfliegergruppen des DLV.

Die Urzelle unseres Geschwaders war das ›Kampfregiment Merseburg‹ (erstmals erwähnt am 1. 10. 1935) mit den ›Geschwadern‹ Merseburg und Finsterwalde (Befehl RLM für den 3. Aufstellungsabschnitt 1936 vom 25. 5. 1934; ein Geschwader hatte seinerzeit noch Bataillonsstatus und entsprach nach Enttarnung der Luftwaffe im Frühjahr 1935 der Kampffliegergruppe).
Mit Befehl des RLM vom 28. März 1935 wurden u. a. zum 1. April 1935 aufgestellt:

Kampfgeschwader *) (553) Merseburg
Kampfgeschwader *) (652) Finsterwalde
                 *) *nur vorübergehende Nummern*

mit eigenen Stärkenachweisungen Nr. 162 (Fl) für Stab und Nr. 163 (Fl) für Kampfstaffeln, auszurüsten mit Junkers Ju 52.
Aus Tarnungsgründen wurden die Geschwadernummern weiterhin nicht offen genannt, sondern lediglich ›Fliegergruppe‹ mit Standort, so z. B. ›Fliegergruppe Merseburg‹.
Die Geschwader-*Kommandeure* unterstanden direkt dem Höheren Fliegerkommandeur im Luftkreis.
In der Gliederung entsprachen:

Regiment   einem Geschwader mit drei Gruppen
Bataillon   einer Gruppe mit drei Staffeln
Kompanie   einer Staffel mit drei Ketten zu je drei Flugzeugen

DURCH ZELLTEILUNG ENTSTEHEN NEUE GESCHWADER

Das Jahr 1936 ging als das Jahr der Zellteilung in die Geschichte der Luftwaffe ein. Die ›Mutterverbände‹ hatten zum 1. April 1936 ihre ›Tochterverbände‹ aufzustellen (zu ›kalben‹). Nach dem fragwürdigen Verfahren ›aus Eins mach Zwei‹ wurden z. B. aus einer Kampfstaffel (laut St. N. 48 Mann fliegendes Personal) zwei neue Kampfstaffeln gebildet. In Stäben wurde ähnlich verfahren.

Stärkenachweisung (St. N.) einer Kampfstaffel inklusive Reserve
am 1. 4. 1936:

12 Flugzeugführer	(9 Offz., 3 Uffz.)
12 Beobachter	(3 Offz., 9 Uffz.)
12 Bordfunker	
12 Bordmechaniker/-schützen	

48 Mann

Die Mutterstaffel hatte sich in zwei Teile zu teilen und zwar:

1. Teil	*2. Teil*
6 Flugzeugführer	6 Flugzeugführer
(2 Offz., 4 Uffz.)	(1 Offz., 5 Uffz.)
6 Beobachter (4 Offz., 2 Uffz.)	6 Beobachter (5 Offz., 1 Uffz.)
6 Bordfunker	6 Bordfunker
6 Bordmechaniker/-schützen	6 Bordmechaniker/-schützen

24 Mann	24 Mann

Um Personalmanipulationen (Gute bleiben, Schlechte gehen!) zu
vermeiden, entschied das Luftkreiskommando oder auf dessen Anordnung der Höhere Fliegerkommandeur, welcher Teil an den
neuen Standort abzugeben sei und welcher am alten Standort
verbleiben sollte. — Rücksicht auf Familie gab es nicht! — Dadurch
sollte erreicht werden, daß *alle* Verbände einen annähernd gleich-
wertigen Personalstamm erhielten, was sich auch späterhin als
richtig erwies.

Friedenszeit und Aufbau

MERSEBURG

Die ›Merseburger Zeitung‹ berichtete am 12. Oktober 1935 von der offiziellen Begrüßung der Fliegergarnison Merseburg unter ihrem ersten Kommandeur Major Schwabedissen.

Wie Herbert Meyer aus dieser Zeit erzählt, wurden verschiedene Flugzeugtypen wie Junkers W 34, Ju 52, Ju 86 und Dornier Do 23 geflogen. Als Flugzeugführer kannte er u. a. dort: Ruthmann, Vohs, von Lösch, Schleicher, Diekötter, Katzberg, Schlüter, von Schroetter, Schmidt, Grunewald und Weiner.

Am 1. April 1936 lag das Kampfgeschwader 153 mit:
Geschwaderstab und I. Gruppe in Merseburg (Wappen: Diebische Elster)
II. Gruppe in Finsterwalde
und der neuaufgestellten III. Gruppe in Altenburg (Wappen: Altenburger Spielkarte). Aus dieser Gruppe wurde nach der Zellteilung das KG 3 mit der 7., 8. und 9. Staffel mitaufgebaut.

Bis zum Juni 1936 erhielten die Kampfgruppen außer den vorhandenen schon erwähnten Flugzeugtypen je 27 Kampfflugzeuge Junkers Ju 52.

Nach der Zuführung dieser Flugzeuge ließ der bislang übliche Kasernenhofdrill nach und auf allen Gebieten wurde mit intensiver Fachausbildung begonnen. Die einzelnen Gruppen und Staffeln wurden schnell durch junge Soldaten aufgefüllt, die bereits die ersten Monate ihrer Wehrpflicht erfüllt hatten. In den Fliegerhorsten sah man bis zur endgültigen Einkleidung alle Uniformen der Wehrmachtsteile vertreten.

Beobachter Turich schildert ausführlich die Ausbildung in Merseburg. Mit Ju 52, Do 23 und W 34 (Zulassungs Nr. 32 und Zivilzulassungen) gab es vom 13. 12. 1935 bis 4. 2. 1937 wohl keinen deutschen Flugplatz oder Landestreifen, der nicht von den ›Merseburgern‹ angeflogen wurde. Dazwischen lagen Platzflüge, Navigations-, Überland- und Schießausbildungsflüge. Stolp und Kolberg waren ob seiner liebenswerten Bevölkerung und der noch liebenswerteren Mädchen ein beliebtes Wochenendziel — natürlich im Rahmen der fliegerischen Ausbildung bzw. der sportlichen Betätigung — in den warmen blauen Fluten der Ostsee.

FRÜHE VERLUSTE

Die umfassende anstrengende Ausbildung forderte aus vielen Gründen einen hohen Zoll an Verlusten. Vom Juni bis Dezember 1935 ereigneten sich *im Monatsdurchschnitt* in der Luftwaffe 48 Flugzeugabstürze mit 12 Todesfolgen! Die Hälfte dieser Unfälle war die Folge von wohl zeitloser fliegerischer Indisziplin. Abweichen vom befohlenen Flugauftrag, mangelhafte Flugvorbereitung, Blind- und Schlechtwetterflug trotz fehlender Spezialausbildung, verantwortungsloser Kunstflug (dem Vertrauten als sinnloses ›Kurbeln‹ bekannt), Fahrlässigkeit der Besatzungen — besonders des Flugzeugführers — bei der technischen Kontrolle der oft nicht einfach zu handhabenden Flugzeuge (der Begriff ›Fliegender Sarg‹ und ›Witwenmacher‹ gehört zur Fachsprache der Flieger aller Zeiten!) sind die immer wiederkehrenden Feststellungen des ›Inspekteurs für Flugsicherheit und Gerät‹ (In S), Oberstleutnant Ritter von Greim, der am 4. Februar 1936 daraufhin seine nicht gerade erfreuliche Tätigkeit aufnahm. Es war eine Krisensituation, die die Einsatzbereitschaft der Verbände und des Nachschubes ernsthaft zu gefährden drohte.
Der schnelle, überstürzte Aufbau von weiteren fünf Kampfgeschwaderstäben mit acht Gruppen in diesem Jahr 1935 trug wahrlich nicht zur Verbesserung der Flugsicherheitslage bei.

VERLEGUNG IN NEUE HORSTE

Ende 1936 wurden Stimmen laut (wie hießen sie noch, die gewissen ›Parolen‹?), daß nach der Zellteilung Teile des Kampfgeschwaders 153 bald ihren Standort wechseln und nach Süddeutschland verlegen sollten. So schöne, große Städte wie Nürnberg, München und Stuttgart wurden genannt. Nur glauben wollte es keiner! Erfahrungsgemäß lagen neue Fliegerhorste nämlich meist sehr weit abseits größerer, Abwechslung bietender Siedlungen.

Im November 1936 flog eine Besatzung mit einer Ju 52 von Merseburg nach Lechfeld. Vom Lechfeld aus ging dann die Fahrt in einem alten, klapprigen Pkw ›Hansa‹ über bis dahin namentlich unbekannte Dörfer. Bald wurde ein für damalige Verhältnisse enorm großes Baugelände erreicht.

Baugruben, halbfertige große Häuserblocks und Hallen und eine sehr lange, breite, feste und frischangelegte Wiese ließen unmißverständlich darauf schließen, daß hier ein neuer Fliegerhorst entstehen sollte. Die Bilder kannte man schon. Es war vielleicht Memmingerberg, wo bereits seit Sommer 1935 mit den Planungs- und Planierarbeiten begonnen wurde, und wo Tag und Nacht unter Anspannung aller Kräfte, wie an vielen anderen Orten in Deutschland, die Fliegerhorste gleichsam aus dem Boden gestampft wurden. Beim Rückflug am nächsten Tag wurde die Besatzung dahingehend vergattert, über das Gesehene strengstes Stillschweigen zu bewahren. Geheimhaltung war alles!

Während in Merseburg, Finsterwalde und Altenburg in den Kampffliegergruppen die gewohnte, vielseitige Ausbildung weiter betrieben wurde, herrschte auch noch in anderen militärischen Standorten rege Betriebsamkeit.

Man stellte für das zukünftige neue Kampfgeschwader in Süddeutschland Luftnachrichten-Kompanien auf, bildete aus allen Wehrmachtsteilen Kompanien mit Fachpersonal, die später zu Flughafenbetriebskompanien, Stabskompanien oder Horstkompanien wurden. Aus der Industrie kamen ausgebildete, befähigte Fachkräfte hinzu, die als Werftpersonal, in der Verwaltung, in Handwerksstuben und weiteren wichtigen Dienststellen eingesetzt werden sollten.

Schließlich wurde im Jahr 1937 der Schleier des Geheimnisses gelüftet und die neuen Standorte bekanntgegeben. Die zur Bildung des neuen Geschwaders vorgesehenen Teile des KG 153 verlegten nach Süddeutschland.

Geschwaderstab und I. Gruppe (Merseburg) erhielten als neuen Standort Penzing bei Landsberg zugeteilt. Die II. Gruppe (Finsterwalde) sollte nach Leipheim bei Ulm/Günzburg und die III. Gruppe (Altenburg) nach Memmingerberg bei Memmingen/Allgäu verlegen. Die Altenburger III. Gruppe hatte erst ein halbes Jahr zuvor eingeübte Stammbesatzungen im Rahmen der ›Luftübung Rügen‹ zur Legion Condor nach Spanien abgeben müssen und empfand die Verlegung nicht gerade als ausbildungsfördernden Faktor.

Im alten Standort Merseburg stellte man noch kurzfristig die I./KG 77 auf.

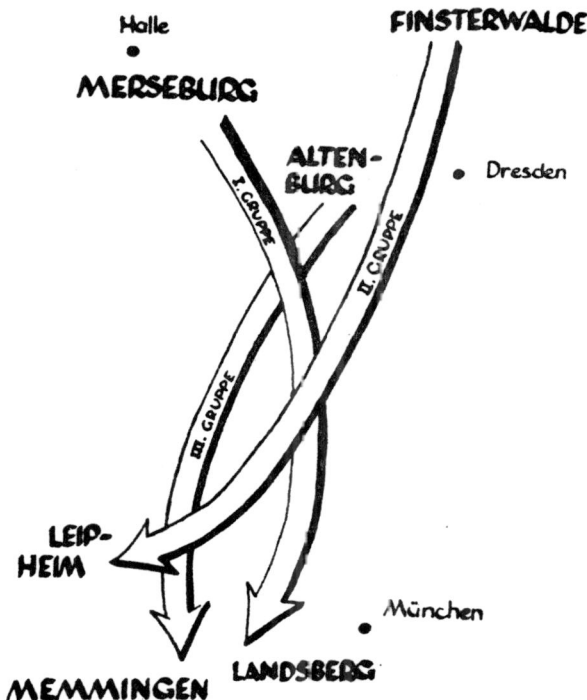

Verlegung von Thüringen/Sachsen nach Bayern, 1937.

Der genaue Verlegezeitpunkt war zwar noch nicht bekannt, dagegen aber die neue Bezeichnung Kampfgeschwader 255 ›Alpengeschwader‹, die nach Eintreffen in den neuen Standorten gelten sollte. Als taktische Kennung beherrschte die ›54+‹ bald den süddeutschen Luftraum.

Die Zahlen waren einfache Chiffrierungen und lasen sich dechiffriert folgendermaßen:

KG-255

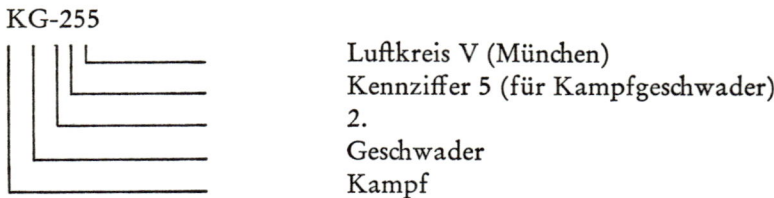

Luftkreis V (München)
Kennziffer 5 (für Kampfgeschwader)
2.
Geschwader
Kampf

oder z. B. als taktische Kennung am Rumpf:

54 + A39

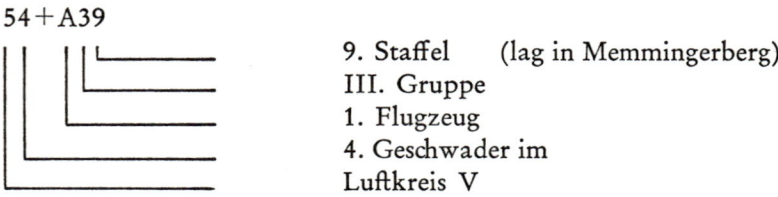

9. Staffel   (lag in Memmingerberg)
III. Gruppe
1. Flugzeug
4. Geschwader im
Luftkreis V

In Merseburg, Finsterwalde und Altenburg ging nun auf allen Karten die fieberhafte, schwierige Suche nach den fremden Orten los. Unter Mühen gelang es schließlich, die dörflichen Orte auf Meßtischblättern ausfindig zu machen. Viele meinten, dort sagen sich Fuchs und Hase gute Nacht. Diese Meinung änderte sich jedoch bald.

STANDORTE IN BAYERN

Mitte Februar 1937 wurden endlich die Vorkommandos in Marsch gesetzt, um die erforderlichen Vorbereitungen auf neuen Horsten zu treffen, wo die Fliegerhorstkompanien bereits gute Vorarbeiten geleistet hatten. So in Landsberg unter Major Völk und Oberleutnant Fath als Kommandoführer oder in Leipheim unter Gruppenkommandeur Oberstleutnant Dr. Hans Fisser und seinem Adjutanten Oberleutnant von Schroetter und Hauptmann Brückner.
Küchen, Handwerksstuben, Werkstätten, Verwaltung und die so sehr wichtigen Kantinen hatten ihre emsige Arbeit schon aufgenommen, trotz parallellaufender Aufbauarbeiten an Gebäuden und Infrastruktur.

Am 1. März 1937 wurde der offizielle Verlegebefehl erteilt. Das Gros des Verbandes erreichte wenig später nach vielstündiger Eisenbahnfahrt seine Zielorte. Beim Eintreffen in den neuen Garnisonen wurden die ›Flieger‹ von der Bevölkerung teils freudig, teils zurückhaltend begrüßt, und jeder gewöhnte sich an die neue Umgebung, die bald zur zweiten Heimat wurde, und die herzhafte, freundliche schwäbische Bevölkerung. Wenn auch keiner der Horste fertig ausgebaut war, so entsprachen wenigstens die Unterkünfte in ihrer sauberen, gepflegten Art, die sich angenehm in den Wohnstil der Landschaft einpaßten, ganz dem Geschmack der unternehmungsfreudigen Soldaten. Auch die Rollfelder waren wenigstens bei Trockenheit schon mitunter für eingeschränkten Flugdienst benutzbar. Die III. Gruppe traf am 7. März 1937 in Memmingerberg ein.

Als am 15. März 1937 die 4. Staffel, 5. Staffel und Stabskompanie mit ihren Kapitänen Major Petzold und Hauptmann Otto Pilger und Chef Hauptmann Miczek verspätet in Leipheim ankamen, sah es schon nicht mehr ganz so trostlos aus.

Die Köche verstanden mustergültig zu kochen, leider nur nicht für jeden. Die O.v.D. verzeichneten in den Küchenbüchern schlichte Eintragungen wie:

»Essen reichlich süß«, »Essen sehr gut und reichlich; es wird gebeten, auch einmal norddeutsche Kost zu reichen«! Diese Eintragungen waren nicht umsonst. Fortan gab es jeden Freitag zum Mittagstisch Kürbis mit Reis, dafür abends ›Bierradi‹ mit Tee! Beides wurde vermutlich am Bahndamm oder Rollfeld geerntet. Was da an Schimpfworten in »gepflegtem Landser- und Fliegerdeutsch« geäußert wurde, bedarf wohl keiner weiteren Erläuterung. Man gewöhnte sich an die neuen Verpflegungssitten und lernte auch zwangsweise, einen Radi (zu deutsch: Rettich) vor dem Essen erst gekonnt zu schneiden und zu salzen.

Kaum eingerichtet auf den neuen Horsten wurde die Ausbildung bedeutender denn je vorangetrieben. Das fliegende Personal konnte gleich dem Werft- und Wartungspersonal über mangelnde Auslastung wirklich nicht klagen.

An jungen Offizieren kamen, frisch befördert zum 20. April 1937 neu in den Verband:

I. Gruppe (Landsberg)	Olt. Pflüger
	Lt. Redenbacher †
	Lt. Pfordte
	Lt. Hauser, Hellmuth
	Lt. Sommer, Joachim †
	Lt. Klein, Richard
	Lt. von Hippel, Eberhard
	Lt. Sorg †
	Lt. Freiherr von Dalwigk
	zu Lichtenfels, Egon
II. Gruppe (Leipheim)	Lt. Joachim, Günther
(später zu KG 77)	Lt. zu Nedden
	Lt. Liebler
	Lt. Jacobs, Rolf
	Lt. Lauth
III. Gruppe (Memmingen)	Lt. Wicke, Heinz †
	Lt. Brandt, Kurt †
	Lt. Jüsgen, Hans
	Lt. Rath, Wilhelm †
	Lt. Ziegler, Kurt
	Lt. Schnez, Viktor †
	Lt. Müller, Gerhard
	Lt. Simon, Erich †
	Lt. Häberlen, Klaus
	Lt. Küchle, Fritz †

Von diesen 24 Offizieren eines Jahrganges blieben im Laufe des Krieges später 9 Männer vor dem Feinde (entsprechend 38 %). Blind- und Peilflüge, Verbandsflüge, Nacht- und Tiefflug, besonders der 5. Staffel unter Hauptmann von Greiff in Leipheim, sowie Überlandflüge bis nach Tripolis und Rom (Spaghetti bei Alfredo), mit regelmäßiger Schieß- und Bombenwurfausbildung auf allen Flugzeugtypen des Geschwaders wie Do 17, Ar 66, Do 23, Ju 52, W 34 und Fw 58 ließen niemanden zur Ruhe kommen.

Das führte soweit, daß Wetten abgeschlossen wurden, wer wohl als erster mit der Ju 52 einen Looping drehe, bzw. mit der berüchtigten Do 23 einen Sturzflug (!) ausführen würde und dann noch überlebe.

46

Der Stolz des Geschwaders war das seinerzeit schnellste Kampfflugzeug der Welt, die Do 17 E (später M), genannt ›fliegender
Bleistift‹. Jeder wollte einmal mit diesem Flugzeug fliegen und sich
austoben dürfen.

Das Wartungs- und Werftpersonal wurde mit den mannigfaltigen,
technischen Neuerungen vertraut gemacht. Auch das übrige Personal der Horste — ob Zivilist oder Soldat — war vollausgelastet
und stand bereit, das gesteckte Aufbauziel sowie einen hohen
Einsatzbereitschaftsstand zu erreichen. Die Kameradschaft wuchs
und jeder fühlte sich mit jedem verbunden, ohne Rangunterschied
und ohne Rücksicht darauf, ob zugehörig zu einer Staffel, Kompanie, Werft oder Verwaltungsdienststelle.

Ein Wort ergriff Besitz von allen und sollte den Krieg überdauern:
»Der Einzelne ist nichts — die Gemeinschaft ist alles!« —

Tag und Nacht dröhnten in sonorem Rhythmus die Motoren.
Tiefflug, Verlege- und E-hafenübungen verlangten von allen Geschwaderangehörigen stete Bereitschaft zu äußerster Leistung; Ge-
fechtsschießen und Bombenwurfausbildung wurde in Unterschlauersbach, Achmer, Parow und Manching durchgeführt.

Der erste Geschwaderkommodore, ein ›alter Adler‹, Oberstleutnant
Spang (1. 3. 37 — 15. 11. 38), erkundete allein innerhalb zweier
Tage mit seinem Beobachter Turich in einer zweisitzigen Arado 66
insgesamt 21 Flugplätze in Süddeutschland, um für den Mobil-
machungsfall genügend Ausweich- und Absprungmöglichkeiten für
seinen großen Verband mit fast 120 Flugzeugen zu haben.

Am 25. Mai 1937 startete er um 04.55 h in Landsberg. Mit Zwischenlandungen in Bad Aibling, Fürstenfeldbruck, Memmingen,
Leipheim, Giebelstadt, Würzburg, Schweinfurt, Kitzingen, Illesheim, Fürth, Ansbach, landete er um 15.16 h in Ainring, um am
nächsten Morgen um 07.34 h über Friedrichshafen, Freiburg, Karlsruhe, Herzogenaurach, Böblingen, Ansbach, Neuburg, Schleißheim,
Neubiberg erst um 18.49 h wieder in Landsberg, dem Stammhorst
seines Stabes und Geschwaders zu landen.

Bald landeten auf allen diesen Plätzen die Ketten, Schwärme und
Staffeln des Geschwaders, um sie kennenzulernen und vertraut mit
ihnen zu werden. In Horste, die in allen vier Winden lagen, wurde
eingeflogen, zeitweilig gehorstet und natürlich auch, die üblichen
Soldatenspäße treibend, die umliegende Gegend erkundet.

Am 1. Juli 1937 wurde die 6. Staffel unter ihrem Staffelkapitän
Oberleutnant von Schroetter in Leipheim aufgestellt und gegen

Jahresende die Reorganisation der Kampffliegerverbände vorgenommen, die die fliegenden Staffeln verkleinerte und die Flughafenbetriebskompanien schuf, worin Männer der Stabskompanie teilweise aufgingen.

ERSTE EINSÄTZE

Inzwischen umfaßte die Stärke der Luftwaffe insgesamt elf Kampfgeschwaderstäbe mit 30 Kampffliegergruppen zu je drei Staffeln. Mit der Eingliederung Österreichs am 12. März 1938 bekam das Geschwader im Rahmen des ›Fall Otto‹ seinen ersten Mobilmachungsauftrag und mußte sogenannte Papierflüge (›Flugblätter statt Bomben auf Wien‹) durchführen, ein damals übliches Verfahren, um seine Luftmacht zu zeigen und damit auf die ohnmächtige politische Führung und Bevölkerung eines Landes Druck auszuüben. Eine noch heute gelegentlich geübte Form der Machtdemonstration.

Der Luftwaffen-Inspekteur der Kampfflieger (Luftwaffeninspektion 2) nahm am 12. Juli 1938 seine Befugnisse zur Betreuung und Beaufsichtigung sämtlicher Kampfflieger- und Sturzkampffliegerverbände auf. Ihm unterstanden fachlich die Kampffliegerschulen, die Fliegerwaffenschulen (E), die Navigationsschule Anklam, die gesamte Navigations- und Bombenwurfausbildung der Fliegertruppe mit dem Ziel, eine einheitliche Ausbildung und Weiterbildung des fliegenden und beteiligten Bodenpersonals zu erreichen.

Nachdem Österreich Teil des Deutschen Reiches geworden war, hatten die Besatzungen des Geschwaders endlich legal Gelegenheit, die bis dahin nur am föhnigen Horizont schimmernde Alpenketten zwischen Innsbruck und Graz zu bewundern und Gebirgsflugerfahrungen sammeln zu können.

Die Vorbereitungen auf das Große Herbstmanöver 1938 stellte höchste Anforderungen an fliegendes und technisches Personal.

Kommandierender General und Befehlshaber im Luftwaffengruppenkommando 3 München war der bereits während des Spanienfeldzuges bekannt gewordene und dem Geschwader später als Luftflottenchef verbundene Generalmajor Hugo Sperrle.

Das Vermögen zu fliegerischer Disziplin, das Können und der Leistungsstand des Geschwaders in Navigation und Verbandsflug kamen am 12. September 1938 über dem Reichsparteitaggelände am Dutzendteich bei Nürnberg für jeden sichtbar zum Ausdruck, als die mit Do 17 E ausgerüsteten Staffeln im Großverband und Tiefflug ihre Parade flogen, zum Erstaunen und zur Begeisterung der deutschen und auch kritischen ausländischen Zuschauer.

Der Oberbefehlshaber der Luftwaffe drückte seine Anerkennung aus und verlieh dem schnellsten Kampfgeschwader der Luftwaffe, dem KG 255 ›Alpengeschwader‹, für seine Gruppen Feldzeichen, Pflanzen der Alpenflora:

I. Gruppe	›Alpenrose‹
II. Gruppe	›Enzian‹
III. Gruppe	›Edelweiß‹

Diese Zeichen prangten schon beim Rückflug an den Flugzeugen der jeweiligen Gruppen und wurden bald in ganz Deutschland bekannt. Das Schild am Fahnenschaft der Geschwaderfahne trug die Inschrift:

»Dein Leben ist gebunden an das Leben Deines Volkes.«

Oberst Wolfgang von Stutterheim, einer der tapfersten Offiziere des Garde du Corps und Pour-le-Mérite-Träger des 1. Weltkrieges, übernahm die II. Gruppe und löste Dr. Fisser ab, der unter Beförderung zum Oberst Kommodore wurde (Febr. 1939 — 26. 3. 1940) und wiederum dem zweiten Kommodore, Oberst Ritter von Lex (16. 11. 1938 — Febr. 1939) nachfolgte. Oberst von Stutterheim führte später die III./KG 77 — hervorgegangen aus der II./KG 255 — im Polenfeldzug.

Nach den Maßnahmen der ›Planstudie Grün‹ verlegte das Geschwader auf das Stichwort ›Geschwadertag, Tag, Uhrzeit‹ in grenznahe Absprunghäfen, um am 10. Oktober 1938 auf das Kodewort ›Sternflug‹ hin Einsätze in die Tschechoslowakei zur Annektion der deutschbesiedelten Gebiete des Sudetenlandes zu fliegen. Flugblätter statt Bomben waren auch hier wieder die ›Bewaffnung‹.

Danach übernahm Major i.G. Korte von Oberstleutnant Mälzer die I. Gruppe als Kommandeur. Diese Gruppe führte als Mustergruppe für die Luftwaffe besondere Einsätze, Verlade- und Marschübungen zur Ausbildung der neugeschaffenen Flughafenbetriebskompanien durch, wobei sich Oberleutnant Fritz Uhl als FBK-Chef sehr verdient gemacht hatte und von höchster Stelle Anerkennung erhielt.

Am 8. März 1939 startete um 15.25 h die Besatzung der Ju 52, taktische Kennung 54 + 25, mit sieben Funkern zu einem Schulflug im Rahmen der Bordfunkerausbildung in Frankfurt/Rhein-Main mit dem Ziel Landsberg. Es war ein schöner kühler Frühlingstag mit nur einigen harmlosen Stratocumulus Wolken. Als die Donau »irgendwo« auftauchte, gerieten sie in mehrere Schneeschauer, die der Besatzung erst Schwierigkeiten bereiteten, nachdem durch widersprüchliche Funkpeilungen von Stuttgart und München der ausbildende Bordfunker Puls unruhig und sogleich hellwach wurde. München meldete, man stünde im Raume Linz, also ostwärts von München, dagegen beruhigte Stuttgart, man befände sich südlich vom Platz in unbekannter Entfernung. Also ein typisches Flieger-Mißgeschick, das einen immer dann ereilt, wenn man seiner Sache sicher, ohne der Navigation viel Aufmerksamkeit zu schenken, auf der bekannten »Ölspur« dem heimatlichen Hafen zuzusteuern glaubt.

Der langen Rede kurzer Sinn: man fand sich plötzlich zwischen hohen Bergen und tiefliegenden Wolken im Inntal wieder. Die alte treue Ju schepperte schwer bei zunehmender Vereisung. Die Position war inzwischen ermittelt, nur ein hoher Berg war noch zu überfliegen, die Dämmerung stieg auf, alles glaubte, bald heimatliche Gefilde erreichen zu können.

Die winterliche Stille am Hochmiesing im Rotwandgebirge wurde um 17.25 h durch den Aufschlag der völlig vereisten Ju 52 zerrissen. Die Motoren machten sich selbständig und taumelten den steilen Hang hinab, während die Besatzung, teils schwerverletzt, herausgeschleudert wurde und sich nur mit Schwimmbewegungen aus den Schneemassen lösen konnte. Dank der Aufmerksamkeit einer nahegelegenen Wehrmachtshüttenbesatzung konnten noch am Abend alle gerettet werden. Ein junger Funker erlag leider jedoch später seinen schweren inneren Verletzungen.

Am 1. Mai 1939 mußte das Geschwader im Rahmen einer weiteren Zellteilung eine Einbuße hinnehmen. Die II. Gruppe ›Enzian‹ in Leipheim wurde geschlossen aus dem Verband heraus- und aufgelöst und nach Königgrätz verlegt, um als III. Gruppe das Fundament für das künftige Kampfgeschwader 77 abzugeben. In Königgrätz wurde diese Gruppe von der Mobilmachung überrascht und war schon im Polenfeldzug voll im Einsatz.

Vom 15. bis 25. Mai 1939 führte die I./KG 255 eine längere Übung vom E-Hafen Bad Wörishofen aus durch. Der auf Fremdenverkehr eingestellte, freundliche Kurort sorgte für entsprechende Abwechslung aller. Alle waren froh, gelegentlich aus den feldmäßigen Baracken zu entkommen, um einmal wieder gepflegte Tapeten zu sehen. Zum allgemeinen Erstaunen wurde am 1. Mai 1939 verfügt, daß neue Geschwaderbezeichnungen, en bloc, den bestehenden Luftflotten zugewiesen wurden. Die Maschinen mußten umgespritzt werden.

Es erhielten:

Luftflotte 1	Geschwader Nr. 1 — 25
Luftflotte 2	Geschwader Nr. 26 — 50
Luftflotte 3	Geschwader Nr. 51 — 75
Luftflotte 4	Geschwader Nr. 76 — 100

Es bestanden jetzt die Geschwaderstäbe KG 1 ›Hindenburg‹, 2, 3, 4 ›General Wever‹, 26, 27 ›Boelcke‹, 51, 53 ›Legion Condor‹, 54, 55, 76 und 77. Ebenfalls als KG zählte der Stab des Lehrgeschwaders 1. Unter diesen 13 Geschwaderstäben, denen jeweils eine Stabsstaffel fest unterstellt war, gab es 30 Kampfgruppen mit insgesamt 90 Kampfstaffeln.

Es waren dies:

Standort	neue Bezeichnung	Name	alte Bezeichnung bzw. hervorgegangen aus
Neubrandenburg Kolberg	I./KG 1	›Hindenburg‹	IV./152
Sprottau/Liegnitz	I./KG 2	›Holzhammer‹	II./252
Liegnitz	II./KG 2		II./252
Elbing/Heiligenbeil	II./KG 3	›Blitz‹	II./153
Heiligenbeil	III./KG 3		III./153
Gotha	I./KG 4	›General Wever‹	I./253
Erfurt	II./KG 4		II./253
Nordhausen	III./KG 4		III./253
Lübeck-Blankensee	I./KG 26	›Löwen‹	I./257
Lüneburg	II./KG 26		II./257
Hannover-Langenhagen	I./KG 27	›Boelcke‹	I./157
Wunstorf	II./KG 27		II./157
Delmenhorst	III./KG 27		III./157
Gütersloh	II./KG 28		II./254
Landsberg	I./KG 51	›Alpengeschwader‹	I./153/255
Memmingen	III./KG 51		III./153/255

51

Standort	neue Bezeichnung	Name	alte Bezeichnung bzw. hervorgegangen aus
Ansbach	I./KG 53	›Legion Condor‹	I./355
Schwäbisch Hall	II./KG 53		II./355
Giebelstadt	III./KG 53		III./355
Fritzlar	I./KG 54	›Totenkopf‹	I./254
Langendiebach	I./KG 55	›Greifen‹	I./155
Gießen	II./KG 55		II./155
Wiener-Neustadt	I./KG 76		I./158
Wels	III./KG 76		III./158
Prag-Kbely	I./KG 77		I./153
Brünn	II./KG 77		II./158
Königgrätz/Olmütz	III./KG 77		II./255
Schwerin	II./LG 1		II./LG 1
Greifswald	III./LG 1		III./LG 1
Neubrandenburg	I./LG 3		I./152

Wie man sieht, waren die Gruppen fast gleichmäßig auf die Luftflotten verteilt. Bereits am 1. August 1939 überraschte den Verband eine weitere Neuigkeit in einer so ruhigen Zeit, wie sie vor Stürmen zu herrschen pflegt. Das ›Alpengeschwader‹ mußte sich unerwartet von der liebgewonnenen Do 17 trennen und erhielt den Befehl, kurzfristig und schnellstmöglich auf die He 111 umzurüsten. Diese schnelle Umrüstung innerhalb von nur zwei Wochen (15. 8. bis 30. 8. 1939 I./KG 51 in Landsberg, III./KG 51 in Memmingen) stellte an alle Geschwaderangehörigen, vornehmlich an die fliegenden Besatzungen und an das technische Personal erhebliche Anforderungen. Zum Umschulungsprogramm gehörten nach Kriegsausbruch auch Flugblatteinsätze nach Frankreich bis in den Raum Dijon, die nicht eines gewissen Nervenkitzels entbehrten. Am Mobilmachungstag stand die I. Gruppe mit 36 Besatzungen auf He 111 voll einsatzbereit der Luftflotte 3 wieder zur Verfügung. »Warum so hastig«, fragte sich jeder im Bereich der 5. Fliegerdivision München unter Generalmajor Ritter von Greim? Die Antwort darauf kam noch im gleichen Monat August 1939, am Mobilmachungstag für den Polenfeldzug, der den 2. Weltkrieg einleitete, wie wir inzwischen wissen. Niemand wagte an solch schreckliche Konsequenzen zu denken, die diese Entscheidung in der Folgezeit mit sich bringen sollte.

An diesem schicksalsschweren Tage wurde die Bezeichnung KG 255 ›Alpengeschwader‹ mit der taktischen Kennung ›54 +‹ endgültig gestrichen und in KG 51 ›Edelweiß‹ mit der Kennung ›9 K +‹

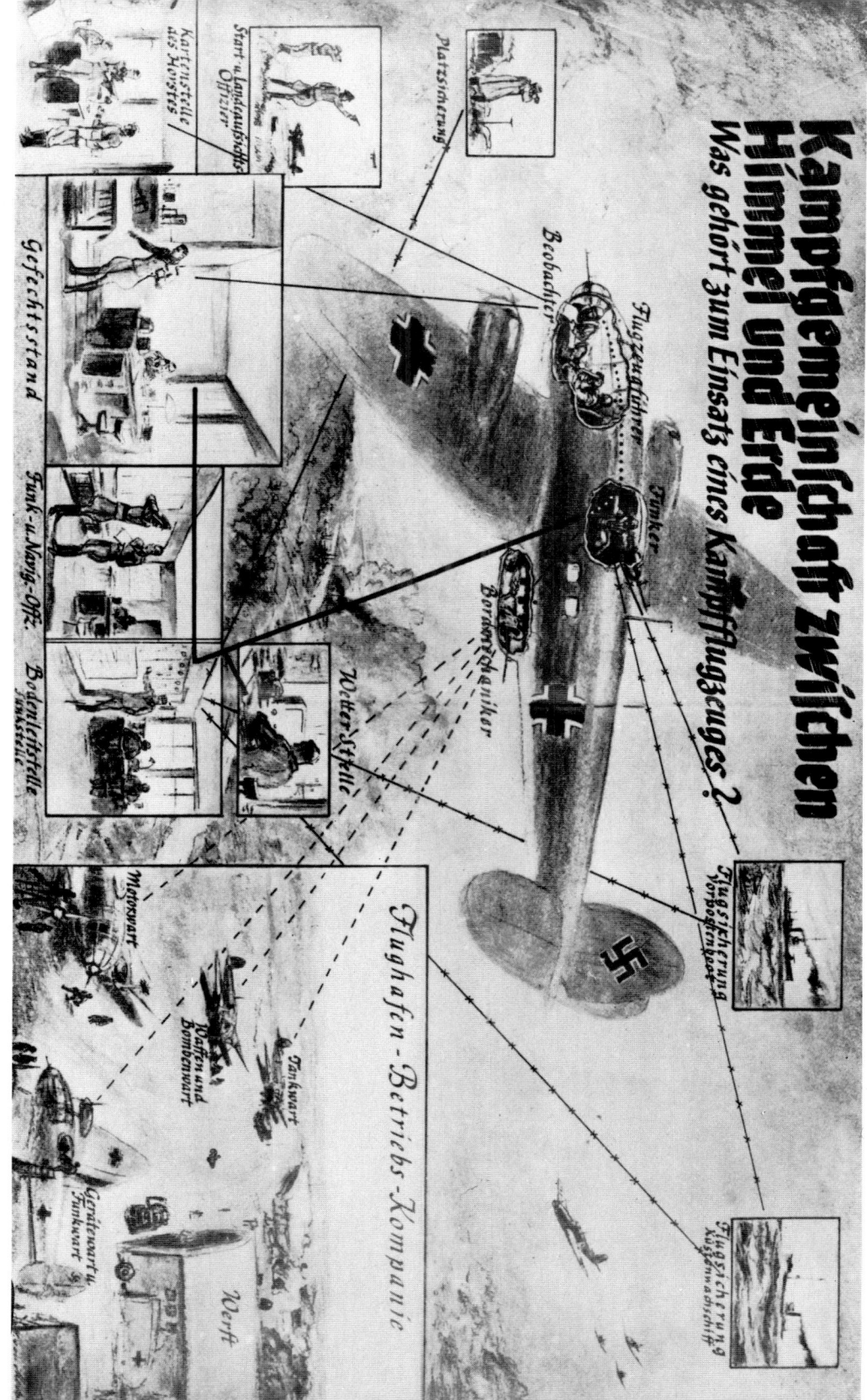

Kampfgemeinſchaft zwiſchen Himmel und Erde

Was gehört zum Einſatz eines Kampfflugzeuges?

Start u. Landeaufſichts-
Offizier

Kartenſtelle
des Horſtes

Platzſicherung

Beobachter

Flugzeugführer

Funker

Bordmechaniker

Gefechtsſtand

Funk-u.Navig-Offz.

Bodenleitſtelle
Funkſtelle

Wetter-Stelle

Flugſicherung
Vorpoſtenboot

Flugſicherung
Küſtenausſchiff

Motorwart

Waffen und
Bombenwart

Tankwart

Gerätewart u.
Funkwart

Werft

Flughafen - Betriebs - Kompanie

He 111 H des KG 51 beim Anflug über
Frankreich, Mai 1940.

Oberleutnant d. R. Dr. Stahl in seiner mit
selbstkonstruierten Flammenwerfern ausgerüsteten Ju 88 A 1 über Villaroche, Oktober
1940.

Mancher »Funktioner« wie hier Uffz. Zepf (r.)
konnte gar nicht genug Feindflüge bekommen.
Diese Männer waren die stille Reserve für
Besatzungen, bei denen einzelne durch Krankheit ausfielen.

Generalfeldmarschall Hugo Sperrle
am 12. November 1940 in der Zeppelin-Halle
zu Paris-Orly. Es meldet Major Marienfeld,
Kommandeur III./KG 51 (links). Rechts
Kommodore Oberstleutnant Schulz-Heyn.

Hauptmann Kurt von Greiff (l.) meldet GFM Sperrle seine I. Gruppe.
Mitte Hauptmann Endres, Geschwaderadjutant.

Ein Treffer-
wirkungsbild
kurz nach dem
Angriff auf den
französischen
Flugplatz
Romorantin,
1940.

Ju 88 A 1 des
KG 51 beim Ab-
bremsen der
Motoren vor dem
Nachtstart auf
Ziele in England,
1940.

Treffer im Hafen
von Portsmouth,
1940.

umgewandelt. Das Zeichen der III. Gruppe Memmingen wurde damit zu Kriegsbeginn das gemeinsame Geschwaderwappen, das der Verband den ganzen Krieg hindurch auf fast allen Kriegsschauplätzen führte und ihm den allgemein bekannten Namen ›Edelweißgeschwader‹ gab.

DER SCHWARZE TAG VON NEUHAUSEN OB ECK

Brütende Hitze lag am 27. September 1939 über dem abgelegenen E-Hafen Neuhausen bei Tuttlingen, wo von der III. Gruppe die 9. Staffel mit dem 3. Zug der 7. FBK horstete. Am Nachmittag sollte eine Beladeübung gemacht werden. Um 14.00 h wurden 50 kg Bomben mit Zünder 15 geladen. Mit einem LKW fuhr man vorsichtig 20 am Rollfeld lagernde Bomben zur 9 K + LT. Mit ganz besonderer Umsicht entluden die Helfer die Bomben. Sie waren noch nicht sonderlich vertraut mit ihnen und hatten sicher ein typisch ungutes Gefühl im »Bauche«. An einer Bombe war auf dem Leitwerk mit Kreide vermerkt »Zünder unbrauchbar«. Bei der nächsten LKW-Fahrt brachte man außer den 20 Bomben für die etwa 120 m entfernt stehende 9 K + FT eine 21., die dann zur 9 K + LT von einem Mann getragen wurde.
Aufgeregt kam der Munitionsverwalter, Obergefreiter Kropp, mit einem Fahrrad angefahren und sagte: »Wo sind die vier Bomben mit den unbrauchbaren Zündern?« Er wollte das Beladen verhindern. Da diese nicht mehr bei der 9 K + FT lagen, konnten sie nur bei der 9 K + LT sein. Der LKW folgte. Man fand sie und lud sie geschultert auf die Pritsche des Wagens. Die dritte Bombe flog mit Schwung auf die Ladefläche und detonierte mit ohrenbetäubendem Knall. Es war gerade 14.30 h.
Oberfeldwebel Schaale von der 9. Staffel prüfte zu diesem Zeitpunkt die beiden Reihenabwurfautomaten (RAB), während Unteroffizier Held die Schloßplatten im Rumpf der 9 K + LT schmierte. Mit ihnen wurden auch Männer des Betriebspersonals der FBK getötet bzw. verletzt. Der linke Tank wurde durch Splitter getroffen. Durch das auslaufende Flugbenzin fing die Maschine alsbald Feuer und brannte vollständig aus.
Durch die Detonation und die am Himmel stehende schwarze Qualmwolke aufgeschreckt eilten Soldaten aller Einheiten zur Unfallstelle und versuchten zu retten, was noch zu retten war, und

dies unter höchster Lebensgefahr und Einsatz ihres Lebens. Flugzeugführer und Warte rollten eiligst nahestehende Maschinen in Sicherheit. Der Staffelkapitän, Hauptmann Brandt, rief alle Hilfsmannschaften danach zurück, weil die starke Hitze ein Löschen des Brandes nicht zuließ und weitere Explosionsgefahr bestand.

Bereits um 15.00 h detonierten in kurzen Abständen siebzehn weitere Bomben. Sie verursachten weitere furchtbare Verwüstungen. Sofort wurden in Neuhausen, Memmingen, Baltringen und Landsberg alle Bomben überprüft und teilweise ausgesondert. Bei einigen fehlten die Zünderhalteschrauben oder aber die Federn der Zünderkontaktstifte waren lahm bzw. korrodiert.

Wahrscheinlich waren die Zünder der Unglücksbomben zwar aufgeladen aber nicht mehr entladen worden, somit waren die Bomben scharf und mußten bei der geringsten Wurferschütterung hochgehen.

Die ersten Kriegsverluste in heimatlichen Gefilden trafen den Verband schwer. Es fanden an diesem Tage den Tod:

Oberfeldwebel	Schaale	9. Staffel
Unteroffizier	Wittmer	7. FBK
Unteroffizier	Albrecht	7. FBK
Unteroffizier	Hering	7. FBK
Gefreiter	Reichel	7. FBK
Gefreiter	Fischer	7. FBK
Flieger	Bergmann	7. FBK
Flieger	Schwitz	7. FBK
Flieger	Grünsch	7. FBK
Flieger	Hank	7. FBK
Obergefreiter	Kropp	Horstkompanie (E) Neuhausen o. E.

Im Westen und gegen England

DER ›SITZKRIEG‹

Das kleine, einen grauen Wasserturm umgebende Wäldchen am Westrand des Rollfeldes von Memmingerberg erschien von der Natur, ohne Berücksichtigung irgendwelcher fliegerischer Belange, an die unpassendste Stelle gesetzt. Niemand konnte ahnen, daß dieses Wahrzeichen Memmingerbergs später vielen vom Überland- und Feindflug Heimkehrenden das frohe Gefühl geben würde, wieder daheim zu sein. Manchmal, beim Nachtflug allerdings, standen den an der Startflagge stehenden, aufsichtführenden Fliegern die Haare zu Berge, wenn die Positionslichter einschwebender ›Vögel‹ vor dem Aufsetzen nocheinmal in der Senke, welche sich gen Westen zur Freien und Reichsstadt Memmingen hinzog, verschwanden. Auch heute noch soll das zuweilen mit modernen Jagdbombern zu beobachten sein.
Nun, wir kamen immerhin aus dem prächtigen Fliegerhorst Altenburg, dessen Unterkünfte sich so harmonisch in den sanftansteigenden Hang des Leina-Waldes eingefügt hatten. Kein Wunder also, wenn unsere Augen etwas skeptisch auf das Durcheinander der Baustelle Memmingerberg blickten. Doch die wandernden und suchenden Augen wurden bald versöhnt. Da ragten die vielen, markanten Türme der freien Reichsstadt aus dem Tal, da leuchtete die Klosterkirche von Ottobeuren über ein naheliegendes Wäldchen bei dem Dorf Hawangen, da zog sich das vielfältige, frische Grün hügelan zur Silhouette der Berge, die mancheiner vorher noch nie gesehen hatte. Kurzum, hier schien es gut, die Zelte aufzuschlagen. Kaum waren zwei Jahre vergangen, war einer der schönsten Fliegerhorste entstanden; wer hat seinen Fliegerhorst nicht als den schönsten bezeichnet! — Auch das soll heute noch so sein —. Zwischen den Unterkünften und Hallen fanden Bäume und Sträucher guten Nährboden zum Wachstum. Der zustehende Feuerlöschteich hatte rein zufällig, dank einer rührigen Bauleitung, Form

und Ausmaße eines großen, regelrechten Schwimmbades erhalten, und auf dem Sportplatz war inzwischen manches Fußballtor gefallen. An der Kirchentür und am Anschlag des Standesamtes gehörten indes Aufgebote von Fliegern aus nördlichen Gefilden und schönen Memminger Bürgermädchen schon längst nicht mehr zu den besonderen Neuigkeiten.

Die Besatzungen hatten sich die reizvolle Landschaft vom Säntis (!) bis ins Salzburgische erschlossen. Die treue, geräumige Ju 52 mit dem auskurbelbaren Beobachtertopf war dem ›fliegenden Bleistift‹, der Do 17 E, gewichen. Das war ein Flugzeug so recht nach den Herzen der jungen Flieger. Wer erinnert sich nicht des aufregenden Fluges über Wien nach Innsbruck, als wir mit dem letzten Tropfen Sprit nach Hause kamen? Wer hat den ›Tag der Luftwaffe‹ vergessen, an dem sich die Bevölkerung aus dem Stadt- und Landkreis auf dem Fliegerhorst einfand, die Köpfe vor den tieffliegenden Formationen einzog, sich vor den zur Besichtigung freigegebenen Flugzeugen drängte, sich in Fliegerkombination und mit Fallschirm für 50 Reichspfennige fotografieren ließ, und vor dem ›Fieseler Storch‹ in die Knie ging, an dessen Sporn sich beim Start die Telefonleitung einschließlich des damit verbundenen Apparates verfangen hatte? Es waren Zeiten fliegerischer Freude, wenngleich schon damals hin und wieder guten Kameraden das letzte Geleit gegeben werden mußte.

KRIEGSBEGINN

Für viele von uns kam der Kriegsbeginn am 1. September 1939 überraschend. Trotz der intensiven kriegsmäßigen Ausbildung hatten wohl die meisten gehofft, daß die Luftwaffe — gerade weil sie so schlagkräftig war — als eine Art »Fleet in being« die Sicherung des Friedens mit gewährleisten sollte.

Nun wurde der Mobilmachungskalender aus dem Panzerschrank geholt und bestimmte plötzlich Ausgangspunkt und Ablaufplan aller Handlungen.

Die ersten Monate des Krieges waren für das Geschwader vornehmlich mit kriegsmäßigen Verlegeübungen, Bombenwurfübungen, Tarnung und Verbandsflug ausgefüllt, weil es nicht am Polenfeldzug teilnahm.

Die Tarnung unserer Flugzeuge auf den E-Häfen war teilweise so ausgezeichnet, daß der aus der Luft inspizierende Kommandierende General, Ritter von Greim, die z. B. in Neuhausen ob Eck vorgesehene Landung unterließ, weil er glaubte, sein Verlegebefehl sei nicht ausgeführt worden. Er hatte die im Wald getarnten Maschinen nicht entdecken können.

Durch die Verlegungen und Tarnmaßnahmen auf den schon vorher bekannten E-Häfen Biberach, Bad Wörishofen, Reichenbach, Unterschlauersbach und Baltringen wollte man möglichen französischen Bombenangriffen auf die eigenen Friedensfliegerhorste zuvorkommen. In Landsberg beispielsweise malte man auf die Flugzeughallentore schöne dunkle Tannenbäume, um einen Wald vorzutäuschen. Eines Abends pinselte ein Spaßvogel in einen solchen ›Wald‹ ein überlebensgroßes, farbenfrohes Rotkäppchen mit dem Wolf hinein. Sehr zum Vergnügen der überraschten Soldaten, zum Entsetzen des sauer reagierenden Luftgaues. Der Spaßvogel war der Kapitän der 7. Staffel, Hptm. Joachim Poetter. Disziplinar ist dieser Fall inzwischen ja verjährt und darf erwähnt werden!

Die Einsätze, die das Geschwader in dieser ersten Phase des Krieges durchführte, waren etwas ungewöhnlich. Es waren die sogenannten ›Papierflüge‹. Einer dieser Einsätze brachte uns wegen der extremen meteorologischen Verhältnisse wertvolle und traurige Erfahrungen. Hierzu der folgende Bericht des Staffelkapitäns der 7. Staffel, Hptm. Poetter:

DER PROPAGANDAEINSATZ DES KG 51 AM 17. 11. 1939

Um den Kampfwillen des französischen Gegners zu zersetzen, und um die Reichweite und Kraft der deutschen Bomber zu demonstrieren, wurde von Zeit zu Zeit Propagandamaterial über Frankreich abgeworfen; und zwar während der Zeit zwischen dem Polenfeldzug und dem 10. 5. 1940, dem Beginn der Frankreichoffensive. Das KG 51 wurde hierfür besonders eingesetzt, da es während des Polenfeldzuges als einziges Kampfgeschwader im Südwesten des Reiches zur Sicherung gegen die westlichen Gegner zurückgeblieben war.

Die III. Gruppe lag Mitte November 1939 auf dem E-Hafen Bad Wörishofen. Wir hatten eine Menge Propagandamaterial erhalten, das in Stangenform geschichtet zur Aufhängung in den Bombenschächten vorgesehen war. Nach dem Abwurf sprengte ein kleiner, barometrischer Zünder die Haltebänder des Paketes. Die vielen Tausende von Flugblättern wurden dann vom Wind über große Flächen des feindlichen Landes verteilt. Unter diesen Flugblättern befand sich auch eine Serie recht delikater Großpostkarten. Sie zeigten unter einem weißen Mittelfeld einen gefallenen französischen Soldaten, der in einem Drahtverhau hing. Über dem weißen Mittelfeld stand in großen Buchstaben: »Où le Tommy est-il resté?« Hielt man nun das Ganze gegen das Licht, so sah man in schönen bunten Farben englische Soldaten, die sich mit attraktiven nackten französischen Mädchen amüsierten. Natürlich erfreuten sich diese Bilder auch bei unseren Soldaten großer Beliebtheit.

Am 17. 11. 1939 erschien den Meteorologen die Wetterlage besonders geeignet, um einen größeren Langstreckenpropagandaeinsatz bei Tage zu fliegen. Es wurden 12 Flugzeuge He 111 des Geschwaders eingesetzt. Zielräume waren u. a. Marseille, Bordeaux, Nantes und Brest.

Von der 7. Staffel starteten Olt. Oechsle nach Marseille, Olt. Nölken und ich selber nach Bordeaux. Als Flughöhe war 6-7000 m vorgesehen, oberhalb einer geschlossenen Wolkendecke und bei einem Wind von etwa 70 km/h aus West bis Nordwest — so jedenfalls lautete die Vorhersage.

Um 8.25 Uhr hob unsere Maschine ab. Wir stiegen durch die Wolken auf 7000 m, und nahmen nach Überflug des Funkfeuers auf dem Schwarzwald direkt Kurs auf Bordeaux. Schon bald danach erschienen mir die Rückenpeilungen reichlich unglaubwürdig. Mein Beobachter, Lt.d.R. Stärk war sicher nicht sehr erbaut, daß ich seinen Peilungen nicht traute. Schließlich erschien mir die Peilerei so absurd, daß ich in der Annahme, womöglich einem sagenhaften ›Alpeneffekt‹ aufzusitzen, beschloß, nur noch nach Koppelnavigation weiterzufliegen.

Nach mehreren Stunden hörte die geschlossene Wolkendecke auf. Wir versuchten nun Erdorientierung aufzunehmen. Doch anstatt, wie erwartet, das Meer rechts voraus zu sehen, entdeckten wir links von uns den Golf du Lion, das Mittelmeer. Am Küstensee von Sête konnten wir unseren genauen Standort ausmachen. Ein enorm starker Wind mußte uns weit vom Kurs nach links abgetrieben haben. In Anbetracht der noch nicht genau ermittelten Windverhältnisse, des noch verbliebenen Sprits und der Tatsache, daß auch Marseille als Ziel vorgesehen war, entschloß ich mich, die Flugblätter nordwestlich von Marseille abzuwerfen.

Beim Rückflug nahmen wir Peilungen vom Sender Sottens in der

62

Schweiz und fanden dabei bestätigt, daß ganz ungewöhnlich starke Winde aus Nordwest wehen müßten. Mit einem übergroßen Luvwinkel — die Nase der Maschine zeigte etwa nach Paris — nahmen wir Kurs nach Norden, um nicht die schweizerische Grenze zu verletzen.

Als ich nach einiger Zeit wieder eine Peilung von Lt. Stärk haben wollte, reagierte er nicht. Mit einem Seitenblick stellte ich fest, daß er mit blau angelaufenem Gesicht halb zusammengesunken dasaß. Er war schwer höhenkrank und würde, falls er nicht schnell Sauerstoff bekäme, unweigerlich den Höhentod sterben. (In der Tat war die Sauerstoffzuleitung zugeeist). Wir hatten damals noch nicht viel Erfahrung mit Flügen in sehr großen Höhen, doch wußte ich, daß hier schnelles Heruntergehen auf Höhen um 3000 m vielleicht die einzige Möglichkeit war, den Höhentod zu verhindern. Zwar war ich nicht sicher, ob wir nicht womöglich über den Alpen stünden, hatte aber doch das Gefühl, einer gewissen Sicherheit wegen des enorm großen Luvwinkels, mit dem wir nach Westen vorgehalten hatten.

Wir tauchten also steil in die Wolken ein. Schwere, schlagartige Propellervereisung schüttelte die Maschine, aber in 3500 m auch den ›Patienten‹ wieder wach. Ich flog nun noch eine Weile mit gleichem Kurs weiter und versuchte dabei — nach meiner Meinung vergeblich — »vernünftige« Peilungen aus der Schweiz und vom Schwarzwald zu erhalten. Schließlich, als ich nun auch mir Sorgen um den Sprit zu machen begann, entschloß ich mich — koste es was es wolle — Erdsicht aufzunehmen. Ein Entschluß, der rückwirkend betrachtet jedem Blindflieger dringend abzuraten ist.

In 700 m NN erhielten wir aus den Fetzen schwerer Regenwolken erstmals Erdsicht. Ich ging zum Tiefflug hinunter, hängte mich an eine Bahnlinie und las an einem Bahnhofsschild den Namen ›Mirecourt‹. Wir fanden Mirecourt 60 km westlich der Vogesen. Mit Ostkurs zogen wir in die Wolken, überflogen Vogesen und Schwarzwald und landeten schließlich nach 6 Stunden und 50 Minuten bei wolkenlosem Himmel wieder in Wörishofen. Kurz danach kam Oblt. Nölken nach über 7 Std. fast leergeflogen nach Hause. Er hatte als einziger Bordeaux erreicht und hatte sich, wenn auch zweifelnd, doch auf die Peilungen verlassen.

Die Auswertung aller Flüge kam zu dem Ergebnis, daß der Wind statt 70 km/h eine Stärke von 210 bis 230 km/h aus Nordwest gehabt haben mußte.

Von den 12 gestarteten Flugzeugen hatten fast alle Grenzver-
letzungen der Schweiz oder sogar Italiens begangen. Eine Maschine
war in Italien, eine in der Slowakei gelandet. Der Staffelkapitän
der 8. Staffel, Hptm. Plischke, war in den Alpen an der öster-
reichisch-italienischen Grenze abgestürzt. Seine Besatzung, darunter
der Flugzeugführer, Olt. Henne, landeten mit dem Fallschirm teils
in Österreich teils in Italien. Olt. Oechsle war über den schweize-
rischen Alpen in derart starke Böen geraten, daß sich sein Bord-
mechaniker eine schwere Kopfverletzung zugezogen hatte.
Daß es bei Mistral zu solch hohen Windgeschwindigkeiten kommen
könnte, war in unserer Luftwaffe weithin unbekannt. Ich wurde
daraufhin zu verschiedenen Kampfgeschwadern geschickt, um den
Besatzungen über die Erfahrungen dieses Fluges Vorträge zu halten.
Die beiden ausgezeichneten Besatzungen meiner Staffel, Oblt. Nöl-
ken und Oblt. Oechsle, sind später bei Portsmouth und Odessa
gefallen.

UMRÜSTUNG AUF JU 88

Von März 1940 an beginnt — unser — eines der modernsten
Kampfgeschwader der Luftwaffe mit der I. und II. Gruppe auf den
neuen Bomber Ju 88 in Greifswald und Barth umzuschulen. Pro
Staffel dauert die Einweisung dort teilweise nur eine Woche. Die
weitere Schulung wird im eigenen Horst durchgeführt. Die III.
Gruppe mußte damit jedoch noch etwas warten. Die Einsatzbereitschaft hätte nur gelitten, wenn alle Gruppen gleichzeitig zur Umrüstung herausgelöst worden wären.
So besteigen nicht selten drei Flugzeugführer ohne Beobachter,
Funker und Schütze eine der neuen Ju 88, um sich gegenseitig in
das bisher ungewohnte Sturzangriffsverfahren einzuweisen. Da
das Flugzeug besonders robust für die nach dem Abfangen aus dem
Sturz auftretenden Lastvielfachen ausgelegt war, konnte man ohne
weiteres Kunstflug üben. Ein jeder wird seine »Loopings, Rollen,
Immelmänner und Männchen« gemacht haben, wenn auch nicht
ganz im Rahmen der Legalität, was letztlich hieß, daß er sich
fliegerisch recht »unzüchtig« verhielt. Nun, wer denkt an Moral,
wenn der »Fliegerpfeffer« in Sitzfleisch und Händen juckt!
Die schnelle Umschulung auf das sensible ›Rennpferd‹ forderte
Opfer. So verunglückten tödlich während der Sturzausbildung auf

64

dem Lechfeld die Flugzeugführer Uffz. Stretz, Feldwebel Bier und Uffz. Müller, die bei der Bobinger Kirche den Fliegertod fanden.

Als sich am 27. März 1940 Oberst Kammhuber als neuer Kommodore bei seinem inzwischen nach Memmingen verlegten Geschwaderstab einfand, wußte er um die schwierige Aufgabe der Umrüstung von der He 111 auf die Ju 88. Außer dem KG 30, ›Adlergeschwader‹, das vorwiegend Aufgaben über See zu erfüllen hatte, gab es noch kein ›Landgeschwader‹ mit diesem neuen, schweren Sturzkampfbomber. Seine stille Hoffnung war, daß dem Geschwader nur genügend Zeit bleibe, um sich auf das neue Flugzeugmuster umzustellen, bevor es seine Bewährungsprobe im Einsatz an der Front zu bestehen hatte.

Diese Hoffnung wurde nur zum Teil erfüllt. Anfang April kamen die ersten neuen Maschinen. Die bereits mit Ju 88 versehenen Schwärme mußten auf Flugplätze mit längerer Startbahn und Nachtbefeuerung verlegen. Der Geschwaderstab verlegte nach Lechfeld, während die wieder neu aufgestellte II. Gruppe nach Fürstenfeldbruck kam; die für den Nachteinsatz vorgesehenen Teile richteten sich in München-Riem ein. Die 1. und 2. Staffel der I. Gruppe und die III. Gruppe mit ihren eingespielten Besatzungen auf der He 111 H verblieben zunächst in Landsberg bzw. Memmingen, während drei Ketten (Pflüger, Schallenberg, Graf) der 3. Staffel auf Ju 88 erst Ende Mai in Lechfeld ihre Umschulung abschlossen.

WAS GESCHAH INZWISCHEN AN ANDEREN FRONTEN?

Am Polen- und Norwegenfeldzug nahm das Geschwader nicht teil. Der Ablauf der Ereignisse auf diesen Kriegsschauplätzen wird zur Abrundung und Erinnerung nur kurz geschildert, um den Anschluß an die Ereignisse auf dem Balkan und in Rußland zu bekommen. Im nebligen Morgengrauen des 1. Septembers 1939 begann um 4.45 h ohne Kriegserklärung der Feldzug gegen Polen und damit der Zweite Weltkrieg.

Oberleutnant Bruno Dilley, Kapitän der 3. Staffel im Stukageschwader 1 greift mit seiner Kette Ju 87 fünfzehn Minuten vor der X-Zeit die Dirschauer Weichselbrücken an. Deutsche Bomberstaffeln stoßen weit in das polnische Hinterland vor. Deutsche Jäger und Zerstörer erringen innerhalb von Tagen die absolute Luftherrschaft über Polen.

Die Luftflotte 1 unter General der Flieger Kesselring und die Luftflotte 4 unter Generaloberst Löhr unterstützten die deutschen Heeresdivisionen der 3. und 4. Armee, die jeden Widerstand am Boden brechen.

Am 27. September 1939 bereits kapituliert, nach massierten Erd- und Luftangriffen, Warschau, die Hauptstadt Polens. Einen Tag später fällt im Verlaufe der Abschlußgefechte ostwärts der Weichsel die Festung Modlin. Am 6. Oktober bricht nach nur fünfwöchigem Kampf der letzte Widerstand — trotz heldenhaftem Kampfe der zähen polnischen Armee — zusammen.

Obwohl technisch unterlegen, flogen die Besatzungen der Flieger-regimenter 1, 3 und 4 der polnischen Bomberbrigade mit ihren veralteten Potez 25 und P-37 bis zum 16. September störende Tiefangriffe gegen deutsche Truppen.

Die ›Kooperation‹ (direkte und indirekte Heeresunterstützung durch die Luftwaffe) trug entscheidend zum raschen Verlauf des Feldzuges bei. Den Gegner lähmten weniger die Bombenangriffe auf Fabrikationsstätten und Flugplätze als die Abschnürung seiner Nachschub-, Verkehrs- und Nachrichtenverbindungen.

Auf *kurzer* Versorgungslinie an *einer* Front bewährte sich das Konzept des zeitlich und räumlich begrenzten ›Blitzkrieges‹.

Der Vollständigkeit halber sei erwähnt, daß Warschau keine ›offe-ne‹ Stadt war, sondern erst nach fünfmaliger Kapitulationsauf-forderung und einem einzigen schweren Luftangriff mit 1 150 Flugzeugen (25. 9. 1939) den Kampf aufgab.

Die Luftwaffe verlor insgesamt 78 Kampfflugzeuge und 734 Soldaten.

Dann trat bis zum Frühjahr 1940 für die deutsche Wehrmacht eine längere Atempause ein.

Nur im »nassen Dreieck der Nordsee« begannen deutsche Kampf-verbände Kriegsschiffe in britischen Häfen und vor der langge-streckten Ostküste Englands anzugreifen.

Kurz vor Weihnachten kam es am 18. Dezember 1939 zur Luft-schlacht über der Deutschen Bucht. Ein Verband britischer Welling-ton-Bomber flog im Rahmen bewaffneter Aufklärung Wilhelms-haven an.

Aus dem nordwestdeutschen Raum und von den nordfriesischen Inseln drangen deutsche Kampfflugzeuge im Februar 1940 bis in die Schlupfwinkel der Home Fleet nach Scapa Flow und in den Firth of Forth (Schottland) vor.

Das ›Löwengeschwader‹, KG 26, und ›Adlergeschwader‹, KG 30, verfügten über die bestausgebildeten Ju 88-Kampfbesatzungen für diese Einsätze, die der britischen Flotte zeigten, daß sie nicht mehr unangreifbar war.

Der englische Flugzeugträger ›Ark Royal‹ wurde nicht mit einer deutschen 500 kg Fliegerbombe versenkt, trotz des anderslautenden Wehrmachtberichts des OKW vom 27. 9. 1939. Der beteiligte Flugzeugführer wurde entgegen seiner ordnungsgemäßen Negativmeldungen unmittelbar vom Gefreiten zum Leutnant befördert.

Nachdem der am 30. November 1939 begonnene sowjetisch-finnische Winterkrieg mit dem Moskauer Friedensvertrag vom 12. März 1940 beendet worden war, wurde das Oberkommando der Wehrmacht durch die offensive, politische Aktivität der Alliierten im skandinavischen Raum beunruhigt.

Der Oberste Alliierte Kriegsrat beschloß am 28. März 1940, die norwegischen Gewässer zu verminen und Truppen in Narvik, Drontheim, Bergen und Stavanger zu landen, um die Kontrolle über die schwedischen Erzgruben von Gällivare zu erlangen.

Aufgrund dieser bedrohlichen Entwicklung wurde deutscherseits in Hamburg der Sonderstab »Weserübung« gebildet. Die oberste Führung war sich bewußt, daß bei der Besetzung der Schlüsselpositionen in Dänemark und Norwegen Stunden über Erfolg oder Mißerfolg entscheiden würden.

Zur festgelegten »Weserzeit 5.30 h« starteten in den frühen, nebligtrüben Morgen des 9. April 1940 die ersten Transportfliegerverbände des ›Lufttransportchef Land‹, Oberstleutnant Freiherr von Gablenz, der über eine Flotte von ca. 500 Transportflugzeugen verfügte.

Bereits vom 3. April an befanden sich Schiffe der deutschen ›Ausfuhrstaffel‹ und die Flotte unter Admiral Günter Lütjens gleichzeitig mit den britischen Kriegsschiffen des Admirals Sir Charles Forbes in See.

Wenn auch alle deutschen Verbände — begünstigt durch das diesige Wetter — die norwegische Küste erreichten, so stießen die deutschen Truppen in Oslo, Stavanger und Bergen doch auf heftigen Widerstand, während sich Dänemark unter Bombendrohung kampflos ergab, als Überlebensmaßnahme ergeben mußte.

Der Kampf um den Flugplatz Oslo-Fornebu ging erst nach schweren Luft- und Erdkämpfen zu Gunsten der deutschen Truppen aus.

Am Abend dieses Tages war Oslo in deutscher Hand.

Mit dem zunächst durch Wetter verzögerten Absprung deutscher Fallschirmjäger über Stavanger-Sola lüftete die Wehrmacht erstmals das Geheimnis der deutschen Fallschirmtruppe.

Die Alliierten landeten ihr Expeditionskorps beiderseits Drontheim und bei Narvik. Sie wurden aber wieder aus Drontheim verjagt. Nur um Narvik tobte unter der Führung des beliebten Gebirgsjägergenerals Dietl der Kampf weiter. Die Schlußkämpfe um Narvik waren erst erfolgreich, als am 13. Mai 1940 die Landverbindung zur Gruppe Dietl hergestellt werden konnte.

Die norwegischen Streitkräfte kapitulierten am 10. Juni 1940. Zuvor hatten sich die britischen Streitkräfte vom 3. bis 7. Juni eingeschifft. Das britische Kabinett hatte sich entschlossen, das mißglückte Norwegenunternehmen abzubrechen.

Diese Operationen verliefen jedoch ganz im Schatten der Ereignisse der ersten Maitage des Jahres 1940, als die Welt wiederum den Atem anhielt. Der Feldzug im Westen hatte begonnen.

DER FRANKREICHFELDZUG

Bis zum 9. Mai 1940 hatten Besatzungen des Geschwaders bereits mehrfach in unfriedlicher Mission die französische Grenze überflogen.

Aufklärungs- und ›Papier‹-Flüge (Flugblattaktionen) in den zukünftigen Kampfräumen wie Besançon, Luxeuil, Lure, Epinal, Bourges und sogar bis Bordeaux und Marseille, übten die Besatzungen über fremdem Terrain unter fast kriegsmäßigen Bedingungen, abgesehen von der navigatorischen Übung und dem Vertrautwerden mit dem eigenen neuen Fluggerät. Höhenflüge im Schutze der Nacht und der Wolken waren die Regel.

Die III. Gruppe flog in den Abendstunden des 6. November 1939 ihren 1. Frankreicheinsatz mit den Besatzungen:

in der He 111 9 K + BD
Oberleutnant Schwegler, Oberstleutnant Stoeckl, Oberfeldwebel Lubrich, Unteroffizier Görres
in der He 111 9 K + AT
Hauptmann Brandt, Feldwebel Müller, Unteroffizier Herrmann, Unteroffizier Müller

Es wurden 14 Stangen (600 kg) Flugblätter aus 4 000 m Höhe über dem Raum Bourges — Monluçon — Râonne — Autun abgeworfen. Die leichte französische Flakabwehr störte in dieser Nacht kaum. Bis zum Vorabend des neuen ›Blitzes‹ hatte z. B. die III. Gruppe ihren 18. Frankreicheinsatz ohne nennenswerte Verluste geflogen. Das Geschwader war trotz der laufenden Umschul- und Umrüstmaßnahmen im Zusammenhang mit der Ju 88 für seine bevorstehenden Aufgaben im Westen wohl vorbereitet, wenn auch der Klarstand der Maschinen (He 111 — 63 %, Ju 88 — 53 % einsetzbar) unter dem allgemeinen Durchschnitt der Luftwaffe lag. Es war für alle kein leichtes, vielmehr eine Leistung, zwei Typen d. h. 67 He 111 und 75 Ju 88, also insgesamt 142 Flugzeuge auf fünf verschiedenen Horsten (Landsberg, Bad Wörishofen, Lechfeld, Fürstenfeldbruck, München) mit dem wenigen vollausgebildeten Personal in den Griff zu bekommen.

Am 17. April 1940 gab der Geschwaderstab den »Befehl für den Beginn der Abwehrschlacht« heraus. Er umfaßte zehn engbeschriebene Schreibmaschinenseiten und war wohl der erste und letzte so ausführliche Befehl unseres Geschwaders im Kriege; man hatte damals noch Zeit dafür.

Drei Möglichkeiten des Einsatzes waren vorgesehen. Fall A, B und C, wobei aufgrund der zugänglichen Quellen wohl später nach Fall C verfahren wurde.

Da normalerweise nicht alle Geschwaderangehörigen diese Einsatzbefehle, die der Geschwader I a herausgab, zu Gesicht bekamen, werden Auszüge des Gruppenbefehls der III. Gruppe im folgenden erstmals veröffentlicht:

KG 51   Gefechtsstand, 17. 04. 40
Abteilung I a   (Memmingen)

Gruppenbefehl für den Beginn der Abwehrschlacht

1. *Erd- und Luftlage* unverändert.
2. Die *deutsche Wehrmacht* wird einen franz.-englischen Angriff durch sofortigen Gegenangriff abwehren.
3. *Luftflotte 3* unterstützt hierbei das Heer unter scharfer Zusammenfassung an den Schwerpunkten.

Es kommt darauf an:

a) Einen *planmäßigen Einsatz der franz.-englischen Luftwaffe* über unserem Heer zu verhindern und hierzu zunächst die französische Luftwaffe zu bekämpfen.

b) das *Heranführen franz.-engl. Kräfte* in den nordfranzösischen Raum zu verhindern.
4. V. Fliegerkorps zerstört beim ersten Angriff ohne vorhergegangene Aufklärung mit der Masse eine Reihe einsatzwichtiger franz. Friedensstützpunkte, Teile werden gegen festgestellte Flugplatzbelegungen (insbesondere gegen Jäger) eingesetzt.
5. *Gefechtsstreifen:* Für KG 51:
Rechte Grenze gegen KG 23: Dachau (34) — Laupheim (55) — Lahr (55) — Epinal (51) — Chatillon s. S. (55) — Clamency (55).
Linke Grenze: Reichsgrenze gegen Schweiz
Tiefe: Aisy (30 km sw Chatillon) — Beaune — Pologny — Monthe.
6. Für den *1. Einsatz* sind *drei Fälle* zu unterscheiden:
   a) *Fall A.*
      Stichwort: »Express, Tag, Uhrzeit«.
      Gleichzeitiger Grenzüberflug bei Tage, Angriff teils gegen feste Stützpunkte, teils gegen erkannte Flugplatzbelegungen.
   b) *Fall B.*
      Stichwort: »Grenzüberflug West frei«.
      Sofortiger Angriff des Geschwaders nach Eingang des Stichwortes gegen feste Stützpunkte. Geht das Stichwort bei Nacht ein: Dämmerungsangriff mit einer 1. Welle, sofort anschließender Tagangriff mit einer 2. Welle.
   c) *Fall C.*
      Stichwort: »Spessart blau durchführen«. Dämmerungsangriff mit einer *1. Welle* gegen feste Stützpunkte.
      Gleichzeitiger Grenzüberflug der *2. Welle* zum Tagangriff teils gegen feste Stützpunkte, teils gegen erkannte Flugplatzbelegungen.
7. *Für alle drei Fälle* gelten folgende *Zusatzstichworte:*
   a) *»Alarmübung«:* Durch dieses Stichwort werden die Vorbereitungen gem. Gruppenbefehl vom 6. 2. 40 eingeleitet. Die Flugzeuge werden beladen gem. für die Beladung bei Alarmübungen vom 17. 4. 40.
   b) *»Alarmübung anhalten«:* Das Stichwort bedeutet: Es wird nicht angegriffen, bereits gestartete Flugzeuge sind zurückzurufen, alle Vorbereitungen sind abzubrechen, der Alarm ist beendet.
8. *Aufklärung:* Außer den in den Angriffsbefehlen für die Fälle A, B und C gegebenen besonderen Aufklärungsbefehlen gilt folgendes:
   a) Nach Rückkehr der Gruppe vom 1. Einsatz ist ein Fühlungshalter einzuteilen. Start selbständig beim Erscheinen von feindlichen Kampfverbänden über Kettenstärke.
   b) *Alle Besatzungen,* die mit Erdsicht fliegen, haben unabhängig von ihren sonstigen Aufgaben, die auf ihrem Flugweg liegenden Flugplätze, Straßen und Bahnlinien auf Belegung bzw. Transportbewegungen zu überwachen. Von besonderer Wichtigkeit sind hierbei gerade in den ersten Kampftagen alle Transportbewegungen, die aus dem Vogesenraum und dem Raum von Dijon nach Norden geführt werden.
   c) *Wichtige Meldungen über belegte Flugplätze,* die ein lohnendes Ziel für Kampfverbände darstellen, sowie Jagd- und Ballonsperren sind durch Funk zu melden. Früheste Meldung durch Funk auf dem Anmarsch etwa 60 min nach Grenzüberflug. Funkmeldungen durch Staffelkapitän bzw. Kettenführer.
   d) Die gem. Absatz C als lohnendes Ziel für einen Kampfverband gemachten Beobachtungen sind sofort nach der Landung von dem *Beobachter (Kommandant) persönlich* unmittelbar an Geschwaderkommodore, bei dessen

Abwesenheit unmittelbar an V. Fliegerkorps, Abt. I c, *fernmündlich* durchzugeben.

Anschließende sofortige mündliche oder fernmündliche Meldung an Gruppenkommandeur. Im Zweifelsfalle entscheidet der Gruppenkommandeur, ob unmittelbare Meldung an vorgesetzte Dienststellen erforderlich ist.

9. *Nachrichtenbefehl:* Er geht gesondert zu.

10. Die *Kommandanten der zurückbleibenden, einsatzbereiten Flugzeuge* melden sich beim Adjutanten.

11. Die *Staffelkapitäne* werden darauf hingewiesen, daß nach der *Landung unverzüglich* Meldung über Durchführung des Angriffes, abgeworfene Bombenmenge und -art, Beobachtungen, besondere Vorkommnisse usw. an Kommandeur (in dessen Abwesenheit an Adjutant) zu erfolgen hat. Gegebenenfalls fernmündliche Zwischenmeldung bis zur Rückkehr aller Flugzeuge.

12. Sofort nach der Landung ist die *erneute Startbereitschaft* mit allen Mitteln herzustellen. *Betankung* 2000 l.
Beladung: je Staffel 1 Flzg. SC 10, 1 Flzg. B 1 El, Rest SD 50. Stab und Aufkl. Flzg. SD 50.
Sind nicht genügend SD 50 vorhanden, so sind sie durch SC 50 zu ersetzen.

Fall C.

Auftrag: Dämmerungsangriff mit einer 1. Welle gegen Stützpunkt, gleichzeitiger Grenzüberflug der 2. Welle zum Tagangriff gegen erkannte Flugplatzbelegungen.

1. *Stichwort:* »*Spessart blau durchführen*«.
Angriffsbefehl für die erste Welle.
Nachtflug mit möglichst vielen, jedoch nur nachtfähigen Besatzungen. Gedrosselter Grenzüberflug, Dämmerungsangriff. Es kommt darauf an, den Gegner zu überraschen und zu zerschlagen.

2. *Es greifen an:*
III./KG 51:   Lyon-Bron (10 318) 7 Ketten,
I./KG 51:   Luxeuil (10 247) 2 Ketten,
            Besançon le Valdahon (10 260) 2 Ketten.

3. *Ausweichziele:*
Jeder belegte Flugplatz im Kampfraum des Geschwaders, insbesondere *Jagdflughäfen*. Entscheidung gegebenenfalls durch die Kettenführer nach vorher klar verabredeter Weise. In Sonderheit kommen hierfür folgende Flughäfen in Frage:

Amberien	(10 320)	7 Hallen	Besançon	(10 259)	2 Hallen
Bourg	(10 287)	4 Hallen	Luxeuil	(10 252)	3 Hallen
Besançon	(10 260)	4 Hallen			

Die Ziele: Dijon – Longvic (10 247)
            Belfort – Chaux – Sermamagic (10 255)

werden nach Sonnenaufgang von I. und II. KG 51 mit Ju 88 angegriffen. Um diesen Angriff nicht zu stören bzw. vorzeitig zu verraten, sind sie deshalb von der III./KG 51 als Ausweichziele nicht anzugreifen.

4. *Durchführung des Angriffes:*
a) Von Beginn der Dämmerung bis Sonnenaufgang müssen alle Ketten geworfen haben,

Ketten oder Einzelstart:	1. Kette	3.30 Uhr	Landsberg
	2. Kette	3.33 Uhr	Landsberg
	3. Kette	3.35 Uhr	Landsberg
	4. Kette	3.42 Uhr	Wörishofen
(Die Startzeiten	5. Kette	3.44 Uhr	Wörishofen
werden nach Eingang	6. Kette	3.46 Uhr	Wörishofen
des Stichwortes befohlen)	7. Kette	3.48 Uhr	Wörishofen

b) *Flugform:* Einzelheiten
Ketteneinteilung bei der Befehlsausgabe

c) *Versammlung:* Auf der Strecke Landsberg — Memmingen, Kennlichter bis 20 km vor der Grenze gesetzt, Kettenführer Scheinwerfer einschalten, bis Kette beisammen ist. Zur Erleichterung des Zusammenhaltens Kettenmaschinen gegebenenfalls tief stufen.
Es ist anzustreben, daß die Ketten zusammenbleiben, jedoch ist der Angriff auch von einzelnen, abgesprengten Maschinen zeitgemäß durchzuführen. Beim Rückflug möglichst mehrere Ketten zusammenschließen.

d) *Flughöhen:* Ab Memmingen steigen mit anfangs 2 m/s auf 7000 m NN, dann — beginnend vor der Front — zum Ziel gleiten mit $1^1/_2$ m/s und e = ca. 380 auf Angriffshöhe 3000 m bzw. 2800 m NN, Grenzüberflug beim Rückmarsch möglichst 6000 m NN, dann heruntergehen auf 500 m über Grund.

e) *Flugweg:* Memmingen — FF Fritz — Macòn (Angriffshöhe — 3000 m bzw. 2800 m NN muß erreicht sein) — Ziel Lyon Bron (1. Kette Tiefangriff, Rest 3000 m bzw. 2800 m NN) ostw. Besançon — Mühlhausen — Wörishofen bzw. Landsberg. Auf Hin- und Rückflug ist die Nähe der Schweizer Grenze zu beachten, die Grenze darf keinesfalls verletzt werden.

f) *Angriffsrichtung:* 3 Ketten Spreng- und eine Kette Brandbomben in Richtung 180°, Rest in Richtung 225°.

g) *Zielverteilung:* 3 Ketten Spreng- und eine Kette Brandbomben aus 3000 m NN auf x im Zielbild, Rest aus 2800 m NN auf »o« im Zielkreis abkommen. Reihenwurfvorlage beachten. Für Tiefangriffskette Zielverteilung bei der Befehlsausgabe. Hochspannungsleitung beachten.

h) *Bombenabwurf:* Beladung gemäß Befehl für die Beladung bei Alarmübungen vom 17. 4. 40
Bombenabstand.
Maschinen, die auf x im Zielbild abkommen:
bei 50-kg-Bomben und Schüttkästen   50 m
bei 250-kg-Bomben   100 m
Maschinen, die auf o im Zielbild abkommen: *30 bzw. 60 m.*
Die Flugzeuge der 1. Kette greifen im Tiefflug an. Sie dürfen nach .... Uhr das Ziel im Tiefflug nicht mehr überfliegen. (Gegebenenfalls Ausweichziel suchen.) Die Hochangriffsflugzeuge dürfen die ersten Bomben nicht vor .... Uhr werfen. (Gefährdung der Tifflieger.)

i) *Landung:* Landung auf Ausgangshäfen.

k) *Ausweichhäfen:* Kaufbeuren, Neubiberg, Schongau, Reichenbach, München-Riem. Bei Brennstoffmangel nötigenfalls Freiburg oder Neuhausen o. E.

5. *Aufnahme:* erfolgt durch eine Staffel I./JG 54 (Me 109) in Gegend nördl. Thann in den südlichen Vogesen. Höhe: 6000 m NN.

6. *Bei Schlechtwetter:*
ergeht Sonderbefehl. Es ist mit rollendem Angriff voll blindflugfähiger Besatzungen zu rechnen.

7. *Aufklärung:*

Der Aufklärungsschwarm macht startbereit:

a) *1. Gefechtsaufklärer:*
Auftrag: Feststellung der Belegung bekannter, Erkundung noch unbekannter, belegter Flugplätze. Insbesondere wichtig: wo sind Jagdflugplätze? Vermutet werden sie in den Räumen um Chaumont, Luxeuil, Gray, Besançon und Belfort. Besonders ist auf die auf den Überra-

In Étampes-Mondésir helfen französische Kriegsgefangene bei den Aufräumungsarbeiten.

Vor dem Start nach England versammeln sich in Étampes-Mondésir, Juni 1940, von l. n. r.:
Major Kind
Ofw. Lubrich (†)
Ofw. Görres
Oblt. Rath (†)
Hptm. Brandt (†)
Oblt. Schwegler (†)

Die Gefallenen des Geschwaders fanden auf dem Friedhof von Meaux ihre letzte Ruhe. Major Marienfeld hält die Grabrede. Ein Musikkorps der Panzertruppe im Hintergrund.

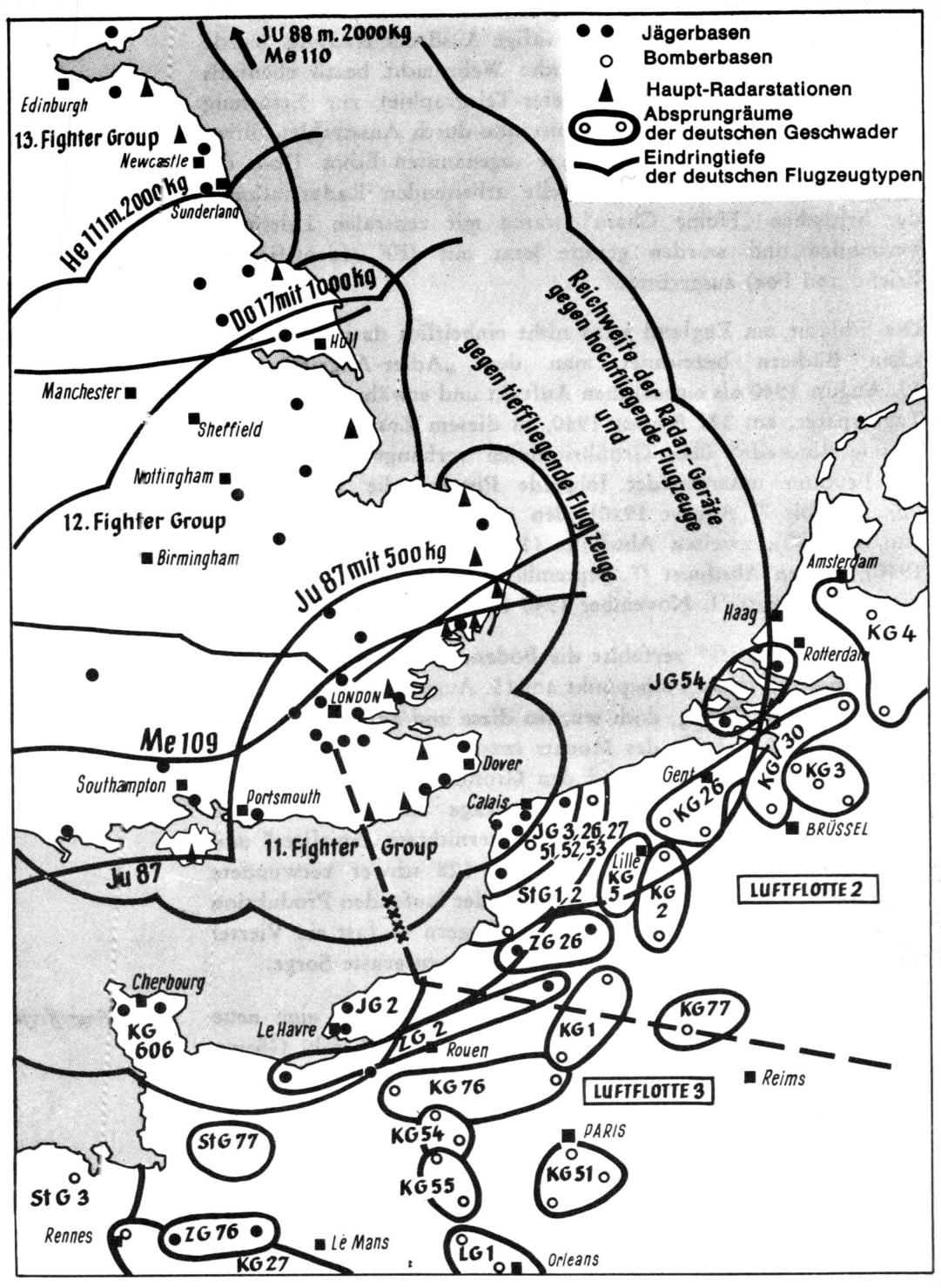

Die Gliederung der Einsatzverbände während der Luftschlacht um England 1940/1941.

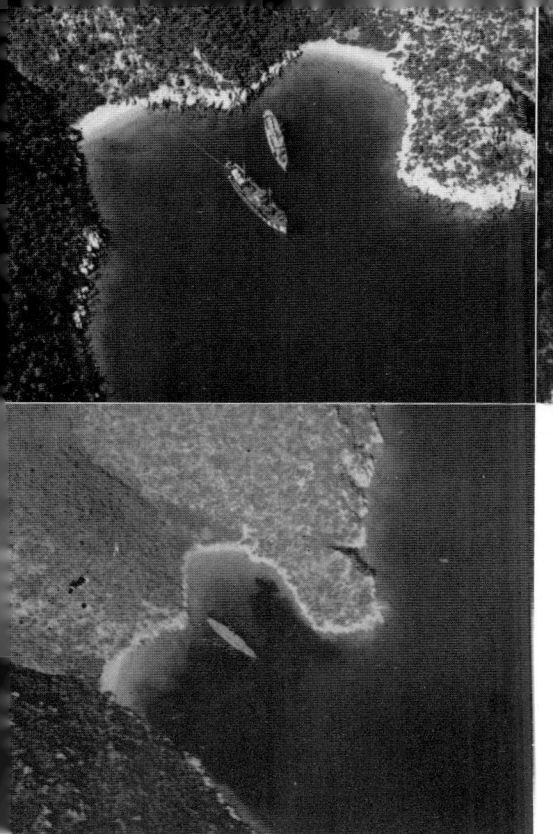

Aus »zwei mach' eins« im
Golf von Euböa, 1941.

Generaloberst Alexander Löhr gab persönlich die Anweisungen für den Einsatz gegen Jugoslawien. v. l.: Generaloberst Löhr, Obstltn. Schulz-Heyn, Kommodore KG 51, Major Marienfeld, Kommandeur III./KG 51.

Stabbrandbomben fallen auf Belgrad am 6. April 1941.

Eine der bekanntesten und erfolgreichsten Besatzungen des KG 51. v. l.: Oblt. Schwegler, Ofw. Lubrich, Ofw. Görres.

schungsangriff hin startenden Jäger zu achten. Feststellung der Angriffswirkung im Ziel durch Lichtbild. Schnellste Übermittlung der Auswertung zunächst mündlich an Gruppe und fernmündlich unmittelbar an Geschwader.

Aufklärungsraum: Aisy (30 km SW Chatillon) — Semur — Besaune — Pologny — Monthe — Pontarlier (10 259) — Langres. Außerdem außerhalb des Aufklärungsraumes Feststellung der Angriffswirkung am Ziel frühestens ½ Stunde nach Abwurf der letzten Kette.

Start: Ohne weiteren Befehl mit der zweiten Kette der 1. Welle. Nach Möglichkeit ist mit dieser Kette das Ziel anzugreifen. Dann Auftrag selbständig durchführen.

  b) *2. Gefechtsaufklärer:*
  Auftrag: Sinngemäß wie Absatz a, jedoch fällt Feststellung der Angriffswirkung am Ziel (außerhalb des Aufkl.-Raumes) fort. Insbesondere ist auf die vom ersten Einsatz zurückkehrenden Jäger zu achten. Wo fallen sie ein?
  Aufklärungsraum: Wie Absatz a.
  Start: Selbständig 2 Stunden nach Start der letzten Kette der ersten Welle. Wenn möglich Störangriffe auf Ziele der I. und II./KG 51, oder der 2. Welle der III./KG 51, falls diese schon angegriffen worden sind. Außer bereits angegriffenen Zielen sind *andere, als belegt erkannte Flugplätze nicht anzugreifen.* Störangriffe jedoch nur, wenn im Rahmen des Aufkl.-Auftrages möglich, ohne daß dieser davon beeinträchtigt wird.
  Angriffsbefehl für die 2. Welle
  Gleichzeitiger Grenzüberflug der restlichen Besatzungen zum Tagangriff gegen Flugplatzbelegungen.

8. *Es greifen voraussichtlich an:*
  III./KG 51   Montbeliard Arbonas (10 257)
    I./KG 51   Luxeuil (10 252)
          Lure (10 253)
          Malbouhans (10 254)
  Die endgültigen Ziele werden zeitgerecht befohlen.

9. *Ausweichziele:*
  Falls keine Belegung erkannt wird, für III./KG 51: Belfort-Chaux Sermamagy (10 255).
  Für I./KG 51: Belfort — Chaux Sermamagy (10 255).

10. *Durchführung des Angriffes:*
  a) Die Zeit des gemeinsamen Grenzüberfluges wird noch befohlen (X-Zeit). Startbereitschaft ab Morgengrauen.
    Kettenstart: 1. Kette um x — 76 Min. (Landsberg)
          2. Kette um x — 75 Min. (Landsberg)
          3. Kette um x — 70 Min. (Wörishofen)
          4. Kette um x — 69 Min. (Wörishofen)
          5. Kette um x — 68 Min. (Wörishofen)
  b) *Flugform:* Die restlichen Besatzungen werden neu zu Ketten und Staffeln gegliedert. Einteilung bei Befehlsausgabe. Es wird geflogen in Staffelkolonne, Staffeln in Sichtweite. Rückflug möglichst geschlossen.
  c) *Versammlung:* 1000 m bis 1500 m NN auf der Strecke Landsberg — Memmingen.
  d) *Flughöhen:* Ab Memmingen steigen mit 2 m/s auf 6000 m NN, Angriffshöhe 4000 m NN, Grenzüberflug bei Rückflug 5000 m NN, dann heruntergehen auf 500 m über Grund.
  e) *Flugweg:*

f) *Angriffsrichtung:*
g) *Zielverteilung:*
h) *Bombenabwurf:* Die gem. Befehl für die Beladung bei Alarmübungen vom 17. 4. 40 durchgeführte Beladung zu ändern wie folgt:
Insgesamt fliegen bei der zweiten Welle mit:
2 Flzg. mit B1 EL
2 Flzg. mit SC 10
Rest mit SD 50 o. V.
Die danach mit B1 El überzähligen und mit 250 kg beladenen Flugzeuge laden um und nehmen die fehlenden SC 10 bzw. SD 50. Falls nicht genügend SD 50 vorhanden, sind SC 50 m. V. zu laden.
i) *Landung:* Auf Ausgangshäfen.
k) *Ausweichhäfen:* Kaufbeuren, Neubiberg, Schongau, Reichenbach, Riem.
11. *Begleitschutz:* I./ZG 52 begleitet mit einer Staffel Me 110 die 2. Welle. Zu diesem Zweck wird Neuhausen o. E. auf dem Anmarsch überflogen (ca. 4500 m NN), wo sich Zerstörer anhängen, um die 2. Welle bis zum Rückflug zu begleiten. Startzeit und erfolgter Start sind von der Gruppe Abt. II unmittelbar dem JG 54 (Standort Hechingen über Vulkan) und der I./ZG 52 (Einsatzhafen Neuhausen o. E.) zu melden.
12. Bei *Schlechtwetter* ergeht Sonderbefehl.
13. Ich fliege mit der ersten Welle. Einsatzfragen für die 2. Welle regelt in meiner Abwesenheit der Adjutant.

gez. (Stoeckl)
Oberstleutnant und Gruppenkommandeur

Am Freitag vor Pfingsten, 10. Mai 1940, begann um X-Zeit 5.35 h die deutsche Offensive im Westen. Für unser Geschwader hieß das militärisch kurz und bündig: »Spessart blau durchführen«.
Oberleutnant Hermann Bräck, ein junger Flugzeugführer der 9. Staffel, schrieb 1942 in seinem Erinnerungsbüchlein »Als Kampfflieger über Frankreich«:

»— . . . *da klingelte beim Kapitän wieder das Telefon und einen Augenblick später folgte der Befehl:* »Sofort gesamte Staffel wecken, 0.30 h Besatzungen zur Flugbesprechung, Funktionsfeldwebel sofort zu mir!« *Sekunden später war es in der ganzen Baracke lebendig . . . Nachdem der Kapitän (Hauptmann Brandt) seine letzten kurzen Anweisungen gegeben hatte, verließ er mit einem* »Hals- und Beinbruch« *den Raum.*
Ich setzte mich nun zu meiner Besatzung an den Tisch, sprach noch einmal alle Einzelheiten des bevorstehenden Angriffs durch und machte die navigatorischen Vorbereitungen. »Na, Herr Leutnant«, *meinte der Obergefreite Lerique, mein Funker,* »dann kann es ja von uns aus losgehen. Unser Käppen wird uns schon die richtige*

Stelle zeigen, wo hinzuhauen ist. 130 Einsätze hat er schon hinter sich!« — Er hatte recht, unserem Kapitän konnten wir blindlings folgen; der würde uns schon richtig führen, denn ein Jahr lang hatte er als Kampfflieger der ›Legion Condor‹ im Spanienkrieg bereits Erfahrungen sammeln können und den Beweis seiner Fähigkeiten abgelegt. Um uns herum die anderen Besatzungen hatten ihre Vorbereitungen auch abgeschlossen. Da der Start erst um 3.56 h erfolgen sollte, begann nun ein reger Meinungsaustausch über die voraussichtlichen Ereignisse der nächsten Stunden und Tage. Über die mögliche Stärke und Güte der französischen Abwehr wurde gesprochen und über die Trefferaussichten am Ziel. Plötzlich rief einer: »Außerdem müssen wir stark damit rechnen, daß die Herren französischen Kollegen uns auch beehren werden! Wir sind hier immerhin der südwestlichste Kampfverband. Dann können wir hoffentlich mit eigenen Augen feststellen, wie unsere eigene Flakartillerie am Platzrand trifft!« — »Ich wünsche lieber, daß so eine Gruppe Zerstörer vor unserem Platz auf die anfliegenden Franzosen trifft! Ich möchte zu gerne einmal einen richtigen Luftkampf als Zuschauer miterleben, denn wenn wir selber angegriffen werden von Jägern, ist wohl nicht viel Lust dabei für uns!« meinte ein anderer. Alle waren wir uns darüber klar, daß wir in der nächsten Zeit auch wohl passiv einen Bombenangriff mitmachen würden. Die französische Luftwaffe war vor ein paar Jahren immerhin noch die stärkste des Kontinents gewesen! Untätig würden die da drüben auch wohl nicht unseren »Bemühungen« zuschauen. — Unter solchen und ähnlichen Erwägungen verging die Zeit. — Gegen 3.00 h wünschten wir uns »Hals- und Beinbruch« und gingen zu unseren Flugzeugen. In diesem Augenblick begaben sich wohl tausende deutsche Flieger im Westen an ihre Maschinen, bereit, dem Feinde die großdeutsche Luftwaffe vorzuführen. Ich dachte an meine Eltern, die jetzt wohl noch ruhig schliefen und von all dem großen Geschehen noch nichts ahnten.

Jeder fühlte die Größe dieser Stunde. Ein stolzes, freudiges Gefühl ergriff von uns Besitz. Jetzt endlich waren wir dran!

An unserer ›Kurfürst‹ meldete mir der 1. Wart das Flugzeug startklar zum Feindflug und wünschte uns »Glück ab«. Wir halfen uns gegenseitig beim Anlegen der Fallschirme und begaben uns auf unsere Plätze. Ich überprüfte noch schnell einmal den Betriebsstoffvorrat und die Bewaffnung. Der Bombenschütze machte sich an seinem Abwurfgerät zu schaffen und der Funker stimmte seine

Apparate ab. Dann ließ ich die Motoren an. Beide summten sie zufriedenstellend ihr dröhnendes Lied. Von ihrem einwandfreien Arbeiten würde in den nächsten Stunden viel abhängen. Wir konnten uns auf sie verlassen. Alle Instrumente zeigten an: In Ordnung. Ein letztes Winken zu den zurückbleibenden Kameraden und wir rollten ab zum befohlenen Startplatz. Soeben startete gerade die 7. Staffel. Kette auf Kette erhob sich geschlossen vom Boden. — Jetzt raste die Kette unseres Kapitäns über das Rollfeld und nun kamen wir dran. Mein Kettenführer war Leutnant Klischat. Ich flog als linker ›Kettenhund‹ dieser letzten Kette.

Ein kurzes Blinken seines Scheinwerfers, unsere Motoren heulten auf Volltouren und der Start zum ersten Feindflug war erfolgt! Dieses war unser erster Nachtverbandsflug überhaupt und ich hatte alle Hände voll zu tun, um im richtigen Abstand von der Führermaschine zu bleiben. Es ging aber alles ganz gut. Unglücklicherweise fingen nach einiger Zeit die Scheiben unserer Kanzel an, dicht zu beschlagen. Jetzt konnte ich zeitweise die Positionslampen der Führermaschine nur noch undeutlich oder gar nicht mehr erkennen und war auf den Funker angewiesen, der oben frei hinaussehen konnte und mir die Richtungs- und Abstandsänderungen zurief. Außerdem lag über der Erde dicker, undurchdringlicher Bodennebel. Daher war auch keine Spur von französischer Abwehr zu sehen. Als nach einer weiteren Flugzeit auf Westkurs auch weiterhin nichts festzustellen war, beschloß ich umzukehren.

Das Schicksal hatte uns einen tückischen Streich gespielt. Ich beschloß daher, meine kostbare Bombenfracht wieder mit nach Hause zu nehmen, denn diese Bomben blindlings auf französisches Gebiet abzuwerfen, war erstens verboten und zweitens völlig sinn- und zwecklos.

Langsam fing es an zu dämmern . . . Wir waren also vom Boden aus gar nicht zu sehen, konnten aber auch selber nichts erkennen, außer ein paar Kirchturmspitzen und vereinzelten Baumwipfeln, die aus dem dichten Nebel herausragten. Nach ein paar Minuten erhielt ich eine Standortfunkpeilung und konnte so meinen genauen Heimatkurs absetzen.

Um 6.34 h landeten wir auf unserm Horst, wie man sich denken kann, in schlechtester Stimmung. Als ich dann feststellte, daß die beiden anderen Flugzeuge unserer Kette schon vor einer, bzw. einer halben Stunde gelandet waren und ihre Bomben ebenfalls mitheimgebracht hatten, wurde mir etwas wohler zu Mute. Ge-

teiltes Leid — halbes Leid! Wir besprachen eingehend unseren mißlungenen Flug. — In etwa einer bis eineinhalb Stunden mußte die erste Kette unserer Staffel vom Einsatz zurückkehren. In niedergedrückter Stimmung sahen wir der Landung unseres Kapitäns entgegen.

Zuerst landeten seine beiden ›Kettenhunde‹ und 20 Minuten später kam er selber an. Als wir ihm nun unseren Mißerfolg gemeldet hatten, beruhigte er uns einigermaßen mit der Feststellung, daß wir in unserer Lage richtig gehandelt hätten. Die erste Kette war zum Ziel gelangt und hatte ihren Auftrag durchführen können. Der Erfolg war durchschlagend gewesen. Ein Flughafen und ein Zeugamt wurden zerstört. —

Nun wurden unsere erfolgreichen Kameraden mit Fragen bestürmt über den näheren Verlauf des Unternehmens. Der Kapitän war auf dem Rückflug von zwei französischen Jägern erwischt worden. Hierbei hatte unsere Staffel ihren ersten Blutzoll entrichtet. Der Bordmechaniker hatte zwei Kopfschüsse bekommen und war tot. Das Flugzeug selbst sah übel mitgenommen aus. 78 Durchschüsse zählten wir. Durch geschicktes Manövrieren und das gute Abwehrfeuer der restlichen Schützen waren die Jäger jedoch daran gehindert worden, das Flugzeug ganz abzuschießen. — Die beiden anderen Flugzeuge der Kette waren ohne Jagdberührung heil zurückgekehrt. Die Flakartillerie hatte zwar über dem Ziel wütend geschossen, jedoch erfolglos. —«

Bis zu drei Einsätze mußten an diesem Tage von den jungen, teils noch recht unerfahrenen Besatzungen geflogen werden. Wer Flieger ist, kann nur ahnen, was es heißt, unter dem Streß von Feindeinwirkung jeweils fast vier Stunden reine Flugzeit, eingezwängt in eine enge Kabine, konzentriert zu bewältigen.

Um Mitternacht an diesem Tage standen die Besatzungen auf, achtzehn Stunden später erst kamen sie nach ihrem letzten Flug wieder zur trügerischen Ruhe.

»FREIBURG!«

Ein tragisches Ereignis liegt über diesem ersten Kampftag und ist mit der Geschichte unseres Geschwaders, insbesondere mit der III. Gruppe verbunden.

Deutsche Bomben fielen versehentlich auf Freiburg im Breisgau.

Es wurde soviel Falsches, mit unschönen persönlichen Angriffen nach dem Kriege darüber veröffentlicht, daß es angebracht ist, Klarheit zu schaffen und zu berichten, »wie es gewesen«.

Im Auftrag für den 22. Frankreicheinsatz (10. 5. 1940) für die III. Gruppe des Kampfgeschwaders 51 war als Ziel der Flugplatz Dijon-Longvic vorgesehen, Ausweichziel sollte der Jägerplatz Dôle-Tavaux sein.

20 He 111 starteten schwer mit Bomben beladen und schon übermüdeten Besatzungen zwischen 14.30 h und 14.41 h von Bad Wörishofen und Landsberg.

In Staffelkolonne, Staffeln in Sichtweite, versammelte sich der Großverband auf der Strecke Landsberg — Memmingen in 1 500 m über Grund. Es war für die Jahreszeit sehr warm; quellende, gewitterträchtige Wolken standen über Schwarzwald und Vogesen. Der befohlene Grenzüberflug in 6 000 m über Grund führte die Ketten zwangsläufig durch turbulente, unsichtige Wolkenfelder, worin man selbst im engsten Verbandsflug kaum den Nebenmann erkennen konnte.

Dijon wurde mit nachhaltiger Wirkung bekämpft. Zwei französische Jagdflugzeuge vom Typ ›Morane‹ wurden sicher abgeschossen, ein weiteres wahrscheinlich.

Die 9 K + DR des Kettenführers Oberleutnant Schifferings mußte bei Friedrichshafen notlanden, nachdem sie sich, abgeplatzt und »verfranzt«, in der Schweiz über Solothurn wiederfand und glaubte, von zwei eigenen Me 109 Jagdflugzeugen angegriffen worden zu sein. Man wehrte sich nicht gegen die zwei schneidigen Flieger, die ganz sicher der schweizerischen Flugwaffe angehörten und hervorragend trafen (7 Kanonentreffer, 50 MG-Treffer, Unteroffizier Schäfer wurde schwerverletzt).

Nur eine Kette unter der Führung des relativ unerfahrenen Kettenführers Leutnant Seidel verlor beim Anmarsch wegen schlechter Sicht über dem Schwarzwald den Verband.

Die Kette irrte, nervös geworden, blindfliegend weiter gen Westen und versuchte, das befohlene Ziel dennoch zu finden.

Das Kriegstagebuch der III. Gruppe sagt darüber aus:

»Diese Kette griff selbständig den Flugplatz bei Dôle aus 5 000 m Höhe an. Erkannt wurden 3 Hallen und einige Unterkünfte bzw. Werkstätten. Treffer wurden beobachtet in Hallen, Unterkünften, auf dem Rollfeld und in einer Flakstellung.«

Kettenführer Leutnant Seidel, von der 8. Staffel, der am 12. August 1940 in der Schlacht um England bei Portsmouth fiel, berichtete:

»Nach dem Start in Landsberg mußte ich verschiedentlich blind fliegen. Ich bin dabei offensichtlich vom Kurs abgekommen. Als ich nach Flugzeitberechnung in der Nähe von Dijon sein mußte, hatte ich zwar streckenweise Bodensicht, fand aber die Orientierung nicht wieder. Ich hatte dann verschiedentlich Kurswechsel gemacht, um durch Wolkenlöcher die Bodenorientierung wiederzufinden. Plötzlich tauchte vor mir eine größere Stadt mit einem Flugplatz auf, ich erkannte Dijon und habe um X-Uhr meine Bomben auf den Flughafen geworfen. Wirkungsbeobachtung war wegen der Sichtbehinderung nicht möglich. Nach dem Abwurf habe ich Kurs auf Landsberg genommen, zuerst teils wieder Blindflug, dann unter den Wolken mit Bodensicht.«

Der Kommandeur ergänzte:

»Die sich aus der Abwurfzeit und Landezeit ergebene Zeitspanne war so bemessen, daß sie unmöglich zu der direkten Flugstrecke Dijon — Landsberg reichte, wohl aber paßte diese Zeitspanne gut zum Zurücklegen der Strecke Freiburg — Landsberg.
Ein Vergleich von Luftbildern der Flughäfen Dijon und Freiburg ergab zwar eine gewisse, grobe Ähnlichkeit, Leutnant Seidel gab jedoch zu, daß der von ihm angegriffene Flugplatz auch der von Freiburg gewesen sein könnte. Jedenfalls konnte er nicht mit Bestimmtheit sagen, daß es Freiburg nicht gewesen sei. Insbesondere aber die Zeitberechnung der Rückflugstrecke vom Bombenwurf an ließen Ltn. Seidel und mich zu der erschütternden Überzeugung kommen, daß Ltn. Seidel nach längerem Herumirren und Suchen die plötzlich vor ihm auftauchende Stadt Freiburg fälschlicherweise als die Stadt Dijon angesprochen hatte. Ltn. Seidel war fassungslos, als ihm diese Tatsache zur Gewißheit wurde.«

Bemerkung des Bearbeiters: Die zuletzt zitierten Äußerungen sind eine nach dem Kriege rekonstruierte Aussage und verwechseln offensichtlich Dôle-Tavaux mit Dijon. Da die Plätze Freiburg und Dôle-Tavaux noch im Jahre 1970 fast die Form von 1940 ausweisen, abgesehen von der umliegenden neueren Bebauung —

kann auch der Bearbeiter aus eigener Kenntnis eine Verwechslung der beiden Flugbasen nicht ausschließen. Unter ähnlichen Wetterbedingungen, mit steter Kenntnis der Position, war es für ihn aus 5 000 m Höhe schwierig, beim ersten Anflug eine eindeutige Identifizierung vorzunehmen, obwohl er *bewußt* diese Route abflog. — 22 Kinder, 13 Frauen und 22 Männer fanden den Tod; 20 Kinder, 34 Frauen und 47 Männer wurden verletzt, durch den menschlich, allzu menschlichen Irrtum eines qualifizierten, ehrenhaften Menschen und der Verquickung unglücklicher Umstände. —

Dieser tragische Fehlwurf deutscher Flugzeuge wurde damals aus verschiedenen — aus der Zeit verständlichen Gründen — verschleiert und politisch in eine Terroraktion der Alliierten umgewandelt.

Über Schuld und Sühne zu urteilen, ist nicht Aufgabe der Beteiligten und der Nachwelt. Es war und ist ein folgenschwerer, trotz des zugefügten Schmerzes, menschlich verständlicher Irrtum gewesen und kein »Verbrechen der faschistischen Wehrmacht«, wie es die östliche Geschichtsschreibung gerne noch heute sehen möchte. Eine moralische Abrechnung ist in unserer Zeit wohl nicht mehr angebracht.

Hunderte von unbeabsichtigten Fehlwürfen auf eigene Truppenverbände und die Bevölkerung lassen sich in der internationalen Luftkriegsgeschichte inzwischen bis in unsere Zeit nachweisen. Dieser Einwand soll nicht entschuldigen und werten, sondern nur Verständnis für die besonderen Umstände und Faktoren wecken, denen Mensch und Maschine bei Luftkriegsaktionen stets ausgesetzt sein werden. Dadurch wird oft alles zunichtegemacht, was bisher gelernt, gekonnt und präzise geplant war. Für den historisch näher interessierten Leser hat Dr. Anton Hoch eine sachlich klärende und fundierte Untersuchung in den »Vierteljahresheften für Zeitgeschichte« (4. Jahrgang 1956) über unseren ersten Kampftag angestellt.

ATEMBERAUBENDER VORMARSCH

Galt der erste Schlag noch den Einrichtungen der französischen Luftwaffe, so folgten bereits am kommenden Tage Unterstützungsaufträge im Verbande der Luftflotte 3 geführt von General der Flieger Hugo Sperrle, der mit seinen Kampfverbänden die deutschen Panzerdivisionen der 4., 12., 16. und 1. Armee der Heeresgruppe A während des atemberaubenden Vormarsches durch die Ardennen deckte. Unser Geschwader operierte im Rahmen des V. Fliegerkorps (Generalleutnant Robert Ritter von Greim) hauptsächlich vor dem Südflügel der deutschen Front gegen Nordostfrankreich.

Der Schwerpunkt der Angriffe unseres Geschwaders lag zunächst im Raum Sedan, wo Verkehrsverbindungen und Truppen an der französischen Maasstellung zu bekämpfen waren. Die übliche Flugroute führte von Landsberg bzw. Lechfeld über Mannheim — Trier — dann im Tiefstflug über Neufchâteau nach Sedan. Der Rückflug endete aus Spritmangel meist in Frankfurt-Rhein/Main oder Giebelstadt mit Auftanken zum Heimflug auf die Abflughorste.

Um die leidigen Zeitverluste durch Zwischenlandungen zu vermeiden und die Anflugstrecken zu verkürzen, wurde am 18. Mai 1940 mit Teilen nach Gerolzhofen verlegt. Die Nachschubprobleme wurden damit nicht besser. Kommodore Oberst Kammhuber, der am 19. August 1971 seinen 75. Geburtstag feierte, berichtet von einem dieser Einsätze, in welchen sich die neue Ju 88 zu bewähren hatte:

»Am 16. 5. 1940, also sechs Tage nach dem Beginn des Westfeldzuges, wurde ich vom Oberbefehlshaber der Luftwaffe angerufen. Er befahl mir in dringlichster Form den sofortigen Einsatz des Geschwaders auf Eisenbahnziele im Raum Nancy — Epinal — Vesoul. Göring fügte hinzu, daß auf diesen Einsatz entscheidender Wert gelegt würde und daß er von mir erwarte, daß das KG 51 aufgrund seiner neuen Ausrüstung mit der Ju 88 im Sturzangriff die denkbar größten Erfolge erziele. Das konnte er auch mit Recht erwarten, wenn der Angriff bei gutem Wetter und klarer Sicht geflogen werden konnte. Aber wie stand es damit?
Der Anruf ging vormittags ein; die sofort eingeholte Wetterberatung ergab folgendes Bild: Um die Mittagszeit etwa 7/10 bedeckt über dem Schwarzwald, hinaufreichend bis etwa 5 000 m, nach Überfliegen des Schwarzwaldes 2/10 bedeckt, gute Sicht. Also galt es, über dem Schwarzwald das »Loch vom Dienst« zu finden, denn eine Überquerung in längerem Blindflug schien äußerst gewagt. Eine Blindflugausbildung auf der Ju 88 hatte wegen des kurzen Zeitraumes von der Indienststellung der Maschine bis zu

ihrem Fronteinsatz noch nicht stattfinden können. Es war nur klar, daß ein Durchziehen mit dem ganzen Geschwader durch eine hochreichende, geschlossene Wolkendecke eine unverantwortliche hohe Verlustquote nach sich ziehen mußte. Erst vor zwei Tagen war der linke ›Kaczmarek‹ von meiner Geschwaderführungskette beim Durchzug durch eine ganz harmlos aussehende Wolkenbank abgestürzt, und beim Aufschlag mit der ganzen Besatzung verbrannt. Ich sehe heute noch deutlich, wie die Maschine links von mir in Rückenlage aus der Wolke herauskam und gleich darauf wieder in den Wolken nach abwärts verschwand.

Gegen Mittag startete ich also mit der Geschwaderkette und der in Lechfeld liegenden I. Gruppe, sammelte über dem Platz mit den von Fürstenfeldbruck kommenden Teilen der II. Gruppe, soweit sie bereits mit Ju 88 ausgerüstet war, und nahm Kurs nach Westen. Schon von weitem konnte man erkennen, daß sich die Wetterlage sehr verschlechtert haben mußte, denn weit und breit war keine Lücke in dem schwarzen Vorhang, der über dem Schwarzwald hing, zu erspähen. Trotzdem flog ich so nahe wie möglich heran.

Ich hatte inzwischen eine Höhe von 5 000 m erreicht, in der Hoffnung vielleicht über die geschlossene Wolkendecke zu kommen, aber auch dies war unmöglich — nach oben war keinerlei Ende zu sehen. 5 000 m waren aber für die mit je vier 500 kg Bomben beladene Ju 88 damals schon die obere Grenze. Was tun? Zog ich mit dem Geschwader in die Wolken hinein, mußte ich nach Lage der Dinge mit schwersten Abstürzen rechnen noch bevor das Angriffsziel erreicht war und auf dem Rückweg konnten sich die Verluste zu einer Katastrophe für das Geschwader ausweiten, wenn das Wetter bei seiner Verschlechterungstendenz blieb. Sollte ich umkehren und den Auftrag abbrechen? Wo doch so starker Nachdruck gerade auf diesen Einsatz durch den persönlichen Anruf des Oberbefehlshabers der Luftwaffe gelegt worden war?

Ein schwerer Entschluß für einen Geschwader-Kommodore bei der Mentalität der obersten Führung, die ich nur zu gut kannte! Ich sah meine Männer vor mir, die ich vor dem Abflug um mich versammelt hatte, um ihnen den Einsatzbefehl zu geben und die Ziele zuzuweisen; ich dachte an ihre Angehörigen zu Hause, über die unendliche Trauer kommen mußte, wenn ihre Lieben nicht mehr heimkehren würden. Ich entschloß mich zur Umkehr! Mochte man höheren Orts toben, soviel man wollte — die Männer meines Geschwaders standen mir näher und waren mir weit mehr wert als alles Wüten und Toben, wenn der so dringend gemachte Befehl nicht ausgeführt würde.

Damit man mir aber nicht etwa persönliche Feigheit vorwerfen konnte — womit man seinerzeit sehr schnell bei der Hand war — entschloß ich mich, allein weiter zu fliegen. Das Geschwader ließ ich umkehren und gab Befehl, die scharfen Bomben über einem vorbereiteten Platz in den Lech-Auen blind abzuwerfen und auf den Heimathäfen zu landen. Ich selbst flog nun allein blind durch die Wolkenschicht hindurch. Da ich im Sommer 1939 den Blindfluglehrschein erworben hatte, konnte ich mir den Blindflug auch auf der Ju 88 zutrauen, ohne ihn vorher auf dieser Maschine geübt zu haben.

Nach etwa 30 Minuten Blindflug riß die Wolkendecke mit einem Schlag auf, ich war über der Rheinebene in 5 000 m Höhe und vor mir lagen die Vogesen in fast wolkenlosem blauem Himmel. Ja, wenn jetzt das gesamte Geschwader nur bei mir gewesen wäre! In diesem Augenblick war ich mir selbst bitter böse über meinen eigenen Entschluß, das Geschwader heimgeschickt zu haben. Nun war es geschehen!

Wir flogen schulmäßig unser Ziel an, gingen in den Sturzflug über, luden unsere vier 500 kg Bomben über dem Ziel ab, fotografierten die Treffer, blieben eine Weile über dem Zielgebiet und schauten uns die Trefferlage und Wirkung dort in aller Gemütsruhe an. Nach weiteren Aufnahmen und Notizen, die für die obere Führung von Wert sein konnten, drehten wir mit Kurs 90 Grad ab, ohne auch nur im geringsten von irgendwelchen Abwehrmaßnahmen behelligt worden zu sein. Ich muß gestehen: wir genierten uns, daß alles so reibungslos vor sich gegangen war.

Als wir wieder über die Rheinebene kamen, stand die Wolkenmauer unverändert schwarz und drohend noch immer über dem Schwarzwald. Was schadet es! Das Ziel war erreicht, jetzt konnte nichts mehr passieren, also hinein in die Wolken und den Heimatflughafen Lechfeld angepeilt! Es war außerordentlich böig in den Wolken und die Ju 88, jetzt ohne Bombenlast, wurde heftig hin und her geworfen. Wir waren etwa 10 Minuten blind geflogen, da passierte es: die automatische Kurssteuerung versagte. Ich war nicht darauf vorbereitet. Es kam zu plötzlich und traf die Maschine gerade beim Abfangen einer besonders starken Böe. Daher gelang es mir nicht, den Übergang von der Automatik zur Steuerung von Hand zu finden. Wendezeiger links — Kugel rechts — Horizont in Querlage über dem Strich —. Noch bevor ich richtig reagieren konnte, rauschte es auf, der Höhenmesser fing an, sich rasend schnell zu drehen, der Staudruckanzeiger lag bei 720 km/h am Anschlag — aus! Glaubte ich.

Der Bordfunker auf dem Rücksitz, Leutnant Lüderitz, brüllte: »Schöne Fliegerei! Aussteigen!« Der Beobachter, Leutnant d. R. Krösch, starrte wie ich gebannt auf den Höhenmesser und der Bordmechaniker, Uffz. Schneider, versuchte die ›Bola‹ zu öffnen. Aber dies gelang nicht: die Absturzbewegung drückte uns so fest in die Sitze, daß wir nicht imstande waren, uns von ihnen zu lösen. In diesem Augenblick schoß mir der Gedanke durch den Kopf: wenn es dem armen ›Kaczmarek‹ vor zwei Tagen auch so gegangen sein mag, daß seine automatische Kurssteuerung versagte, dann weiß ich jetzt warum er abgestürzt ist. Aber was konnte uns dieses Wissen jetzt, wo wir selbst beim Abstürzen waren, nützen?

Ja, nun warteten wir auf den Tod, der in wenigen Sekunden kommen mußte. Aber er kam nicht. Kurz vor Erreichen des Erdbodens riß die Wolkendecke auf. Es gelang mir, die Maschine aus der Sturzbewegung abzufangen, allerdings mit rohester Gewaltanwendung.

Wie das möglich war, weiß ich selber nicht mehr. Als wir wieder zur Besinnung kamen, flogen wir dicht über dem Boden entlang einer Bahnlinie, an einem Eisenbahnzug vorbei, aus dem die Leute begeistert herauswinkten. Wir waren weniger begeistert. Es goß in Strömen und rechts und links lagen die Wolken dicht auf den das Tal begleitenden Höhenzügen. Wir hatten Glück gehabt, gerade in die tiefste Mulde eines Tales in der Gegend Donaueschingens hineingefallen zu sein. Bis Lechfeld, wo wir schließlich glücklich landeten, hingen die Wolken tief herab. Den größten Teil der Strecke mußte ich blind fliegen.

Jetzt war ich mir selber gar nicht mehr böse, das Geschwader nach Hause geschickt zu haben, denn wieviel wären wohl heimgekommen, wenn ich sie nicht hätte umkehren lassen?

Verdanke ich doch selbst mit meiner Besatzung nur dem Zufall — oder soll man es Schicksal nennen? — daß wir lebend nach Hause gekommen sind!

Zwei Erfahrungen folgerten aus diesem Erlebnis, die für das Geschwader wichtig waren:

Die ursprüngliche Anlage der Kurssteuerung, wie sie in der Ju 88 eingebaut war (Ascania-Zwei-Achs-Steuerung), war für die Maschine zu schwach, sie wurde aufgrund dieser Erfahrung sofort verstärkt, so daß m. W. keine Unfälle dieser Art mehr zu verzeichnen waren.

Die zweite Erfahrung war eine sehr erfreuliche: die Standfestigkeit der Tragflächen der Ju 88 hatte sich glänzend bewährt. Eine andere Maschine hätte bei der rohen Behandlung des Abfangens von Hand, wie ich es zwangsläufig und instinktiv tun mußte, wahrscheinlich »die Ohren angelegt«, d. h. sie hätte »abmontiert«, und wäre auseinandergebrochen. Meine Ju 88 hatte lediglich lauter Querrillen bekommen; das sonst glatt gezogene Blech der Tragflächen zeigte lauter aufgezogene Rillen — aber sonst war alles heil geblieben. Nachdem die Tragflächen ausgewechselt worden waren, konnte ich wenige Tage später mit der gleichen Maschine wieder zu neuen Einsätzen starten.«

Bei den großen Angriffen während des Unternehmens ›Paula‹, das den Flugplätzen im Raume Paris galt, mußte Kammhuber wegen eines technischen Defektes hinter seinem vom Ziel (Flugplatz Étampes) abfliegenden Geschwaders zurückbleiben und wurde am 3. Juni über Meaux an der Marne das begehrte, waidwunde Ziel französischer Jäger. Die Besatzung überlebte den Absturz und geriet in französische Gefangenschaft, die glücklicherweise nicht lange dauern sollte.

Oberst Dr. Fisser übernahm als Kommodore das Geschwader.

Über einen weiteren Einsatz mit He 111 am 20. 5. 1940 berichtet wiederum Leutnant Bräck:

»Um 17.00 h war erneut Start zum Angriff auf das Bahndreieck südlich Compiègne. Ich flog als linkes Flugzeug der Führerkette unserer Gruppe. Da sich diesmal in 2 500 Meter Höhe eine fast geschlossene dünne Wolkendecke befand, flogen wir über den Wolken an. Die eigenen Begleitzerstörer nahmen uns bereits kurz vor der Front auf. Einige Minuten vor unserem Ziel, wir hatten eben die Stadt Soissons überflogen, stieß die ganze Gruppe durch ein Wolkenloch nach unten durch. In 1 800 — 2 000 Meter Höhe wurde der Flug fortgesetzt. Es dauerte auch nur wenige Sekunden, da begann der Feuerzauber der französischen Flakartillerie wieder in demselben Ausmaß wie heute vormittag. Kurz nach dem Durchstoßen waren vor uns zwei Moranes aus den Wolken geschossen und feuernd auf mich zugeflogen. Keine 10 Meter unter uns zischten

sie vorbei. »So eine Frechheit!« brummte mein Beobachter miß-
billigend, denn er hatte sie mit seiner MG-Garbe nicht mehr er-
reichen können. Es war zu schnell gegangen. Der Funker meldete
noch, daß die Franzosen von unseren Begleitzerstörern in einen
Kampf verwickelt worden seien und sofort nach unten weggedrückt
hätten. Wir hatten von dieser Schießerei nur einige Treffer in die
rechte Tragfläche erhalten. Diese befanden sich aber an einer Stelle,
die völlig ungefährlich war. Inzwischen hatte unser Duell mit der
Flakartillerie begonnen. Ich konnte beobachten, wie die Leucht-
spurgeschosse aus der Waffe meines Beobachters auf die Erde zu-
rasten wie kleine Funken, die sich gegenseitig einholen wollten.
Jetzt lag vor uns das Ziel, das Bahndreieck. Deutlich war auszu-
machen, wie diese Stelle von mittleren Flakgeschützen gespickt war.
Fortwährend blitzte das Mündungsfeuer auf. Anscheinend war den
Franzosen diese Verbindung äußerst wichtig. Ich hatte noch nie
vorher eine solche Zusammenfassung von Flakartillerie an einem
Ziel bemerkt. — Der Anflug begann. Während der Verbesserungen,
die mir der Beobachter laufend zurief, sah ich zufällig durch die
Kanzel einmal nach unten und bemerkte gerade den Anfang einer
mittleren Flakgarbe. Sie raste gerade auf die Kanzel unseres Vogels
zu. Mehr instinktiv als überlegt trat ich scharf links ins Seiten-
steuer. Dies alles war blitzschnell gegangen. Zwei kurze harte
Schläge ließen unsere Maschine erzittern. »Das war bei uns! Aber
wo,« meinte trocken der Sepp. Ich konnte im Augenblick auch nichts
erkennen, hatte auch keine Zeit genauer hinzusehen, denn der
Bombenabwurf sollte gerade erfolgen. Ein erneuter Stoß traf
meinen Vogel und im gleichen Augenblick hörten wir von draußen
her ein häßliches Scheppern: Also schwere Flakartillerie in nächster
Nähe. Die Bomben waren raus, und der Verband ging in eine
Linkskurve. Ein ungleichmäßiges Heulen der Motoren ließ mich
plötzlich aufhorchen. Für Bruchteile von Sekunden erstarrte mir
das Blut in den Adern, so einen Schreck hatte ich bekommen.
Motorschaden — Notlandung — Gefangenschaft! Diese drei Be-
griffe verdichteten sich in diesem Augenblick in meinen Gedanken
zu einer ungemütlichen Zukunftsaussicht. Ich hatte keine Zeit, auf
meine Instrumente zu sehen, sondern mußte mich scharf auf die
Bewegungen des Führerflugzeuges konzentrieren, um dieses nicht
zu rammen. Durch Verstellen der Gashebel versuchte ich, die
Motoren auf gleiche Drehzahlen zu bringen. Es gelang mir nicht.
Fortlaufend erklang dieses häßliche auf- und abschwellende Geheul

der Motoren, ein Geräusch, das imstande war, einen Flugzeugführer wohl noch aus dem Todesschlaf zu wecken. Unten auf einer
Straße war eine LKW-Kolonne gesichtet worden und wurde von
uns aus allen Rohren unter Feuer genommen. »Die Bomben liegen
tadellos, Herr Leutnant!« rief Sepp unten aus der Bodenwanne,
und im gleichen Atemzug: »Wir verlieren unser ganzes Öl! —
Alles Flüssige läuft raus!« — Wir flogen wieder geradeaus, und ich
hatte jetzt Zeit, meine Motorüberwachungsinstrumente zu kon-
trollieren. Wahrhaftig, die Öl- und Kühlstofftemperatur hatte das
Höchstmaß schon weit überschritten. Ein Blick auf meine rechte
Tragfläche klärte mich über die Ursache auf. Wie sah die Tragfläche
aus! Ich wunderte mich, daß die Fläche noch dransaß. Gleich rechts
neben dem Motor, in der Nähe der ersten Einschläge von vorhin,
war sie in einem Streifen von ungefähr einem Meter Länge und
einem halben Meter Breite nur noch ein Sieb. Das mußte ein Flakvolltreffer oder zumindest ein Treffer in allernächster Nähe gewesen sein! Noch arbeitete der rechte Motor, wenn auch mit verminderter Tourenzahl! Wenn ich aber keinen Brand riskieren
wollte, mußte ich ihn abstellen, da die Temperaturen immerfort
angestiegen waren. Ich scherte aus dem Verband aus und gab durch
Funk an die Führermaschine durch: »Rechter Motor ausgefallen —
versuche Abflughafen zu erreichen.« Die Gruppe zog an mir vorbei.
Vier Zerstörer blieben als Schutz bei mir und kurbelten um unseren
Vogel herum, da wir nun mit stark verminderter Geschwindigkeit
flogen. In 40 Minuten mußte ich voraussichtlich die eigenen Linien
erreichen. Da! Was war das? Jetzt fing der linke Motor an, unregelmäßig zu arbeiten. Das hatte mir gerade noch gefehlt! Ich gab
etwas weniger Gas und horchte gespannt auf das Motorengebrumm.
Jetzt arbeitete er gleichmäßig. Ich mußte aber ganz langsam und
fortlaufend Höhe aufgeben, da meine Geschwindigkeit zu weit
herabgesunken war. Es setzte ein Kampf um jede 100 Meter Höhe
ein. Der rechte Motor hatte sich inzwischen abgekühlt. Ich ließ ihn
wieder an, gab auf beiden Motoren Vollgas und stieg so lange mit
rüttelnden Motoren, bis der Temperaturmesser wieder am Anschlag
stand. Dann mußte ich den Motor wieder abstellen. Wir hatten
hierdurch 600 Meter Höhe gewonnen. So ging es nun abwechselnd
weiter. Hinauf — hinab! Unsere eigenen Linien lagen hinter uns.
Mein Begleitschutz drehte noch eine Abschiedsschleife und verschwand mit Vollgas in Richtung Heimat. Ich überlegte. Hier im
besetzten Gebiet wollte ich nicht notlanden, es hätte über acht Tage

gedauert, bis wir dann unseren Heimathorst mit den Bodenver-
bindungen wieder erreicht hätten. Also weiter, bis beide Motoren
unwiderruflich stehenbleiben würden oder der erste Fliegerhorst
im Reichsgebiet erreicht sein würde. Falls der Motor es so weiter
durchhalten würde, konnte ich den Abflughafen erreichen. Von
dort war die Fahrgelegenheit einigermaßen günstig. Wir konnten
nämlich schon jetzt erkennen, daß die Reparatur unseres Flugzeuges
ziemlich lange dauern würde, wenn sie überhaupt möglich war. —
Endlich nach 21.00 h, meine Kameraden mußten schon auf dem
Heimathorst gelandet sein, lag unter uns der Flughafen. Ich sah
mir aus 1 000 Meter Höhe den Platz genau an, schoß zum Zeichen
meiner Notlandung zwei rote Leuchtkugeln ab und setzte zur
Landung an. Nach einigen Schwierigkeiten ließ sich auch das Fahr-
werk ganz herauskurbeln. Nun wußte ich aber nicht, ob es irgend-
wie beschädigt war und dann beim Aufsetzen vielleicht zusammen-
brechen würde. Für alle Fälle schnallten wir uns erst einmal sorg-
fältig fest an. Das Rollfeld war nicht sehr groß. Überall am Rand
standen Jagd- und Zerstörerflugzeuge in mehreren Reihen hinter-
einander abgestellt. Jetzt erreichte ich den Platzrand, aber die Fahrt
war zu groß, denn die Landeklappen ließen sich plötzlich nicht
betätigen! Zerschossen! Erst auf der Mitte des kleinen Rollfeldes
bekam ich die Räder auf den Boden und brauste nun mit einem
»Affenzahn« und über 150 Stundenkilometer Geschwindigkeit auf
eine Gruppe abgestellter Me 109 zu, an denen noch mehrere Warte
arbeiteten. »Das mußte einen Riesenbruch geben, wenn nicht gar
Schlimmeres«, schoß es mir blitzschnell durch den Kopf. »Auf dem
Bauch weiterrutschen — das Fahrgestell muß weg«, befahl mir
mein Gehirn. Wir waren jetzt ungefähr auf 120 Meter an die
Flugzeuge herangekommen. Jetzt — ruckartig gab ich dem linken
Motor Vollgas und trat mit aller Kraft in das rechte Seitenruder.
Dieser ruckartigen Kursänderung konnte das Fahrwerk auf keinen
Fall gewachsen sein und mußte wegbrechen. Unser Vogel machte
eine scharfe Rechtskurve um ungefähr 60 Grad und . . . rollte in
der neue Richtung weiter, genau auf eine freie Stelle am Platzrand
zu. Da konnte ich keine Menschen und andere Flugzeuge mehr
gefährden. Ich steuerte nun durch diese Lücke hindurch und stand
endlich, endlich auf einem Kartoffelfeld vor einem kleinen Sumpf,
ungefähr 300 Meter hinter dem Rollfeld, nachdem ich noch über
mehrere Gräben hinweggehopst war. Das Fahrgestell war immer
noch heil! Wie überall, so war es auch hier. Wenn einmal etwas

Wo liegt Fali-
mize? Irgendwo
in Polen 1941! —
Der allen
Landsern ver-
traute Schilder-
wald an den Vor-
marschstraßen.

Der Kommodore
ist mit seinem
Verbindungs-
flugzeug Me 110
in Krosno
gelandet.

Kommodore
Oberstleutnant
Koester spricht
zu seinem Ge-
schwader in
Nikolajew an-
läßlich der Ver-
leihung der ersten
»Ehrenpokale«,
gestiftet von
Reichsmarschall
Göring.

Die »Schirr-
meisterei« bereitet
ihre Fahrzeuge
für Verlegungen
vor.

Per Bahn ver-
legte das techni-
sche Personal der
Gruppen quer
durch Europa —
z. B. hier von
Paris nach Wie-
ner-Neustadt,
März 1941.

Stabsarzt Dr. Ott,
»Buddha«, sorgte
durch häufige
Impfungen für
die gesundheit-
liche Standfestig-
keit seiner Män-
ner, wenn es in
neue Standorte
zu verlegen galt.

Schlamm und Matsch auf dem Vormarsch in Bessarabien nahe der deutschen Siedlung Straßburg, 1941.

In Balti, 1941, erhebt sich für Ofw. Kratzert (l.) und Ofw. Lubrich (r.) die Frage: »Wer soll die Sau nun schlachten?« Die Mäuseplage war ob solcher Probleme schnell vergessen.

Die schöne Zigeunerin Maria tanzte im Lager zu Balti für Brot und sonst nichts. Sie lebte mit ihrer Sippe in Erdhöhlen nahe des Platzes.

Abwurf von Splitterbomben SD 2 auf russische Flugplätze und Vormarsch-
straßen zu Beginn des Rußlandfeldzuges im Juni 1941.

Hptm. Hahn, Kdr. I./KG 51, gefallen am 3. 2. 1942, und das Soldatengrab
der Besatzung bei Tiraspol.

nicht entzweigehen soll, so bricht es bestimmt, soll aber wirklich einmal etwas beabsichtigt brechen, so hält es bestimmt allen Proben stand.

Wir kletterten heraus, atmeten hörbar auf und betrachteten uns die ‹Heinrich› von allen Seiten. Inzwischen waren mehrere Besatzungen der Zerstörergruppe, die uns begleitet hatte und auf diesem Hafen lag, sowie ein Ingenieur herangekommen, und besahen sich ebenfalls unseren zerzausten Vogel. Es stand unzweifelhaft fest: Zwei Einschläge von 4-Zentimeter-Flakgranaten, ungefähr drei Viertel Meter neben dem rechten Motor, hatten den Hauptholm der Fläche zerrissen und über 2 Quadratmeter der unteren Flächenbeplankung zerfetzt. Die schwere Flakgranate, die unmittelbar neben dem Motor krepiert war, hatte die gesamte Motorverkleidung sowie die Öl- und Kraftstoffbehälter durchlöchert. Außerdem befanden sich in der Fläche noch einige MG-Durchschüsse und an der Rumpfunterseite mehrere Einschläge von Flaksplittern! — Ich meldete meiner Dienststelle noch in derselben Nacht die erfolgte Landung und die Beschädigungen unseres Flugzeuges. Das war heute noch einmal glatt gegangen. Wie ein Wunder kam es uns vor, daß keiner von uns überhaupt verletzt worden war. Wir wurden hierdurch allesamt in unserer Meinung bestärkt, daß für uns noch keine Kugel gegossen war.

Am nächsten Mittag erhielten wir den Befehl, uns mit der Eisenbahn zum Heimathorst zu begeben und dort eine andere Maschine zu übernehmen. Drei Flugzeuge hatten wir bis jetzt »erst« verbraucht. Nun konnte die vierte Maschine drankommen. Am 23. Mai erreichten wir unseren Horst, und zu unserer Freude konnten wir unsere alte ›Kurfürst‹ wieder in Empfang nehmen. Diese war gerade von ihren erlittenen Beschädigungen durch die Werft geheilt worden. Ich startete sofort mit meiner Besatzung zu dem Feldflughafen, auf dem unsere Gruppe jetzt lag. Nach dem Eintreffen mußte ich zu unserem Leidwesen die ›Kurfürst‹ einer anderen Besatzung übergeben, die bisher kommandiert gewesen war und noch keinen Einsatz geflogen hatte. —

Am nächsten Tag erhielt die 9. Staffel, da sie bisher die stärksten Verluste erlitten hatte, den Befehl, sich sofort auf einen Fliegerhorst im Heimatgebiet zu begeben. Dort sollten wir auf die Ju 88 umgeschult werden. Damit war für uns das Ende unseres Einsatzes in diesem Feldzug gekommen.«

Oberleutnant Bräck fiel später mit seiner Besatzung am 11. Januar 1943 in Rußland. —

DÜNKIRCHEN

Am 24. Mai 1940 gegen Mittag erteilte Hitler den Befehl, die deutschen Panzerkräfte auf der Linie Gravelines — St. Omér-Béthune vor Dünkirchen zu halten. Göring meldete seinem Führer großspurig — trotz seiner ausgepumpten Fliegerverbände: »Mein Führer, überlassen Sie die Zerschlagung des bei Dünkirchen eingekesselten Feindes mir und meiner Luftwaffe!« Also mußte auch das Geschwader 51 wiederum kurzfristig umplanen. Die Bekämpfung französischer Flugplätze und Verkehrsverbindungen wurde eingestellt. Dafür galt als neues Ziel nunmehr Dünkirchen.

In rollenden Einsätzen bekämpfte es britische Truppen, die sich überstürzt von der Flandernfront auf Dünkirchen zurückzogen. Die alliierte Operation ›Dynamo‹ zur Rettung der englischen Armee war angelaufen.

Eine unglaubliche Flotte kleiner und kleinster Schiffe, Fischdampfer, Schlepper mit Lastkähnen, private Jachten und Motorboote, dazwischen Zerstörer und Torpedoboote, vollgepfropft mit Soldaten, setzte sich über den Kanal in Bewegung. Zum ersten Mal deckten 200 neue Spitfires, die bisher zurückgehalten wurden, diese Aktion und verursachten hohe Verluste unter den pausenlos, seit dem frühen Morgen, angreifenden deutschen Kampfverbänden.

Die III./KG 51 setzte für den 53. Frankreicheinsatz am 27. 5. 1940 gegen Truppenansammlungen um Dünkirchen 12 He 111 ein.

Gruppenkommandeur Major Kind startet als Aufklärer von Landsberg mit seiner 9 K + BD um 10.09 h, gefolgt von sechs Maschinen der 7./KG 51; die 8./KG 51 hebt unter Führung ihres Staffelkapitäns Hauptmann Schenk von Schweinsberg um 10.10 h mit fünf Maschinen in Bad Wörishofen ab.

Starke Abwehr, schwere Flak und zahlreiche englische Jäger hindern sie nicht daran, über dem Ziel 160 SD 10 kg und 204 SC 50 kg Bomben zu werfen.

Die Besatzung Leutnant Gild mit Gefreiter Kassegger, Unteroffizier Kannewurf, Gefreiter Bartelt und Feldwebel Göttlicher wird vermißt. Wie sich später herausstellt, fanden sie bei Dünkirchen den Fliegertod.

98

Etwa fünf Stunden später landen die teilweise durch Splitter und MG-Treffer zersiebten He's in Frankfurt-Rhein/Main, wo für den zweiten Tageseinsatz getankt, Löcher provisorisch geflickt und die Verwundeten Besatzungsmitglieder ärztlich versorgt werden.

Zwei Stunden später starten wiederum 8 He 111 der 7. und 8. Staffel und werfen 215 SC 50 auf ihr Ziel, den Hafen und die Stadt Dünkirchen. Die 9. Staffel hatte sich bereits am 23. Juni »abgemeldet« und schulte als erste Staffel der Gruppe in Regensburg-Obertraubling auf Ju 88 um.

Schon von weitem erkennt die Besatzung Oberleutnant Berger von der 2./KG 51 den mit riesigen Qualmpilzen verhangenen Zielraum. Um 12.23 h startete sie mit ihrer neuen Ju 88 in Lechfeld. Angespannt konzentrieren sich Berger und Beobachter Oberfeldwebel Blumhofer auf ihr Schiffsziel. Der Sturzansatz sieht gut aus. Das Schiff beginnt heftige Ausweichmanöver zu fahren, es wandert aus dem Visier. Der Angriff muß abgebrochen werden. Abfangen mit schwer beladener Maschine, Einkurven zum zweiten Sturzangriff. Die Unteroffiziere Puls und Pertl sichern den Luftraum mit ihren MG 15. Als Puls eine leere Munitionstrommel gewechselt hat und wieder zu schießen beginnt, bemerkt er fünf lauernde Spitfires, die gerade zum ersten Angriff einkurven. Nach der ersten MG-Abwehrgarbe bekommt sein MG-Lauf eine »Blume« (Aufplatzen des Laufes), gleichzeitig wird die Ju lahmgeschossen, ein Motor fällt aus, Berger dreht sofort auf die rettende Küste zu. Als die Spitfires merken, daß die Besatzung mit lahmgeschossener Maschine nicht mehr schießt und schießen kann, kurven sie ein letztes Mal ein und hängen sich rechts und links an die Flächen, winken und begleiten die »Havaristen« eine Weile. Der Luftkrieg spielte sich noch nach gewissen, wenn auch harten, ritterlichen Gesetzen ab.

Berger und seine Männer wollen mit dem Fallschirm aussteigen, der Notabwurf des Kabinendaches versagt jedoch, woraufhin man sich zur Notlandung in Brüssel entschließt. Beim Platzüberflug wird rot geschossen, das Fahrwerk läßt sich nicht mehr ausfahren, Berger blutet aus der Schulter, Puls ist an Arm und Augen verletzt. Ohne lange zu überlegen, wird der »Vogel« auf den Bauch gelegt. Die Besatzung kommt für Wochen ins Lazarett bei Brüssel.

Von der I. und II. Gruppe wurden insgesamt noch 43 Ju 88 an diesem Tage eingesetzt.

Das Inferno ging weiter. Dünkirchen brannte und glich einem glühenden Chaos, es fiel aber noch nicht.

Am 28. und 29. Mai ist das Flugwetter so schlecht, daß kaum Bomben auf den Brückenkopf fallen. Nur am Nachmittag sind einige Einsätze möglich. Bis zum 31. Mai behindert Seenebel die Flugbewegungen der Luftwaffe.

Am Morgen des 1. Juni klärt sich das Wetter auf. Unerbittlich schlagen die Kampfverbände wieder zu. Die verheerenden Folgen veranlassen den britischen Admiral Ramsay, seine Rettungsflotte nur noch nachts fahren zu lassen.

Dünkirchen fällt am 4. Juni 1940. 40 000 französische Soldaten gehen in Gefangenschaft, sie opferten sich für die Rettung der englischen Expeditionsarmee von 215 587 Mann und 123 095 französischer Soldaten, die nach England gebracht werden konnten und später die Kader neuer Armeen stellen werden.

Der Luftwaffenoberbefehlshaber Hermann Göring hielt nicht, was er versprochen hatte und ließ seine Waffe unverantwortlich zur Ader. Die Sollstärke der Geschwader sank personell und materiell auf 30 bis 50 Prozent. Die Siegeszuversicht der Luftwaffe erhielt einen ersten moralischen Dämpfer.

Der kampflosen Besetzung von Paris am 14. Juni folgte am 22. Juni die Unterzeichnung des deutsch-französischen Waffenstillstandes im Walde von Compiègne, dem historischen Ort der Unterzeichnung des Vertrages von Versailles.

VERLEGUNG NACH FRANKREICH

Alle Verbände brauchten nach dem schnellen Vormarsch, der stellenweise auf erheblichen zermürbenden Widerstand stieß, Zeit der Ruhe, um die Kräfte wiederaufzufrischen.

Von Ruhe konnte aber so recht keine Rede sein. Daß auf Plätze im Großraum Paris verlegt werden sollte, war jedem bekannt. Es galt, vielgeübte Handgriffe und ausgefeilte Pläne zu verwirklichen, um ohne Zeitverzug von den Heimatplätzen aus neue einsatzbereite Basen auf fremdem Territorium zu errichten.

Zwischendurch mußten noch Besatzungen von der He 111 in Regensburg-Obertraubling, Greifswald oder der Bombenschule Anklam auf die Ju 88 umgeschult werden und das alles im üblichen Schnellverfahren mit knapp drei Wochen Zeit. Flugzeuge mußten in den Werften überholt, Verlegepakete zusammengestellt werden. Die Organisation des Landmarsches für das Bodenpersonal, das schon gewohnt war bis an die äußerste Leistungsgrenze belastet zu werden, ließ die Schwierigkeiten im Hinblick auf die zerstörten Verkehrswege im nun frisch besetzten Frankreich nur ahnen.

Die dem Verband zugeordnete 7. Flughafenbetriebskompanie lernte in dieser Zeit Straßen und Bahnhöfe in Deutschland und Frankreich zur Genüge kennen. Ein Vorgeschmack auf das, was später noch kommen sollte, als sie das Geschwader in den Osten begleitete.

Diese Art Kompanie machte aus einem E-Hafen erst einen Horst. Sie umfaßte ca. 150 Mann und wurde von einem, meist technisch versierten, Reserveoffizier als Kompaniechef geführt, dem zur Seite Spieß, Rechnungsführer, Fourier/Koch, Unteroffizier der Waffen- und Kleiderkammer und etwa 15 Mann allgemeines Geschäftszimmerpersonal standen. Drei Betriebszüge mit je 25 Unteroffizieren und Mannschaften warteten unter einem erfahrenen Oberfeldwebel als Zugführer Tag und Nacht unsere Maschinen. Ein Werkstattzug mit rund 35 Unteroffizieren und Mannschaften versah die schwierigen, größeren Reparaturen, während der Schirrmeister mit seinen 22 Kraftfahrern den umfangreichen Kraftfahrzeugpark der Kompanie fahrbereit hielt.

Dazu gehörten u. a.

1 Mercedes PKW
5 Mercedes LKW Dreiachser mit Anhänger
4 Mercedes LKW Mannschaftswagen mit Sonderlänge
3 weitere LKW
4 Traktoren
2 Seitenwagen Kräder

Wie die FBK innerhalb von nur sechs Wochen bewegt wurde, sei kurz erwähnt: Mit Beginn des Frankreichfeldzuges Verlegung von Reichenbach bei Schussenried nach Landsberg zur Wartung der III. Gruppe.

23. Mai Verlegung zurück nach Reichenbach, Wartung einer Gruppe des KG 26 ›Löwengeschwaders‹

27. Mai Verlegung, wiederum nach Landsberg

2. Juni Verlegung nach Regensburg-Obertraubling zur Kurzeinweisung in Ju 88

9. Juni Eintreffen in Lechfeld

12. Juni Verlegung über Stuttgart — Mainz — Trier

14. Juni nach Sedan

15. Juni in Villers Cottre

23. Juni in Mondésir bei Étampes (südlich Paris)

Das Flugplatzgelände von Étampes war wie fast alle größeren französischen Flughäfen durch Bombenangriffe und Artilleriebeschuß schwer beschädigt worden. Mit Hilfe von Kriegsgefangenen machte man sich an die Arbeit, zerborstene Hallen zu räumen, das Flugfeld halbwegs zu planieren, Unterkünfte zu entrümpeln, damit wenigstens die Aufnahme der fliegenden Einheiten sichergestellt werden konnte. Die kriegsgefangenen Senegalneger waren willige und gutmütige Helfer.

Die ersten Maschinen der I./KG 51 trafen schon am 18. Juni in Paris-Orly ein, das nicht so stark zerstört war. Man konnte aber wegen Mangel an Flugbenzin keinen größeren Flugbetrieb durchführen und mußte auf die gut ausgebaute Startbahn von Villacoublay ausweichen.

Ende Juni endlich konnte der Verband seine zugewiesenen Quartiere beziehen.

Der Geschwaderstab lag mit der II. Gruppe im Schloß La Fontaine bei Brétigny, die I. Gruppe zunächst in Château Villemain bei Grisny-Suisnes, später zusammen mit der III. Gruppe in der Schloßkaserne von Château Grand Yard bei Voisenon. Von dort war es nicht weit zu den Fliegerhorsten Melun-Villaroche, der zügig ausgebaut wurde, nach Villacoublay, Brétigny und Étampes-Mondésir.

Als die letzten umgeschulten Besatzungen Anfang Juli eintrafen, fanden sie ihre Kameraden gut eingerichtet vor. Die geschichtsträchtige Umgebung von Paris reizte zu ausgedehnten Ausflügen in die Schlösser Versailles und Fontainebleau oder zu noch weiter entfernten Zielen an die Loire, bis nach Orléans sogar.

Die jungen Tänzerinnen am Place Pigalle und in den »oben-ohne« Nachtbars des Montmartre sorgten für Abwechslung. Daß bei ohnehin feier- und trinkfreudigen Fliegern das Portemonnaie locker sitzt, ist in Anbetracht der guten französischen Weine und des anregenden Champagners nicht verwunderlich. Kommandeure und Staffelkapitäne waren manchmal nicht wenig in Sorgen um ihre unternehmungslustigen Männer.

Anläßlich einer Besichtigung durch den Chef der Luftflotte 3, Generalfeldmarschall Hugo Sperrle, wurden in den riesigen, architektonisch eigenwilligen Zeppelinhallen von Orly in Gegenwart von General Ritter von Greim erste Beförderungen und Ordensverleihungen für verdiente Besatzungen und Soldaten ausgesprochen. Die relative Ruhe- und Erholungspause währte nur kurz.

102

Das nächste Ziel war offensichtlich England. Dieser Kampf ging als »Luftschlacht um England« in die Kriegsgeschichte ein.

ÜBERSICHT ÜBER DEN EINSATZ GEGEN FRANKREICH

1. 9. 1939 — 19. 6. 1940)
(nur III. Gruppe, mangels fehlender Unterlagen)

59 Einsätze mit 434 Flugzeugen (nur He 111), davon 18 Flugblatteinsätze mit 32 Flugzeugen.

Aufklärerschwarm:	65 Flüge	Flugstunden:	265 h 24
7. Staffel	148 Flüge		614 h 18
8. Staffel	139 Flüge		572 h 40
9. Staffel	82 Flüge		321 h 59

Abgeworfene Bombenmenge: insgesamt 373 480 kg
davon:

SC 10	956 Stück
SC 50	3 287 Stück
SD 50	3 779 Stück
SC 250	6 Stück
Brand	7 920 Stück
SBe 50	24 Stück

Verhältnis Brand- zu Sprengbomben ca. 1:1
Abschüsse feindlicher Jagdflugzeuge: 14
                    Verluste
Tote: 35
Verwundete: 20
Vermißte: 4

EINSÄTZE GEGEN ENGLAND

Die Bodenorganisation und endgültigen Standorte der Verbände der Luftflotte 2 (Kesselring, Brüssel) und Luftflotte 3 (Sperrle, Paris) standen inzwischen leidlich. Man mußte wie gewohnt jedoch noch viel improvisieren. Entlang der Loire, im Raum Paris über Brüssel bis nach Amsterdam lagen die Kampfgeschwader; die Stuka- und Jagdgeschwader dagegen mit Schwerpunkten um Le Havre und Calais, näher am Kanal aufgrund ihrer geringeren Eindringtiefe.

Unser Geschwader kämpfte zusammen mit dem KG 54 (Oberstleutnant Höhne, Evreux) und KG 55 (Oberst Stoeckl, Chartres) im Rahmen des V. Fliegerkorps (Ritter von Greim), das seinen Gefechtsstand in Villacoublay hatte.

Über die Einteilung des Ablaufes der Schlacht um England gehen die historischen Analysen auseinander; es gibt insgesamt acht verschiedene Vorstellungen über die Luftschlacht, die dem Bearbeiter bekannt sind. Er zieht die Schweizer Vorstellungen (Dr. Theo Weber) vor, die dem Gesamtablauf der Luftschlacht seiner Ansicht nach am nächsten kommen.

Die *Kontaktphase* begann Anfang Juli 1940 mit bewaffneter Luftbildaufklärung, Angriffen gegen die Handelsschiffahrt und Störangriffen auf britische Hafenanlagen aufgrund von Luftflottenbefehlen, weil Befehle des OKL noch nicht vorlagen. Am 10. Juli starteten zum ersten Male starke Kampfverbände gegen das Inselreich. Es galt, die britischen Jagdfliegerkräfte zum Kampf herauszufordern.

Von der III. Gruppe flogen nur drei Besatzungen mit den neuen Ju 88 A 1 auf Ziele in den Raum von Portsmouth, das sich unter dichten Wolken und Schauern verbarg.

Im besetzten Frankreich wurden die frisch umgeschulten Besatzungen intensiv im Staffelrahmen weiter auf den neuen Typ eingewiesen. Man machte sie vertraut mit der Sturzkampftechnik, warf in Übungseinsätzen Bomben, um bessere Trefferergebnisse zu erreichen, übte mit dem KG 100 (Pfadfinderverband) die Zusammenarbeit und gab dem technischen Personal Gelegenheit, sich auf die Handhabung, Waffenbeladung, Pflege und Wartung der Ju einzuspielen. Einige eingefuchste Beobachterflugzeugführer flogen das weite Land auf der Suche nach geeigneten Ausweichhäfen ab.

Langsam gewöhnte man sich an den neuen Angriffsraum. Bis Ende Juli wurden insgesamt nur drei Großeinsätze geflogen. Zuletzt, am 29. Juli, ein massierter Nachteinsatz gegen Rüstungs- und Flugmotorenwerke und Raffinerien bis in die Räume Liverpool und Southampton.

Am 8. August 1940, dem »Adlertag«, begann die *Hauptkampf-*

phase I, nachdem durch die Führerweisung Nr. 17 der Luftwaffe endlich eine operative Zielsetzung gegeben worden war.

Die englische Luftwaffe sollte baldmöglichst niedergerungen werden. Eine Vielfalt von Zielen mußte bekämpft werden. Rüstungsbetriebe, die neuen, überraschend wirksamen Radarstationen, Flugstützpunkte und Truppenlager. Terrorangriffe waren ausdrücklich verboten.

Das Wetter verhinderte zunächst größere Flugoperationen. Mit dem Nachteinsatz war das Gros unserer Flugzeugführer und der anderer Kampfgeschwader noch nicht genügend vertraut, es fehlte an Zeit und Möglichkeiten zur Übung.

Zur Bekämpfung besonders wichtiger Ziele, wie englische Flugzeug- und Motorenwerke, wurden sogenannte ›Zerstörbesatzungen‹ eingeteilt. Sie erhielten für ihre gefährlichen, oft waghalsigen Einsätze, außer der üblichen Fliegerzulage, eine besondere Zulage in Höhe von 400,— RM, viel Geld für damalige Verhältnisse. Die ›Zerstörbesatzungen‹ waren hervorragende Flieger und Könner eines jeden Kampfverbandes. Sie bekamen ihre Ziele mit allen Zielunterlagen zugewiesen, ohne an Zeiten oder besondere Taktiken und Befehle ihres Verbandes gebunden zu sein. Sie waren nur dem Fliegerkorps alleine für die Ausschaltung verantwortlich. Der Kommandant einer Besatzung beurteilte selbständig das Wetter, die Luftlage und entschied endgültig, wann und unter welchen Umständen anzugreifen sei. Es bedarf wohl keiner weiteren Erläuterungen über die Gefährlichkeit dieser Aufträge, wenn man bedenkt, daß diese Besatzungen ohne Jagdschutz, ganz auf sich gestellt ihre Missionen flogen.

Leutnant der Reserve Dr. Karl-Heinz Stahl und seine Besatzung Schröter, Nömeyer, Motes führten am 23. August 1940 einen dieser besonderen Einsätze auf das Ausbildungslager der RAF, Aldershot, durch.

Der folgende Bericht wurde anhand der Aufzeichnungen des PK-Sonderführers Wolfgang Küchler geschrieben:

»Tief hängen die Wolken über unserem französischen Feldflugplatz Villacoublay, so tief, als wollten sie mit ihren unteren Fetzen fast den Erdboden berühren. Mißmutig sitzen die Besatzungen herum. Sie hatten schon noch mit einem »kleinen Rutsch« nach England gerechnet. Nun ist der Einsatz wegen des Wetters abgeblasen worden. Aber keiner verläßt den Staffelliegeplatz. Vielleicht liegt

doch noch etwas an? Richtig, kaum zwei Minuten sind vergangen, da eilt der Adjutant aus dem Gefechtsstand heran. Er schwenkt einen Zettel in der Hand. Nach einem Anruf vom Geschwader soll sofort eine Besatzung starten und im Einzelblindflug den Flugplatz Aldershot angreifen. Eine besonders im Blindflug erfahrene Besatzung soll fliegen. Mit einem Ruck sind die Männer aus ihrer Ruhe hochgescheucht. Gespannt blicken sie auf ihren Gruppenkommandeur, Hauptmann Kurt von Greiff, dem die Wahl schwerfällt. Nach langer Pause bleibt sein Blick auf dem kleinen, drahtigen Leutnant d.R. Dr. Karl-Heinz Stahl hängen. »Sie fliegen!« — Wenige Minuten darauf hebt die 9 K + Ida-Heinrich mit schwerer Bombenlast vom Platz ab. Ein verhaltener Stolz ergreift die Besatzung, daß gerade sie unter so vielen anderen für diesen Einzelauftrag ausersehen worden ist.

Kurz nach dem Start zieht Leutnant Stahl die Maschine in die Wolken. Eintönig brummen die Motoren der Ju 88. Ruhig und stetig wird Meter um Meter Höhe gewonnen. Nachdem die Wolkenobergrenze erreicht ist, bietet sich den Männern ein phantastischer Anblick. Unaufhörlich quellt und brodelt es in dem Wolkenmeer, nur bleibt den vier Einsamen in der ›Ida-Heinrich‹ wenig Zeit und Muße, das immer wieder auch für Flieger erhebende Schauspiel zu beobachten. Sie müssen sich auf ihren Auftrag konzentrieren. Lange liegt die französische Küste hinter dem deutschen Kampfflugzeug. England müßte schon erreicht sein. Die Wolken verhindern nicht nur die Bodensicht, sondern auch, daß englische Jäger an die Ju herankommen. Das beruhigt.

Leutnant Stahl schaut auf die Borduhr und zieht seine große Fliegerkarte von England neben sich zu Rate. Zehn Minuten noch, dann werden wir da sein. Die Spannung wächst. Wird die englische Flak auf Draht sein? Werden wir Jäger haben? Bordschütze und Beobachter, Oberfeldwebel Schröter, überprüft sorgfältig mit schnellem Blick die Bombenabwurfvorrichtung. Der Heckschütze, Gefreiter Motes, hockt konzentriert hinter seinem MG. Auch Bordfunker Feldwebel Nömeyer, hat inzwischen sein Funkgerät mit dem Maschinengewehr vertauscht. Alles ist zum Angriff bereit. Durch ein großes Wolkenloch — das vom Dienst vielleicht? — stößt die ›Ida-Heinrich‹ durch. Zu aller Überraschung liegt nicht nur das Ziel, der Flugplatz Aldershot, unter ihnen, auch vierzig englische Spitfire fliegen in engen Kreisen unermüdlich, vorgewarnt durch die Radarstationen, über dem Platz Sperre!

Zur Begrüßung schickt leichte Flak die ersten, schlecht liegenden Lagen herauf. Eine Rotte Spitfire setzt zum Angriff auf die einzelne, einsame Kampfmaschine an. Stur und ruhig fliegt Leutnant Stahl seinen Zielanflug, nur so bringt Oberfeldwebel Schröter das Ziel gut ins Visier. Die erste Bombe fällt, noch dreimal gibt es den kleinen Ruck, wenn sich die Bomben lösen.

Nach dem Abfangen haben sich acht Spitfires auf die ›Ida-Heinrich‹ gestürzt. Von zwei Seiten kurven sie ein. Feldwebel Nömeyer jagt ihnen seine ersten MG-Salven entgegen. Ein Brite schießt, die Garbe liegt ausgezeichnet. Klirrend und splitternd spritzen die Schüsse in die Maschine. Eine zweite Serie zischt haarscharf über den Kopf von Oberfeldwebel Schröter dahin. Glücklicherweise liegt er noch auf dem Bauch am Zielgerät und entgeht so dem Tode. Feldwebel Nömeyer ist nach dem Angriff des Engländers leicht verwundet, was ihn nicht daran hindert, der Spitfire, die bis auf dreißig Meter herangekommen ist, seine eiserne Antwort hinüberzuschicken. Treffer! Die Spitfire bäumt sich auf, legt sich langsam auf die Seite. Die Salve von Gefreiter Motes gibt ihr den Rest. Mit dunkler Rauchfahne stürzt sie brennend in die Tiefe. Von links oben ein weiterer Jäger! Leutnant Stahl erkennt die Absicht des Gegners und kurvt mit Vollgas auf den Angreifer ein. Ohne zum Schuß zu kommen, rast der Brite in knapp fünf Metern am Seitenleitwerk des deutschen Flugzeuges vorbei. Nur mit Mühe und Vollgas erreicht die ›Ida-Heinrich‹ die schützende Wolkendecke. Endlich Ruhe. Aber wie sieht die ›Kiste‹ aus! Das Instrumentenbrett zerfetzt, die elektrische Anlage zerschossen, die Funkanlage unbrauchbar, auch die Bordeigenverständigung (EiVau) versagt. Die Männer sind froh, einigermaßen flugfähig dem Schlamassel entgangen zu sein.

Alle Gefahr ist jedoch noch nicht gebannt. Nach drei Minuten Blindflug in den Wolken fängt der rechte Motor plötzlich zu rütteln an. Leutnant Stahl stellt ihn ab. Mit einem schiebenden Motor wird der Flug fortgesetzt. Der Flugzeugführer tritt sich sein Bein aus dem Leib, um auf Kurs zu bleiben. Bald bekommt er einen Beinkrampf und Oberfeldwebel Schröter muß mit ins Seitenruder treten. Nur so erreichen sie langsam, aber stetig wegen mangelnder Motorkraft sinkend mit Hilfe des Notkompasses im Zickzackkurs die französische Küste. Caen liegt weit vor ihnen. Es ist höchste Zeit für die Landung, der »Sprit« ist fast am Ende. Plötzlich schüttelt auch der linke Motor und fällt aus. Stille. Ruhe im Busch.

Letztmalig nimmt Leutnant Stahl all seine Kraft zusammen und konzentriert sich auf eine Bauchlandung, die stets erhebliche Risiken birgt, in Caen. Ruhig und sicher schwebt die Maschine an, nur der Fahrtwind rauscht, und setzt sich sachte hin. Der Besatzung wird sofort alle Hilfe zuteil und zehn Minuten später beglückwünscht sie sogar der Kommandierende General, der zufällig in Caen weilt und die Notlandung der ›Ida-Heinrich‹ beobachtet hat.«

DER KOMMODORE FÄLLT

Die Wettererkundungsstaffeln 1 und 161 und das KG 40, in welchem der ehemalige Staffelkapitän der 1./KG 51, Major Petersen, als Gruppenkommandeur diente, klärten über dem Atlantik und der britischen Insel das Wetter auf. Es versprach durch ein kräftiges Azorenhoch gut zu werden.

Die britischen Radarstationen, vor allem auf der vorgelagerten Isle of Wight, mußten »blind« gemacht werden, um weiterhin ungestörter an die englischen Häfen heranzukommen.

Die Erprobungsgruppe 210 Rubensdörffer leitete diese Angriffe ein. Gegen 11 Uhr am 12. August 1940 versammelten sich bei Cherbourg über der französischen Küste das Kampfgeschwader 51 mit fast 100 Ju 88, die Zerstörergeschwader 2 und 76 (120 Me 110) und das JG 53 (25 Me 109).

Der Kommodore, Oberst Dr. Fisser, erwartet als Führer des Großverbandes ungeduldig das Aufschließen der Schwärme und Staffeln. Hauptziel ist die Staatswerft von Portsmouth. Beladen mit SC 250 kg Bomben und einigen schweren »Brocken« SC 1000 kg, führen die Staffelkapitäne in 5000 m ihre Staffeln zum Einsatz.

Vor Erreichen des Ziels ist die Jagdabwehr noch gering. Erst um 11.45 Uhr werden sie durch die englische Radarstation Poling aufgefaßt. Aufsteigende Ballonsperren mit 50 Ballonen, die sich plötzlich bis in 1800 m Höhe im Winde wiegen, künden einen bevorstehenden Angriff durch Flak und Jäger an.

Deutsche Jäger versuchen, die Briten zum Kampf herauszufordern. Der Ju 88-Verband teilt sich. 70 Flugzeuge drehen auf Portsmouth ein. Hafen, Hauptbahnhof, Tanklager und kleinere Schiffe werden nachhaltig im Horizontal- und Sturzangriff bekämpft. 20 Ju's beginnen fast gleichzeitig mit dem Angriff auf die Radarstation Ventnor, am Südostzipfel der Insel Wight.

Die Flak beginnt zu schießen. In 4000 m sind die Lagen noch mittelmäßig, nur störend. In 2000 m und darunter stark und gutliegend. Immer mehr unserer Kameraden scheren getroffen durch Jäger oder Flak aus. Dreizehn Besatzungen unseres Verbandes kommen nicht zurück. Eine Hurricane der 213 Squadron schießt um 12.30 Uhr die Maschine des Kommodore ab. Oberst Dr. Fisser fällt, sein Beobachter, Oberleutnant Lüderitz, und Leutnant Schad geraten schwer verwundet in Gefangenschaft.

Die I. Gruppe verliert vier Besatzungen, die II. Gruppe zwei, die III. Gruppe sechs. Nur wenige überleben und geraten in englische Gefangenschaft.

Als der Verband abdreht, stürzen sich Spitfires, Hurricanes und Defiants wie Habichte auf die Zurückkehrenden. Außer den dreizehn abgeschossenen Maschinen werden fast alle durch MG- und Kanonentreffer z. T. erheblich beschädigt. Major Marienfeld, Kommandeur der III. Gruppe, und Oberleutnant Lange, 9. Staffel, schießen mit ihrer Besatzung je eine Spitfire ab. Besatzung Leutnant Unrau (9 K + HL) wird über dem Kanal von 3 Hurricanes verfolgt. Sein Bordfunker, Feldwebel Winter, schießt eine Hurricane ab. Nachdem ein Motor der Ju ausgeschossen worden war, erreichte sie mit Mühe die französische Küste und konnte — als auch der zweite Motor stehen blieb — nur mit fliegerischem Geschick eine Bauchlandung am äußersten Rande der Steilküste durchführen. Sie zählten, unverletzt ausgestiegen, alleine 180 Treffer an ihrer Maschine.

Am 14. August fällt der ehemalige Gruppenkommandeur III./ KG 51, Oberst Alois Stoeckl, als Kommodore des KG 55 beim Angriff auf den englischen Flugplatz Middle Wallop durch Jäger der 609 Squadron.

Hohe Verluste treffen auch die anderen Kampfverbände, so daß die Luftflotte 5 (Stumpff) von ihren Basen in Norwegen ab 15. 8. mit in den Kampf eingreifen muß.

Das britische Jagdfliegerkommando war dank seiner Radarstationen für die Frühwarnung in der vorteilhaften Lage, seine Streitkräfte sparsam aber wirkungsvoll einsetzen zu können. Seitens der deutschen Luftflotten versuchte man dagegen durch Angriffe in die größere Tiefe des Raumes und Streuung der Ziele möglichst alle vier englischen Jagdgruppen gleichzeitig zum Kampfe zu stellen. Am 16. 8. greift das Geschwader Flugplätze an. Die I. fliegt gegen Redhill, die II. gegen Brooklands während die III. Gatwick bekämpfen soll. Dichter Nebel hindert die III. Gruppe daran, die Bomben gezielt zu werfen. So entschließt sich der Verbandsführer, die Bomben wieder zurückzubringen und westlich Étampes auf dem vorgesehenen Notabwurfgelände blind abzuwerfen. Damit verhinderte er einen eventuellen Bombenwurf in dichtbesiedelte Wohngebiete.

Eine Zerstörergruppe des ZG 26 begleitet seit St. Aubin und kämpft beim Rückflug den Raum Eastbourne — Horsham — Worthing frei. Dieser Tagesangriff verläuft endlich einmal ohne Verluste. Bis zum 25. August werden Tagesangriffe gegen verschiedene Flugplätze und das inzwischen leidlich bekannte Portsmouth geflogen. Das Jagdgeschwader 53 ›Pik As‹ wird als beruhigender Jagdschutz zugeteilt.

Unter den SC 250 kg, die geworfen wurden, setzte man erstmals Bomben mit LZZ (Langzeitzündern) ein, die die Bomben teilweise erst nach Stunden oder Tagen detonieren ließen. Auch die neuen 250 kg Flammbomben (Flam) zeigten gute Wirkung.

Der eine oder andere machte unangenehme Bekanntschaft mit dem »Bach«, wie der Ärmel-Kanal herablassend genannt wurde. Glücklich konnte sich nennen, wer von dem vorzüglich organisierten Seenotdienst geborgen werden konnte.

Heftige Luftkämpfe in großer Höhe begleiteten die stur ihre Bahn ziehenden Kampfverbände von nun an regelmäßig. Selten wurden die rechtzeitig gewarnten feindlichen Jagdfliegerkräfte am Boden angetroffen, sie starteten, wenn Anflüge gemeldet wurden, um die deutschen Maschinen möglichst noch vor dem Abwurf der Bomben beim Anflug zu packen.

In der zweiten Hälfte des Monats August war die Luftschlacht um England für die Briten in ein kritisches Stadium getreten. Seit dem 8. 8. verlor die Royal Air Force 1 115 Jagd- und 92 Kampfflugzeuge, die Luftwaffe dagegen nur 254 Jagd- und 215 Kampfflugzeuge.

Das Ziel, die Luftherrschaft über der Insel zu erreichen, war in greifbare Nähe gerückt. Nur wurde Ende August 1940 die Angriffstaktik der Kampfflieger geändert.

Hauptsächlich wurde nur noch im Einzelflug bei Nacht geflogen. In zweiminütigem Abstand, meistens um Mitternacht startend, griff man mit allen nachteinsatzfähigen Besatzungen, — und das waren leider noch nicht alle — Liverpool, Birmingham, Manchester und Bristol und ab 8. 9. 1940 vor allem London an. Die später so

verhängnisvolle Nachtjagdabwehr der RAF war zu dieser Zeit —
und bis Anfang 1941 — noch nicht sehr wirksam.

Bei einem der letzten Einsätze gegen Liverpool-Birkenhead wurde
eine Besatzung fünf Minuten nach dem ersten Angriff auf ein
plötzlich am Boden einsetzendes Lichtspiel aufmerksam. Nach und
nach gingen auf 5 km Länge und etwa 500 m Breite südlich Bristol
unzählige Lichter an, die einen riesigen Stadtbrand darstellen
sollten, aber als Scheinanlage sehr plump und auffällig wirkten.
Der am 30. August 1940 von den Engländern südlich Liverpool
großangelegte Scheinbrand täuschte z. B. brennende Kaianlagen
vor. Viele deutsche Besatzungen fielen auf diese gekonnte Täu-
schung herein und warfen ihre Bomben — in die brennende Heide
von Wales.

Aufgrund der frühen relativ hohen Verluste kamen zügig neue,
frisch ausgebildete junge Besatzungen zum Verband, die man
natürlich nicht gleich in den scharfen Einsatz werfen wollte. Das
übliche Einschulen in den Kampfstaffeln belastete die im täglichen
Einsatz Stehenden sehr. Die Geschwaderführung beauftragte daher
im August 1940 Hauptmann Ritter mit der Aufstellung einer
Ergänzungsstaffel in Orly, die systematisch Kampfausbildung mit
den »Neuen« betrieb und sie langsam an ihre zukünftigen Aufgaben heranführte. Ein Schwerpunkt galt besonders dem Nachtflug.
Die 7. FBK stellte mit Zugführer Feldwebel Weiß einen Betriebszug zur Wartung der Maschinen ab.

Nach etwa vierwöchiger Schulung wurden die neuen Besatzungen
in die einzelnen Staffeln des Geschwaders weitergeleitet.

Damit die Einweisung ruhig und sorgfältig erfolgen konnte, wurde
die Ergänzungsstaffel mit ihren 4 He 111 und 6 Ju 88 später nach
Lager Lechfeld verlegt.

In Wiener-Neustadt wurde dann aus diesem Kern die IV. Gruppe
(Ergänzungsgruppe) gebildet, die den Auftrag hatte, junge, von
den Fliegerschulen kommende Besatzungen für den Dienst an der
Front in jeder Hinsicht vorzubereiten. Hier wirkten die erfahrensten Kampfbesatzungen eines Geschwaders als Lehrer und »väter-
liche« Freunde für die »Küken«. —

FLIEGERLATEIN
nach einem Bericht von Oberleutnant Hänel:

Wissen Sie eigentlich, was »Holzauge« ist? Irgendeine medizinisch-
technische Angelegenheit vielleicht, meinen Sie, oder der Kampf-
name eines bemokassinten tomahawkschwingenden, blutrünstigen
Karl-May-Indianers vom Stamme der Delawaren.
Nicht enttäuscht sein, daß es nicht stimmt, — zumal man auch mit
dem zweiten Ausdruck der Überschrift nichts Rechtes anzufangen
weiß, handelt es sich hierbei doch um eine Sprache modernster
Prägung, nämlich um Ausdrücke, die unsere Flieger fanden und
sprechen, wenn sie vom Einsatz kommen, mit denen sie leben.
Die »Fliegersprache« ist eine Fundgrube saftigster und anschaulich-
ster Ausdrücke, geradezu der Schlüssel für die Absicht, unerfreu-
liche oder auch nur alltägliche technische Vorgänge in ein paar
Worten so plastisch hinzustellen, daß sie leben und erfreuliche
Tatsachen so zu deklarieren, daß man allein dadurch schon schmun-
zeln muß. — Ich bin überzeugt, daß nach Kriegsende ein Lehrstuhl
für die Fliegersprache eingerichtet wird.
Aber es ist nicht nur der Humor, warum die »Fliegerrhetorik«
entstand, sondern der oft allzu berechtigte Wunsch, durch diesen
Geheimcode sich nur Leuten vom Bau verständlich zu machen und
Laien schonungslos als solche zu entpuppen. Ich glaube doch, Sie
werden staunen, wie diese Wortbildungen den Nagel auf den Kopf
treffen. Zum Beispiel: »Ich bekam den Laden vollgerotzt.« Dra-
stisch und ein wenig despektierlich ist das schon; aber wie kann
man die ekelhaft-scheußliche Situation, die sich ergibt, wenn einem
der Gegner eine Unmenge Geschosse in die Kabine knallt, noch
prägnanter zeichnen?
Noch sind wir nicht in der Luft, sondern »röcheln« noch in den
Betten unseres »Chateau-Schlosses«, da gerade »Fliegerwetter« ist.
(Fliegerwetter ist, wenn der Flieger wegen Nebels und Schlecht-
wetters nicht zu fliegen braucht und sich seiner Fliegerzulage erfreut.) Plötzlich Alarm! Die mit Wind-, Feuchtigkeits- und Luft-
druckmessern operierenden, Wetterkarten schwingenden »Wetter-
frösche« haben mit einer »Gummiprognose« »Flugwetter« prophe-
zeit.
Und nun stehen Sie mit uns in dem emsigen Gewimmel, das das

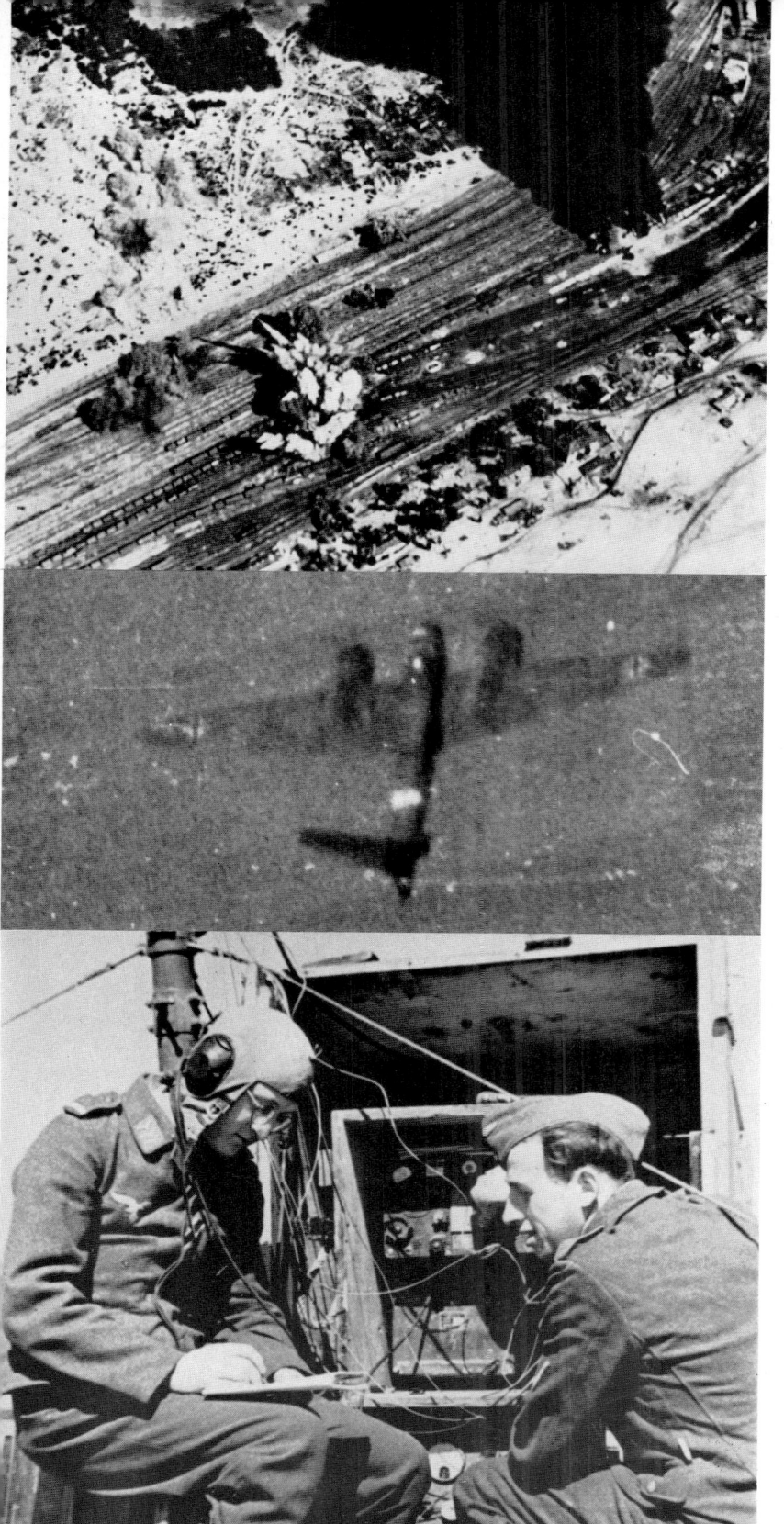

Brennende Züge
im Bahnhof von
Kupjansk, 1941.

So kehrte Oblt.
Unrau am 12. 8.
1941 mit seiner
9 K + BL zurück.
Er wurde in der
Bucht von
Eupatoria von
einem russischen
Jäger gerammt.
Das rechte
Höhenruder
wurde abgerissen
und der hintere
Rumpf verdreht.
Die Besatzung
stieg über Bes-
sarabien mit dem
Fallschirm aus.
Oblt. Feldmann
machte diese sel-
tene Aufnahme.

BzB »Florian«
mit Männern der
Luftnachrichten-
kompanie im
Einsatz an der
Ostfront.

Der Tartaren-
graben bei
Perekop vor
Einnahme der
Halbinsel Krim,
Juni 1942.

Unteroffizier
Helmut Bern-
hard, einer der
Beobachter, der
ohne fliegerische
Ausbildung eine
Ju 88 landete,
nachdem sein
Flugzeugführer,
Oblt. Höhl, an
Bord gefallen
war.

Der Brief in die
Heimat wurde
zwischen Ein-
sätzen, wie hier
in Shitomir bei
den »Waffen-
mixern«, stets
hastig geschrie-
ben.

Dem strengen Winter in Saporoshje 1942, wo Pferdegespanne versuchsweise zum Flugzeugschlepp eingesetzt wurden ...

... folgte ein schlammträchtiges Frühjahr in Nikolajew. Trotz aller Widrigkeiten ...

... konnten doch Flugdienst und Einsätze durchgeführt werden. Im Vordergrund ein Motor der Ju 88 und 50-kg-Bomben.

Feldwebel Georg
Fanderl, der
zweite Ritter-
kreuzträger
(24. 1. 1942) der
1./KG 51, begrüßt
in Tiraspol
Oberleutnant
Löffelbein.
Rechts Feldwebel
Graichen aus der
Besatzung Haupt-
mann Hahn,
gefallen am
3. Februar 1942
bei Tiraspol.

So sah es im
Winter 1942 in
Nikolajew aus.
Schneeverwehun-
gen hinderten
den Flugbetrieb
beträchtlich.

Der sowjetische
Kreuzer »Krasny
Krim«, versenkt
im Hafen von
Sewastopol durch
die Besatzung
Fanderl.

Zauberwort »Alarm« auslöst bei allen Sparten des reichgegliederten Unternehmens zur Vernichtung unserer Gegner, gleichgültig, ob wir Jäger, Aufklärer, Kampfmaschinen oder Transporter, Stukas oder Fernkampfbomber sehen: Die »Jungs«, die Flugzeugwarte, bremsen die Maschinen ab, die »Mühlen« oder, wenn man in vielen Flügen ein besonderes Verhältnis zu ihnen bekam, die »ollen Schinken« oder »Staatsschiffe«. Inzwischen »steigt die Besatzung ins Geschirr«, sie legt die Fallschirmgurte an. Schon springen wir an Bord, da rollt der Vogel zum Start, »baut sich dort auf« und wartet auf das Startzeichen. Dann geht's los. Der Flugzeugführer schiebt die »Pulle rein«, spornt damit die »Gaskocher«, die Motoren, zu höchsten Touren an, die ihrerseits die »Latte«, den Propeller, zu wildester Raserei treiben. Nachdem sich der Verband, der »Haufen«, nach »Fahren einer Biege«, um den Platz gesammelt und formiert hat, wird »Strich« zum Ziel geflogen, der Kettenführer vorneweg, ihm zur Seite, etwas rückwärts gestaffelt, die »Katschmareks« oder »Kettenhunde«.

Besonders beliebt ist übrigens die Anwesenheit in der letzten Kette, die »Holzauge« ist, das heißt als Aufpasser gegen feindliche, unlautere Absichten und als »Kugelfang« gegen Angriffe aus dem Rücken fungiert. (Den letzten beißen die Hunde — alte Sache!)

Sehen Sie doch nur die Jäger, die wie ein Hornissenschwarm dahinzischen, nachdem sie im »Kavalierstart« wie Raketen in den Himmel spritzten, oder die Kampfmaschinen, die in eherner Phalanx davondröhnen. Dagegen wirkt »die alte Tante« oder »die alte Frau Ju« natürlich ein bißchen plump, die da eben auf Gegenkurs an uns vorbeiwackelt, aber dieser »müde Vogel« hat auch seine »Meriten«. — Wie oft mag er, vollgepackt »bis an die Halskrause«, Nachschub gebracht haben! Ja, und nun »hängen wir also am Himmel«! Der Funker »schiebt Sprit in die Antenne«, nimmt Funkverbindung auf, der »Heizer« oder »Schmiermaxe« (Bordmonteur) streichelt in Gedanken seine Motoren; denn es wäre unangenehm, wenn sie jetzt »kotzten« oder »meckerten«, zumal die Mühle sowieso 'ne richtige »Porzellanfuhre« ist durch den vielen Sprit und die »Eier«, die der Beobachter dann möglichst nutzbringend zu »legen« gedenkt, und der Fliegerschütze »peilt nach hinten«, damit sich kein Gegner »ins Genick setzen« kann. — Inzwischen ist es Zeit, nachdem man durch den »Dreck« oder »Müll« der Wolken durch ist, durch »Lutschen« Sauerstoff zu nehmen. So ungefähr zieht der »Haufen« feindwärts, einer den anderen deckend und schützend und die »Häschen«, die noch jungen und unerfahrenen Besatzungen, in die Mitte nehmend.

Schwieriger ist da schon der Fernaufklärer dran, das »Auge der Führung« (der Bomber ist übrigens ihr »langer Arm«), der mutterseelenallein dahinkrebst, um mit seiner »Strahlenfalle« Aufnahmen zu machen. Natürlich ist der ganz »Holzauge«, um sich den »Laden nicht vollrotzen zu lassen«, was der Gegner zweifellos gern hätte, indem er »auf die Knöppchen drückt«, die seine Schußwaffen betätigen. Der Aufklärer soll nur sehen, nicht kämpfen und seine »Sichtungen« gut nach Hause bringen.

Deshalb, so schwer's auch fällt, lieber die »Mühle 'rumreißen«, »Schwänzchen hoch« und »Druckpunkt nehmen« und »davonrudern« als sich »den Hintern aufreißen« zu lassen, womöglich zu »kokeln« anfangen und »stinkend« »auseinanderzublättern«, denn die »schwärzliche Rauchwolke« die dabei »als Rauch aus der Küche«, aus der Maschine quillt und die zeigt, daß es »im Karton geknistert hat«, illustriert eine Situation, die durch das »Aussteigen«, das Verlassen der Maschine per Fallschirm, nicht angenehmer wird, zumal man womöglich »in den Bach fällt«, der sich zwischen England und Frankreich breit macht und dies, abgesehen von dem dabei fälligen Schnupfen auch für die Filmkassetten nicht gut ist. — Das ist bei den anderen Maschinen etwas anderes, die den Gegner ins »Visier nehmen dürfen«, ihm die Leuchtspur der MG's, die »Leichenfinger«, »um die Ohren pflastern«, so daß er bald »die Hosen voll hat«, einen »Kupferbolzen« oder einen »Buntstift im Hintern« hat, seine Kiste »auf die Schnauze« stellt und mit »Affenfahrt« leise weinend abhaut, weil »er ihm stinkt« und »Bügeleisen«, Flakgranaten, auf ihn zukommen. 'Ne ganz aufregende Sache ist solch ein »Rabatz«. Doch noch ist der eigentliche Auftrag nicht erledigt, der sich dann im Heeresbericht in Orten mit leeren Fensterhöhlen, in Abschußzahlen des Gegners der Öffentlichkeit kundtut oder, wie es nun mal der Arbeit der Aufklärer oder Transporter ergeht, sich nur in den Stäben auswirkt. Noch kommt der Heimflug. Schon gibt der »Alte« das Zeichen zum Auflösen des Verbandes, denn weiß leuchtet unter einem schon das »Hemd des Kommandanten«, das Landekreuz, das aus weißem Stoff besteht und den Maschinen die Windrichtung und die Stelle zeigt, an der sie aufsetzen müssen. Besondere Freude herrscht natürlich, wenn viele Kisten »wackelnd« ankommen, was für uns heute dasselbe bedeutet, was dem Indianer die Skalpe waren.

Nacheinander »setzen sich die Maschinen hin«, womöglich gibt's mal 'ne »Bauchlandung«, weil man die »Beine«, das Fahrgestell, nicht herausbrachte, und bei einer »Eierlandung« ist man besonders vorsichtig, um die angekratzte Kiste durch Landestöße nicht zu zerlegen, denn es wäre faul, nach glücklich überstandenem Flug jetzt noch »Kleinholz« zu machen oder den Vogel »hinzurotzen«. Schon sind wieder die »Jungs« da, die sich nun unserer Mühlen annehmen, den Besatzungen aus dem »Geschirr helfen«. Sie sind ganz froh, jetzt wieder festen Boden unter den Füßen zu haben im Bewußtsein, daß ihre »Gefechtsbirne«, auf der sich jetzt leicht Schweißperlen zeigen, keinen Schaden genommen hat. Sollte ihnen am Ende doch noch, nachdem sie sich während des Fluges so gut hielten, »das Frühstück aus dem Gesicht fallen?« Na, dann gehen sie schnell mal hinter jener Halle durch Richtung Kantine, dort »zischen« oder »verlöten« sie einen, dann »röcheln« sie 'ne Stunde oder, was dasselbe ist, »horchen an der Matratze«, dann ist alles wieder gut. Im Sinne von »la bums, die Landung, la bumstrara, der Zusammenstoß!« —

LONDON

Aus der eigentlichen »Jägerschlacht« entwickelte sich eine neue Phase des Bombenkrieges. Am 3. September 1940 befahl Göring die Chefs der Luftflotten nach Den Haag, um mit ihnen Änderungen der Angriffsziele zu erörtern. Seines Erachtens lohnten sich keine größeren Schläge mehr gegen die Fliegerhorste, Jägerleitstellen, Radarstationen und Flugzeugfabriken des Gegners.
Statt dessen sollten militärische Ziele in und um London bombardiert werden, weil die Engländer ihre Reserven nur zum Schutze eines so wertvollen Objektes einsetzen würden. Mit dem ersten Nachtangriff deutscher Bomber gegen Ziele in der Hauptstadt London (5./6. 9. 1940) trat die Luftschlacht um England in ein völlig neues Stadium ein: es begann der deutsche Luftkrieg gegen das englische Wirtschaftspotential. Hatten die deutschen Luftoperationen der Hauptkampfphase I im wesentlichen noch der Unterstützung der Planungen der Seekriegsleitung gedient, die eine Landung in England vorbereiten sollten, so war ein Zusammenhang der ab 6. 9. durchgeführten Luftangriffe mit der ›Seelöwe‹-Planung nicht mehr erkennbar. Hier begann die *Hauptkampfphase II*, die bis zum 10. Mai 1941 dauerte. Göring hatte zu

diesem Zeitpunkt den Beginn des Wirtschaftskrieges befohlen, zu welchem die britische Jagdwaffe, vor allem die Bodenorganisation und der personelle Nachschub, auf einem Tiefpunkt angelangt war und zu welchem schon eine kurze Weiterführung der Luftoffensive gegen die englische Jagd-Infrastruktur für das ›Fighter Command‹ die schwersten Folgen gehabt hätte.

Diese Kampfphase kann man ohne Übertreibung als strategische Phase bezeichnen.

Am Nachmittag des 7. September stand Göring zusammen mit Kesselring und Loerzer bei Cap Blanc Nez an der Kanalküste und ließ die deutschen Kampf- und Jagdgeschwader über sich hinwegdonnern. Er habe, so sagt er den anwesenden Rundfunkreportern, »persönlich die Führung der Luftwaffe im Kampf gegen England übernommen!«

Insgesamt griffen 625 Kampfflugzeuge, am frühen Nachmittag beginnend, bis spät in die Nacht hinein London an.

Etwa 60 Kampfflugzeuge des KG 51 flogen in dieser Nacht auf Angriffshöhe 4 000 m dem Ziel London entgegen. Schon von weitem konnte man am durch Brände rötlich gefärbten Himmel die leidende Stadt erkennen. Südlich London wurden realistisch angelegte Scheinanlagen (Brandsimulation) entdeckt. Merkwürdigerweise rührte sich die Flak überhaupt nicht. Wie man später erfuhr, durfte sie wohl aus Sicherheitsgründen gegenüber der eigenen Stadtbevölkerung auch nicht schießen. Das sollte sich aber zu unserem Nachteil bald grundlegend ändern.

Nacht für Nacht waren bis zu 300 Bomber über London, das nicht zur Ruhe kam. Die Nachtjäger, zumeist vom Typ ›Blenheim‹, wurden »frecher« und zerrten beträchtlich an den Nerven, obwohl sie zum Glück in unserem Verband keine Verluste verursachten. Zwischenzeitlich wurden einige Kampffliegerkräfte immer wieder zur Ablenkung des Feindes gegen Plymouth, Portland oder Portsmouth eingesetzt. Der Schwerpunkt der Einsätze blieb aber nach wie vor auf London konzentriert.

Nervenzermürbend waren die gelegentlichen Tageinsätze, die ohne Begleitschutz durchgeführt werden mußten. Nicht selten stürzten sich beim Rückflug bis zu zwanzig ›Spitfires‹, die vor der Küste Sperre flogen, auf den Verband, der stets hoffte, die Wolken vom Dienst zu finden, um sich »leise weinend hinwegzuschleichen«! Mit diesem Trick konnten zum Glück die feindlichen Jäger meist immer wieder abgeschüttelt werden.

Ab Oktober flogen wir nur noch bei Nacht oder starteten so in der herbstlichen und winterlichen Dämmerung, um erst bei Dunkelheit über dem Ziel aufzutauchen. Von einem Überraschungseffekt konnte natürlich keine Rede sein, denn die ausgezeichneten englischen Radarstationen hatten den Verband nahezu jedesmal beim Verlassen der französischen Küste aufgefaßt und dauernd im »Auge durch Nacht und Nebel« behalten. Bei Tag schlichen sich die Jabo-Staffeln der Jagdverbände, ironisch »leichte Kesselringe« genannt, unter Verlusten an ihre Ziele heran und konnten doch nicht mehr als nur Nadelstiche austeilen.

In den Einsätzen gegen London, die schwerpunktmäßig bis zum 14. November währten, waren außer bei Bruch- und nichtgeplanten Außenlandungen dank der Nachtangriffstaktik keine nennenswerten Verluste zu beklagen.

Insgesamt wurden alleine von der III. Gruppe 295 Maschinen in 49 Einsätzen eingesetzt. Nur 9 Maschinen brachen den Flug aus Wetter- oder technischen Gründen, meist Motorschaden ab.

Beim Geschwaderappell, am 12. November 1940, in der großen Zeppelinhalle Orly zeichnete Generalfeldmarschall Hugo Sperrle weitere kampfgestählte Männer seines KG 51 mit dem EK I und EK II aus; manch einer stand mit dicken Verbänden im Glied, Zeichen seiner in der zurückliegenden Schlacht erlittenen Verwundungen.

Am Samstag, 16. November 1940, war unser Ziel die Stadt Coventry und die englischen Häfen, die wir mit dem Navigationshilfsmittel ›Knickebein‹ anflogen, es aber gar nicht brauchten, weil schon von weitem der Feuerschein der brennenden Stadt den Weg wies. Tagszuvor traf der Großangriff mit 500 to Spreng- und 30 000 Brandbomben diese Stadt überraschend in aller Härte.

Wie sehr die Besatzungen miteinander verbunden waren und wie sie füreinander einstanden, mag die beispielhafte Kameradschaftstat des Oberleutnant von Claer zeigen.

Am 18. Oktober flog unser Verband wiedereinmal gegen das durch Flak und Jäger gutgeschützte London. Als die Maschinen zurückkamen, fehlte die des Oberleutnant von Claer. Er mußte mit zwei schon an Bord gefallenen Besatzungsangehörigen und Feldwebel M. notwassern.

Das an Bord befindliche Schlauchboot wurde ausgesetzt und die Schwimmwesten nachgezogen. Man verließ die Maschine noch rechtzeitig, bevor das Flugzeug unter die Wasseroberfläche schnitt und versank. Die beiden Überlebenden paddelten im Salzwasser der stürmischen See und stellten fest, daß das Schlauchboot, wie ein Sieb durchlöchert, unbrauchbar war. Beide Kameraden waren sich im Klaren darüber, welch schwere Stunden nun vor ihnen lagen. Wird man sie im Wasser treibend auffinden? Werden sie wohl jemals lebend an Land kommen?

Mit Mühe hielten sie sich fest, um nicht alleine ein Spielball der Wellen zu werden. Stunden vergingen. Als die Nacht hereinbrach hatte sich die schwere Fliegerbekleidung längst mit brennendem Salzwasser vollgesaugt, und drohte die Ermatteten trotz der unförmigen Schwimmwesten in die Tiefe zu ziehen.

Feldwebel M. war verheiratet und hatte zwei Kinder, Oberleutnant von Claer dagegen noch Junggeselle. Die Schwimmwesten trugen nicht mehr gut. Daraufhin sagte von Claer: »Ich bin ledig, Du bist verheiratet, hast Frau und zwei Kinder. Du mußt das Ufer des Kanals erreichen und überleben. Für mich ist das nicht wichtig, nimm auch meine Schwimmweste noch, lebe wohl, grüße mir die Heimat und unsere Kameraden.« Von Claer streifte seine Schwimmweste ab und reichte sie seinem Kameraden. Erst als der Oberleutnant ertrunken war, konnte Feldwebel M. die Weste überziehen. Seinen toten Kameraden hielt er festumschlungen in den Armen. Besinnungslos, mit schwersten Salzwasserverbrennungen am ganzen Körper, fand ein deutsches U-Boot beide in den frühen Morgenstunden und nahm sie an Bord.

Oberleutnant von Claer gab sein Leben, um das Leben seines Kameraden zu erhalten. —

Weitere Großangriffe der Luftwaffe nach dem Vorbild von Coventry — doch mit geringerer Wirkung — richteten sich in den Nächten des Monats November gegen Birmingham (19./20.), Southampton (23./24.), Bristol (24./25.), Plymouth (28./29.) und Liverpool (28./29.). Daneben wurden in kleinerem Maßstab die Angriffe gegen London weitergeführt; sie dauerten jeweils zwischen vier bis zehn Stunden!

Alleine im November fielen insgesamt 6 747 to Sprengbomben auf wirtschaftlich bedeutsame Ziele in englischen Städten. Diese Angriffe zogen sich bis in den Dezember 1940 hinein.

Häufig flogen die KG 100 und KG 26 mit unserem Verband zusammen und legten im betreffenden Zielraum (wie z. B. Liverpool-Birkenhead) als ›Pfadfinder‹ mittels Leuchtbomben sogenannte Feuerstraßen zur Zielmarkierung, die von weitem schon gut zu erkennen waren. Denn immer zahlreicher wurde festgestellt, daß die Funkfeuer (›Fred‹, ›Knickebein 3‹, ›Knickebein 4‹) intensiv gestört wurden und unbrauchbar für die Navigation waren. Sehr geschickt brach der Engländer mit seiner Funkaufklärung vermehrt in die Koppel- und Funkhilfen ein.

In den Erfolgsmeldungen um Weihnachten herum taucht des öfteren der Hinweis auf: »Wirkung im Ziel wie bei Coventry«. Daraus entwickelte sich später die makabre, neue Wortschöpfung »coventrieren«.

Das Neujahrsfest konnte der Verband ohne Kampfeinsatz in Paris verbringen, zumal das schlechte Wetter Schwerpunkteinsätze ohnehin nicht zuließ.

Die wirkungsvolle Störung der Navigationssysteme und der durch Radar geleitete britische Nachtjägereinsatz zwang die deutschen Luftflotten im Januar endgültig, anstelle der Angriffe gegen Industriestädte im Inneren Englands solche gegen Küstenstädte, die von den Besatzungen der Kampfverbände — auch bei Nacht — ohne Funkhilfen gefunden werden konnten, führen zu lassen. Letztlich ein entscheidender Erfolg der englischen Abwehrbemühungen, wie wir wissen.

Oberleutnant Küchle berichtete in seinem Gefechtsbericht über Nachtjägerangriffe beim Nachteinsatz vom 10. auf 11. Januar 1941:

»Gefechtsbericht des OLt Küchle über Nachtjägerangriff:
Nachteinsatz vom 10./11. Januar 1941
Bereits hinter Fécamp waren die Brände von Portsmouth zu sehen. Der Angriff erfolgte von Südosten nach NW. Nach dem Bombenwurf (21,08 Uhr) aus 4800 m NN wurde in einer Linkskurve auf Kurs Fécamp (KK 140°) abgedreht. Es wurde mit Bodenlader und 2100 Umdrehungen bei Ladedruck 0,8 geflogen. Über dem Ziel war eine aufgerissene Wolkendecke in etwa 1000 m, während die Insel Wight frei war und im Mondlicht einwandfrei erkannt wurde. Zwischen Portsmouth und der Insel Wight, etwa 2 bis 4 Minuten nach dem Abwurf, beobachtete der Bordfunker einen Nachtjäger, der in Flugrichtung gesehen von rechts fast im rechten Winkel zum eigenen Flugzeug anflog und kurz vor ihm hochbog und in einer Linkskurve sich hinter das Leitwerk setzte.
Bereits nach dem ersten Anflug, bei dem der Nachtjäger noch nicht schoß, drückte der Flugzeugführer das Flugzeug mit etwa 3 m/sec., wobei die Kurssteuerung eingeschaltet blieb. Die Feuereröffnung

erfolgt aus etwa 100 Metern, fast gleichzeitig von Bordfunker und Nachtjäger. Darauf drückte der Flugzeugführer das Flugzeug mit etwa 100 m/sec., und als die Einschläge von Treffern in der Maschine zu hören waren, noch stärker. Der Fahrtmesser zeigte in 4300 m 450 km/h an. Bei dem starken Drücken beobachtete der Flugzeugführer die Leuchtspurgeschosse des Nachtjägers über dem Flugzeug, die genau in Flugrichtung lagen. Darauf wurde sofort nach links gekurvt. Der Nachtjäger zog nach links oben weg.

Ganz kurz darauf erfolgte ein weiterer Angriff, diesmal von rechts unten. Vermutlich handelte es sich dabei um einen anderen Nachtjäger, denn der erste konnte kaum zu einem zweiten Angriff angesetzt haben. Ohne Kurssteuerung, unter fortwährendem starken Drücken wurde bei Fahrtmesseranzeige 500 km/h und 2300 Umdrehungen nach rechts auf Südkurs mit einer Wendezeigerbreite gekurvt. Der Bordmechaniker verschoß eine halbe Trommel, dann zog der Jäger nach oben weg. Dieser Angriff war bedeutend kürzer als der erste.

Der Bordfunker sah links oben einen Nachtjäger, der nicht mehr angriff.

Unter dauernder Kursänderung zwischen 180 und 100 Grad, mit Kurssteuerung durchgeführt, wurde Fécamp angeflogen. Inzwischen war die Flughöhe 2000 Meter über NN. Da der rechte Ölbehälter nicht mehr anzeigte, und der rechte Motor teilweise unruhig lief, wurde über dem Kanal Höhe gewonnen. Von der Besatzung wurde niemand verletzt. Da das Hydraulikinstrument nicht mehr anzeige, versuchte der Flugzeugführer, die Landeklappen und das Fahrwerk versuchsweise auszufahren. Dabei zeigte sich, daß die Hydraulik ausgefallen war. Durch Funk wurde »Fahrwerkschaden« und »Lande als letzter« durchgegeben. Während des Fluges legte der Flugzeugführer und vor der Landung auch der Beobachter die Rückengurte an.

Der Platz wurde um 22.10 Uhr erreicht. Da mit einer Bruchlandung zu rechnen war, entschloß sich der Flugzeugführer, erst dann zu landen, wenn alle Flugzeuge zurück sind.

Um 22.50 Uhr wurde zur Landung angesetzt, nachdem das Fahrwerk und die Landeklappen durch Notbetätigung ausgefahren waren. Beim Aufsetzen wollte die Maschine nach rechts ausbrechen, was durch vollen linken Seitenruderausschlag und Bremsen verhindert wurde. Da die Maschine kaum zu halten war und wegen des starken Hängens nach rechts angenommen wurde, daß das

Fahrwerk einknicke, befahl der Flugzeugführer, das Kabinendach abzuwerfen. Das Flugzeug dreht beim Ausrollen leicht nach rechts ab. Nach Stillstand wurden sofort die Motoren abgestellt, das Netz ausgeschaltet und die Besatzung verließ die Maschine.

Bei den beiden Angriffen erhielt das Flugzeug 38 Treffer. Der rechte Reifen wurde bereits in der Luft zerschossen. 8 bis 10 größere Einschußlöcher lassen den Schluß zu, daß es sich dabei um Explosivgeschosse aus überschweren MGs oder einer Bordkanone handelt. Bei jeder Fläche wurde das Mündungsfeuer von 3 Rohren beobachtet. Vielleicht befindet sich darunter eine Kanone. Der Nachtjäger schoß mit grüner Leuchtspur. Das gepanzerte Kabinendach (Ausführung Opel) hatte mehrere Treffer, die die Panzerung nicht durchschlugen. Die rechte Luftschraube erhielt 2 Durchschüsse. Ebenfalls erhielt das Leitwerk mehrere Durchschüsse, die zum Teil vom Bordfunker stammen können.

Das Mischungsverhältnis der verschossenen MG-Munition war 1:1:1. Eine Blendwirkung trat nicht auf. Die Flugbahn der Geschosse war gut zu beobachten.

gez. Küchle
OLt und Schwarmführer.«

Die letzten großen Einsätze gegen England machte das Geschwader nicht mehr mit.

Am Nachmittag des 27. März 1941 flogen wir den letzten Angriff auf diesem Kriegsschauplatz nach Oxford-Cowly, bei typischen Vorfrühlingsrückseitenwetter. Ein letztes Mal machten wir Bekanntschaft mit der irritierenden, gutliegenden englischen Flak.

Schon herrschte rege Tätigkeit auf unseren Absprunghäfen. Es wurde gepackt, wir sollten zurückverlegen.

EINSATZÜBERSICHT UND VERLUSTE

Bevor von einem neuen Kriegsschauplatz berichtet werden soll, die Übersicht über den Einsatz England vom 20. Juni 1940 bis 31. März 1941. Die veröffentlichten Fakten sind dem noch erhaltenen Kriegstagebuch der III. Gruppe KG 51 entnommen und dürfen repräsentativ und aussagekräftig genug wohl für alle beteiligten Kampfverbände stehen.

Die deutsche Luftwaffe verlor 2 265 Flugzeuge (25 % Jäger, 35 %

Bomber alleine). Diese Abgänge mochten durch Neubauten zu ersetzen sein, obwohl bezweifelt werden mußte, daß die Fertigung mit den technischen Errungenschaften des Gegners würde Schritt halten können. Sehr schwer wogen dagegen die Verluste an friedensmäßig gutausgebildeten Flugzeugführern und Besatzungsmitgliedern. Sie beliefen sich auf 3 363 Gefallene und 2 117 Verwundete, sowie 2 641 Fliegersoldaten, die entweder vermißt oder in englische Gefangenschaft gefallen waren.

Ein Großteil der Toten des Geschwaders 51 fand seine letzte Ruhestätte auf dem Friedhof von Meaux.

Der Luftwaffe kam als selbständigem Wehrmachtsteil von nun an nur noch zweitrangige Bedeutung zu. Man wagte dann auch während des Zweiten Weltkrieges keinen weiteren Versuch, mit ihr allein strategische oder operative Aufgaben zu lösen. Selbst bei der Unterstützung des Heeres und der Marine konnte sie an den großen Brennpunkten nicht mehr die Entscheidung erzwingen. Damit wurden die Grenzen der deutschen Macht offenkundig. Die Zeit der Blitzfeldzüge ging zu Ende.

FLUGZEUG-VERLUSTE KG 51 (ENGLANDEINSATZ)

Zeitraum 1. 7. 1940 — 31. 10. 1940 (nur vier Monate!)

Verluste	100 %	70–80 %	45–60 %	25–40 %	15–20 %
Stab	1	—	—	—	—
I.	13	2	3	12	4
II.	13	—	1	7	4
III.	12	3	2	7	7
Erg.-Stff.	1	—	—	2	—
Insgesamt	40	5	6	28	15

Alleine am 12. August 1940, als der Kommodore Oberst Dr. Fisser fiel, gab es folgende Flugzeugverluste:

Stab : 1 (100 %)
III. : 4 (100 %), 1 (30 %), 1 (15 %)
 I. : 3 (100 %), 1 (30 %)
II. : 2 (100 %)

126

Anmerkung:

Flugzeugverluste wurden je nach Beschädigungsgrad eingeordnet:

100 % *Totalverlust (Besatzung meist gefallen).*

60-80 % *Flugzeug unbrauchbar, noch verwertbare Teile wurden ausgebaut zur weiteren Verwendung (Kannibalisierung).*

45-59 % *Schwerbeschädigtes Flugzeug, bei dem Großbauteile ersetzt werden mußten.*

40-44 % *Beschädigtes Flugzeug, bei dem Triebwerke oder Systeme (z. B. Hydraulik) ersetzt werden mußten.*

25-39 % *Schäden, die eine Flugzeugdurchsicht beim Verband erforderlich machten.*

10-24 % *Mittlere Beschußschäden, die durch kleinere Reparaturen behoben werden konnten.*

unter 10 % Geringe Beschußschäden, die zum Teil vom 1. Wart behoben werden konnten.

III. Kampfgeschwader 51   *Ortsunterkunft, 31. 3. 41*
Abt. Ia   *(Wiener-Neustadt)*

ÜBERSICHT ÜBER DEN EINSATZ ENGLAND
VOM 20. 6. 40 bis 31. 3. 41

1. *112 Einsätze mit 648 Maschinen, davon*

Aufklärerschwarm	*118 Masch.*
7. Staffel	*205 Masch.*
8. Staffel	*180 Masch.*
9. Staffel	*145 Masch.*

2. *Flugstunden:*   *1603 Std. 31. min.*
3. *Flugkilometer:*   *48 099 300 km*
4. *Abgeworfene Bombenmenge:*   *636 t 270 kg*

5. *Verluste:*

    13. 7. 40   *9K+CR Werkn. 7074, 20 % Bruch durch Bauchlandung in Rouen, Führer Fw. Müller, Verletzte: keine*

    30. 7. 40   *9K+ER Werkn. 7081, 100 % Bruch durch Absturz bei Nogent le Rotron. Fw. Kurzweg, Fw. Oschließ, Gefr. Boenisch, Fw. Jörg (gesamte Besatzung tot)*

31.	7.	40	9K+FT Werkn. 7068, 35 % Bruch durch Bauch-landung in Orly, Führer: Lt. Höchstetter, Verletzte: keine
9.	8.	40	9K+GS Werkn. 7052, 75 % Bruch bei Start in Mondésir. Führer: Fw. Weindl, Verletzte: keine
9.	8.	40	9K+DD Werkn. 5064, 50 % Bruch bei Start in Mondésir. Führer: OFw Sonntag, Verletzte: keine
10.	8.	40	9K+JR Werkn. 7071, 20 % bei Landung in Beauvais. Führer: OLt Simon, Verletzte: keine
12.	8.	40	9K+ED Werkn. 7073, Beschuß durch Jäger. Verletzte: Lt Schweisgut
12.	8.	40	9K+AT Werkn. 5042, 70 % Bruch durch Notlandung bei Le Havre. Führer: Lt Capesius, Verletzte: Sdf Engel
12.	8.	40	9K+KT Werkn. 7091, 100 % Bruch vermißt bei Angriff auf Portsmouth. Lt Höchstetter, Uffz Noak Gottf., Uffz Noak Otto, Uffz Stahr, (ges. Besatzung vermißt)
12.	8.	40	9K+LT Werkn. 5052, 100 % Bruch vermißt bei Angriff auf Portsmouth. Fw Schuß, OGefr Storek, Gefr Merker, Gefr Noetel, (ges. Besatzung vermißt)
12.	8.	40	9K+FS Werkn. 5072, 100 % Bruch durch Abschuß bei Angriff bei Portsmouth. OLt Wildermuth, gefangen, OLt Stärk, gefangen, Uffz Droese, gefangen, Uffz Rösch, vermißt
12.	8.	40	9K+BS Werkn. 4078, Bruch bei Angriff auf Portsmouth. Lt Seidel, Fw Lokuschuß, Uffz Fischer, Sdf Bigalke (ges. Besatzung tot)
12.	8.	40	9K+AS Werkn. 5063, 100 % Bruch bei Angriff auf Portsmouth. OLt Nölken, OFw Kessel, Fw Gundlach, Fw Velten, (ges. Besatzung tot)
19.	8.	40	9K+FR Werkn. 7069, 100 % Bruch, vermißt bei Angriff Little Rissington. Fw Moser, Fw Schachtner, Uffz Bauchauer, Fw Maak, (ges. Besatzung tot)
25.	8.	40	9K+BR Werkn. 7072, 100 % Bruch bei Angriff auf Portsmouth. Uffz Maurer, tot, Uffz Schulz, tot, Gefr Pfaff, tot

30. 8. 40 *9K+DS Werkn. 7076, 15 % Bruch bei Landung in Mondésir.*
Führer: Fw Lang, Verletzte: keine

7. 9. 40 *9K+CD Werkn. 2167, 30 % Bruch bei Landung in Villaroche.*
Führer: OLt Rath, Verletzte: keine

12. 9. 40 *9K+DT Werkn. 5053, 100 % Bruch durch Absturz bei Angriff auf London.*
Uffz Gutberlet, tot, OGefr Ruebe, tot

16. 9. 40 *9K+JT Werkn. 7065, 25 % Bruch durch Bauchlandung in Orly.*
Führer: Uffz Franke, Verletzte: keine

20. 9. 40 *9K+MR Werkn. 7092, 45 % Bruch durch Landung bei Lille. Führer: Fw Müller, Verletzte: keine*

25. 9. 40 *9K+FR Werkn. 4144, 100 % Absturz bei Evreux.*
Fw Eimers, Lt Meiser, Gefr Herich, Gefr Altmann, (ges. Besatzung tot)

27. 9. 40 *9K+IR Werkn. 2174, 100 % Bruch durch Absturz bei Pussay.*
Uffz Bender, Gefr Kienbauer, Gefr Jung, Gefr Israel, (ges. Besatzung tot)

27. 9. 40 *9K+BR Werkn. 6153, 100 % Bruch durch Absturz bei Oisonville.*
Fw Brünningsen, Fw Conrad, Uffz Hartmann, Uffz Maier, (ges. Besatzung tot)

10. 10. 40 *9K+CD Werkn. 2104, 25 % Bruch bei Landung in Mondésir.*
Führer: OLt Küchle, Verletzte: keine

10. 10. 40 *9K+HS Werkn. 299, 100 % Bruch bei Angriff auf London.*
Uffz Metschulat, Fw Wollf, Uffz Kafka, Uffz Schragl, (ges. Besatzung Gefangenschaft)

12. 10. 40 *9K+DR Werkn. 7075, 100 % Bruch bei Start in Mondésir.*
OLt Simon verletzt, OFw Strauß verletzt, Fw Baader verletzt, Fw Torporzisseck tot

28. 10. 40 *9K+MR Werkn. 8040, 100 % Bruch bei Angriff auf London.*
Uffz Krämer, Gefr Hauf, Gefr Zimmermann, Gefr König (ges. Besatzung vermißt)

6. 11. 40   9K+KS Werkn. 5070, 100 % Bruch vermißt bei Angriff auf London.
OLt Mathis, Lt Geilenkirchen, Uffz Schütz, Gefr Mader, (ges. Besatzung vermißt)

18. 11. 40   9K+GR Werkn. 7082, 100 % Bruch durch Absturz bei Villeneuve/Paris.
Uffz Meißner, Gefr Wolf, Gefr Effler, Gefr Rothhäußer, (ges. Besatzung tot)

18. 11. 40   9K+AT Werkn. 7054, 80 % Bruch bei Landung in Brétigny.
Führer: Fhr Pahl, Verletzte: keine

20. 11. 40   9K+GT Werkn. 7062, 80 % Bruch bei Landung in Brétigny.
Führer: Uffz Franke, Verletzte: keine

31. 11. 40   9K+AB Werkn. 5050, 20 % Bruch bei Landung in Brétigny.
Führer: Uffz Rabien, Verletzte: keine

31. 11. 40   9K+FS Werkn. 3189, 15 % Bruch durch Bauchlandung in Brétigny.
Führer: OLt Maletz, Verletzte: keine

21. 12. 40   9K+FT Werkn. 296, 100 % Bruch durch Absturz bei Brétigny.
Führer: Fhr Pahl, Uffz Born, Gefr Reibel, Gefr Bier, (ges. Besatzung tot)

30. 12. 40   9K+LR Werkn. 5045, 100 % bei Anschweben zur Landung bei Brétigny.
Lt Lutz tot, Fw Wagner verletzt, Gefr Übel verletzt, Uffz Bruns verletzt.

15. 3. 41   9K+BS Werkn. 7119, 60 % Bruch bei Notlandung bei Bovoux.
OFw Scherer verletzt, Fw Thieme verletzt, Uffz Plücker verletzt, Uffz Hoffmann tot.

15. 3. 41   9K+HT Werkn. 2271, 40 % Bruch bei Landung bei Borneville.
Lt Capesius verletzt, Fw Öchsl verletzt, Uffz Schulz verletzt, Uffz Horch verletzt.

21. 3. 41   9K+BR Werkn. 6167, 100 % Bruch durch Absturz bei Le Havre.
Uffz Unruh, Uffz Heikes, OGefr Murra, Gefr Niestädt, (ges. Besatzung tot)

24. 3. 41 9K+KT Werkn. 6154, 100 %> Absturz bei Villa-
coublay.
Uffz Jenkel, Uffz Selbert, Uffz Knotz, Gefr Glier,
(ges. Besatzung tot)

ZUSAMMENFASSUNG:

Verluste an fliegendem Personal:

Tote:	*4 Offiziere und 47 Uffz. und Mannschaften*
Vermißte:	*3 Offiziere und 15 Uffz. und Mannschaften*
Gefangene:	*2 Offiziere und 5 Uffz. und Mannschaften*
Verletzte:	
schwer:	*3 Offiziere und 5 Uffz. und Mannschaften*
leicht:	*2 Offiziere und 7 Uffz. und Mannschaften*

Verluste an Maschinen:

	100 %> Bruch	*21 Maschinen*
70 — 80 %> Bruch		*4 Maschinen*
45 — 60 %> Bruch		*3 Maschinen*
25 — 40 %> Bruch		*5 Maschinen*
15 — 20 %> Bruch		*5 Maschinen*

Intermezzo Jugoslawien und Griechenland

WIENER-NEUSTADT

Am Vormittag des 29. März 1941 starteten die Maschinen unseres Geschwaders aus dem Raum Paris mit allgemeiner Richtung Südost. Im Tiefflug zogen sie über vertraute Landschaften Frankreichs. Die Vogesen lagen wolkenverhangen unter ihnen. Erst in der Zabernsenke sahen wir den Rhein. Wir folgten der Autobahn bei Karlsruhe über Pforzheim, Stuttgart, Ulm und landeten zum Auftanken in Lechfeld, wo uns die Männer der dort liegenden IV. Gruppe umsorgten. Der Weiterflug führte über München, Rosenheim, Salzburg. Ab Linz flogen wir nur wenige Meter über den Dächern und Bäumen entlang der Donau bis Wien. Von dort mogelten wir uns zu unserem neuen Horst Wiener-Neustadt durch. Gegen Abend waren alle Maschinen glücklich gelandet. In der Umgebung, wie in Möllersdorf, fanden wir gute, gemütliche Quartiere. Erstaunt waren wir, auf dem riesigen Flugplatzareal eine Vielzahl von Verbänden mit Flugzeugen aller Typen anzutreffen. Noch nie sahen wir eine solche Ansammlung von Flugzeugen auf nur einem Platz.
Der italienische Staatschef Mussolini reagierte verärgert auf die Entsendung einer deutschen ›Militärmission‹ nach Rumänien mit dem Einmarsch nach Griechenland am 28. Oktober 1940 von seiner Absprungposition in Albanien. Einen Tag später besetzten die Engländer daraufhin die Schlüsselposition im östlichen Mittelmeer — Kreta. Kaum daß er begonnen hatte, war der italienische Angriff festgefahren. Erschwerend wirkte noch die Landung britischer Land- und Luftstreitkräfte am 7. März 1941 in Piräus und Volos. Am 25. März schien eine italienische Niederlage unabwendbar.
In Wiener-Neustadt schulte und rüstete das Geschwader zwischenzeitlich auf die verbesserte Ju 88 A 4 um. Über dem Donaubecken, Neusiedlersee und Plattensee wurden Schul- und Verbandsflüge bis weit nach Ungarn und Rumänien hinein bei herrlichstem Frühlingswetter durchgeführt.

Der in der Schiffsziel-
bekämpfung erfahrene und
bekannte Hauptmann Werner
Baumbach flog zeitweise im
Frühjahr 1942 mit dem
Geschwader Einsätze gegen die
Schwarzmeerhäfen Noworos-
sisk, Tuapse und Suchumi.

Der Kommandeur III./KG 51,
Major Rath, führt eine Einsatz-
besprechung für das Unter-
nehmen »Neptun« (Ziel Hafen
Tuapse) durch.
v. l.: Ofw. Traut († 22. 5. 44)
Oblt. Seipp († 11. 3. 43)
Major Rath († 22. 5. 44)
Oblt. Kainz († 11. 6. 42).

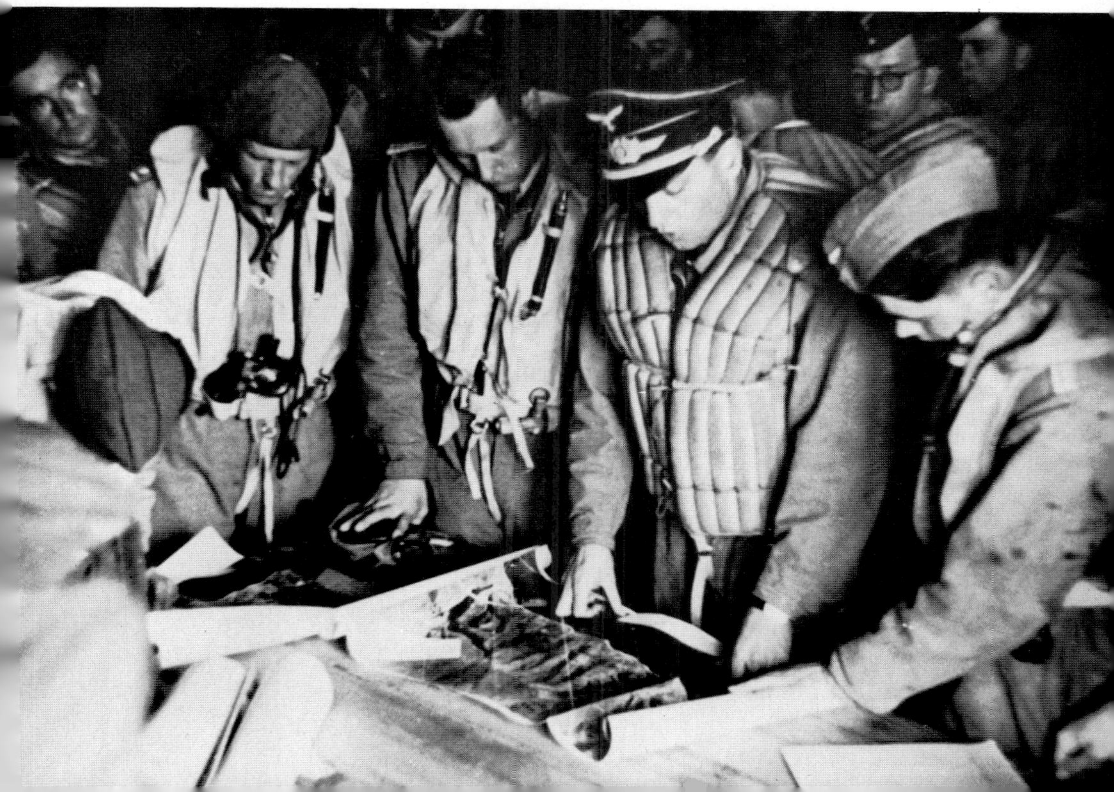

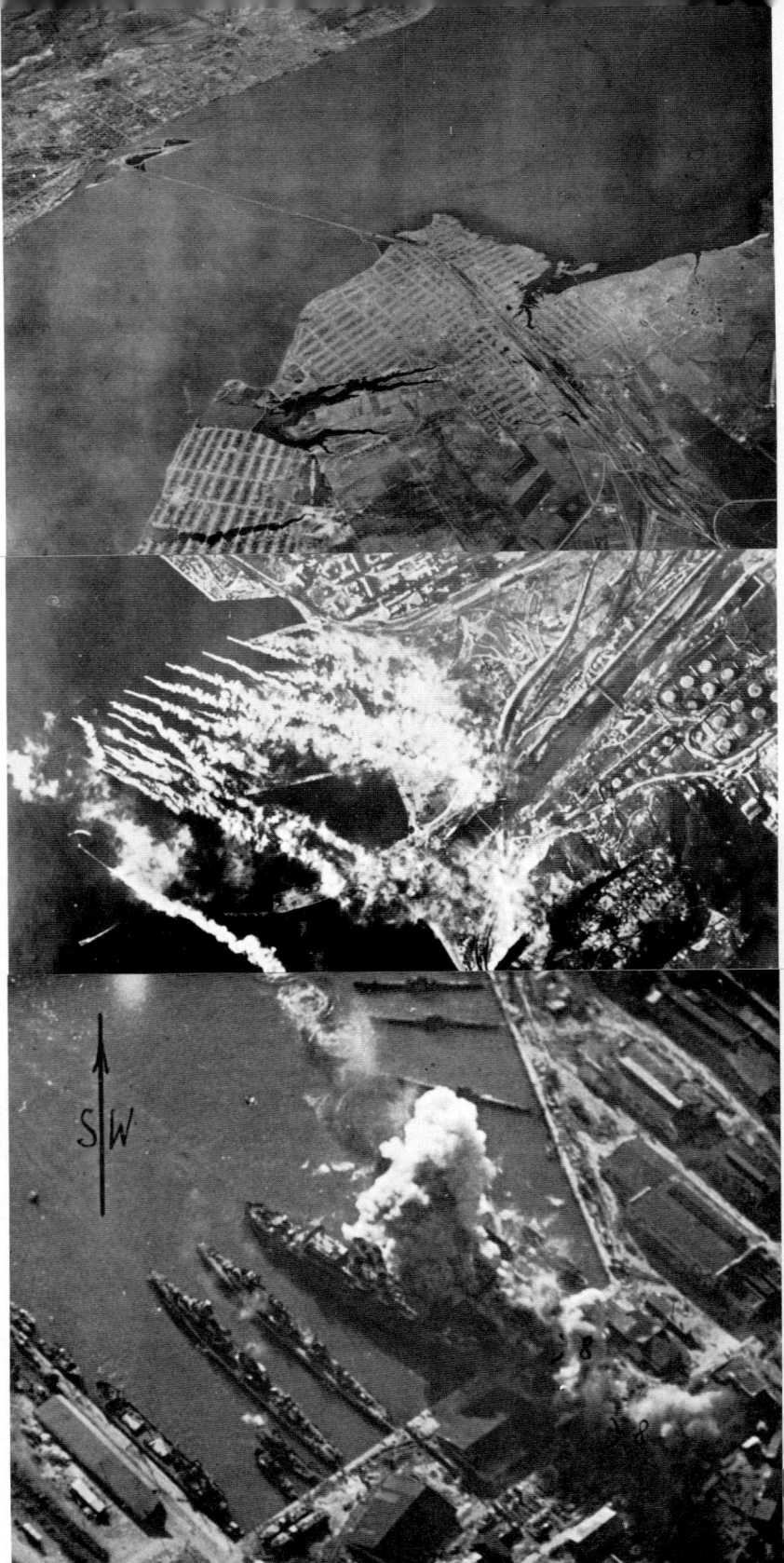

Die Eisenbahn-
brücke bei
Rostow-Bataisk
zur Zeit der
Frühjahrsüber-
schwemmung,
1942.

Vernebelung des
Hafens von
Tuapse, 1942.

Angriff der
III./KG 51 auf
Schiffe im Hafen
von Tuapse am
23. 3. 1942. Mit
2 SC 500 und
1 SC 250 traf
die Besatzung
Hptm. Häberlen
Uffz. Ernst
Fw. Böttcher
Uffz. Gallermann
in der 9 K + ED
um 15.10 Uhr
einen russischen
Kreuzer. Die
U-Boote kamen
noch glimpflich
davon.

Schwere
»Brocken«
(1000-kg-
Bomben)
werden geladen.

Kabardinka und
die geschützte
Bucht von
Noworossisk mit
Blick nach
Norden, 1942.

In der Flakhölle
von Noworos-
sisk, 1942.

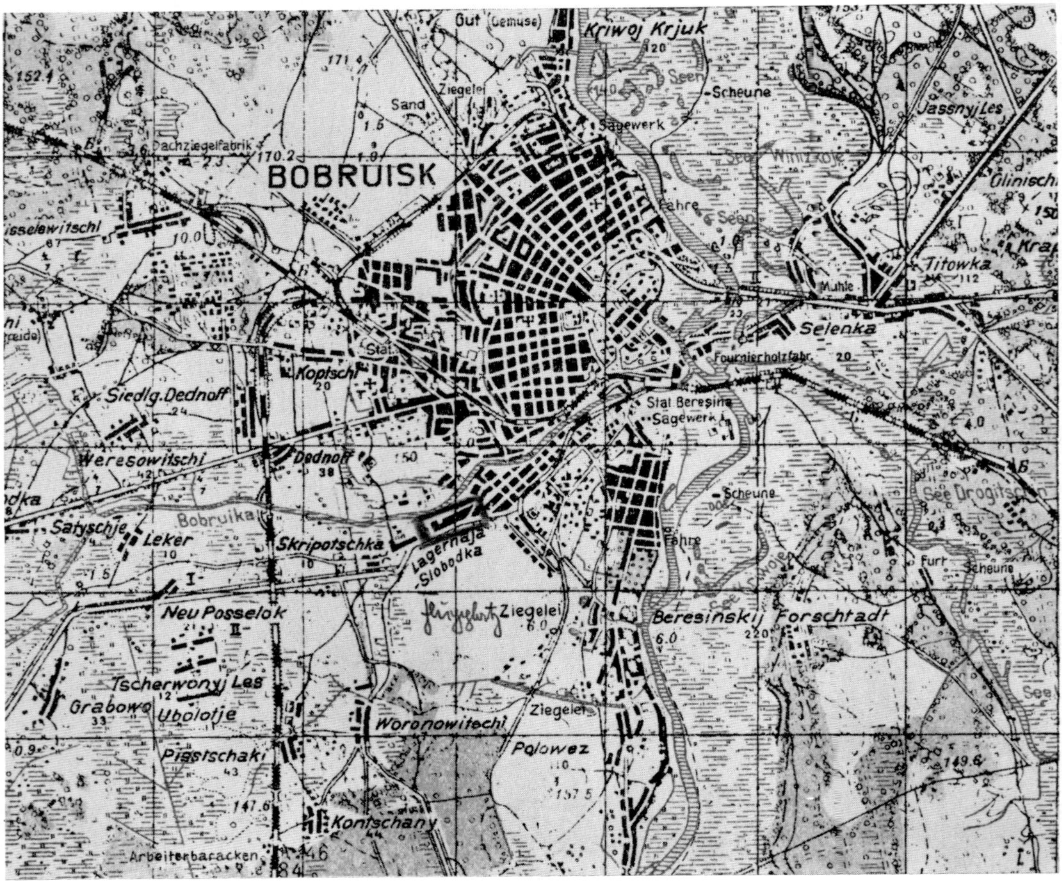

Karte von Bobruisk an der Beresina, wo das Gros der jungen Besatzungen
des Geschwaders bei der IV. Gruppe Fronteinweisung erhielt.

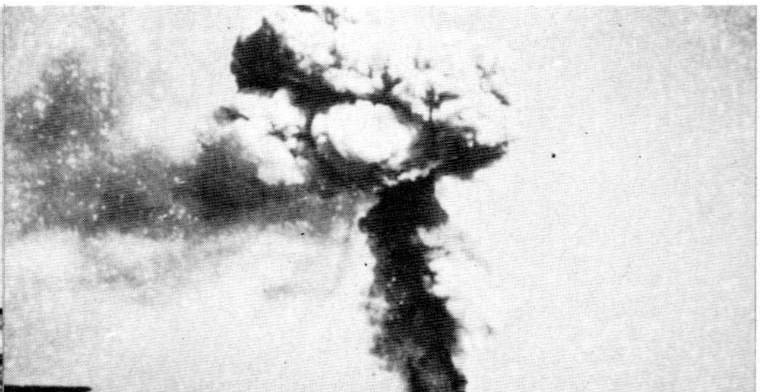

»Aufschlagbrand« — Das Ende einer
hoffnungsvollen Besatzung am Platzrand von Sjeschtschinskaja 1943.
Von hier aus flogen die jungen Besatzungen ihre ersten Einsätze zur
Eingewöhnung. Ziele waren die ausgedehnten Partisanengebiete um
Roslawl.

Der am 27. März erfolgte Militärputsch in Belgrad schürte das
schwelende Feuer auf dem Balkan. Hitler erließ an diesem Tag die
Weisung Nr. 25. Jugoslawien wurde als Feind betrachtet, den es zu
zerschlagen galt.

Das Geschwader richtete sich auf einen neuen Feldzug ein, denn
der Abschluß eines Freundschafts- und Nichtangriffspaktes zwischen
Jugoslawien und der Sowjetunion am 5. April heizte die gespannte
Lage erst recht an.

Am Vorabend des Feldzuges verfügte das KG 51 über folgenden
Flugzeugklarstand (nur Ju 88):

	Verfügungsbestand	einsatzbereit	in %
I./KG 51	28	17	61 %
II./KG 51	27	18	67 %
III./KG 51	23	19	83 %
IV./KG 51	10	6	60 %
Gesamt:	88	60	68 %

Der Luftflotte 4 (Generaloberst Löhr) wurde folgende Aufgabe in
der Führerweisung, Punkt 3. a., gestellt:

*»Sobald ausreichende Kräfte bereitstehen und die Wetterlage es
zuläßt, sind die jugoslawischen Fliegerbodenorganisationen und
Belgrad durch fortgesetzte Tag- und Nachtangriffe durch die
Luftwaffe zu zerstören.«*

Die fliegenden Verbände der Luftflotte 4 (Wien) am 5. April 1941
abends, dem Vorabend des Balkankrieges:

Deutsche Luftwaffenmission   Luftgaukommando XVII:
     in Bukarest: Ergänzungs-Jagdstaffel 27 Götzendorf
     III./J.G. 52 Bukarest   Ergänzungs-Staffel St.G. 2 Graz

a) Der Luftflotte 4 unmittelbar unterstellt:
     4. (F) / 121 (Seyring)
         K.G.   2   Zwölfaxing (Do 17 R)
       I./K.G.   2   Zwölfaxing (Do 17 R)
    III./K.G.   2   Zwölfaxing (Do 17 R)
    III./K.G.   3   Münchendorf (Do 17 R)
     II./K.G.   4   Aspern (Heinkel 111 P 4) (Minengruppe)
         K.G.   51   Wr. Neustadt (Ju 88)
       I./K.G.   51   Wr. Neustadt (Ju 88)
     II./K.G.   51   Wr. Neustadt (Ju 88)
    III./K.G.   51   Schwechat (Ju 88)

b) Fliegerführer Graz:
Kommodore St.G. 3
Stab II./J.G. 54   Graz (Bf 109)
    II./St.G. 77   Graz (Ju 87)
Stab St.G. 3   Graz (Ju 87)
    I./J.G. 27   Graz (Bf 109)

c) Fliegerführer Arad:
Kommodore St.G. 77
   III./J.G. 54   Arad
     St.G. 77   Arad
    I./St.G. 77   Arad (Ju 87)
  III./St.G. 77   Arad (Ju 87)
     4./J.G. 54   Arad (Bf 109)
    I./Z.G. 26   Szeged (Me 110)
       J.G. 77   Deta (Bf 109)
    II./J.G. 77   (mit 5./J.G. 54) Deta (Me 109)
   III./J.G. 77   (mit 6./J.G. 54) Deta (Me 109)

d) VIII. Fliegerkorps: Stab Gorna Djumaja
   2 (F) / 11 Do 17 (Sofia-Filipovci)
       St.G. 2   (Stab mit Stabsstaffel) Belica Nord
      I./St.G. 2   (Ju 87) Belica
    III./St.G. 2   (Ju 87) Belica
      I./St.G. 3   (Ju 87) Belica
      I./St.G. 3   (Ju 87) Krainici
        J.G. 27   Belica
     II./J.G. 27   (Bf 109) Sofia-Vrba
    III./J.G. 27   (Bf 109) Belica
       I./L.G. 2   (Bf 109) Sofia-Vrazdebna
       I./L.G. 1   (Ju 88) Krumovo
      II./L.G. 2   (2 Staffeln Bf 109, 1 Staffel Hs 123) Sofia-Boshuritsche
      7./L.G. 2   (Me 110) Sofia-Vrazdebna
     10./L.G. 2   (Hs 123) Krainici
      II./Z.G. 26   (Bf 110) Krainici-Vrazdebna

   Seenotstaffel 7 Varna
   IV./K.G.z.b.V. 1 Krumovo
Insgesamt:
8 Kampfgruppen, 7 Stukagruppen, 8 Jagdgruppen, 2 Zerstörergruppen, 1 Schlacht-
gruppe, 3 Fernaufklärungsstaffeln.

DER BALKANFELDZUG

Der Angriff gegen Jugoslawien (Unternehmen Nr. 25) und Griechenland (Unternehmen ›Marita‹) begann am 6. April 1941 um
05.15 h ohne ausdrückliche Kriegserklärung mit Bombenangriffen
auf das Belgrader Regierungsviertel und alle größeren Fliegerhorste
der jugoslawischen Luftwaffe.

Generaloberst Alexander Löhr (Chef Luftflotte 4) wählte persönlich jene Ziele aus, deren Ausschaltung die einheitliche staatliche und militärische Führung in Jugoslawien unmöglich machen sollte. Den Sitz der Regierung, die Gebäude der militärischen Führung, das Verkehrs- und Verbindungsnetz und rein militärische Anlagen. Weiter befahl er ausdrücklich, nur erfahrene und zuverlässig treffende Piloten einzusetzen, um die an sich unvermeidlichen Verluste in der Zivilbevölkerung möglichst gering zu halten.

Die Angriffsdirektiven für Belgrad ließ Löhr sogar noch mündlich vorab an seine Geschwaderkommodores ausgeben, indes im schriftlichen Angriffsbefehl der Luftflotte 4 die zu bekämpfenden Ziele nach der in der Luftwaffe üblichen Befehlstechnik nach Planquadraten angegeben waren.

In den frühen Morgenstunden des 6. April flog unser Geschwader zusammen mit weiteren Kampf- und Jagdverbänden mit Brand- und Sprengbomben von Wiener-Neustadt und Wien-Schwechat über den Neusiedlersee und die Nordspitze des markanten Plattensees in 3 200 m Höhe bei wolkenlosem Himmel gen Belgrad.

In tapferer, zäher Abwehr versuchten die jugoslawischen Jäger ihre Hauptstadt zu schützen. Ebenbürtig an Mut und Material (mit erst kürzlich erworbenen neuen Me 109 Jagdflugzeugen) aber geringer an Zahl kämpften sie hartnäckig.

Gut sichtbar und leicht auffaßbar hoben sich die Ziele vom übrigen Stadtbild ab.

Bald hatten die 468 eingesetzten Flugzeuge mit erfolgreichen Trefferlagen die Stadt in Rauch und Flammen gehüllt.

Im Laufe des Vormarsches deutscher Truppen wurden noch Einrichtungen der jugoslawischen Armee und Luftwaffe in Novisad, Banjaluka, Gradiska, Mostar und Dubrovnik angegriffen. Bei einem dieser Einsätze fand die Besatzung des Kapitäns der 6. Staffel, Hauptmann Berlin, den Tod.

Während der Tiefangriffe erlitt der Verband empfindliche Verluste an Besatzungen durch schwere Verwundungen. Die Flugzeuge kamen meist mit zahlreichen Durchschüssen von gegnerischer Flak und verbissen schießenden Erdtruppen zurück.

Vom 7. bis 11. April herrschte im Wiener Raum schlechtestes oder »bestes qbi« Wetter. Beim Rückflug vom Einsatz dachte mancher oft an das beruhigende Fliegerwort »und es saust der Frack«.

Am 13. April wurde in rollendem Einsatz auf persönlichen Befehl Hitlers Sarajewo angegriffen. Man vermutete dort die Regierungsvertreter in den großen Hotels bei Ilidza, hart westlich von Sarajewo.

Die III. Gruppe setzte alleine an diesem Tage 29 Ju 88 ein und verbrauchte dabei 28 750 kg Bomben.

Der 15. April 1941 beendete mit Angriffen auf Schiffe und Molen im Hafen von Dubrovnik und Fort Opus diesen ersten Teil eines kurzen Feldzuges.

Die jugoslawische Armee kapitulierte am 17. April 1941.

III./Kampfgeschwader 51 *Gefechtsstand, 18. 4. 41*
Abteilung Ia *(Wiener-Neustadt)*

ÜBERSICHT ÜBER DEN EINSATZ GEGEN JUGOSLAWIEN
vom 28. 3. — 15. 4. 41

1. *Einsätze*
   14 Einsätze mit 148 Maschinen, davon:

Aufklärungsschwarm	*26 Maschinen*
7. Staffel	*45 Maschinen*
8. Staffel	*32 Maschinen*
9. Staffel	*45 Maschinen*

2. *Flugstunden: 482 Stunden.*
3. *Flugkilometer: etwa 144 600 km.*
4. *Abgeworfene Bombenmenge: 154 200 kg, und zwar wurde gerechnet:*

1 Flam 250	*zu*	*250 kg*
10 AB 36	*zu*	*400 kg*
9 SC	*zu*	*1000 kg*
51 SC	*zu*	*500 kg*
394 SC	*zu*	*250 kg*
170 SD	*zu*	*50 kg*
70 SC	*zu*	*50 kg*
24 Flam	*zu*	*250 kg*
80 AB	*zu*	*36 kg*

5. *Verluste:*

   a) *Bei Überführung nach Schwechat:*

   9K+ET 70 % Bruch (Lt. Capesius)
   9K+AS 20 % Bruch (Fw. Rabien)
   9K+CS 100 % Bruch (OGefr Müller, tot)
                       (OGefr Hinzpeter, tot)
                       (Uffz Emmert, tot)   *in Rastatt*
                       (Gefr Häberle, tot)   *beigesetzt*

   b) *Bei Überführung nach Wiener-Neustadt:*

   9K+HR 35 % Bruch (Major Vehmeyer)
   9K+DT 25 % Bruch (Uffz Evers)

   c) *Beim Feindflug:*

   9K+FS 100 % Bruch (Lt Voigtländer, tot)
                       (Lt Teichmann, verletzt)
                       (Fw Tromm, schwer verletzt)
   9K+AD 30 % Bruch (OFw Müller, notgelandet bei Siklos)
   9K+AD 30 % Bruch (OLt Wolff, bei Bark notgelandet)
   9K+DT 20 % Bruch (Lt Capesius, Reifenschaden beim
                       Ausrollen)

6. *Abschuß eines Jagdflugzeuges, Muster Hurricane, durch Besatzung Fw Gügel am 12. 4. 41 beim Angriff auf Mostar.*

GRIECHENLAND UND KRETA

Unterdessen hatte sich der deutsche Vormarsch nach Überwindung der Metaxas-Linie auch weit bis Griechenland hinein entfaltet. Athen und Korinth wurden am 27. April besetzt.

Vom 14. bis 16. April hatte die I. Gruppe mit ihrem Kommandeur Hauptmann Hahn über Arad nach Krumovo bei Plovdiv verlegt. Hier lag man zusammen mit dem LG 1 am Ufer der Maritza zu Füßen des Rhodope-Gebirges.

Von Krumovo griff die Gruppe mit den Staffeln des LG 1 sofort in den Kampf um Griechenland ein.

Indessen wurden in Wiener-Neustadt die Maschinen von Männern der FBK zu Schlachtflugzeugen umgerüstet. Die großen Vemag's wurden aus den Bombenschächten ausgebaut und durch Vemag 90 zur Aufnahme von SD-2 Bomben ersetzt. Die SD-2 war eine noch wenig erprobte neue Waffenschöpfung und durfte nur aus einer Höhe von maximal 28 m über Grund geworfen werden. Man erzählte sich die tollsten Geschichten über ihre Wirkungen.

Einige Besatzungen, die erholungsbedürftig waren, durften einen Ferienaufenthalt in Marienzell in der Steiermark verbringen, andere übten eifrig den noch ungewohnten Tiefstflug für die Schlachtflieger in der ja noch recht neuen Ju 88; man flog sich ein.

In Wiener-Neustadt richtete sich auch seit 6. April 1941 die IV. Gruppe unter Hauptmann Stemmler ein. Sie bereitete sich mit erfahrenen Lehrbesatzungen aus allen Gruppen auf ihre besonderen Aufgaben als Schul- und Versorgungsbasis vor, damit die von den Fliegerschulen eintreffenden Besatzungen in die besonderen Taktiken und Kampfverfahren relativ ruhig und ohne Feindeinwirkung eingewiesen werden konnten.

In taktischer Hinsicht ermöglichte die Ju 88 vier Angriffsarten:

Horizontal-Hochangriff: Der Flugzeugführer konnte durch die Vollsichtkanzel das Ziel bis zum Auslösen der Bomben sehen und seinen Zielanflug entsprechend planen. Der Beobachter löste mittels ›Lotfe‹ und Abwurfautomat die Bomben aus.

Tiefangriff: Der Flugzeugführer führte den Zielanflug aus und konnte mittels eines Schaltknopfes am Steuerknüppel die Bomben selbst auslösen.

Schrägangriff: Der Flugzeugführer visierte durch ein Reflexvisier das Ziel an, näherte sich mit hoher Geschwindigkeit in flachem Winkel dem Ziel und warf die Bomben aus geringster Entfernung.

Sturzangriff: Erfolgte wie der Schrägangriff bloß aus größerer Höhe mit steilerem Anflugwinkel.

Natürlich hielten sich erfahrene Besatzungen nicht stur an diese Verfahren. Vielmehr paßte man eigenes Können und Vermögen den jeweiligen besonderen Kampfsituationen an.

Schulmäßig wurde nur bei den IV. Gruppen geübt und auch dort in stetem Erfahrungsaustausch mit den aktiven Kampfgruppen und -staffeln.

Immer wieder wurden die taktischen Verfahren gesammelt und ausgewertet, um auch an die Kampffliegerschulen (z. B. Tours) zu gehen.

Doch das Unternehmen ›Marita‹ war noch nicht zu Ende. Das Geschwader griff hauptsächlich die griechischen Häfen an. So Volos am 15. April, Chalkis am 19. und 20. April, Chania auf Kreta am 21. April. Dadurch wurde der Abzug britischer Truppen aus Griechenland und die Schiffsanlandung in Kreta erheblich gestört. Die Flakabwehr der britischen Schiffseinheiten war geradezu vernichtend.

Die bewaffnete Seeaufklärung zwischen Athen und Kreta galt der Vorbereitung zur Luftlandung auf dieser Insel, wohin sich die englischen und griechischen Verteidiger mit Schwerpunkt im Abschnitt Malemes-Chania zurückgezogen hatten.

Pausenlos mußten die Insel und das kretische Meer überwacht werden. Manch einer kehrte mit schweren Flaktreffern zurück und mußte noch mit schwerverletzter Besatzung und havarierter Maschine zwischen- oder gar notlanden. Das war dann etwa der Preis für ein versenktes Schiff in der Suda-Bucht.

In Saloniki wurde ein Außenkommando des Geschwaders stationiert. Die Männer der 1. FBK flickten hier die durch Beschuß beschädigten Maschinen so gut es ging zurecht, damit sie — wenn auch teilweise lahm, so doch heil — später nach Krumovo oder Wiener-Neustadt überführt werden konnten. Allein das Bewußtsein, nicht havariert den langen Flugweg über unwirtliches, wetterträchtiges Gebiet zurücklegen zu müssen, vermittelte den Besatzungen ein Gefühl der Sicherheit, ja Geborgenheit. Man wußte eben, daß Kameraden des eigenen Haufens in Saloniki nach einem schauten und Hilfestellung leisteten.

Nur zwei Wochen dauerten die Einsätze. Die Unterstützung der Luftlandung auf Kreta (Unternehmen ›Merkur‹) erlebte das Geschwader nicht mehr mit. Die Flugzeuge wurden in der Mehrzahl an das in Krumovo verbleibende LG 1 abgegeben und im Bahntransport ging es am 13. Mai 1941 zurück nach Wiener-Neustadt, wo die Stäbe bereits über Plänen für die nächsten Verlegungen brüteten.

Die Auswertung bisheriger Erfahrungen fand in Berichten der Abteilungen Ia und I TO ihren Niederschlag:

III./Kampfgeschwader 51   Gefechtsstand, den 25. 5. 41
Abteilung Ia   (Wiener-Neustadt)

Betrifft: Erfahrungen über Tiefangriff mit der Ju 88 (beladen mit
SD 2)

Bezug: Geschwaderbefehl Nr. 24/41

An
Kampfgeschwader 51
Abteilung Ia
Gefechtsstand

I. ANGRIFF IN DER KETTE UND ROTTE

1. Für den Tiefangriff hat sich als beweglichste Verbandsform die
Rotte überlegen erwiesen. In der Rotte können noch enge
Straßenkurven ausgeflogen werden, einwandfrei Steilkurven
links nach Sicht und außerdem Steilkurven links und rechts,
sobald die feste Abmachung getroffen wurde, die Straße unter
keinen Umständen zu schneiden. Liegt diese Abmachung nicht
vor oder kann sie aus taktischen Gründen nicht getroffen
werden, dann muß in der Rechtskurve die Führermaschine
hochziehen. Um dem Rottenhund einwandfrei (auch ohne B.z.B.-
Verkehr) klarzumachen, daß eine Rechtskurve eingeleitet und
nicht vom Tiefflug in den normalen Flug übergegangen wird,
muß die Führermaschine durch Querlegen der Maschine nach
rechts andeuten, daß anschließend nach dem Hochziehen die
Rechtskurve beginnt.
Beim Abwerfen der SD 2 empfiehlt es sich, daß der Rottenhund
auf fast gleiche Höhe aufschließt; dadurch wird größere Beweglichkeit der Führermaschine, Zersplitterung der Abwehr und
Schutz vor Splitterwirkung bei plötzlichem Bombenwurf der
Führermaschine erreicht.
Der Nachteil der Rotte liegt darin, daß über der Straße selbst
keine Maschine fliegt und die erforderliche Dichte an Splittern
nur dadurch erreicht werden kann, daß sich die Splitterkegel
der beiden Maschinen über der Straße schneiden müssen, d. h.

der seitliche Abstand der Maschinen höchstens 30 m betragen darf.

Die Rotte muß aber darüber hinaus so beweglich erzogen werden, daß sie sich den taktischen Lagen selbständig anpaßt und angetroffene Lagen schlagartig ausnützt. Wenn z. B. eine bespannte Feindkolonne ihre Fahrzeuge beim Erscheinen der Rotte nach links verläßt, muß der Rottenführer in diesem Fall die links der Straße entwickelte Truppe angreifen, während der Kettenhund die Fahrzeuge und Bespannung bekämpft. Ein Schema läßt sich natürlich nicht für alle anzutreffenden taktischen Lagen geben, obwohl im Unterricht und bei Planspielen das Verständnis geweckt werden kann. Beim Angriff selbst zeigt sich erst das taktische Verständnis, das Eingehen auf Augenblickslagen und die Beurteilungs- und Entschlußkraft der beiden Flugzeugführer, unterstützt durch Bombenschützen und stehende Bordschützen, genau so wie bei der Infanterie der Führer einer Schützengruppe im Angriff selbständig zu handeln hat.

2. Die Reihe rechts hat sich noch als voll brauchbar erwiesen, obwohl die Beweglichkeit weit hinter der Rotte liegt. Bei eingeflogenen Besatzungen werden sogar Steilkurven nach links noch voll möglich sein. Die Rechtskurve ist wie bei der Rotte durch Querlage der Führermaschine und Hochziehen einzuleiten.

Die Reihe rechts hat den großen Vorteil, daß die Nr. 3 die Straße selbst bekämpft, während der Kettenführer mit der Nr. 2 das beiderseitige Angelände abstreut und der Verbandsflug mit der guten Sicht nach links einwandfrei durchführbar ist. Auch hier empfiehlt sich während des Angriffes das Aufschließen fast auf die Führermaschine (Flügeltiefenzwischenraum).

Der Führer muß sich allerdings mit dem Abstand etwas nach der Nr. 3 richten, da diese Maschine den Auftrag hat, die Straße nicht zu verlassen. Dabei darf aber auf keinen Fall die Führung der Reihe rechts auf die Nr. 3 übergehen, da sonst dem Führer die Führung genommen und so dem schwächsten Flieger in der Reihe übertragen wird, der meist auch die geringste Beurteilungs- und Entschlußkraft für taktische Lagen besitzen wird. Eine solche Reihe rechts stellt dann nichts anderes als einen schlechtgeflogenen Kettenflug dar.

3. Die Kette, obwohl als taktisch beste Einheit anzusprechen, ist wegen der großen Unbeweglichkeit für den Verbandstiefflug auf gewundenen Strecken entschieden abzulehnen. Die Sicht nach

rechts ist bei der Ju 88, wo der Bordschütze oder Bordfunker zusätzlich zur Kanone mit dem vorderen oberen MG in den Erdkampf zur Steigerung der Wirkung eingreifen soll und muß, als sehr schlecht zu bezeichnen und ein ordentlicher Verbandstiefflug ist schlecht möglich.

Die Kette ist ferner beim Angriff gegen nicht klar gemeldete Ziele, die erst im Zielraum gesucht werden müssen, zu unbeweglich.

In Räumen, die frei von feindlichen Jägern sind, kann erst durch die Praxis entschieden werden, inwieweit es zweckmäßig ist, die Kette aufzulösen und zum Einzelangriff überzugehen. Das Sammeln nach dem Angriff muß dann einheitlich nach Richtung und Abstand vom angegriffenen Ziel befohlen werden.

4. Bei Tiefflug und Abstand von 300 m tritt eine Einwirkung von Propellerböen nicht mehr ein. Mit Rücksicht auf den Sicherheitsabstand der SD 2 ist daher ein Angriff nachfolgender Einzelflugzeuge, Rotten oder Ketten im Abstand von 800 m einwandfrei durchführbar.

II. TECHNISCHE EINZELHEITEN

1. Bei der Landung ist die Ju 88 etwas kopflastig durch zusätzliche Einbauten wie Panzerung, Kanonen usw.
   Mit etwas Gas vorschriftsmäßig mit Landeklappen anschweben, abfangen. Maschine setzt sich anschließend in 3-Punktlandung hin, Gas weg. Ausrollen nicht mehr als bei Landung ohne Gas.

2. Ausstattung mit 4 Trommeln für Kanone MG-FFM. Insgesamt 240 Schuß. Unterbringung der 2. Trommel unter Beobachtungssitz, der 3. und 4. Trommel in der Wanne. Halterung durch Lederriemen.

3. Die Tätigkeit des Bordschützen beim Angriff besteht in dem Niederhalten der gegnerischen Abwehr vermittels des oberen MGs. Der Bordschütze steht in der Wanne, hat freies Blickfeld über die Kanzel voraus und bestreicht zusätzlich mit der Kanone den Angriffsraum. Die MG-Trommeln müssen zur wirksamsten Bekämpfung im Verhältnis B-Munition zur Leuchtspur wie 3:1 gegurtet sein.

4. Der Trommelwechsel für Kanone muß exerziermäßig eingedrillt werden:
   a. Transport der gefüllten Trommel auf Beobachtersitz

146

b. *Absetzen der leeren Trommel*

c. *Spannen der Kanone durch Beobachter und Bordschützen (mit linker Hand)*

d. *Ansetzen der gefüllten Trommel durch Beobachter.*

5. *Das Revi wird ausgebaut, um dem Flugzeugführer ein größeres Blickfeld zu gewähren.*

III. SICHERHEITSBESTIMMUNG FÜR DIE BESATZUNG UND DIE EIGENE NACHFOLGENDE TRUPPE

1. *Nach dem Angriff ist über feindlichem Gebiet abseits von Straßen und Bahnen mehrmals der Abwurfknopf zu betätigen.*

2. *Bei Motorausfall nach dem Start sind die Vemag 90 mit Bomben im Notwurf auszulösen. Dabei darf das Aufdrehen der Bombenklappen nicht vergessen werden.*

3. *Bei Motorausfall über eigenem Gebiet und beladener Maschine sind die Vemag 90 mit Bomben im Notwurf auszulösen. Abwurfstelle ist in der Karte festzulegen.*

VERLEGUNGEN UND IHRE PROBLEME

Die immerwiederkehrenden Probleme im Zusammenhang mit Verlegungen gehen z. B. recht eindeutig aus dem Kriegstagebuch der III. Gruppe des ›Edelweißgeschwaders‹ hervor. Trotz zahlreicher Übungen hakte es eben doch regelmäßig an manchen Stellen:

III./Kampfgeschwader 51   *Gefechtsstand, 18. 4. 41*
Abteilung I T O   *(Wiener-Neustadt)*

ERFAHRUNGSBERICHT FÜR VERLEGUNG

Der in Frage kommende Einsatzhafen muß vor der Verlegung eingehend auf seine Einsatzmöglichkeiten erkundet werden. Wäre dies bei der Verlegung nach Parndorf gemacht worden, so wären nicht zwei weitere Verlegungen erforderlich gewesen, die die Einsatzbereitschaft einer Gruppe sowohl maschinenmäßig wie auch gerätemäßig gefährden. Es könnten auf diese Weise unnötige Brüche wie z. B. aufgeweichter Boden oder halbabgesoffener Platz vermieden werden. Außerdem muß eine Ausbildung der Gruppe durch eine solche Verlegung unnötig zurückstehen.

Die FBKs und die Gruppe kann nicht gleichzeitig verlegen, wenn die Verlegung über eine größere Entfernung stattfindet, denn die Gruppe sitzt ohne Gerät an ihrem neuen Standort und kann, sofern keine einschlägige Werft am Einsatzhafen ist, nur kleinste Arbeiten durchführen. Es ist deshalb unzweckmäßig, wenn höheren Orts die beiden FBKs zur gleichen Zeit in Marsch gesetzt werden. Es wäre viel zweckmäßiger, eine FBK solange zurückzuhalten, bis die gesamte Gruppe gestartet ist.

Die Marschgeschwindigkeit und damit die rasche Einsatzmöglichkeit der Gruppen ist dadurch beeinträchtigt, daß die FBKs nicht die vorgeschriebenen schweren Schlepper, sondern nur mittlere Schlepper zur Verfügung haben. Werden diese mit 2 Anhängern belastet, so ist ihre Marschgeschwindigkeit mit einem Maximum von 25 km/h festzulegen. Ferner müßten den FBKs ein zusätzlicher LKW gestellt werden, da bei dem vorhandenen Gerät die Ladefläche zu klein ist, um wie bei der letzten Verlegung z. B. auch die Verpflegung für 11 Tage pro Mann mitzuführen, die alleine schon einen LKW ausmacht.

Die FBK muß rechtzeitig in Marsch gesetzt werden, so daß sie bis zum Eintreffen der K-Maschinen zum mindesten die Liegeplätze und Tankstellen der Staffeln festgelegt hat.

Es ist zweckmäßig, bei einer Verlegung in der Ju 88 die 1. Warte mitzuführen und dafür die Heckschützen in der Transportmaschine zu befördern.

In jeder Transportmaschine muß von den Einheiten, sowohl für das Verladen, wie auch für das Ausladen der Geräte ein verantwortlicher Mann eingeteilt werden.

Stärke des Vorkommandos: 1 Offizier, 1 Rechnungsführer, 4 Uffz. und 4 Mann (d. h. es sind pro Einheit 1 Uffz. und 1 Mann zu stellen).

Eine allgemeine Reihenfolge für den Transport festzulegen, ist kaum möglich, da es ganz darauf ankommt, ob eine Gruppe die genügende Anzahl von Transportmaschinen zugestellt bekommt, um in einem einzigen Fluge zu verlegen, oder ob die Maschinen 3 mal oder noch öfter fliegen müssen.

Ein Nachkommando muß folgende Stärke umfassen: 1 Offizier und pro Einheit ein Feldwebel.

Rußland — Das Verdun der Luftwaffe

VORBEREITUNGEN ZUM UNTERNEHMEN ›BARBAROSSA‹ IN KROSNO

Die Vorbereitungen für den Feldzug gegen Sowjetrußland waren länger und komplizierter als bei jedem anderen Unternehmen des Zweiten Weltkrieges. Die militärischen Planungen des Unternehmens ›Barbarossa‹ — wie der Feldzug gegen Rußland in der Deckbezeichnung genannt wurde — sollten bis Mai 1941 abgeschlossen sein.

Nachdem der Balkanfeldzug die Versammlung um fünf Wochen verzögert hatte, wurde der Angriffstermin von Hitler auf den 22. Juni 1941 festgelegt. Indessen rollte der Eisenbahntransport seit Januar mit 17 000 Zügen, wozu noch während des letzten Abschnittes täglich 106 Versorgungszüge kamen. Anfang Mai schlossen bei Nacht größere Verbände gegen die deutsch-sowjetische Demarkationslinie auf. Kräftebewegungen derartigen Ausmaßes konnten den Russen — trotz der guten Tarnung — nicht verborgen bleiben.

Die deutsche Führung war sich voll des großen Raumes der zweiten Front bewußt, in den man vorstoßen sollte. Zwischen Kaukasus und Weißem Meer klafften 3 000 Kilometer unterbrochen von dem ausgedehnten (600 auf 200 Kilometer), unzugänglichem Gebiet der Pripjetsümpfe zwischen Minsk und Kiew.

Operationsgünstig war nur die Zeit von Mai bis Oktober, vor- und nachher hinderten die berüchtigten Schlammperioden größere Bewegungen. Auch die Schwierigkeiten, die mit den langen russischen Wintern verbunden waren, waren keineswegs unbekannt.

Zwischen Ostsee und Karpaten marschierten die deutschen Armeen mit insgesamt 145 Divisionen auf, unterstützt von 40 finnischen und rumänischen Divisionen. Ihnen gegenüber lagen 246 sowjetische Divisionen.

Den rechten deutschen Flügel bildete die Heeresgruppe Süd (von

Rundstedt) mit der 17. Armee (von Stülpnagel), Panzergruppe 1 (von Kleist) und der 6. Armee (von Reichenau), unterstützt von der Luftflotte 4 (Löhr). Anschließend die Heeresgruppe Mitte (von Bock) mit der 4. Armee (von Kluge), Panzergruppe 2 (Guderian), Panzergruppe 3 (Hoth) und 9. Armee (Strauß), unterstützt von der Luftflotte 2 (Kesselring). In Ostpreußen stand die Heeresgruppe Nord (Ritter von Leeb) mit der 16. Armee (Busch), Panzergruppe 4 (von Hoepner) und der 18. Armee (Küchler), unterstützt von der Luftflotte 1 (Keller). Der sowjetische Aufmarsch war im wesentlichen am 1. Mai 1941 bereits abgeschlossen!

Die Luftflotte 4 hatte Gefechtsstand in Rzeszow (Reichshof) bei der Heeresgruppe Süd bezogen. Der Luftflotte waren direkt unterstellt:

4. (F)/122 mit Ju 88
KGr. zbV 50 und 104 mit Ju 52
JG 52 mit Me 109 F

V. Fliegerkorps (Ritter von Greim)	IV. Fliegerkorps (Pflugbeil)
KG 51 mit Ju 88 A4	KG 27 mit He 111 H
KG 54 mit Ju 88 A4	JG 77 mit Me 109 E
KG 55 mit He 111 H4	3. (F)/121 mit Ju 88 D
JG 3 mit Me 109 F	
4. (F)/121 mit Ju 88 D	II. Flakkorps (Dessloch)

Ende Mai 1941 wurden starke Vorkommandos der Staffeln des KG 51 und die 7. FBK auf Eisenbahntransport verladen. Die Fahrt ging von Wiener-Neustadt über Lundenburg (Breclav), Prag, Mährisch-Ostrau, Krakau, nach Osten. Keiner wußte wohin. Nach dreitägiger Bahnfahrt kam der Befehl zum Ausladen. Die Männer standen auf einem kleinen Dorfbahnhof. Nach einer guten Stunde war ausgeladen und die Fahrt ging per LKW-Transport weiter. Es regnete in Strömen. Nach ungemütlicher Nacht traf sie am Ziel um 7.30 h ein, Lezany bei Krosno. Irgendwo in der ›Wallachei‹ — wie sagen unsere jungen englisch-sprechenden Fliegerkameraden heute »somewhere in the middle of nowhere!« —

Es standen schon Baracken. Die Luftwaffen-Baukompanien bauten in der Nähe der Unterkünfte eifrig und unermüdlich an einer Startbahn. Noch am selben Tage begann der Bau von Splitterschutzgräben und MG-Nestern. Das technische Personal der fliegenden Staffeln traf mit Beginn des 4. Juni als »Passagiere« von einigen Flugzeugen der I. Gruppe ein. So recht wußte niemand, was man hier sollte. Eine »Latrinenpatrole« jagte die andere.

Jeder wußte etwas Neues über den Grund unserer Anwesenheit zu berichten. Wenngleich die Unterbringung primitiv und einfach war, lebte es sich in dieser Einsamkeit doch ganz gut. Die Eier und Gänse waren billig, und es wurde in den Baracken eifrig gebrutzelt und gebraten. Das Wasser kam aus einem nahefließenden Bach.

Die »Spähtrupps« fanden heraus, daß in der Nähe die polnisch-galizische Stadt Krosno (Krossen) lag.

In Erwartung ihrer Flieger verbrachten die »Männer der schwarzen Zunft« an einem schönen, milden Juniabend unter flotten Weisen einer Drei-Mann-Kapelle mit viel »Fraß und Trank« einen wohl unvergeßlichen Abend im Kreise ihrer Kompanie.

Die Tage vergingen schnell und waren voll ausgefüllt mit Vorbereitungen für das Eintreffen der Maschinen. Bis zum 20. Juni traf der Verband wie vorgesehen ein. Nicht alles verlief nach Plan. Eine ›88‹ konnte das Fahrwerk nicht ausfahren und landete — wie gehabt — auf dem Bauche und blieb am Ende der Startbahn, besser Graspiste, liegen. Zeit zum Wegräumen war zunächst nicht vorhanden.

Am Nachmittag des 21. Juni 1941 wurden die Maschinen — wie's hieß probehalber — mit Bomben beladen. Gegen Abend begaben sich alle in die Unterkünfte, um noch ein Kartenblatt zu dreschen. Um 22.00 h wurde an die fliegenden Besatzungen erhöhte Alarmbereitschaft ausgegeben. Schluß mit entspannenden, anregenden Getränken also, aber weiter im Spiel!

Am 22. 6. (Sonntag) um Mitternacht (00.00 h) wurde die Einsatzbesprechung angesetzt. Die Männer der FBK weckte man um 02.20 h.

Hauptmann Bauer, Chef der 7. FBK, ließ einen Halbkreis bilden und gab seinen Männern gegen Mitternacht unter dem Schein einer Taschenlampe Hitlers Aufruf »Soldaten der Ostfront« bekannt und forderte zu äußerster Disziplin und Pflichterfüllung auf. Das wochenlange Rätselraten fand endlich sein Ende.

Schweigend und in Gedanken versunken, marschierte jeder über das Rollfeld zu den Liegeplätzen. Viel zu tun gab es nicht mehr, die Maschinen standen ja schon einsatzbereit.

Das Geschwader stellte zu Beginn des Rußlandfeldzuges an Flugzeugen (hauptsächlich Ju 88 A-4):

Gruppe	Verfügungsbestand	einsatzbereit	in %
I.	22	22	100 %
II.	36	29	79 %
III.	32	28	88 %
IV.	15	12	80 %
Gesamt:	105	91	87 %

Von den insgesamt 1945 gegen die Sowjetunion aufgebotenen Flugzeugen (61 % der Luftwaffe überhaupt zur Verfügung stehenden Flugzeuge) wurden 1 400 Flugzeuge am 21. 6. 41 einsatzbereit gemeldet, entsprechend 72 Prozent. Der Klarstand des Geschwaders lag also erheblich über diesem Durchschnittswert der Luftwaffe und spricht für die unermüdliche Leistungsfähigkeit unserer Männer des Wartungs- und Instandsetzungspersonals, das sich nie schonte und ein Maximum an Einsatzwilligkeit unter erschwerten Bedingungen im Felde immer wieder zeigte.

Gegen 03.00 h ließen die Warte die Motoren warmlaufen. Das wobbernde, hell- und tiefklingende Gebrumm steigerte sich zu ohrenbetäubendem Lärm. Die Besatzungen, die noch letzte Instruktionen und Anweisungen der Staffelkapitäne mit auf den Weg bekamen, trafen ein, legten ihre Fallschirme an und überprüften die Bombenschächte und die Bordwaffen.

Glutrot stand die Sonne am östlichen Himmel als am 22. Juni 1941 um 03.15 h mit einem Schlage, donnernd von Horizont zu Horizont, die Artillerie in der Ferne den Feuerschlag gegen Rußland eröffnete. Die Erde erzitterte. Das Inferno begann.

Gegen 03.30 h rollte Maschine um Maschine in immer schneller werdender Fahrt über die Graspisten von Krosno und Lezany. Sie hoben ab und entschwanden bald den Blicken in Richtung Osten.

Auf der nahen Straße zogen immer noch endlose Kolonnen des Heeres an die nahegelegene Front.

Der erste Schlag galt vollbelegten Flugplätzen der sowjetischen Luftstreitkräfte wie Stryj Stryjski, Buschow II, Tremblowla, Buczacz, Chodorow und Lisietztsche. Mit ca. 80 Maschinen vernichtete das Geschwader etwa 100 russische Maschinen am Boden. Wie zur Parade ausgerichtet standen die Flugfelder der Russen voll mit Aufklärern, Bombern und Jägern, die später ausgeglüht am Platzrand vorgefunden wurden.

Trotz erdrückender Überlegenheit hatten das Geschwader und die

Eine glimpflich
verlaufene
Bauchlandung bei
Nacht! Südost-
wärts Taman. Es
ging um weniger
als Meter!

Fliegerglück in
allen Lagen!
Trotz »Stall-
laterne« gab es
doch Schwierig-
keiten bei der
Landung in
Tazinskaja.

Dieser »Kämp-
fer« wollte
schnell nach
Hause rollen und
übersah dabei in
Wiener-Neustadt
eine Me 110,
leider nicht vom
eigenen Verband!

Ju 88 A 4 des KG 51 über der Krim, im Hintergrund der »Tafelberg« nahe Simferopol.

Hauptmann Matthias »Teddy« Schwegler, Staffelkapitän 1./KG 51 in Sarabus. Er erhielt am 18. Dezember 1942 das Ritterkreuz verliehen. Gefallen am 18. April 1945 bei Neuses/Ansbach.

Blick auf Sewastopol von Norden. In der Bildmitte die langgestreckte
Sewernaja-Bucht, rechts Kap Chersones. Gut erkennbar im Vordergrund die
befestigten Sappun-Höhen, viel umkämpft in der Schlacht um Sewastopol.

Das mit 164 Rohren bestückte Flakfloß in der Sewernaja-Bucht beherrschte
Land, Luft und See, bis es am 25. Juni 1942 durch Oberleutnant Ernst Hinrichs
getroffen und versenkt wurde. (Oben kurz vor dem Angriff, unten nach
den Treffern.)

Oberleutnant Ernst Hinrichs von der I./KG 51
erhielt am 25. 7. 1942 das Ritterkreuz.
Er traf das lästige Flakfloß beim ersten
Sturzangriff. Die explodierende Restmunition
an Bord sorgte für nachhaltige Zerstörung.

Die Reste der
Forts von
Sewastopol.

Ein zerstörter Panzerzug
bei Ossadowka, südlich Kupjansk, 1942.

Der Flugplatz von Rostow während eines
Angriffs. Hier lag das Geschwader später
während der schweren Monate 1942/1943.

gesamte Luftwaffe bei diesen ersten Angriffsschlägen Verluste durch Flak, Jäger und — leider auch durch eigene Bomben zu verzeichnen.

Die bisher geheimgehaltenen, in großen Mengen abgeworfenen nur 2 kg schweren Splitterbomben vom Typ SD 2, »Teufelseier« genannt, wie mit Bremsflügeln versehene Konservendosen aussehend, entpuppten sich als vorläufige Eintagsfliegen.

Entwickelt als Waffen für Schlachtflieger gegen lebende Ziele spritzten sie beim Aufschlag oder bei einem vorher einstellbaren Luftsprengpunkt wenige Meter über der Erde in 50 kleine und 250 winzige Splitter zerlegend bis zu zwölf Meter weit auseinander und hatten dann die Wirkung eines mittleren Flakgeschosses. In Massen abgeworfen waren immer direkte Treffer dabei zu erwarten.

Unberechenbar verklemmten sich die 360 kleinen Bomben in den eigens dafür konstruierten Schüttkästen (Vemags) der Kampfflugzeuge, die Zünder waren scharf, detonierten bei der kleinsten Erschütterung (Landung oder Turbulenz) und rissen dabei Löcher leider im »eigenen Bauch«, die Flakvolltreffern in ihrer Wirkung gleichkamen.

Viele Splitterbomben lösten sich erst bei der Landung aus den Schächten, explodierten dicht hinter der Maschine oder blieben als heimtückische Zeitzünder hinter der Maschine liegen.

Immer wieder mußten die Waffenwarte und Feuerwerker die Rollfelder vorsichtig absuchen und die Bomben behutsam wie jeden Augenblick platzende Seifenblasen zur Seite räumen.

Trotz der Erfolge in den ersten Tagen des Rußlandfeldzuges blieb die SD 2 eine Fehlentwicklung, erst recht, nachdem die sowjetische, wirkungsvolle Flak unsere tieffliegenden Schlachtflieger in größere Höhen zwang und damit der Abwurf der SD 2 nicht mehr möglich war. Ähnliche Schwierigkeiten traten auch mit der SD 10 Bombe auf. Sie waren für die Handhabung an der Front zu kompliziert.

Das Ziel, die Erringung der Luftherrschaft über dem Gefechtsfeld, um das rasche Vordringen des Heeres insbesondere der schnellvorstoßenden Panzerspitzen auf Lemberg und Tarnopol zu sichern, wurde durch schneidig und scharf angreifende russische Jagdverbände nicht eben leicht gemacht.

Vier Großangriffe wurden an diesem ersten Kampftag gegen Rußland geflogen. Alle einsatzklaren Flugzeuge starteten in der 1. Welle, sieben der III. Gruppe kehrten nicht zurück, von der 9. Staffel waren es allein fünf!

Am Abend des ersten Tages, nach der letzten Landung um 20.23 h, zog der Kommodore, Oberstleutnant Schulz-Heyn, im Schloß Polanka zu Krosno, eine erschütternde Bilanz:

60 Mann (15 Besatzungen!) des fliegenden Personals waren gefallen oder vermißt, vierzehn Maschinen allein in der III. Gruppe durch Bruch für weitere Einsätze ausgefallen oder gar durch Absturz total verloren, entsprechend 50 % Verlusten. In den anderen Gruppen sah es ähnlich triste aus. Auch die »alte Schweinsgeige«, Oberleutnant von Wenchowski, Kapitän der 5. Staffel fand den Tod. Alle vermißten diesen beliebten Offizier mit seinem urwüchsigen Humor. In fieberhafter Eile wurden die Maschinen wieder hergerichtet, Beschußlöcher durch Aufbringen neuer kleiner Bleche geflickt, die Bruchlandungen weggeräumt. Die Werkstattzüge der FBK's kamen nicht zur Ruhe. Schweißgebadet, mit nacktem Oberkörper, packte jeder zu, um die angeschossenen, zum Teil übel zugerichteten und zerfetzten Flugzeuge für den kommenden Tag wieder einsatzklar zu machen.

Hundemüde fielen die Männer gegen Mitternacht in die »Koje« der Unterkünfte. Die letzten Gedanken, welche die Zurückgekehrten am Ende des Tages hatten, waren nur noch: »Wie mag es unseren ausgebliebenen Kameraden nur ergangen sein? Leben sie noch? Hoffentlich! Was aber wird erst der morgige Tag bringen? Wie mag wohl alles enden? Was werden die Angehörigen in der Heimat denken? Was wird die Propaganda wohl alles wieder erzählen?« Mit diesen Gedanken fiel man in tiefen Schlaf und hörte nicht mehr das ferne Grollen der Artillerie und das nahe, blecherne Hämmern aus dem Werftliegebereich, in welchem bis in den frühen Morgen an den Maschinen gearbeitet wurde.

Die Sowjets verloren am ersten Tage 1 811 Maschinen, davon 322 durch Jäger und Flak, 1 489 am Boden durch Einsätze von Stukas und Schlachtfliegern, zu denen wir nun auch zählten.

Auch der 23. Juni war ein brütend heißer Tag. Die ungewohnte Hitze machte allen schwer zu schaffen. Die kurze Einsatzfolge erlaubte keine Ruhepause. Das Waffenpersonal kam nicht mehr nach, Munition zu gurten und zu trommeln, weil der Verbrauch sehr hoch war. Jeder, der irgendwie entbehrlich war, mußte beim Gurten helfen. Nur die gute, kameradschaftliche Zusammenarbeit aller stellte das schnelle Bereitstellen der Maschinen für neue Einsätze sicher.

Trotz der hohen Verluste, bei denen man sich schon fast ausrechnen konnte, wann wir am Ende angelangen würden, gab es keine Rast. Alte, erfahrene Besatzungen, die schon viele Einsätze nach Frankreich, England und Jugoslawien geflogen hatten, kehrten nicht mehr zurück.

Die großen Erfolge und hohen Verluste des Geschwaders in der ersten Woche dieses Feldzuges hinderten uns bereits damals nicht daran, die Frage zu erheben, ob denn die Erfolge in einem vertretbaren Verhältnis zu den Verlusten stünden? Mancher fragte sich, ob es sich die Luftwaffenführung erlauben könne, ihre zweimotorigen, modernen Kampfflugzeuge weiterhin als Schlachtflugzeuge einzusetzen und die hohen Verluste an erfahrenen, gut ausgebildeten Besatzungen in Kauf zu nehmen.

Die Ausrüstung der technischen Kompanien mit notwendigem Gerät war sehr mangelhaft. Es fehlte nicht nur an Kränen und Hebegerät zur Bergung bruchgelandeter Maschinen und zum Motorwechsel, sondern auch an vielem anderem notwendigem Werkzeug und Ersatzteilen.

Ausgewählte Offiziere und Portepeeträger mußten zu Beginn des Rußlandfeldzuges oft in die Heimat fliegen, um den Angehörigen der vor dem Feind gebliebenen Besatzungen die traurige Todesbotschaft zu überbringen.

Am 30. Juni 1941 war der Verfügungsbestand an Maschinen und Besatzungen des Geschwaders auf 1/3 seines Solls abgesunken. Auch die Stimmung des Personals war auf einem Tiefpunkt angelangt, nachdem man bisher nur zu siegen gewohnt war.

Zum 30. Juni wurden endlich die ›Teufelseier‹ (SD 2) aus dem Waffenarsenal gezogen.

Durch den schnellen Vormarsch der Heeresverbände lag Krosno schon nach wenigen Tagen weit im Hinterland.

LUCK UND WLODZIMIERZ

Am 4. Juli 1941 verlegte der Verband daraufhin mit der I. Gruppe und II. Gruppe nach Luck und mit der III. Gruppe nach Wlodzimierz, um in die Kämpfe bei Tarnopol, Shitomir, Kiew und Bjelazerkow einzugreifen. Bei Berditschew wurden die russischen Panzeransammlungen entscheidend bekämpft. Der Panzervorstoß über Winniza auf Uman stand kurz vor dem erfolgreichen Abschluß.

Die ersten abgeflogenen, physisch und nervlich verbrauchten Besatzungen wurden ins Reichsgebiet zur Erholung zurückverlegt. Die Ungewißheit über das Ergehen der ausgebliebenen Kameraden und die Verluste zerrten unerträglich an den Nerven.

Als der Staffelkapitän der 9./51 Hauptmann Serschen am 6. Juli 1941 ausblieb, übernahm Oberleutnant Henne die Staffel.

Die Brücke über den Dnjepr bei Kanew wurde am 12. Juli vom Geschwader nachhaltig zerstört und hinderte die russischen Truppen unter Budjennys Kommando daran, den schnellen deutschen Vorstoß zu stören.

Anfang Juli trafen die ersten hinter der Front notgelandeten Besatzungsmitglieder wieder beim Verband ein — zur großen Freude aller.

Der Bericht des Feldwebels Scheurich spricht die einfache, klare Sprache des Frontsoldaten, der das auf der Flucht Erlebte trocken zu schildern versteht:

III./KG 51 *Luck, 7. 7. 1941*

Bericht des Fw. Rudolf Scheurich über Angriff auf Flugplatz
BEI TARNOPOL, NOTLANDUNG UND FLUCHT
aus Besatzung 9K+HS Oberleutnant Bretschneider.

Wir hatten den Auftrag, den Flugplatz Tarnopol anzugreifen. Ungefähr 10 Minuten vor dem eigentlichen Ziel konnten wir auf einem Flugplatz 4 bis 5 Martinbomber stehend erkennen. Wir griffen ihn mit SD 2 an und vernichteten die Maschinen.

Nach dem Abwurf bekamen wir einen Jagdangriff von etwa 4 Ratas. Schon bei den ersten Feuerstößen werden wir getroffen. Es mußte das Höhenruder getroffen worden sein. Wir berührten den Boden. Der Flugzeugführer schrie: »Wir müssen notlanden«. Der Bordfunker warf das Dach ab. Darauf setzte der Flugzeugführer zur Bauchlandung an. Diese verlief glatt. Wir verließen die Maschine. Ofw. Harenburg zog den Flugzeugvernichter. Die Maschine explodierte. Die Besatzung schlich jetzt geschlossen von Kornfeld zu Kornfeld.

Etwa nach einer Stunde stieß ein Bauer direkt auf Oblt. Bretschneider. Der Bauer knurrte etwas und ging wieder weg. Wir schlichen wieder von Kornfeld zu Kornfeld und versteckten uns wieder. Kurz vor Sonnenuntergang wurden wir von russischen

160

Feldgendarmen aufgespürt. Sie umstellten unseren Liegeplatz und eine Flucht erschien ausgeschlossen. Wir erhoben zu dritt die Hände und wollten uns ergeben. Oblt. Bretschneider blieb ruhig liegen. Die Feldgendarmen schossen auf uns drei, wobei Fw. Ober durch Kopfschuß getroffen zusammensank. Ofw. Harenburg und ich sprangen auf und aus dem Kornfeld über einen Kartoffelacker. Da fiel Ofw. Harenburg und schrie: »Spring weiter!« Ob er getroffen war, konnte ich nicht feststellen.

Das Feuer der Schützen konzentrierte sich nun auf mich. Nach 100 Metern stürzte ich auch und blieb einen Augenblick liegen. Ich wurde weiterhin beschossen, und nun schlich ich in eine Mulde. Durch sie führte ein kleiner Bach. Diesen überquerte ich, blieb im Sumpf stecken und konnte mich nur mit größter Mühe durch das Sumpfgelände schleppen. Es war etwa 50 Meter breit.

Die Orientierung fiel mir sehr schwer, denn ich hatte keinen Kompaß, keine Uhr und keine Landkarte. Ich marschierte dem Abendrot entgegen. Plötzlich stand ich in einer Artilleriestellung. Ich ließ mich leise nieder und kroch in ein Kornfeld. Hier blieb ich liegen, bis es finster war. Dann sprang ich mit einem Satze auf und davon. Der Posten hatte alles nicht bemerkt.

An Verpflegung hatte ich gar nichts dabei. Ich mußte meine Seenotverpflegung auf der Flucht verloren haben. Zwei Tage aß ich überhaupt nichts. Am dritten Tage aß ich Kleeblumen, worauf ich etwas gesättigt war. Am vierten Tage versuchte ich es mit Kleeblättern. Meinen Durst stillte ich am Wasser einer Pfütze. Dies filterte ich mit meinem Taschentuch. Es stellten sich Blähungen ein, daß ich dachte, es drücke mir den Leib auseinander. Nachdem ich mich zu Speien gezwungen hatte, vergingen die Blähungen. Es stellte sich nun Fieber und Schüttelfrost ein. Ich glaubte nicht, meine Flucht fortführen zu können.

Am fünften Tage hielt ich eine Frau auf dem Felde an und bat sie um einen Bissen Brot. Sie gab mir welches. Nach zwei bis drei Bissen konnte ich vor Durst nicht mehr weiter essen. Die Frau reichte mir jetzt eine Flasche mit Wasser. Diese trank ich vor lauter Gier auf einmal. Ich mußte es sofort wieder erbrechen. Die Frau merkte, daß ich sehr schwach war und gab mir daraufhin etwas Milch. Diese trank ich nun langsam und aß nach jedem Schluck einen Bissen Brot. Nun fühlte ich mich wieder stärker. Die Frau bat mich dann, den Acker zu verlassen, weil sie offenbar vor den Russen Angst hatte.

Am sechsten Tage dachte ich, ich müßte meine Flucht aufgeben. Auf einem Feldweg begegnete mir ein ukrainischer Bauer. Er kam mir sehr freundlich entgegen und gab mir die Hand. Er sprach mich ukrainisch an. Dies verstand ich nicht. Als ich mich jedoch als Deutscher zu erkennen gab, konnte er mit mir in Deutsch sich unterhalten, weil er früher in der österreichischen Armee gedient hatte. Ich erzählte ihm, daß ich ein flüchtender Flieger sei und meine Kameraden schon zum Teile tot seien. Er riet mir, die Flucht aufzugeben, weil hier zu viele Russen seien und er ein Durchkommen für unmöglich halte. Er nahm mich mit auf sein Feld und versteckte mich dort während des Tages. Er grub ein Loch und ich legte mich hinein, worauf er es mit Gras zudeckte. Am Abend gingen wir dann zusammen in seine Wohnung.

Meinen Uniformrock hatte ich in ein Grasbüschel verpackt und dieses trug der Mann auf dem Rücken. Ich zog den Rock des Mannes an und setzte seine Mütze auf. Die Hacke und den Vespersack trug ich auch. Er machte mir klar, daß wir jetzt durch eine Flakstellung müßten. Da alle jungen Ukrainer aber eingezogen waren, mußte ich mich hinkend stellen, daß ich nicht auffiel. Zu Hause schien es der Frau nicht recht zu sein, denn auch sie hatte Angst vor den Russen. Als sie mich aber in meinem elenden Zustand sah, kam sie zu mir, streichelte mir die Hand und bedeutete mir, daß ich auf dem Dachboden schlafen solle.

Dort blieb ich nun bis zu meiner Befreiung am 5. 7. 41. Die Bauersleute verpflegten mich gut. Eine andere bemittelte Frau aus dem Dorfe, die gut deutsch sprach, steuerte viel dazu bei, weil meine Wirtsleute sehr arm waren.

Am 5. 7. 41 gegen 11 Uhr hörte ich von ferne das Schießen von MGs. Es waren noch russische. Als ich ein deutsches MG zu hören glaubte, sprang ich aus meiner Behausung und erkannte deutsche Panzerspähwagen. Einige Ukrainer, die mich sahen, scharten sich sofort um mich. Das ganze Dorf kam allmählich herbei und brachte Eier und Milch und wollte mir helfen.

Ein deutscher Kradfahrer nahm mich dann mit und brachte mich zur SS-Division ›Wiking‹ und diese nach Tarnopol. Von da aus schickte mich der Fliegerverbindungsoffizier zum Gefechtsstand der H-Aufklärungsabteilung 41 . . .«

Derartige Berichte häuften sich und beunruhigten die Besatzungen. Ein jeder von uns flog fortan mit dem ungewissen Gefühl über die eigenen Linien gen Osten, ein bereits zum Stich angesetztes Messer im Rücken zu verspüren.

Bis zum 19. Juli 1941 wurden Einsätze zur Unterstützung der Schlacht um Kiew geflogen, im Zuge des Vorstoßes gegen den Dnjepr. Die Dnjepr-Brücken bei Tscherkassy, Bahnknotenpunkte bei Bachmatsch und Kiew, Straßenbrücken bei Garnostaipol und Truppenbewegungen bei Zwiahel (Nowograd) sowie Flugplätze bei Njeshin, Oster und Tschernigow wurden bis zum 19. Juli pausenlos, wenngleich mit verminderter Schlagkraft, endlich ohne Verluste angegriffen.

ZILISTEA UND BALTI

Die I. Gruppe verlegte am 15. Juli weiter nach Zilistea bei Buçau in Rumänien, während die III. Gruppe zur Wiederauffrischung und Erholung zurück nach Wiener-Neustadt ging — der Verband war am Ende!

Im Bahnhof Tscheschen wurde der Transport von einer großen Menschenmenge umlagert. War er doch der erste, der von der Ostfront in die Heimat fuhr. Man wurde mit Liebesgaben geradezu überhäuft. Besatzungen und Bodenpersonal wurden von Wiener-Neustadt zunächst in Urlaub geschickt. In der Zwischenzeit wurden die Gruppen mit fabrikneuen Maschinen aufgerüstet, neue junge Besatzungen liefen zu. Schon nach kurzer Zeit wurde wieder Einsatzstärke erreicht. Die Schlachtfliegerei wurde an den Nagel gehängt, wir wurden endlich wieder zu einem echten Kampfverband.

Die in Rumänien liegenden Teile des Geschwaders waren jetzt dem IV. Fliegerkorps (Pflugbeil) unterstellt und griffen in die Kämpfe unserer Truppen zur Erreichung des Dnjepr-Übergangs bei Berislaw ein. 700 m breit ist hier der zweitgrößte Strom des europäischen Rußlands. Deutsche Pioniere führten unter Artillerieschutz und dem Luftschirm der Verbände der Luftflotte 4 einen Brückenschlag durch. Die Pontonbrücke von Berislaw forderte einen hohen Blutzoll und war wohl die am meisten umkämpfte Pontonbrücke des letzten Krieges. Sie ermöglichte aber der 11. Armee den Antritt zum entscheidenden Angriff auf die Krim und den Kaukasus.

Der seit dem ersten Einsatztag in Rußland vermißte Staffelkapitän der 4. Staffel, Hauptmann Willi Stemmler, lebte! Diese Nachricht ließ alle, vor allem die Männer der 4. aufatmen. Tief in Rußland war er von deutschen Gebirgsjägern aufgespürt und zurückgebracht worden. Stemmler besuchte das Geschwader in Balti. Er hatte noch Brandwunden an den Händen und im Gesicht und sah noch recht mitgenommen aus. Seine Erzählungen von den abenteuerlichen Erlebnissen nach dem Absturz seiner Maschine über Feindgebiet und die unerwartete Hilfe durch ukrainische Freischärler schlugen alle Zuhörer in den Bann. Ein Wunder, daß er überlebte. Selbst Generalfeldmarschall Milch ließ sich die erregende Geschichte seiner Flucht von Stemmler persönlich schildern. Der Generalfeldmarschall kam eigens aus diesem Anlaß nach Balti geflogen.

Welche außergewöhnlichen Leistungen von Einzelnen in außergewöhnlichen Situationen erbracht wurden, mag auch das Beispiel des Obergefreiten Helmut Bernhardt, Beobachter in der Besatzung 9K+AM, Oberleutnant Höhl, Unteroffizier Stelzer und Unteroffizier Musiol, zeigen. General Pflugbeil, Kommandierender General des Fliegerkorps, sprach ihm seine höchste Anerkennung aus, beförderte ihn sofort zum Unteroffizier und lud die Besatzung zum Essen zu sich ein. Das in der Anerkennung geschilderte Ereignis war eines, wie es im Kriege oft vorkam. Ein guter Flugzeugführer hatte stets ein besonderes Verhältnis zu seinem Beobachter und schulte ihn nebenbei für alle Fälle darin, das Kampfflugzeug in Notfällen fliegen und sogar landen zu können.

DER KOMMANDIERENDE GENERAL

des IV. Flieger-Korps   *Den 5. August 1941*

Bei bewaffneter Aufklärung über Rußland im Raum Ananiev vor Odessa am 30. 7. 41 fiel der Kommandant und Flugzeugführer Oberleutnant Höhl durch Kopfschuß im Luftkampf mit mehreren Ratas.
Der gefallene Flugzeugführer konnte von den übrigen Besatzungsmitgliedern infolge der Enge des Raumes in der Ju 88 nicht von seinem Sitz gehoben werden. Das Seitenruder blieb daher durch den toten Flugzeugführer voll ausgetreten. Außerdem lief ein Motor infolge Treffers unregelmäßig. Auch war die Kurssteuerung durch Beschuß ausgefallen.
Der Beobachter Obergefreiter Bernhardt von der 4./KG 51 über-

nahm trotz dieser großen Schwierigkeiten sofort die Führung des Flugzeuges. Er steuerte es, zum Teil durch starke Wolkenbänke fliegend und trotz Fortsetzung des Luftkampfes, sicher hinter die eigenen Linien und führte bei Racsani eine glatte Bauchlandung durch.

Er rettete damit die übrigen Besatzungsmitglieder und das Flugzeug.

Ich spreche dem Obergefreiten Bernhardt für diese hervorragende, mit größter Umsicht und Unerschrockenheit durchgeführte Tat meine höchste Anerkennung aus.

gez. Pflugbeil

Leutnant Unrau von der 3. Staffel mit seiner Besatzung Feldwebel Steinbrückner, Feldwebel Winter und Unteroffizier Polok wurde während eines Angriffs auf einen Geleitzug im Schwarzen Meer von einer Rata gerammt. Sein Gefechts- und Erfahrungsbericht gibt in trockener, sachlicher Darstellung den dramatischen, aber glücklich verlaufenen Flug wieder:

ERFAHRUNGSBERICHT

Unrau, Leutnant   *O.U., den 16. 8. 41*
3./Kampfgeschwader 51   *(Zilistea)*

Bei dem Angriff auf einen Geleitzug an der Westküste der Insel Krim am 15. 8. 41 wurde ich von 4 Jägern (3 ›J 17‹ und 1 Rata) angegriffen. Durch den ersten Angriff einer ›J 17‹ von unten wurde der Heckschütze, Uffz. Polok, durch Beinsteckschuß verletzt. Das Geschoß war durch den Spalt zwischen MG-Lafette und Bodenpanzerung in die Wanne gelangt. Die Abwehr nach unten wurde durch dauernde Ladehemmung des MG 81 stark behindert.

Der nach dem Abfangen in 800 m Höhe von hinten angreifende Jäger wurde durch gut liegendes Abwehrfeuer des Funkers, Feldwebel Winter, zum Abspringen gezwungen, worauf das nunmehr steuerlos gewordene Jagdflugzeug, in seiner Angriffsrichtung weiterfliegend, das Leitwerk meines Flugzeuges rammte, worauf die gesamte rechte Hälfte des Höhenleitwerks abbrach und der noch vorhandene linke Teil sich um etwa 20° nach oben drehte.

Nach anfänglichem starken Schüttelns des Höhenruders wurde das Flugzeug stark schwanzlastig. Trotz stärksten Nachdrückens unter

Zuhilfenahme eines Beines stieg das Flugzeug mit 2 — 3 m/sek. Bei einer Staudruckanzeige von 300 km/h. Ein gleichzeitig aufgetretenes Drehmoment nach links konnte ich durch Hängenlassen nach rechts ausgleichen, ohne das gleichfalls verdrehte Seitenruder zu belasten.

Nach etwa 30 Min. Flugzeit konnte ich durch Drosseln der Motoren eine Höhe von 3000 m halten. Etwa 5 Min. vor Erreichen der rumän. Küste, südl. Akkermann, verdrehte sich das Rumpfende um weitere 20° auf etwa 40 — 50°. Da ich nun jeden Augenblick mit gänzlichem Abbrechen des Leitwerks rechnen mußte, gab ich Befehl, alles zum Absprung klar zu machen. Die Besatzung steckte Karten, Verbandszeug usw. zu sich.

Da ein leichter Westwind herrschte, versuchte ich so weit wie möglich nach Westen zu fliegen. Als sich eine endgültige Auflösung des Leitwerks durch Wegfliegen weiterer Leitwerksteile und starkes Schaukeln und Rütteln des Steuerknüppels bemerkbar machte, gab ich den Befehl zum Abwerfen des Daches und der Bola. Die Kopfhauben ließ ich abnehmen, um die Möglichkeit des Hängenbleibens auszuschalten. Anschließend verließ die Besatzung das Flugzeug durch die Bodenöffnung, während ich mich auf den Funkersitz stellte, was bei einer Fahrt von 250 km/h ohne weiteres möglich war. Ich wollte das Flugzeug ebenfalls durch die Wanne verlassen, als der Rest des noch vorhandenen Leitwerks davonflog, wodurch der Weg zum Absprung nach oben frei war.

Nach schätzungsweise 20 sec. freien Falls, fiel ich beschleunigungsfrei und konnte mich frei bewegen. Da ich über mir die Teile des Leitwerks durch die Luft wirbeln sah, wartete ich noch mit dem Öffnen des Fallschirms bis die Leitwerkstücke an mir vorbeigefallen waren. Der Entfaltungsstoß wurde durch die Schwimmweste herabgesetzt und war durchaus erträglich.

Die Landung erfolgte sehr weich, da ich mich im Augenblick des Aufsetzens an den Haltegurten hochzog. Die Besatzung landete nach mir auf einem Quadrat von 2 x 2 km.

Die Haltung der hinzueilenden Bauern war freundlich, die der später eintreffenden rumänischen Soldaten ausgesprochen zuvorkommend.

Zusammenfassung:

Im Wiederholungsfalle würde ich ebenfalls das Dach mit abwerfen lassen, da dadurch die Bewegungsfreiheit der Besatzung erheblich erhöht ist. Der Absprung der gesamten Besatzung erfolgt am *gefahrlosesten durch die Bodenöffnung, wenn nicht gerade, wie im vorliegenden Falle, der Absprung nach oben durch Fehlen des Leitwerks günstig erscheint.*

Die III. Gruppe traf wohlerholt und aufgefrischt mit neuen Maschinen und unverbrauchten Besatzungen am 29. August in Balti/Bessarabien ein. Zur Abwechslung wurde jetzt in Zelten biwakiert! Die Mäuseplage wird wohl niemand vergessen, der dort mit uns lag. Wir veranstalteten Wettbewerbe mit dem Ziel, wer wohl innerhalb einer festgesetzten Zeit am meisten Mäuse fangen und erlegen konnte.

Sofort griffen wir bei den Angriffen des Heeres über den Dnjepr hinweg mit ein. Die Ziele lagen konzentriert im Raume Cherson-Kachowka-Melitopol, also im Vorfelde der Landenge von Perekop, dem Zugang zur Krim.

Mit den wenigen Kräften — die Staffeln flogen oft nur mit drei bis vier Maschinen — wurde gekleckert und dann noch mit wenig Erfolg. Wer dennoch kleinere Treffer abbekam oder Motorschaden hatte, konnte in Wosnessensk und Perwomaijsk zwischenlanden.

Man flog gegen Straßenkreuzungen, Straßenknotenpunkte, Eisenbahnlinien und Kolonnen bewaffnete Aufklärung. Nur Ausweichziele waren gelegentlich Flugplätze und Flakbatterien. Alle Vorstellungen vom Luftkrieg schienen verkehrt! Die Verluste hielten sich dennoch in nicht besorgniserregendem Rahmen.

Anfang September 1941 wurde die II. Gruppe aus den Kampfeinsätzen herausgelöst, um in der Werftbasis Wiener-Neustadt ergänzt zu werden. Bis etwa Ende November blieb sie in Wien, um vollständig auf die Ju 88 A-4 umzurüsten und in Übung zu bleiben. In der herrlichen Landschaft des Semmerings und Schneebergs verbrachten sie mit friedensmäßiger Ausbildung einen schönen September und Oktober.

Flugdienst und Unterricht wechselten ab für alle diejenigen, die ihren Urlaub schon genommen hatten.

Am 10. September verlegte die 9. Staffel unter ihrem ›Kapitän‹, Oberleutnant Henne, nach Wosnessensk, um besser an die Panzerzüge bei Perekop und am Tartarengraben heranzukommen.

Endlich am 13. September sammelte sich über Zilistea in den Nachmittagsstunden ein größerer Verband von 11 Ju 88 A-4, um die einem Kampfverband eigentümlichen Ziele zu bekämpfen. Der Hafen von Odessa! Auf Schiffe und Kriegsmole. Dichte, gutliegende

— die gefürchtete — russische Flak hinderte niemanden daran, nachhaltig zu treffen — und heil nach Hause zu kommen.

Der anhaltende Landregen in Bessarabien setzte Platz und Zelte immer wieder unter Wasser, trotzdem wurde täglich so gut es ging geflogen. Die bewaffnete Seeaufklärung gegen die Krim und nördlich liegende Golfe brachte endlich Erfolge. Ohne Rücksicht auf das sehr schlechte Flugwetter gaben Bodenpersonal und Besatzungen ihr Bestes, um pausenlos angreifen zu können.

Erschütternd für die in Bessarabien stehenden Männer des Verbandes waren die jetzt häufiger eintreffenden Bestätigungen des RLM, daß viele der in den Anfangsgefechten Vermißten tot aufgefunden wurden, unter zum Teil erbärmlichen Verhältnissen. Andere gerieten nach Aussagen der Bevölkerung in russische Gefangenschaft und starben unter Qualen.

Als Folge der Kesselschlacht um Kiew versuchte das sowjetische Oberkommando aus dem von der 4. rumänischen Armee eingeschlossenen Odessa soviel wie möglich der eigenen Verbände auf die schwerbedrohte Halbinsel Krim zu evakuieren. Daher der fast regelmäßige Schiffsverkehr auf der Strecke Odessa — Sewastopol, Ak-Metsched und Jewpatoria, die nun Schwerpunkt der Luftangriffe waren.

Die Panzergruppe Kleist stieß nach der Schlacht um Kiew über Saporoshje durch die russische Dnjeprverteidigung und schwenkte nach Süden auf das Asowsche Meer, in den Rücken zweier Sowjetarmeen, die bis zum 11. Oktober 1941 zwischen Mariupol und Berdjansk bei Tschernigowka zerschlagen wurden. Damit war der Weg auf die Krim frei.

TIRASPOL UND NIKOLAJEW

Seit 10. Oktober lag die I. Gruppe in Tiraspol, während die 9. Staffel bereits nach Nikolajew vorverlegt hatte.

Dort ereignete sich am 19. Oktober 1941 ein Zwischenfall, wobei wohl jeder Flugzeugführer am liebsten in der tiefsten Versenkung verschwinden möchte.

Hauptmann Berger begleitete eine havarierte Ju 88 der I. Gruppe zum Platz und gab Verhaltensanweisungen. Vor lauter Konzentration machte er mit seiner Maschine eine perfekte Verbandslandung — leider auch auf dem Bauch!

Dabei erinnert man sich an eine alte Fliegerregel, die da sagt, daß es nur zwei Arten von Fliegern gibt: Einer hat die Landung mit vergessenem Fahrwerk schon hinter sich, der Andere noch vor sich! Taganrog fiel am 17. Oktober 1941, Stalino am 20. Oktober. Bis zum 27. Oktober gelang endlich der Durchbruch auf die Krim, mit Ausnahme von Sewastopol.

Die deutschen Truppen rannten sich vor Moskau bis zur Erschöpfung fest.

Die III. Gruppe lag vom 23. Oktober an in Nikolajew, wohin auch der Kommodore, Oberst Koester, mit seinem Geschwaderstab zog.

Der Winter brach herein. Die zermürbende Schlammperiode war endlich zu Ende, man konnte wieder auf den breiten, russischen Rollbahnen fahren, ohne einzusinken, wenngleich es bitter kalt war. Die Unterkunft — ein ehemaliges, spartanisches Kadettenhaus — war mehr als ungemütlich. Keine Fensterscheiben, keine Heizung. Langanhaltende Schneefälle und beißende Schneestürme verwandelten das Land in eine Schneewüste. Mit klammen Händen mußte der laufende Wartungsdienst durchgeführt werden. Es fehlte an geeigneter Winterkleidung. Die Maschinen wollten trotz der vielgepriesenen ›Kärcher-Wärmgeräte‹ nur schwer, wenn überhaupt, anspringen. Das Kaltstartverfahren wollte nicht immer so klappen, wie es zuversichtlich in der Luftwaffendienstvorschrift theoretisch beschrieben war. Schon nachts um 02 Uhr begannen die Warte mit dem Warmlaufenlassen der Maschinen, um sie überhaupt startbereit zu halten.

Die Operationen des Heeres kamen teilweise durch die widrigen Witterungsverhältnisse ganz zum Erliegen. Die Wegnahme Sewastopols wurde daher auf das Jahr 1942 zurückgestellt, obwohl die Flankenbedrohung für die 11. Armee andauerte.

Die Russen landeten im Dezember auf der Krimhalbinsel Kertsch und bildeten bei Feodosia einen Brückenkopf, um Sewastopol zu entsetzen und mit den aus der Festung ausbrechenden Russen die Krim wieder in russische Hand zu bekommen.

Pausenlos flogen die Verbände des IV. Fliegerkorps gegen Sewastopol, Kertsch, Feodosia und Jewpatoria bei schlechtem Wetter. Generalleutnant Graf Sponeck, Kommandierender General des XXXXII. Korps handelte eigenmächtig und ließ Kertsch räumen, um sein Korps vor dem Untergang zu bewahren.

Dies war der erste Fall militärischen Ungehorsams im Ostfeldzug.

Dieser aufrechte, kühl urteilende Mann wurde daraufhin vor ein Kriegsgericht gestellt und noch kurz vor Kriegsende sinnlos hingerichtet.

Seit November 1941 galten unsere Angriffe den Don-Brücken bei Rostow und Bataisk.

SAPOROSHJE

Die II. Gruppe verlegte aus der Ruhestellung Wiener-Neustadt am 4. Dezember 1941 nach Saporoshje und griff in die Kämpfe um Taganrog und Rostow und das Donezbecken ein. Nicht selten wurden bei Wolkenuntergrenzen von nur knapp 30 m Angriffe durchgeführt. Die Flak der Russen machte uns die Hölle heiß. Ratas griffen immer wieder in Form von Störangriffen bei Tag und Nacht unsere Plätze an.

Die dritte Kriegsweihnacht 1941 verbrachten wir ohne Post gemeinsam mit italienischen Fliegern. Es sangen für uns die Donkosaken. Trotzdem kam keine rechte Stimmung auf.

Die Truppenärzte Dr. Denkhaus (I./51) und Dr. Ott (III./51) berichteten in ihren fliegerärztlichen Erfahrungsberichten von schweren nervösen Erschöpfungszuständen der Besatzungen (Weinkrämpfe, Gereiztsein, sogar epileptische Anfälle). Mangelnde Kohlenversorgung erschwerte die Lage und machte den Winter noch unerträglicher. Die meisten Besatzungen hatten seit Beginn des Feldzuges keinen richtigen Urlaub mehr bekommen, kein einsatzfreier Tag war zu verzeichnen. Wie angespannt unsere Flieger kämpfen mußten, zeigt ein Bericht einer unserer Besatzungen vom 9. Dezember 1941, aus dem hervorgeht, daß eine Ju 88 der III. Gruppe aus einem 7er Ju 88 Verband von einer eigenen Me 109 über Taganrog erheblich getroffen wurde. Ein wohl typisches Ereignis überforderter, übernervöser Männer, die längstens für eine Erholung im Reich fällig waren. Generaloberst Löhr, der Chef Luftflotte 4, hob das KG 51 mehrmals lobend für den Einsatz im Kampf um Rostow hervor. Das frontbekannte Geschwader der Luftwaffe, das in laufendem Flugdienst mit mindestens zwei Gruppen bereits am 11. Dezember 1941 fünf Millionen kg Bomben an den Feind getragen hatte.

Die Kämpfe um Feodosia Anfang 1942 machten die Vorverlegung der II. Gruppe und der 9./51 nach Saporoshje erforderlich.

170

Die I. Gruppe und die 9. Staffel bekamen von Anfang Februar bis in das Frühjahr 1942 endlich eine Ruhepause zugesprochen. In Odessa frischten sie wieder auf und erhielten neue Maschinen. Die Maschinen wurden an die II. Gruppe und die 7. und 8./51 abgegeben, die dann ab 24. März 1942 in Ruhe gehen konnten.

Wohl ein erfreulicheres, einsichtiges Ergebnis der laufenden Berichterstattung der Truppenärzte, die darauf hinwiesen, daß eine durchgreifende Erholung für das Personal erforderlich war, vor allem, wenn man bedenkt, daß pro Gruppe oft nur ein bis zwei Maschinen täglich zum Einsatz kamen. Der Einsatz der IV. Gruppe wurde insbesondere erwähnt. Man sollte sie mehr heranziehen, um einen regelmäßigeren Entsatz und Austausch und die ›Grundüberholung‹ des Personals durch Heimaturlaub sicherzustellen. Schlechte Verpflegung (nur ›Brot und Zwiebeln‹) schwächte besseren Kampfgeist auf jeden Fall. Das Geschwader hatte ein Stimmungstief zu überwinden.

Die russische Winteroffensive führte im Norden zum Rückzug des deutschen Heeres hinter den Wolchow, im Mittelabschnitt auf die Linie Orel-Rschew, zum Einbruch im Raum Wjasma — Smolensk — Witebsk und der Einkesselung deutscher Truppen bei Demjansk. Und im Süden, nach dem Verlust von Kertsch, zum Einbruch bei Isjum, Kupjansk und Waluiki, wobei wiederum unser Geschwader noch im Januar 1942 mit Einsätzen beteiligt war.

Hitler hatte inzwischen, nach Entlassung des Oberbefehlshabers des Heeres, Generalfeldmarschall von Brauchitsch, den Oberbefehl des Heeres selbst übernommen.

Die I. Gruppe und Teile der III. Gruppe (7. und 8. Staffel) flogen immer wieder gegen Waluiki und Kupjansk, wo der Russe als geübter Winterkämpfer gegen Charkow im Zangenangriff durchzubrechen versuchte.

Bei Zwischenlandungen wurden Einsatzbefehle direkt vom zuständigen Nahkampfführer, Generaloberst von Richthofen, erteilt, um bis zu vier Einsätze am Tag fliegen zu können.

Im März 1942 erst herrschte besseres Wetter. Es sollte noch schlimmer werden. Das einsetzende Tauwetter setzte alles unter Wasser und schuf überall regelrechte Schlammseen. Die Startbahn glich einem einzigen Sumpf. Dazu erschienen regelmäßig die nach ihrem eigentümlichen Motorengeräusch benannten russischen ›Nähmaschinen‹ bei Nacht und raubten noch die letzte Ruhe. Immer wieder hatten wir durch diese Störer Verluste unseres Bodenpersonals.

Die deutsche Offensive 1942 stand unter dem Leitgedanken, die russische Volkswirtschaft durch Eroberung der Kaukasusölgebiete und Abschnürung der Wolga an entscheidender Stelle (Stalingrad) empfindlich zu treffen, damit die amerikanischen Hilfslieferungen über den Iran eingeschränkt würden.

Nahziel der deutschen Frühjahrsoffensive 1942 im Süden war die Einnahme von Kertsch und Sewastopol. Seit Februar bereits lagen Angriffsobjekte auch bei Sewastopol (Jushnaja Bucht), Balaklawa, Kertsch, Anapa, Noworossisk und weiteren Kaukasushäfen.

Am 14. März 1942 begrüßte der Kommandeur der III. Gruppe, Hauptmann Freiherr Ernst von Bibra, den bekannten Kampfflieger Hauptmann Baumbach vom ›Adlergeschwader‹ KG 30, der mit seiner 4D+KM in Nikolajew landete, um mit in die Seezielbekämpfung um die Krim einzugreifen. Aufgrund seiner Fähigkeiten sollte er den Besatzungen des KG 51 seine wertvollen Erfahrungen vermitteln. Oberst Peltz hatte ihn veranlaßt, auf diesen Kriegsschauplatz zu kommen.

Er flog seinen ersten Einsatz bereits am 15. 3. 1942 um 13.13 h in das Seegebiet südlich der Krim, um sich mit den örtlichen Verhältnissen vertraut zu machen. Jetzt trafen die ersten Besatzungen, die zur Auffrischung in der Heimat waren, wieder bei ihren bisher sehr dezimierten Staffeln ein.

Am 18. März 1942 flog Baumbach, der aus einem Geschwader kam, das als erfolgreichstes im Kampf um die feindliche Schiffahrt galt, zusammen mit der Aufklärungs-/Führungskette der III. Gruppe unter Hauptmann von Bibra, der 7. Staffel unter Hauptmann Heilmann und einem Flugzeug der 8. Staffel (Leutnant Roßberg) gegen den durch steile Ufer natürlich geschützten Hafen von Noworossisk im bewährten 7er Verband.

Wegen sehr starker Flakabwehr mußte im Zielanflug stark gekurvt werden, so daß die Lotfe-›Krawatten‹ der Zielgeräte nicht ansprachen. Um wenigstens noch Wirkung zu erzielen, wurden günstige, sich im Hafen bietende Ziele angegriffen. Die schweren PC 1000 warf man so gut man eben abkam.

Mörderische Flak von den Bergen und von im Hafen liegender massiver Schiffsflak und aus der Stadt hielt auf den Verband an, erzielte glücklicherweise aber keine Treffer.

Der nächste große Angriff galt am 20. März Schiffen im Hafen von Sewastopol mit Jagdschutz des JG 77.

Hauptmann Baumbach vermerkte in seinem Gefechtsbericht, daß

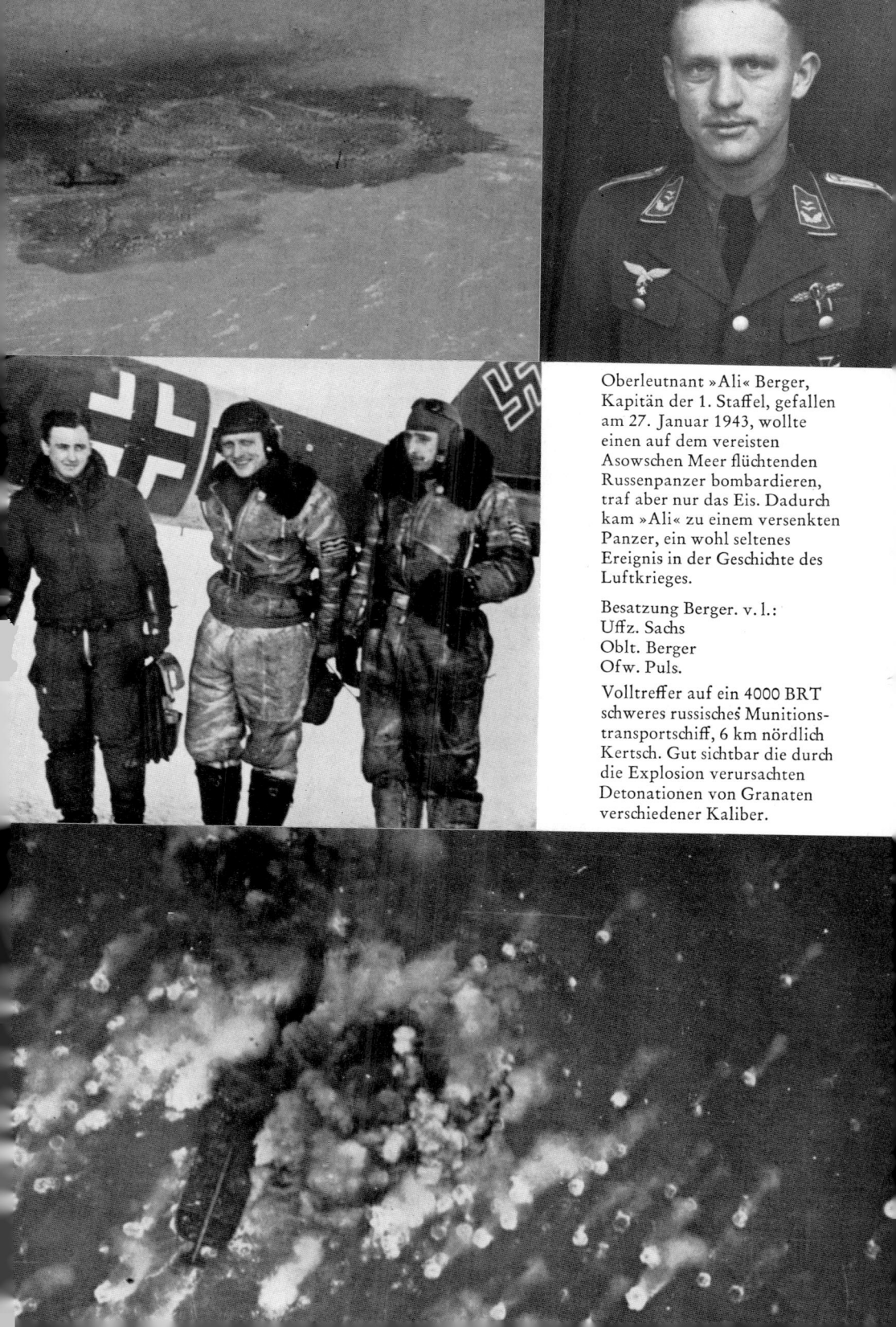

Oberleutnant »Ali« Berger, Kapitän der 1. Staffel, gefallen am 27. Januar 1943, wollte einen auf dem vereisten Asowschen Meer flüchtenden Russenpanzer bombardieren, traf aber nur das Eis. Dadurch kam »Ali« zu einem versenkten Panzer, ein wohl seltenes Ereignis in der Geschichte des Luftkrieges.

Besatzung Berger. v. l.:
Uffz. Sachs
Oblt. Berger
Ofw. Puls.

Volltreffer auf ein 4000 BRT schweres russisches Munitionstransportschiff, 6 km nördlich Kertsch. Gut sichtbar die durch die Explosion verursachten Detonationen von Granaten verschiedener Kaliber.

Trotz Flakvoll-
treffern an Fläche
und Seitenleit-
werk mußte man
eben Glück
haben ...

... es stand auf
der Seite der
Besatzung
Schlegel.
v. l. n. r.:
Uffz. Stuhler
Uffz. Haist
Ltn. Schlegel
Uffz. Metz.

Das Stadtwap-
pen der Freien
und Reichsstadt
Memmingen
zusammen mit
dem Edelweiß
an der Maschine
von Gruppenkdr.
der I./KG 51,
Hptm. Häberlen,
Rußland Winter
1942/1943.

Hier liegt die 9 K + DB von Leutnant Geruschke (gef. 3. 3. 43),
der, von Panzern bei Alexandrowka abgeschossen, am 21. 2. 1943 zwischen
den Linien notlanden mußte. Leutnant Winkel (gef. 21. 3. 45) landete
daneben und rettete in einem Bravourstück die Besatzung aus der mißlichen Lage.

Besatzung »Wastel« (BzB.-Kennung Lt. Winkel) unter ihrer Ju 88 A 4.
v. l. n. r.: Leutnant Winkel, Unteroffizier Sieker, Unteroffizier Ziemann,
Unteroffizier Schwachenwald, Stabsarzt Dr. Denkhaus, der gerne mit Winkel flog.

Im Park des Tartarenschlosses von Bachtschisarai auf der Krim wurde auf Veranlassung von Major Dierich, Kdr. I./51, ein Ehrenfriedhof für die Gefallenen des Geschwaders angelegt (oben links).

Beim Angriff auf einen Bahnhof bei Bataisk, 1943 (oben rechts).

In Tazinskaja lebte man in selbstgebauten Erdbunkern. Das Holzmachen war außer dem Fliegen eine der wichtigsten täglichen Arbeiten, um nicht zu erfrieren.

Erfolge im Sturzangriff mit der Ju 88 auf Schiffsziele nur bei entsprechend guter Wetterlage zu erreichen seien.

War diese Feststellung von einem bewährten Verbandsführer wohl nur getroffen worden, um der Luftwaffenführung zu bestätigen, daß es den Männern des KG 51 bisher nicht an nötigem Schneid gefehlt hatte, daß das Wetter eben als entscheidender Faktor nicht mitgespielt hatte?

Hauptmann Baumbach flog seinen letzten Einsatz mit uns am 24. März 1942 gegen Tuapse. Er ist sicher mit dem Gefühl von Nikolajew zurück ins Reich abgeflogen, daß ein Jeder im Verband das Beste an Mut und Können gab, um bei jedem Wetter erfolgreiche Einsätze zu fliegen.

Major von Bibra meldete nach Abschluß dieser schweren Einsätze, daß Überraschungsangriffe bei Tage einfach nicht mehr möglich und erfolgversprechend seien. Diese Flüge gingen nicht nur an die Knochen des Einzelnen, sondern auch an die Substanz eines Geschwaders.

Die Halbinsel Kertsch war am 15. Mai zurückerobert worden. 150 000 Gefangene wurden gemacht. Danach lag der Schwerpunkt bei der Schlacht um Charkow, wo der von der Roten Armee bei Issjum erzielte Einbruch bereinigt werden konnte. Damit war der Donez als Ausgangsbasis zurückgewonnen.

Das Geschwader war maßgeblich am Unternehmen ›Fridericus‹ im Raume ostwärts Charkow beteiligt. Der Raum Issjum — Kupjansk — Woltschansk war nur schwer zu nehmen, weil die Truppen eng verzahnt kämpften. Am 29. Mai 1942 verlegte man daraufhin nach Charkow-Woitschenko.

DAS WÄLDCHEN VON TERNOWAJA

Das Wäldchen bei Ternowaja und Warwarowka, wo eine deutsche Infanterieeinheit seit Tagen mit gefechtsunklaren Panzern festlag und eingeschlossen war, war eines der hauptsächlichen Schwerpunkte.

Alleine am 20. Mai wurden von einer Gruppe, beginnend in den frühen dämmerigen Morgenstunden, zwölf Einsätze mit 46 Ju 88 bis zum Sonnenuntergang geflogen, am 21. Mai in dreizehn Einsätzen sogar mit 63 Ju 88! Insgesamt setzte das Geschwader innerhalb zweier Tage 294 Ju 88 ein.

Zwei Briefe der eingeschlossenen Soldaten schildern die Einsätze aus der Sicht des Erdkämpfers, der stets besser seine Stellung halten konnte, wenn er sicher war, daß ihn deutsche Kampfflugzeuge unterstützen konnten:

An die Kameraden der 9. Staffel der Dienststelle L. 37922

Durch einen Kameraden von Euch wurde ein Kochgeschirr abgeworfen bei Ternowaja mit Rauchwaren und einem kleinen Gruß von Euch. Dies gibt mir Anlaß, Euch zu schreiben und uns zugleich bedanken für Eure so tapfere und mutige Unterstützung. Wie es mit uns stand, werdet Ihr wohl gewußt haben. Der Russe wollte uns zerdrücken, doch es gelang ihm nicht. Eure Bomben haben ihn zuletzt so mürbe gemacht. Zum Teil fielen sie ganz dicht an unsere Löcher, die Erde bebte. Ihr habt uns Mut gebracht, und wir sind stolz auf Euch, denn hier hat sich eine wahre Waffenkameradschaft gezeigt und bewiesen. Wir staunten, wie unermüdlich Ihr wart.
Wir sind froh, daß wir nun wieder aus dem Hexenkessel heraus sind, waren doch unsere Kräfte bald am Ende. In den 10 Tagen bekamen wir fast nichts zu essen. Haben jetzt etwas Ruhe, um uns zu erholen, die wir notwendig brauchen.
Wir danken Euch nochmals alle für die für uns so wichtige Unterstützung und wünschen der 9. Staffel in der Zukunft viel
Hals- und Beinbruch!

Lieber Kamerad!

Deine Bombe in Form von netten Überraschungen ist von einem O.Gefr. meines Zuges gefunden worden. Ich persönlich sage Dir meinen herzlichsten Dank und will es auch nicht unterlassen, Dir auf Deinen netten Brief zu antworten. Wie Ihr ja wißt, waren wir 10 Tage eingeschlossen und mußten uns gegen eine gewaltige Übermacht (ca. 30 000 Mann) kräftig zur Wehr setzen. Wir waren dagegen ca. 1000 Mann, aber ohne jegliche schweren Waffen. Der Russe griff alle Augenblicke an und dazu noch mit gewaltigen Panzermassen. Außerdem lag den ganzen Tag ein furchtbares Feuer aller Waffen auf unseren Stellungen. Dazu kommt noch, wenig Munition und fast 10 Tage ohne Verpflegung.
Nun, lieber Kamerad, kannst Du Dir ausrechnen, in was für einer komplizierten Lage wir uns befanden. Wir haben uns gewehrt, was

178

wir konnten und sind dann auch glücklich nach 10 Tagen befreit worden.

Jetzt zu Euch, lieber Kamerad! Deutsche Flieger und deutsche Panzer haben uns bei unserer Befreiung tatkräftig unterstützt. Was Ihr aber geleistet habt, kann ich auf diesen Bogen Papier nicht bringen. Ich spreche Euch meine höchste Anerkennung aus und kann Euch versichern, daß Ihr alle bei unseren Landsern hoch, hoch im Kurs steht. Ich z. B. hatte einen gefährlichen Abschnitt zu verteidigen. 150 m gegenüber stellten sich etwa 1500 Russen zum Angriff bereit. Sie wären unwiderruflich durchgebrochen, wenn Ihr nicht in letzter Minute mit Euren Bomben gekommen wärt. Ihr habt wirklich eine gute Nase gehabt, denn der ganze Bombensegen fiel in den Wald, wo ich sie hinhaben wollte. Eure rollenden Angriffe haben außerdem noch mehrere größere Bereitstellungen des Feindes zerschlagen. Jetzt darf ich Euch vielleicht bescheiden mitteilen, daß Ihr es wart, die unser Leben gerettet haben, oder aber vor der sicheren Gefangenschaft bewahrt haben. Die Wirkung der Einschläge ist einfach furchtbar und den Russen ist die Lust am Angreifen schon verlorengegangen. Nun dürft Ihr noch ein großes Lob für Euch buchen; im wahrsten Sinne des Wortes habt Ihr Maßarbeit geliefert, Maßarbeit, wie sie kein Fachmann besser machen kann.

Ihr habt uns die Bomben 50 m vor die Nase gesetzt, aber auch da waren sie noch angebracht. Wir hatten allerdings den Eindruck, daß jetzt unsere letzte Stunde gekommen wäre, aber der Bombenschütze hatte doch sein Ziel erreicht. Am gefährlichsten war die Lage allerdings, als eine große Bombe 4 m neben meinem Loch einschlug, die aber Gott sei Dank nicht detonierte. Alles in allem, Ihr habt Eure Sache ausgezeichnet gemacht und dieses Erleben wird stets in unserer Erinnerung bleiben.

Ich sage nochmal, unser Leben haben wir Euch zu verdanken, alle die Ihr daran beteiligt wart und darum:

»Ein Hoch auf unsere Flieger!«

Wenn Du, lieber Kamerad, Zeit hast, dann schreibe mir bitte mal wieder. Für die Zukunft wünsche ich Dir und allen Kameraden alles Gute und viel Fliegerheil.

Die Kraft der Russen war hier gebrochen worden, Timoschenko geschlagen. Er verlor bei Barwenkowo zweiundzwanzig Schützendivisionen und sieben Kavalleriedivisionen. Vierzehn Panzer- und mot-Brigaden wurden vollständig vernichtet.

240 000 Rotarmisten gingen in Gefangenschaft. 1 250 Panzer und 2 026 Geschütze wurden zerstört oder erbeutet. Das war das Ende der Schlacht um Charkow, wo die Sowjets die Deutschen einkesseln wollten und selber eingekesselt wurden.

Der Weg nach Stalingrad war damit offen.

Innerhalb zweier Wochen war Kertsch und Charkow gefallen, sechs sowjetische Armeen waren zerschlagen. Vergessen war der schreckliche Winter.

SEWASTOPOL UND DIE SCHWARZMEER-HÄFEN

Noch galt es, eine der stärksten Festungen der Welt, die Festung Sewastopol, zu knacken. Aus den fünf vorgesehenen, militärisch geplanten Tagen sollten fünf Wochen werden.

Über einen dieser Einsätze berichtete Obergefreiter Friedrich Schulz aus der 4. Staffel in einem Brief an seine Eltern am 21. Juni 1942. Schon am 8. August wurde er mit seiner Besatzung über dem Schwarzen Meer vermißt.

Liebe Eltern! *Rußland, den 21. 6. 1942*

Habe heute wieder einige erfolgreiche Einsätze hinter mir. Über einen davon möchte ich Euch berichten.

03.00 Uhr, ich trete vor unser Zelt auf den kleinen Feldflugplatz im Osten. Die Sonne steht schon über dem Horizont und blendet meine an das Zeltinnere gewohnten Augen. Aus den Nachbarzelten kommen die Beobachter der anderen Besatzungen und eilen mit mir zum Gruppengefechtsstand. Das neue Ziel, die Industrieanlagen von Sewastopol werden in die Karte eingezeichnet. Noch kurze Befehle über Ort und Zeit des Angriffs, und die Flugbesprechung ist beendet. Schnell geht es an den Frühstückstisch, um die Lebensgeister bei Butterbrot und Kaffee aufzuwecken. Dann schlüpfen wir in unsere ›Kombi‹ und gehen zur Maschine, wo die Warte schon auf uns warten. Der Flugzeugführer prüft die Steuerorgane der Maschine. Ich interessiere mich für die Bomben, Hans und Alfred rauchen noch eine Zigarette. Pünktlich werden die Motoren angelassen.

03.45 Uhr, Aufheulen der Motoren, mehr und mehr gewinnt die Ju 88 an Fahrt, ein leichter Hopser, wir fliegen. Das Fahrwerk

180

wird eingezogen, wir gehen auf Kurs. Vor uns fliegt der Staffelkapitän in ›9K+Ida Marie‹, wir in der ›9K+Ludwig Marie‹ als rechter Kettenhund, links neben uns, der neue Unteroffizier in der ›Berta Marie‹. Ich sehe mir auf dem Meßtischblatt das Angriffsziel von heute an. Da ist das Nordfort von Sewastopol, dann das Trockendock, Werkstatthallen, Magazine und Fabriken. Auf das Nordfort werden wir unsere 250 kg Bomben werfen. Die 50 kg Bomben auf die Werkstatthallen.

Voraus taucht unter uns die Küste und das Schwarze Meer auf. Wir ändern Kurs auf Sewastopol. Durch die Bord zu Bordverständigung BzB tönt die Stimme des Staffelkapitäns: »IDA MARIE an Kette! Reihe rechts machen, Angriff südlich von Balaklawa, in 2 500 m Höhe sammeln!«

Sewastopol kommt voraus in Sicht. Die ersten Flakwölkchen stehen rechts neben der Maschine. Ich drehe die Bombenklappen auf und wähle die Bomben vor. Dann zeige ich Walter — unserem Flugzeugführer — das Ziel, das Nordfort, das wir im Sturzangriff angreifen werden. »2 000 m Höhe abfangen«, sagt Walter zu mir. Die Kühlerklappen werden geschlossen, die Latten verstellt. Ich schalte den Zünderschaltkasten ein.

»Fertig zum Sturz«, ertönt Walters Stimme in der Eigenverständigung. Fertig! hallt ein dreifaches Echo zurück. Ein Ruck in der Maschine, steil stürzen wir der Erde zu. Das Fort unter uns wird größer, der Fahrtwind pfeift an der Kabine vorbei. Ich sehe auf den Höhenmesser, 2 500, 2 200, 2 100, 2 000 m, ich klopfe Walter aufs Knie, abfangen! Wie von einer Riesenfaust gepackt werde ich in den Sitz gedrückt. Steil steigt die Maschine, »Bomben gefallen« meldet unser Bordschütze. Ich schalte den Zünderschaltkasten aus und wähle die nächsten Bomben vor. In der Steilkurve sehen wir die Sprengwolken unserer Bomben im Nordfort. In Rechtsbiege klettern wir wieder auf Höhe. Wütend schießt die Flak nach uns. Wieder sind wir überm Ziel. Kopfüber stürzen wir uns auf den Feind. Ein Druck auf den Knopf am Steuerknüppel des Flugzeugführers und die Bomben fallen krachend in das Ziel. Die Maschine fängt ab und steigt, wütend werden wir von der Flak beschossen. Bomben im Horizontalflug auf die Werkhallen. Ich mache mein Bombenzielgerät meßklar, wähle die Bomben vor und schalte wiederum den Zünderschaltkasten ein. Dann ist mein Auge nicht mehr vom Okular wegzubringen. Ich bringe das Ziel auf Längsfaden, die Werkhallen laufen in Fadenkreuzmitte ein, Sternschalter

des Bombenzielgeräts umlegen, die Blickwinkelanzeige auf die
Endmarke stellen, wieder läuft das Ziel in Fadenkreuzmitte ein,
den Sternschalter abermals umlegen, die Hohlmarken übereinander
stellen und nun läuft das Ziel abermals in Fadenkreuzmitte ein.
Ich drücke auf den Knopf und die Bomben fallen mit je 50 m
Abstand in das Ziel. Ich drehe den Blickwinkel zurück, um die
Einschläge zu sehen, 4, 5, 6, 7, 8, 9 Bomben, »prima, es brennt!«
höre ich Hans' Stimme in der Eigenverständigung. Im Okular sehe
ich die Einschläge in den Werkhallen. Die starke Rauchentwicklung
läßt auf Brand schließen. Die Steilkurve nimmt mir die weitere
Sicht. Ich drehe die Bombenklappen wieder zu. Wie toll schießt die
Flak, als wir auf See zurückfliegen. Bums! ich erhalte einen Schlag
gegen den Kopf. Erstaunt drehe ich meinen Kopf herum, da in der
Scheibe neben mir ein Loch. Die anderen gucken auch verblüfft.
Da haben wir wieder mal Schwein gehabt!
Wir drücken auf den Sammelplatz zu, wo die anderen beiden
Maschinen schon kurven. Im alten Verband geht es auf Heimatkurs.
Auf den Straßen nach Sewastopol sehen wir regen Nachschub-
verkehr. Es bilden sich vereinzelte Wolken. Mit dem Peilgerät hole
ich uns Musik herbei. Bald landen wir wieder auf unserem Platz.
Nach dem Aussteigen stellen wir einen Treffer im Kühler fest. Der
erste Wart macht sich sogleich über den Schaden her. Den zweiten
Einsatz fliegen wir mit einer anderen Maschine. So sind wir täglich
sechs, sieben Mal über dem Feind, da kennen wir nichts.«

Mit dem VIII. Fliegerkorps des Generaloberst Wolfram Freiherr
von Richthofen, welches hierzu bis zu über 2 000 Einsätze täglich
flog, war die I. Gruppe KG 51 im Einsatz.
Ein besonderes Ereignis aus dieser Schlacht ist erwähnenswert,
weil Tausende deutscher Soldaten auf den Höhen um die Sewernajabucht von Sewastopol Zeugen waren.
Seit Wochen hinderte ein mit 164 Flakgeschützen bestücktes, vernichtend schießendes Flakfloß in der Sewernajabucht, ganz in der
Nähe des großen Leuchtturms von Sewastopol am Kap Chersones,
die Luft-, Land- und Seestreitkräfte daran, gezielte und wirkungsvolle Angriffe auf die Forts der Festung anzusetzen. Ob man von
Tiraspol, Kitaj oder Sarabus startete, immer war dieses Flakfloß
den Kampffliegern ein Dorn im Auge und ein gefährliches Hinder-
nis.
Der Staffelkapitän der 2./51, Hauptmann Fuhrhop, wollte am

25. Juni 1942 noch einen Feindflug auf dieses Ziel durchführen, nachdem schon drei Angriffe von der Staffel zuvor geflogen worden waren. Oberleutnant Ernst Hinrichs sollte mit ihm fliegen. Seine Maschine war zunächst unklar, wurde dann aber wieder einsatzbereit und für den nächsten Tag mit SC 250 kg Bomben beladen. Am späten Nachmittag rief der Staffelkapitän Oberleutnant Hinrichs zu sich zur Einsatzbesprechung und bemerkte, er solle mit ihm fliegen. Hinrichs solle seine Bomben werfen, um die zu erwartende Flakabwehr zu unterdrücken, damit er — Fuhrhop — endlich dieses Flakfloß treffen und ausschalten könne.

Bei schon tiefstehender Sonne startete der Oberleutnant mit seinem Kapitän von Sarabus aus. Nach kurzer Zeit überflogen sie das alte Tatarenschloß Bachtschisarai, um in die Hölle von Sewastopol zu tauchen. Entgegen der alten taktischen Regel, »aus der Sonne«, griff Hinrichs wegen des stetigen Westwindes mit seiner 9K + FK von Osten kommend entlang der Sewernajabucht sehr tief das im Abendlicht liegende Floß an. Die russische Flak hämmerte pausenlos auf die angreifende Rotte. Hauptmann Fuhrhop kurvte wartend, um als zweiter zu stürzen.

Oberleutnant Hinrichs stürzte auf sein Ziel. Die Besatzung hatte vor lauter Konzentration gar keine Zeit, die Geschoßspuren — »Bügeleisen« genannt — zu bemerken. Beim ersten Anflug saßen die Bomben sofort, das Flakfloß sank und schwieg, die an Bord des Floßes befindliche explodierende Munition sorgte für nachhaltige Zerstörung.

Hauptmann Fuhrhop setzte zum Sturz an, sah die Wirkung der Bomben seines Rottenführers und brach den Angriff ab. Es gab nichts mehr zu bekämpfen. Wie es heißt, soll Generaloberst von Richthofen, der mit seinem ›Fieseler Storch‹ zufällig am Rande des Kampfgeschehens flog, dieses Ereignis beobachtet haben. Er rief nach der Landung sofort den Verband an und ließ sich den Namen des Flugzeugführers geben, um ihn persönlich zum Ritterkreuz einzureichen, was Oberleutnant Hinrichs sehr kurzfristig innerhalb von wenigen Wochen am 27. Juli 1942 auch verliehen wurde. Sein bereits auf dem Wege zur Einheit befindliches Deutsche Kreuz in Gold wurde ihm deshalb nicht mehr verliehen.

Durch diese, auch von einem gewissen Fliegerglück begleitete Tat, wurde die Einnahme von Sewastopol entscheidend mit beeinflußt. Aus Mangel an Munition mußte jede Bombe einzeln geworfen werden. Das bedeutete für jede Besatzung, 25 — 30 Stürze am

Tage von 3 500 m auf 800 m. Bei der sommerlichen Hitze auf der Krim eine außerordentliche physische Belastung!

Sewastopol fiel am 4. Juli 1942. Die 11. Armee unter von Manstein hatte die Krim genommen. Nur im Jailagebirge setzten sich russische Partisanen fest, die die deutschen Sicherungskräfte täglich unter Verlusten aufzuspüren und zu bekämpfen hatten.

Die Teilnahme am Unternehmen ›Wilhelm‹ vom 10. bis 13. Juni 1942 mit insgesamt 300 Ju 88 hielt das Geschwader mit Einsätzen vor allem auf Eisenbahnlinien und Straßenziele im Raume Kupjansk — Woltschansk nochmals in Atem. Die Heeresgruppe Süd (Generalfeldmarschall von Bock) trat am 28. Juni 1942 aus dem Raum ostwärts Charkow-Kursk zum Angriff nach der Weisung Nr. 41, dem Fall ›Blau‹ (Gewinnung des Wolgaknies bei Stalingrad) an, zum weiteren Vorstoß auf die Erdölfelder des Kaukasus.

Der Stoß gegen Woronesh eröffnete die Offensive. Die 6. Armee (Paulus) drehte donabwärts nach Süden und erreichte den Don westlich Stalingrad. Der mangelnde Nachschub hinderte die Operationen maßgeblich.

Major von Friedeburg, Kommandeur der II. Gruppe, übernahm in Saporoshje am 4. Juli 1942 das Geschwader von Oberst Koester. Am 10. Juli verlegte das Geschwader nach Stalino (heute Donezk). Von dort aus wurden hauptsächlich die Brücken über den Don und Donez zur Unterstützung eigener Truppen bekämpft. Die Rückeroberung der zwischenzeitlich zur Festung ausgebauten Stadt Rostow stand unmittelbar bevor. Um Schachty und Kontantinowska stauten sich russische Truppen. Im Hinterland von Rostow gegen die Kalmückensteppe hin wurden Eisenbahnziele durch die I. und II. Gruppe KG 51 laufend angegriffen.

Trotz gutliegender Flak gab es nur einen Verlust zu beklagen. Die Besatzung des Leutnant Focke aus Essen wird von schwerer Flak aus dem Verband herausgeschossen und stürzt in steilem Winkel steuerlos zur Erde. Aufschlagbrand! Nur zwei Fallschirme öffnen sich, ein dritter nimmt die Form einer Banane an und schlägt am Boden auf. Das Schicksal der Besatzung ist bis heute ungewiß. Sie gilt als vermißt. Die Besatzungen flogen zuversichtlich und konzentriert ihre weiteren Einsätze.

Erstaunlich sind die regelmäßigen, häufigen Feindflüge des Kommandeurs der III. Gruppe, Major von Bibra, zu vermerken.

Am 25. Juli fielen Rostow und Bataisk in deutsche Hand. Deutsche Truppen stießen über den Manytsch auf den Kaukasus vor.

Das Geschwader wendete sich mit seinen Zielen am 27. Juli erstmals Stalingrad zu.

Am 29. Juli schon hatte das Geschwader seinen 15 000. Feindflug im Osteinsatz durchgeführt und dabei 1 805 kg Millionen Bomben geworfen.

Sehr bald mußte der Vorstoß auf den Kaukasus wieder unterstützt werden. Armawir und Maikop waren die Ziele, die schon am 6. August erreicht werden konnten.

Bei Kalatsch tobte eine Kesselschlacht. Auch dort griff das Geschwader nachhaltig ein. Man war es schon gewohnt, stets an Brennpunkten eingesetzt zu werden.

Die 1. Gebirgsdivision unter General Lanz stieß tief in den Kaukasus vor. In ihrem Angriffsstreifen lag der Elbrus. Diesen Riesen mit 5 633 m galt es nebenher zu bezwingen. Am 21. August wehte die deutsche Flagge auf dem höchsten Berg des Kaukasus. Der Stander der 1. Gebirgsdivision mit dem Edelweiß und der der 4. Gebirgsdivision mit dem Enzian stak im Eis daneben.

Seit dem 5. August lag das Geschwader in Kertsch, um die langen Anflugwege in den Kaukasus zu verkürzen. Nur die I. Gruppe flog in Vier- bis Fünfstundenflügen weiterhin in den nördlicheren Kampfabschnitt.

Über die IV. Gruppe wurden den Staffeln aus Bobruisk an der Beresina gut eingeschulte, frische Besatzungen regelmäßig zugeführt. Hauptmann Stemmler vermittelte als Kommandeur dieser Gruppe mit bewährten Lehrern wie Häberlen und Capesius seinen jungen »Hasen« all das an taktischem fliegerischem Können und Wissen, was man an der Front auch wirklich gebrauchen konnte. Zum Eingewöhnen wurden Partisanenbekämpfungseinsätze im Raum Cholm, Glinka und Jelnja geflogen. Seit dem 8. August lagen die Ziele an der Schwarzmeerküste des Kaukasus. Die gut durch Flak geschützten, natürlichen Häfen von Noworossisk, Tuapse, Sotschi, Suchumi, Poti und Batumi forderten Opfer.

Die Zerstörerversion der Ju 88 vom Typ C 6 wurde besonders zur Schiffszielbekämpfung zwischen Kertsch und Temrjuk eingesetzt. Zur Irreführung der gegnerischen Jäger malte man die Bugnase dieser Flugzeuge mit Silberbronze so an, daß die übliche Glaskanzel vorgetäuscht wurde. Die zunehmenden Verluste ließen erkennen, wie schwierig derartige Einsätze waren. Einige Führungsfehler wie z. B. nichtvorhandene Seenotflugzeuge, uneinheitliche Beschriftung der Flugzeuge und Verwendung gleicher Frequenzen innerhalb zweier verschiedener Verbände beunruhigten unsere Flieger nicht wenig.

Als am 15. August die Besatzung Ingo Seel überm Schwarzen Meer ausblieb, kehrten auch zwei als Suchkommando über spiegelglatter See eingesetzte Besatzungen (Leutnant Damm und Leutnant Schwenk) nicht mehr zurück.

Bei einem dieser Einsätze passierte ein tragisches Mißgeschick. Ein Pulk von fünf Maschinen der I. Gruppe griff Tuapse an. Die vollbeladenen, trägen »Vögel« waren relativ unbeweglich. Leutnant Meyer hinkte nach. Plötzlich kamen russische Jäger. Um in den Feuerschutz der anderen Maschinen zu kommen, drückte Leutnant Meyer sein Flugzeug an und holte auch Fahrt auf. Gerade über dem Ziel angekommen, flog er etliche hundert Meter unter dem Verband und wurde durch die bereits ausgelösten Bomben der höher fliegenden Maschinen buchstäblich in der Luft zerrissen. Außer dem Heckschützen fielen noch Albin Gernert und Ernst Pinkerneil. Für die gute Unterstützung der 1. Gebirgsdivision erlaubte deren Divisionskommandeur, General Lanz, dem Geschwader, daß alle Angehörigen das Edelweiß der Gebirgstruppe zukünftig an der Dienstmütze tragen dürfen. Das stand natürlich in keiner Dienstvorschrift!

VON TAZINSKAJA GEGEN STALINGRAD

Am 16. August wurde über Taganrog nach Tazinskaja, einem Steppenflugplatz, verlegt, von wo am 20. August die ersten konzentrierten Flüge gegen den Raum Stalingrad wiederaufgenommen wurden. Die II. Gruppe übernahm Wartungs- und Instandsetzungsarbeiten für die I. und III. Gruppe und führte an diese ausgeruhte Besatzungen ab, bis sie am 7. September zur Wiederaufrüstung nach Stalino und kurzfristig zum Einsatz im Bereich Luftflotte 1 kam. Zunächst war Stalingrad kein Ziel von besonderer Bedeutung in der Sommeroffensive. Nur am Rande sollte diese Stadt als Wolgahafen und Rüstungszentrum ausgeschaltet werden. Also ein Ziel für Flugzeuge und vielleicht noch Fernkampfartillerie.

Nachdem bei Kalatsch die 62. sowjetische Armee Mitte August 1942 eingekesselt worden war, stieß die 6. Armee von Westen mit der 4. Panzerarmee von Südwesten gegen das Wolgaknie bei Stalingrad vor. Hitler wollte diese Stadt mit Stalins Namen fallen sehen.

Im Vorfeld der nun anlaufenden Kämpfe flog das Geschwader Luftunterstützung für die 4. Panzerarmee. Die Luftoffensive begann am 23. August 1942. Bei einem dieser Angriffe mußte Major von Bibra mit seiner Besatzung Obergefreiter Heyse, Unteroffizier Moser und Obergefreiter Repinski in der 9K+AA nach Flaktreffer am Tschir notlanden. Oberleutnant Poppenburg von der 7. Staffel beobachtete dies und landete ohne zu zögern glatt daneben, um die Kameraden an Bord zu nehmen. Noch bevor russische Truppen eingreifen konnten, röhrten die Motoren auf und die 9K+AD hob holpernd von der nicht gerade als Startbahn vorgesehenen Steppenpiste ab.

Von Bibra blieb gegen 11.00 aus. Um 16.27 h startete er bereits wieder mit teilweise neuer Besatzung! Bis zu fünfmal hieß es fliegen, stürzen, fliegen, stürzen. Schon am Abend stand die schwergeprüfte Stadt von Nord bis Süd in Flammen.

Der innere Verteidigungsgürtel wurde am 30. August von der 4. Panzerarmee im Süden der Stadt aufgerissen. Die Einkesselung mißlang, weil sich der Russe auf den Stadtrand zurückzuziehen verstand.

Unaufhörlich »nageln die deutschen Flieger« (so der russische General Tschuikow) »alles an den Boden«. Gutes Wetter und relativ geringe, schlechtliegende Flakabwehr begünstigten die Einsatzflüge. Hauptsächlich wurden Artilleriestellungen, Panzeransammlungen und Truppenbereitstellungen bekämpft. Gumrak, Pitomnik, Goroditsche und Leninsk waren die immer wiederkehrenden Zielräume. Trotz der am 12. September ausbleibenden Besatzung Hauptmann Walter Heilmann, Gefreiter Albert Huber, Flieger Horst Rehling, Unteroffizier Heinz Haase hielten sich die Verluste in erstaunlich geringem Umfang.

Ende September konnte der staubige, heiße Steppenplatz Tazinskaja verlassen werden. Die laufenden Sturzeinsätze drückten auf die Leistungs- und Einsatzbereitschaft der Besatzungen.

Darmgrippe und Ruhr waren die gesundheitlichen Tagesprobleme aufgrund der mangelhaften Verpflegung und unhygienischen Unterbringungsverhältnisse.

In Sarabus auf der milden Krim wurde Ruhestellung bezogen. Wenn Flugzeugführer wegen Gelbsucht oder ähnlich schwerwiegenden Krankheiten ausfielen, bekamen wenigstens die übrigen Besatzungsangehörigen, trotz Urlaubssperre, auch Heimaturlaub.

In Stalino rüstete die II. Gruppe auf, um ab 21. September bis

5. Oktober von Bobruisk, wie auch die dort liegende IV. Gruppe, im Bereich der Luftflotte 1 eingesetzt zu werden.

Die Tage auf der Krim werden wohl jedem unvergeßlich bleiben. Ob es die schönen »Lustflüge« ohne jegliche Feindberührung um die reizvolle Halbinsel waren, die Tagesausflüge zum Tartarenschloß in Bachtschisarai und nach Sewastopol oder ein strammer, ausgedehnter Spaziergang in die Berge, vorbei an dicht mit Trauben behängten Weinbergen, es tat den Kämpfern gut und entspannte sie, wenn sie auch sehr weit von der Familie und den Problemen in der Heimat waren. Der Geist und der Zusammenhalt in einer Einheit waren schon immer etwas Besonderes und Tragendes. Nicht der Krieg als Krieg schweißte zusammen, sondern das tägliche »Aufeinander-Angewiesen-Sein«. Wer löste und löst in soldatischer Gemeinschaft schon politische Probleme? Das echte Soldatentum ohne Pathos kann nur der beurteilen, der diese Gemeinschaft unter besonderen Bedingungen erlebt hat.

Diese besonderen Bedingungen zwingen indirekt zu Verhaltensweisen, welche von hochentwickelten Zivilisationen oft für tot erklärt worden sind und die alleine nur das Überleben einer in eine Ausnahmesituation, wie es der Krieg ist, hineingestellten Gemeinschaft garantieren: Kameradschaft, Loyalität, Annahme einer auch harten Führung dann, wenn sie sich täglich immer wieder aufs Neue menschlich und auch handwerklich-fachlich bewährt.

In der Zeit vom 25. Oktober 1942 bis 5. November 1942 verlegte die II. Gruppe ohne Bodenteile, nur mit den ersten Warten, nach Armawir. Von hier aus wurden Angriffe auf Ordschonikidse, Tschegem I und II, Naltschik und Tuapse geflogen.

In der Nacht des 4. November gegen 22.00 h warf einer der nervenzermürbenden, russischen Störbomber eine leichte Bombe zufälligerweise in ein riesiges Benzinfaßlager am Rande des Platzes von Armawir. Welch' gutes, von jedem Flieger oft nur erträumtes Ziel! Das Feuer breitete sich rasend schnell aus und entzündete betankte und mit Bomben beladene Maschinen. Da der Platz mit mehreren Verbänden, alleine mit mehr als 100 Ju 88 und He 111 geradezu überbelegt war, fand das Feuer reiche Nahrung.

Nur ein Flugzeug der II. Gruppe wurde nicht beschädigt. Sehr schnell verlegte sie daraufhin zurück nach Bagerowo auf die Halbinsel Kertsch und mußte sehen, wie sie schnell wieder zu neuen Flugzeugen kam. Flieger wollen fliegen. Und Ziele gab es genug.

188

Die Ruhe hielt nur kurz an. Am 3. November ging es wieder zurück nach Tazinskaja. Kälte, Schnee und stürmische, eisige Winde machten das Leben in den Erdbunkern schwer. Minus 18° bis minus 32° Celsius Außentemperaturen waren nicht selten. Besonders schwierig hatten es die Männer des technischen Personals, die schon in der Nacht damit begannen, nacheinander die im Schnee steckenden Maschinen freizuschaufeln und warmlaufen zu lassen. Erfrierungen traten besonders häufig bei den Spezialisten auf, die Funkgeräte, Bombenschlösser und Motoren auf Funktionsfähigkeit zu überprüfen hatten. Mit dicken Fellhandschuhen ließ sich da nicht arbeiten. Die Bordwaffen froren ein. Das Öl wurde fest. Es war zum Verzweifeln. Es mußte aber geflogen werden, das war der Antrieb. Trotz der russischen Krankheit, »Schnellablaß« genannt, und der nur alle vierzehn Tage von Sarabus kommenden Post. Dort lag nämlich weiterhin der Geschwaderstab mit Kommodore Major von Friedeburg, der gelegentlich auch Einsätze mitflog.
Täglich wurde der Verband im Kampf um Stalingrad im Wehrmachtsbericht genannt. Jede Nacht wurden durch russische Flugzeuge Störangriffe geflogen, die die Nerven der übermüdeten Männer erheblich strapazierten und Ursache für Verluste auch beim Bodenpersonal waren.
Major ›Fritze‹ Dierich führte in Tazinskaja die I. Gruppe, auch Teile der III. Gruppe waren ihm unterstellt. Nach dem Absturz von Oberst Conrady übernahm er die Führung des Geschwaders bis Major von Frankenberg-Proschlitz am 5. 2. 1943 eintraf. Wenn nicht geflogen werden konnte, weil das Wetter wegen Nebels und Schneetreibens nicht mitspielte, feierte der auch im Krieg unumgängliche Papierkrieg wahre Orgien.
Ein beruhigendes Verfahren trug nicht unwesentlich zur Hebung der Stimmung bei. Durch vereinbarte Sendezeiten hatten das Geschwader und einige »Spezialisten« stets Funkverbindung mit einer deutschen Gegenstelle im Reich. So stieg gelegentlich eine Ju 88 irgendwo in Rußland auf Höhe, kurbelte die Schleppantenne heraus und konnte somit Kontakt mit dem OKW oder der Luftwaffenfunkstelle in Berlin aufnehmen, um Nachrichten von und zur Front, auch verschleiert privater Natur, auszutauschen. Der Staffelkapitän der 2./KG 51, Hauptmann Häberlen, hatte ausgesucht gute »Beziehungen« zu den verschiedenen Vermittlungen in dieser Hinsicht. So wurde dem Geschwader-Meteorologen Dr. Rumbaum einmal die Geburt einer Tochter so übermittelt:

»G'Kdos, RR Dr. Rumbaum: neues schwanzloses Flugzeugmuster startklar, Werft weiterhin aufnahmebereit.« —

Als die sowjetischen Heeresgruppen Südwest (Watutin), Don (Rokossowski) und Stalingrad (Jeremenko) durch die Front der 3. und 4. rumänischen Armee, die links und rechts der 6. deutschen Armee eingesetzt waren, brachen und am 22. November um 16.00 Uhr im Rücken der 6. Armee (Paulus) am Donbogen bei Kalatsch den Ring schlossen, saßen 284 000 Mann der 6. und Teile der 4. Panzerarmee in der Falle.

Hitler verbot den vorgeschlagenen Ausbruchversuch, weil Göring in Verkennung und falscher Beurteilung der tatsächlichen Lage die Versorgung des Kessels aus der Luft durch die Luftwaffe verbürgt hatte.

Als etwa 1 000 Lastensegler ohne Leitwerk in der Nähe von Saporoshje lagen und die Truppe sich erzählte, diese lägen in der Nähe von Leningrad, war es nicht verwunderlich, wenn immer wieder das Gerücht von der bewußten Sabotage herumlief!

ROSTOW

Die Kaukasusfront war erstarrt.

Seit dem 7. Dezember lag das Geschwader mit Stab endlich einmal in festen Unterkünften in Rostow. Die kalten Erdlöcher in Tazinskaja zehrten an den Kräften aller. Obwohl auch Flieger hart im Nehmen sein konnten, waren die Behausungen und Platzverhältnisse in ›Tazi‹ nicht mehr zumutbar. Die Einsatzerfolge litten darunter. Außerdem wurde der Platz für die Luftversorgung Stalingrads von den dafür bestimmten Kampf- und Lufttransportverbänden benötigt.

Trotz der vorweihnachtlichen Zeit wollte keine Weihnachtsstimmung aufkommen. Mancher Soldat verbrachte die vierte Weihnacht im Felde!

Aus Tazinskaja kam die Nachricht, daß der Platz, auf dem General Fiebig noch mit seinem Fliegerkorps-Stabe lag, in den frühen Morgenstunden des Heiligabend von russischen Panzerspitzen angegriffen und überrollt worden war. Nur mit Mühe und Not konnten bei schlechtestem Wetter die meisten der dort liegenden Flugzeuge nach Rostow-West und Taganrog ausgeflogen werden. Und das bei nur 500 m Sicht und 30 m Wolkenuntergrenze! Unser

190

Verband hatte nocheinmal Glück gehabt. Wenige Tage später konnte Tazinskaja wieder von deutschen Truppen eingenommen werden.

General der Flieger Alfred Mahncke, der erste Kommodore des KG 1 ›Hindenburg‹, bildete in dieser Notlage spontan die ›Fliegerdivision Donez‹ mit Nahkampfverbänden des VIII. Fliegerkorps, dem Gefechtsverband Carganico und Teilen einer Flakdivision, um während der Winterschlacht zwischen Don und Donez die sich zurückkämpfenden Armeeabteilungen Hollidt und Fretter-Pico unterstützen zu können.

Die ›Kampfgruppe Stahel‹, ein bunt zusammengesetzter Haufen aus Alarmeinheiten der Luftwaffe und des Heeres, versprengten Flakeinheiten, verirrten Urlaubern, Genesenen eines Lazaretts, einem Panzerzug, Angehörigen der Organisation Todt und der Feldpost, die alle in den Strudel der zusammenbrechenden Tschirfront hineingerissen worden waren, kämpfte sich vom Tschir in Richtung auf die noch von der Luftwaffe belegten Plätze Obliwskaja, Morosowskaja und Tazinskaja zurück.

Aus nahezu hoffnungsloser Lage erreichte sie unter größten Schwierigkeiten, bei schwankenden Munitionsbeständen und kümmerlichster Verpflegung, ihr Ziel. Nebliges Wetter verhinderte die entscheidende Unterstützung durch eigene Fliegerverbände.

Der Geschwaderstab brachte die Weihnachtspost in dreitägigem Landmarsch per LKW von Sarabus nach Rostow. Das war alles, was man von der Geschwaderführung für die Stimmung der Truppe tun konnte.

Ein Tag war wie der andere. Keine Feiertage, kein Weihnachten. Krieg! Das Geschwader flog trotz des nebelträchtigen Wetters Entlastungsangriffe am Don-Bogen. Am Heiligabend versammelten sich die Flieger im Kasino in Rostow und freuten sich über die Gaben der Marketenderei: 1 Stollen, 50 Zigaretten, Rasierklingen, Rotwein und Zahnpulver — damit war ein jeder zufrieden und irgendwie glücklich.

Viel Weihnachtspost fehlte noch, weil der Transportraum überall an der Front für andere wichtige Dinge benötigt wurde. Die Besatzungen teilten ihr Marzipanbrot und die hartgewordenen Lebkuchen aus der Heimat brüderlich untereinander.

In besonders gehobener Stimmung war die Besatzung des Oberleutnants Ernst Hinrichs von der 2. Staffel an diesem Abend. Sie wurde vor den eigenen Linien abgeschossen und als vermißt gemeldet; der Rundfunk veröffentlichte diese Meldung am 23. 12. 1942 zu der Zeit, als sich die Besatzung wieder bei der Einheit einfand! Mit Hilfe höchster Stellen konnten die zurückgekehrten Männer noch vor Weihnachten mit Eltern, Ehefrauen oder Bräuten sprechen. Es war gar nicht selten, daß Männer des fliegenden Personals mehr als nur einmal in heimatlichen Zeitungen als vermißt oder gefallen angezeigt wurden, obwohl bereits wieder, nach entbehrungsreichem Marsch durch die feindlichen Linien, zur Einheit zurückgekehrt. —

Die Heeresgruppe Don (von Manstein) versuchte mit der 4. Panzerarmee (Hoth), Stalingrad von Südwesten her zu entsetzen. Bis auf 48 km kamen sie an die Stadt heran. Als durch die sowjetische Offensive am Don die Front der 8. italienischen Armee aufriß, mußte dieser Entsatzversuch, auch wegen Mangels an Treibstoff, endgültig aufgegeben werden.

Ein trauriges, deprimierendes Unterfangen waren die vom Geschwader geflogenen Einsätze mit Flugblättern in rumänischer Schrift. Sie sollten dazu beitragen, die panikartig fliehenden rumänischen Verbände zum Stehen zu bringen! Es mißlang. —

Die Kälte, das schlechte Wetter und erhebliche Störungen im Nachschub bereiteten der Luftversorgung von Stalingrad schier unüberwindliche Schwierigkeiten.

Der Russe stieß mit seinen wintererfahrenen Soldaten energisch bis zum unteren Tschir und zum Donez vor. Entlastung der Südfront konnte es nicht geben, da auch die deutschen Truppen am Nord- und Mittelabschnitt in heftige Kämpfe verwickelt waren.

Am 3. Januar 1943 traf Oberst Conrady als Nachfolger von Major von Friedeburg als Kommodore in Rostow ein. Er gewann schnell das Vertrauen seiner Männer. Alle schätzten ihn als Vorgesetzten und Flieger. Bereits fünf Tage später kehrte er von einem Einsatz auf den Bahnknotenpunkt Baskuntschak, an der Hauptversorgungslinie nach Stalingrad, nicht mehr zurück. Nach durchgeführtem Angriff kurvte er, entgegen allen Regeln, nochmals über dem Ziel, um sich die Trefferlage anzusehen, dabei traf ihn eine dichte Flakgarbe. Er stürzte mit seiner Besatzung brennend ab.

Von diesem Tag an verfolgte das Geschwader eine außergewöhnliche Pechsträhne. In nur drei Tagen verlor die I. Gruppe alleine dreizehn Besatzungen! Als das Wetter wieder aufklarte, entbrannten in der weiten, sonnenbestrahlten Schneelandschaft der Kalmückensteppe um Elista neue Kämpfe.

Das Ende einer Pontonbrücke über den Don bei Kalatsch. Sie diente der Versorgung und Verstärkung von Stalingrad . . .

. . . Generaloberst von Richthofen sprach dem Geschwader u. a. dafür in Nikolajew anläßlich eines Appells sein besonderes Lob aus. Rechts Kommodore Major von Friedeburg.

Vor dem Gefechtsstandzelt in Sarabus, 1942. v. l. n. r.: Major Ritter, Kdr. I./KG 51, Major von Friedeburg, Kommodore KG 51, Hptm. von Bibra, Kdr. III./KG 51.

Mit aufgemalter »Glaskanzel« tarnte die 7./KG 51 (Eis.) die Zerstörerversion C 6 der Ju 88 während der Eisenbahnbekämpfungseinsätze in Rußland. Gut sichtbar die Öffnungen für die Maschinenkanonen.

In Tazinskaja, 1942, besprechen Hptm. Schölß (M.) und Major Dierich (r.), Kdr. I./KG 51, das Ergebnis eines Einsatzes gegen Stalingrad.

Technischer Dienst in Bagerowo, 1943.
500-kg-Bomben werden auf Schlitten
zum Flugzeug geschleppt. Im Hintergrund die Funkstation und Flugleitung
Bagerowo.

50-kg-Bomben werden in die Rumpf-
schächte gezogen.

Motorwechsel

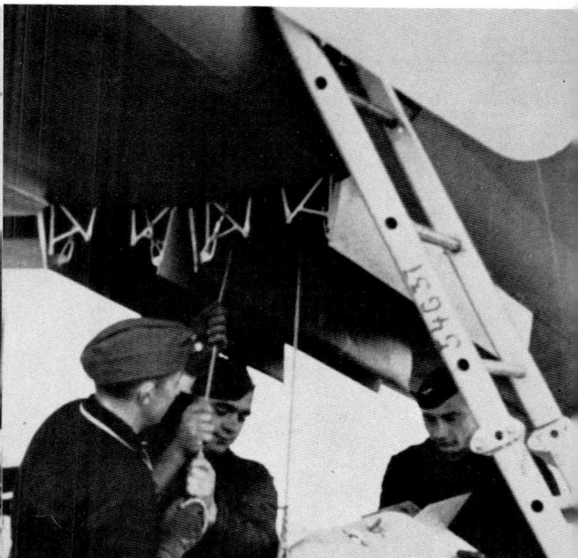

Geschultert werden die SC 250
Bomben in die ETC gehängt.

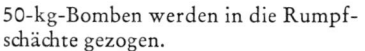

Im März 1943 spricht Kommodore Major von Frankenberg-Proschlitz Oberleutnant Löffelbein in Saporoshje seine Anerkennung für die Zerstörung der Doneisenbahnbrücke bei Rytschkow aus. v. l. n. r.: Hptm. Häberlen, Major von Frankenberg-Proschlitz, Ltn. Winkel, Ltn. Chiuruski, Oblt. Löffelbein.

Major von Frankenberg-Proschlitz (l.) mit Hptm. Rath und Ltn. Stephan in Bagerowo, Mai 1943.

10 000. Feindflug
am 11. 7. 43

Kommodore Oberstleutnant Heise begrüßt die Besatzung Rösch in Brjansk nach dem 10 000. Feindflug.

Unteroffizier Schwachenwald, Funker des späteren Staffelkapitäns der 3. Staffel, Hauptmann Winkel, berichtet:

»Unter uns ein unendlicher Bandwurm zurückflutender Rumänen. Unsere Einsätze waren von Erfolg gekrönt, aber insgesamt nutzlos, da es sich zumeist nur um Einzelaktionen handelte. Fahrzeuge, Flakstellungen und nachrückende russische Erdtruppen. Hier vor Rostow erlebten wir die Kriegführung mit entgegengesetzten Vorzeichen. Alles lief schief, nichts klappte mehr. Es fehlte an Bomben, Geräten, Ersatzteilen und Brennstoff für die Maschinen. Die Unterkünfte blieben unbeheizt, es war erbärmlich kalt. Alles was nur greifbar war, ob Türrahmen, Tische oder Stühle, wurde als Heizmaterial verbrannt, um nicht zu erfrieren.«

In der Schlacht vor Rostow griff das Geschwader wieder bei schlechtestem Wetter (30 m Wolkenuntergrenze, 400 m Sicht) entscheidend in die Kämpfe ein und wurde von Generaloberst von Richthofen mehrfach in Tagesbefehlen der Luftflotte 4 lobend erwähnt.
Während im Januar 1943 die Rückzugskämpfe aus den Räumen Maikop — Krasnodar auf die Taman-Halbinsel hauptsächlich durch das ›Edelweißgeschwader‹ unterstützt wurden, neigte sich das Ringen um Stalingrad dem Ende zu. Furchtbare Verluste, Eiseskälte und Hunger setzten die Abwehrkraft, trotz heroischer Anstrengungen, von Tag zu Tag im Kampf Haus um Haus herab. Viele so sehr benötigte Versorgungsbomben gingen dabei im Kessel verloren und fielen den Russen in die Hände.
Am 31. Januar kapitulierte Generalfeldmarschall Paulus. Die letzten Einheiten stellten am 2. Februar den Kampf ein. Stalingrad war zum Begriff einer beispiellosen Niederlage, ja einer militärischen Katastrophe geworden. Es war das Cannae des deutschen Heeres.
Der Landungsversuch in Noworossisk scheiterte am 4. Februar 1943. Die letzten Kräfte des technischen Personals der FBK's mit technischem Gerät vom ›Edelweißgeschwader‹ räumten Rostow am 5. Februar 1943 als schon russische Panzer den Platzrand zu erreichen drohten. Daß unter diesen Umständen noch wertvolles technisches Gerät gerettet werden konnte, zählte zu den großen Leistung der »schwarzen Männer« des Geschwaders. Eine deutsche Pioniereinheit sollte den Bahnhof Sapadny westlich Rostow sprengen, obwohl der Zug — ohne Lokomotive zwar — bereitstand.

Nur knapp eine Stunde Zeit stand zur Verfügung. Das Gros des technischen Personals erreichte noch einen Zug des Heeres und fuhr ab. Nur Oberleutnant Feldmann mit zwanzig Freiwilligen gab nicht auf. Zwei eigene Marketenderwagen wurden noch schnell freigegeben und geräumt; die alkoholische Wirkung war vor allem bei den »Eisenbahnern« eine Ungeheure! Durch einen Zufall konnte Feldmann eine Telefonverbindung mit Tanganrog herstellen und eine zusätzliche Lok anfordern. Sie kam auch in letzter Minute und zog den vollbeladenen Zug heraus. Kaum war der Bahnhof verlassen, flog er in die Luft. Die Pioniere hatten ja genaue Zeitpläne einzuhalten! Damit blieb durch das Standvermögen Weniger dem Geschwader wertvolles Spitzenpersonal und technisches Gerät erhalten. Der Erfolg gab den Standhaften Recht. Diese Handlungsweise war eine Selbstverständlichkeit, Anerkennung war nicht üblich! Nur der Erfolg zählte.

In den Wirren zwischen der Aufgabe von Rostow und der Verlegung nach Saporoshje verliert die I. Gruppe am 27. Februar 1943 den beliebten und schneidigen Staffelkapitän der 3. Staffel, den Ritterkreuzträger Hauptmann Georg Holle, bei einem Wetter- und Fronterkundungsflug, vermutlich durch Flakvolltreffer.

ZURÜCK NACH SAPOROSHJE

Aufgrund der neuen Frontereignisse verlegte das Geschwader am 5. Februar 1943 wieder nach Saporoshje. Die II. Gruppe gab ihre Flugzeuge an die I. und III. Gruppe ab und wurde aus dem Kampfgeschehen zur Erholung und Wiederauffrischung herausgezogen.

Manche Besatzung beendete ihren Feindflug während dieser Phase des Ostfeldzuges, in welcher russische Flakmassierungen an Brennpunkten die Regel geworden waren, mit ihren durchschossenen Flugzeugen im hohen Schnee der weiten russischen Landschaft. Viele erreichten nur mit knapper Not durch Fallschirmabsprung und Bauch- und Bruchlandungen eigene Linien und konnten von Heerestruppen gerettet werden. Viele blieben für immer aus.

Nicht selten landete der Rottenführer neben seinem havarierten Rottenflieger, nahm ihn und seine Besatzung auf und befreite sie mit großem Schneid aus der wahrhaft mißlichen Lage.

Kriegsberichter Jochen Schulze berichtete über den 201. Feindflug der Besatzung Leutnant Winkel. Sie rettete in einem kühnen Unternehmen Leutnant Geruschke, Unteroffizier Flögel, Unteroffizier Silberbauer und Unteroffizier Bröggelwirt auf diese Weise aus dem Feindgebiet.

Durch Treffer in beide Motoren war Leutnant Geruschke mit seinen Männern zum Niedergehen gezwungen. Ihr Schicksal war ungewiß. Würde es ihnen gelingen sich durchzuschlagen? Zunächst einmal mußte die Besatzung flüchten. Russische Soldaten waren bereits hinter ihr her. Sie wollte einen Bahndamm erreichen, um Deckung zu finden. Von oben sah Leutnant Winkel genau, daß die notgelandete Besatzung mit ihrer Fluchtrichtung direkt auf ein mit russischen Panzern besetztes Dorf zuhielt. Mit der ganzen Ruhe, die Leutnant Winkel schon immer auszeichnete, griff er ein. Seine Bomben warf er in das Dorf, landete auf freiem schneebedecktem Feld, umgeben von Feinden, und rollte, eine lange Schneefontäne hinter sich herschleppend, hinter den fliehenden Kameraden her! Der Funker, Unteroffizier Schwachenwald, hielt sofort durch sein MG-Feuer die Russen nieder, unterstützt durch den Beobachter, Unteroffizier Sieker. Endlich bemerkten die Flüchtenden die eigene Maschine. Sie hielten in ihrem Lauf inne. Das genügte, um Leutnant Winkel herankommenzulassen. Bordschütze, Unteroffizier Ziemann, öffnete blitzschnell die ›Bola‹ und half dem erschöpften Leutnant Geruschke an Bord. Die übrigen klemmten sich eilig in die Bombenschächte, wohlwissend, daß die Bombenklappen nur durch Federn geschlossen gehalten wurden! Mit aufröhrenden Motoren hob Winkels Ju 88 wieder ab. Nur wenige Meter über die erstaunten russischen Panzerbesatzungen hinweg, die zunächst wildschießend glaubten, gleich zwei Fliegen mit einer Klappe schlagen zu können! Wohlbehalten kamen beide Besatzungen dennoch nach Hause. Vier Kameraden, eine wertvolle, geschätzte Besatzung, waren gerettet. Leutnant Geruschke hatte übrigens einen Monat zuvor, am 27. 1. 1943, aus einer ähnlichen Lage Oberleutnant Berger (er fand den Tod) mit seiner Besatzung (Unteroffizier Puls wurde schwer verletzt) südlich Rostow/Bataisk durch eine Landung im Niemandsland herausgeholt.

Leutnant Geruschke aus Essen war ein ausgezeichneter Bombenwerfer und hatte wohl die höchste Trefferquote bei der Panzervernichtungsoffensive um Alexandrowka (21. Februar 1943) erreicht. Er traf fast jeden fahrenden Panzer und machte ihn mit nur einer 50 kg Bombe kampfunfähig.

Bis nach Alexandrowka, nur wenige Kilometer nördlich Kirowo-

grad, waren an diesem Tage russische Panzerspitzen der Panzer-
gruppe Popow weit vorgedrungen und hatten einen deutschen
Eisenbahnzug beschossen. Besatzungen des KG 51 erkannten die
Lage und meldeten dies unverzüglich.

In Saporoshje zögerte der Kommandeur der I. Gruppe, Hauptmann
Klaus Häberlen, nicht lange und beorderte unverzüglich — ohne
höhere Kommandobehörden sofort zu informieren und einzu-
schalten, — seine Kräfte auf dieses Ziel. Ein Grund mit, diesem
schneidigen, mitreißenden Offizier das Ritterkreuz zu verleihen.
Pausenlos, mit bis zu sieben Flügen am Tag, wurde dieser unerkannt
weit vorgestoßene russische Panzerkeil bekämpft und vernichtet.
Der offizielle Angriffsbefehl des Fliegerkorps traf erst ein, als die
Erfolgsmeldung von der Gruppe abgesetzt wurde. Höheren Orts
konnte man der ersten Meldung zunächst keinen Glauben schenken.
Der folgende Tag (22. Februar 1943) galt der Bekämpfung von
russischen Panzern im östlichen Vorfeld von Saporoshje. Nur 15
km vom Platz entfernt standen sie!

Auch diese Gefahr konnte gebannt werden. Hitler traf am 17.
Februar auf Mansteins Gefechtsstand in Saporoshje ein, um sich
an Ort und Stelle über den »Ungehorsam« des SS-Panzerkorps
Hausser zu orientieren, das Charkow am 15. Februar gegen Führerbefehl geräumt hatte. Manstein hielt Lagevortrag. Angesichts der
nahen russischen Panzer verließ Hitler mit seiner Fw 200 ›Condor‹
Hals über Kopf Saporoshje! Manstein hatte jetzt freie Hand, um
die gefährliche Lage abzuwenden. In kühnen Bewegungsschlachten
zwischen Dnjepr und Donez wurden die russische 6. Armee und
die Panzergruppe Popow zerschlagen. Mansteins Korps formierten
sich zum Angriff auf Charkow.

Die I. Gruppe war bis zur Wiedereinnahme Charkows am 15. März
1943 (wiederum durch das Panzerkorps Hausser!) ohne Unter-
brechung zur Unterstützung eingesetzt; Balakleja, Isjum und Kupjansk waren die Ziele — man kannte sie schon vom einst schnellen
Vormarsch her. —

Leutnant Geruschke und seine Besatzung erhielten zur Erholung
ihrer strapazierten Nerven acht Tage Flugverbot! Sie können das
Ende dieser Zwangspause kaum erwarten.

Bei Isjum ist ein russischer Verband eingekesselt.

Trotz sehr schlechten Wetters soll ein bewaffneter Erkundungsflug
Aufschlüsse über den Frontverlauf liefern. Geruschke fliegt. Er
gerät über den kleinen Kessel und wird mit seiner Besatzung ein

Opfer massierter russischer Flak. Man findet und identifiziert sie irgendwo zwischen den Fronten.

Dagegen flogen die Besatzungen der III. Gruppe am Manytsch und im Kaukasus, wo Stalin den Südflügel des deutschen Heeres zertrümmern wollte. Ein Super-Stalingrad war sein Ziel! Er wollte Rostow, das Tor zum Kaukasus, schließen. Badanows Panzerspitzen überfielen Tazinskaja — saßen aber in der Falle und wurden vernichtet.

Bei Manytschskaja konnte ein sowjetischer Brückenkopf zerschlagen werden. Damit blieb Rostow für den Rückmarsch deutscher Truppen aus dem Kaukasus offen. Die 1. Panzerarmee konnte bei Rostow die Don-Übergänge sichern, während die 17. Armee sich hinter der »Gotenstellung« am Kuban noch halten konnte, gegen stärksten russischen Druck. Stalin wollte diese Armee durch eine Land- und Seeoperation von der Taman-Halbinsel abschneiden.

Bei Mineralny Wody, Armawir, Kropotkin und Krasnodar mußten Truppen, Artillerie und Eisenbahnziele angegriffen werden. Brennpunkte, wo das Geschwader wie so häufig bisher, zum Einsatz kam. Die »Feuerwehraufgaben« kannte man schon.

Die 7. (Eis)/KG 51 war mit der Sonderausführung Ju 88 C 6 als Eisenbahnbekämpfungsstaffel im Zerstörereinsatz auf Eisenbahnziele spezialisiert.

BAGEROWO

Seit dem 27. Februar 1943 lag das Geschwader auf der Ostkrim, der Halbinsel Kertsch, in Bagerowo. Major Egbert von Frankenberg und Proschlitz — heute Wehrexperte in der DDR — führte als Kommodore, die I. (Major Häberlen — Saporoshje) und die III. Gruppe (Major Rath — Bagerowo).

Die berühmt-berüchtigte Splitterbombe SD 2 konnte aufgrund technischer Änderungen nun endlich mit dem Abwurfbehälter AB 23 wirkungsvoller auch aus größeren Höhen abgeworfen werden.

Das Folgende wurde vorgetragen von dem Kommodore eines Stukageschwaders, Major Dr. Kupfer, im Kasino zu Kertsch, Juli 1943! Diese Parodie gibt das Fühlen und Denken der Kampfflieger, wenn auch bewußt überzeichnend, über die Führung und Verteilung der Ehrenzeichen wieder. Sie ist Ausdruck dafür, daß man auch noch tief im Kriege in einem Offizierskasino ein offenes, kritisches Wort sagen konnte, ohne disziplinar oder gar politisch belangt zu werden.

EINZUG DURCH DAS BRANDENBURGER TOR 1961

Es marschieren mit klingendem Spiel 175 Kapellen der Luftwaffe, lange folgt dann nichts. Gemessenen Schrittes marschiert, in schlichtes Gold gekleidet, der Weltmarschall vorbei. Es folgt der Halbweltmarschall, nach zwei weiteren Kilometern der Unterweltmarschall. Dann bricht das Volk in Jubel aus: Sternenübersät marschieren die Lieblinge des deutschen Volkes, die Jagdflieger, vorbei, vor sich herschiebend das Gigantenkreuz zum Ritterkreuz des Eisernen Kreuzes auf Selbstfahrlafette mit eingebauter Spieldose und bengalischer Beleuchtung.

Lange Zeit wieder nichts. Dann folgen 25 Reichsmarschälle unter 30 Jahren in schlichtem Weiß.

Dann ein kleiner Junge mit einem Schild: »Ich bin das Vorkommando von dem Nachkommando, das in Griechenland vergessen wurde«.

Dann folgt gramgebeugt eine alte Frau, gestützt von den zuständigen Hoheitsträgern der Partei, die Witwe des letzten Fernaufklärers. Dann ein Mann mit weißem Haar und gramzerfurchtem Gesicht, unter dem Arm eine Mappe, darin ein g.Kdos-Fernschreiben: »Meine Anerkennung den Kampffliegern!«

Dann erstarrt die Menge: Von vier schwarzen Pferden gezogen kommt ein Wagen angerollt, auf diesem ein Käfig, darin ein Mann an Eisen geschmiedet, umgeben von acht Wärtern mit Schildern: »Vorsicht! Nicht reizen! Gemeingefährlich!« Es ist der letzte Sturzkampfflieger, der an allen Fronten dabei war.

Dann bricht das Volk in Jubel aus, die Sonne bricht durch das Gewölk:

Braungebrannt und sieggewohnt marschieren die Angehörigen der Stäbe durch das Brandenburger Tor.

Wie immer konnte das technische Personal an der Parade nicht teilnehmen, da es zu spät benachrichtigt wurde!

Es ist festzustellen, daß die Kampfflieger keineswegs bei der Verteilung von Orden und Ehrenzeichen zu kurz kamen. —

Die I. Gruppe verlegte am 19. April 1943 über Saporoshje nach Poltawa, um neue Aufgaben im Reich zu übernehmen.

Im April 1943 konnte trotz der ungeheuren Verluste wieder eine deutsche Front im Osten aufgebaut werden, die sich im Schutze der Schlammperiode stabilisierte. Im Raume Kursk ließ eine fast rechteckige Ausbeulung nach Westen befürchten, daß die Rote Armee sie zu einer Offensive nutzen würde. Hitler lehnte die Begradigung des nördlich anschließenden Frontbogens ostwärts Orel ab und entschloß sich später zum Angriff unter dem Stichwort »Unternehmen Zitadelle«.

Bis Ende Mai 1943 flog die III. Gruppe noch zur Unterstützung des Luftwaffenstabes Krim (Oberst Bormann) und wurde mehrfach für ihre Einsätze im Nordkaukasus in Wehrmachtberichten erwähnt. Gruppenkommandeur Major Rath verlegte seine Gruppe, wie Major Voß mit der II. Gruppe, zum Geschwaderstab nach Brjansk. Der Verlegungsflug war so geplant, daß auf keinen Fall die Front westlich Kursk berührt wurde. Über Konotop sollte geflogen werden.

Kommodore Major Egbert von Frankenberg und Proschlitz kam am 8. 5. 1943 mit seiner Besatzung (Beobachter Fischbacher, Funker Miehe, Bordschütze Hain) nicht an. Er, seine Besatzung und der Geschwader I a mit allen Unterlagen, gerieten über russische Linien, wurden abgeschossen oder mußten notlanden — man weiß es nicht genau. Bereits am Abend des nächsten Tages sprach von Frankenberg zu unserem Entsetzen über Radio Moskau! In Krasnogorsk, Zone 1, gehörte er dann mit zur »Initiativgruppe« bei der Gründung des »Bundes Deutscher Offiziere«. Seine Reden, welche vordem ganz mit den Goebbelsschen Propagandareden abgestimmt schienen, lagen plötzlich auf der Linie des neuen Moskauer Brotherrn.

BRJANSK — SJESCHTSCHINSKAJA — KIROWOGRAD

Oberstleutnant Hanns Heise übernahm in Brjansk das Geschwader. Bereits am 10. Mai 1943 flogen die II. und III. Gruppe Einsätze im Raume Kursk auf Bahnhöfe und Nachschubzentren mit relativ geringen Verlusten. Zusammengefaßte Nachtangriffe mehrerer Kampfgeschwader wurden am 2. Juni auf die Panzerfabriken und Gießereien in Gorki weit ostwärts Moskau geflogen.

Bis zu fünf Stunden waren die Besatzungen bei Nacht unterwegs über Feindesland. Die 1. Fliegerdivision unter Führung von Generalmajor Bülowius leitete diesen Einsatz. Fünf derartige Nachtangriffe mit etwa 180 Kampfflugzeugen lähmten die russische Panzerproduktion in Gorki für einige Monate empfindlich. Auch dem nördlich Moskau gelegenen chemischen Kombinat Jaroslav erging es in der Nacht des 20. Juni nicht anders.

Tags zuvor wurde der Kommodore beim Nachtangriff auf Jelez abgeschossen und konnte die eigenen Linien für den Fallschirmabsprung nur knapp erreichen. Am nächsten Tage flog er schon wieder. Das war nichts besonderes für Flieger in dieser Zeit, unter diesen Umständen.

Ab Ende Juni galten die täglichen Einsätze der Heeresunterstützung im Raum Kursk — Orel zur Vorbereitung des großen Unternehmens ›Zitadelle‹. Dieser gewaltigen Doppelschlacht, der größten und entscheidendsten des Rußlandkrieges, die am 5. Juli 1943 um 3.30 Uhr mit einem Schlag von 1 700 Bombern, Stukas, Jagd- und Schlachtflugzeugen gegen Flugplätze, Gräben und Artilleriestellungen begann. Trotz zahlreicher Einzelerfolge — wie der Vernichtung ganzer sowjetischer Panzerbrigaden aus der Luft — wurde das Operationsziel nicht erreicht. Der Feind war übermächtig. Am 17. Juli mußte die Schlacht abgebrochen werden. Mit Recht nennt sie die sowjetische Kriegsgeschichte »die Schlacht von welthistorischer Bedeutung«. Erst sie brachte die Kriegswende und nicht Stalingrad.

Die Reserven des deutschen Heeres in dieser Schlacht schmolzen dahin. Die deutsche Offensivkraft war für immer gebrochen.

Die III. Gruppe flog am 12. Juli in Brjansk den 10 000. Feindflug. Geschwaderstab, II. und III. Gruppe verlegten aufgrund der besonderen Frontereignisse am 26. Juli 1943 nach Sjeschtschinskaja bei Roslawl. Dämmerungs- und Tagesangriffe in den Raum Belew waren das tägliche Brot.

Hier verloren die Gruppen viele Besatzungen durch Partisaneneinwirkung. Die Partisanen hatten sich unter die russischen ›Hiwis‹ gemischt und brachten nachts an den bombenbeladenen und vollgetankten Maschinen barometrisch zündende Sprengsätze am hinteren 900 Liter Tank der Ju 88 an. Bei plötzlicher Aufgabe von Höhe wie z. B. beim Sturzangriff detonierten die Sprengsätze und zerrissen die Maschinen in der Luft. Zunächst standen alle vor einem Rätsel, bis durch Zufall anläßlich einer umfassenden Kontrolle des großen Flugplatzes im Eierkorb einer scheinbar harmlosen russischen Bäuerin ein Sprengsatz gefunden wurde, der mit Magnethaftplatten versehen war.

Nach dem Zusammenbruch an der Front des Mittelabschnitts verlegte das Geschwader am 10. September 1943 in den Südabschnitt nach Kirowograd, wo die Südfront in Bewegung geraten war. Noworossisk fiel. Nur die Krim wurde von der 17. Armee (Generaloberst Jaenecke) noch gehalten. Bei Krementschug bildete sich ein russischer Frontbogen mit Stoßrichtung auf Kirowograd und Kriwoj Rog.

Zur Heeresunterstützung mußte pausenlos geflogen werden. Das machte kurzfristige Verlegung nach Poltawa und Kiew erforderlich. Der Geschwaderstab und die III. Gruppe wurden am 7. September endgültig nach Deutschland zur Umschulung auf Me 410 in Illesheim verlegt.

Nur die II. Gruppe bekam noch einen Sonderauftrag im Südosten Europas.

DIE AEGÄIS UND LETZTE EINSÄTZE IN RUSSLAND

Major Voß verlegte mit seiner Gruppe kurzfristig am 19. September nach Saloniki. Was war geschehen?

Marschall Badoglio hatte als neuer italienischer Ministerpräsident am 8. September offiziell mit den in Sizilien gelandeten Alliierten einen Sonderwaffenstillstand geschlossen. Die Italiener hatten seit 1941 die Verantwortung in Griechenland. Kleinere Kontingente von Engländern wurden auf den Inseln Leros, Kios, Samos und Kos gelandet. Diese Inseln galt es zurückzuerobern und die deutschen Landungsunternehmen zu unterstützen. Außer Angriffen auf diese Inseln wurden noch Schiffsziele bei Zypern und südlich von Kreta bekämpft. Die britischen ›Beaufighter‹ machten den deutschen Kampffliegern außerordentlich zu schaffen.

Der 13 000. Feindflug mit 20 Millionen kg abgeworfenen Bomben wurde von der II. Gruppe in Saloniki vermerkt (14. November 1943).

Die bewaffnete Aufklärung im Seegebiet der Zwölfinseln galt der Suche nach feindlichen Kriegsschiffen, die im Schutze der Nacht Truppen und Material auf den Inseln des Dodekanes absetzen sollten. Ganz besonders wurden die englischen Kreuzer und Zerstörer gejagt. Wie weggewischt waren sie aus dem Blickfeld. In stundenlangen, anstrengenden Flügen wurde unentwegt Suchstreifen für Suchstreifen nach den feindlichen Einheiten abgeflogen. In hundert versteckte Inselbuchten mußten die Flieger der II. Gruppe des ›Edelweißgeschwaders‹ schauen, bis endlich der Gegner gestellt war.

Sonntag, der 22. November 1943, war »Luftwaffenreisetag«. Zwei Ketten Ju 88 der II. Gruppe stiegen um 15.00 Uhr von Saloniki zum »Insel Trip« auf.

Kurz nach dem Start mußten sich die Ketten wegen schlechter Sicht trennen. Die Besatzungen Moser, Schaper und Winkler blieben zusammen. Über Rhodos hinaus fühlten sie in Richtung Castellrosso, dem letzten Ausläufer des Dodekanes vor den Gestaden Kleinasiens bis gegen Zypern vor. Nichts in Sicht! Auf dem Rückflug setzten sie kreuz und quer zwischen Afrika und Kreta die Suche fort.

Plötzlich, in der Nähe von Leros, lagen die lange vergeblich gesuchten Schiffe unter ihnen. Zwei Kreuzer und drei Zerstörer! Pfeilgleich stießen die Schiffe durch die Flut. Die auf Vollast drehenden Schrauben zeichneten lange weiße Fahrtstreifen.

Hans Moser war mit seinem Flugzeug etwas voraus und hatte die günstigste Angriffsposition. Er suchte sich den dicksten ›Pott‹ aus und warf im Gleitflug aus niedriger Höhe seine Bomben. Während auch die anderen bombenschweren Flugzeuge auf die gepanzerten Schiffe zuglitten, setzte die Flakabwehr ein. Jede Maschine wurde von Splittern getroffen. Aber sie stürzten weiter auf einen Kreuzer. Die Bomben fielen. Zwei Stichflammen zuckten aus dem Kriegsschiff. Volltreffer durch Besatzung Moser! Zwei 1000 kg Bomben hatten den Kreuzer getroffen, der sich fast augenblicklich 90 Grad um sich selbst drehte und in schwarze Rauchwolken gehüllt eine lange Ölspur hinter sich herzog. Schnell drehten die Maschinen ab. Auf dem Rückflug griffen noch drei ›Beaufighter‹ die Kette an, konnten aber nichts gegen sie erreichen. Eine von ihnen stürzte von Besatzung Schaper getroffen brennend ins Meer. Ohne weitere Zwischenfälle landeten alle um 17.30 Uhr wohlbehalten in Saloniki. Am 28. November ging es wieder zurück nach Rußland!

Major Barth löste Major Voß als Kommandeur ab. Über Kalinowka (Unterstützung des Kessels von Tscherkassy), Winniza (russischer Vorstoß bei Fastow/Shitomir), Lublin kam auch diese Gruppe im Frühjahr 1944 nach Hildesheim zur Umschulung auf

Me 410. Ein Teil dieser Gruppe ging in einer besonderen Staffel des KG 3 auf, das mit He 111 die V 1-Flugkörper gegen England zum Einsatz brachte.

Nach den verfügbaren Unterlagen hat das Geschwader im Rußland-feldzug insgesamt 703 Soldaten verloren, davon:

146 Offiziere
416 Unteroffiziere
141 Mannschaften

Mit Me 410 als Jäger über Deutschland und Zerstörer gegen England

RÜCKVERLEGUNG INS REICH

1943 befanden sich die deutschen Armeen an allen Fronten auf dem Rückzug. Hitler prägte zwar den Begriff der »Festung Europa«, nur hatte er vergessen, diese Festung mit einem Dach zu versehen! Die Reichsluftverteidigung war sträflich vernachlässigt worden. Die Katastrophe von Hamburg, im Juli 1944, wurde zum Anlaß genommen, die Jagdfliegerkräfte endlich zu verstärken. Das KG 51 sollte in diesem Zusammenhang unverzüglich auf den neuen Zerstörer Me 410 ›Hornisse‹, der mit besonders wirkungsvollen 21-cm-Raketen ausgerüstet worden war, umschulen. In Illesheim und Hildesheim werden sich die Gruppen wiedertreffen.

Adolf Schwachenwald beschreibt in seinem über alle Nachkriegswirren hinweggeretteten Tagebuch den Verlegungsflug ins Reich:

»Mit großer Spannung und Erwartung, die alle Besatzungen der I. Gruppe ergriffen hatte, fieberten wir der Verlegung ins Reich entgegen. Nach zwei Jahren Rußlandkrieg und laufendem Einsatz an fast allen Fronten war diese Erregung wohl verständlich. Die Maschinen waren bis in den letzten Winkel mit unserem Gepäck und Gerät vollgestopft und wir innerlich bereit, Rußland für immer Adieu zu sagen.

Am 6. 5. 1943 um 7.02 Uhr war es dann soweit. Bei herrlichem Maiwetter starteten wir in den russischen Himmel mit Westkurs, um in Deutschland neue, unbekannte Aufgaben zu übernehmen. Es war ein exakter, vorbildlicher Verbandsflug alter Flieger. Und eine Stimmung herrschte an Bord, die einfach unbeschreiblich war. Kein Wunder, es ging ja der Heimat entgegen!

In zwei Verbänden zu je 6 — 8 Maschinen flogen wir in etwa 3 000 m Flughöhe unserer Landesgrenze entgegen. Mit großer Freude wollten wir den Grenzüberflug hautnah und in optischem

Großformat erleben. Dazu sollte kurz vor der Landesgrenze zwischen Polen und Deutschland in aufgelockerter Tiefflugformation geflogen werden. Es war unbeschreiblich schön, diese Heimkehr! Mit Freudensalut aus allen MG's in die Luft gefeuert, überflogen wir die Grenzlandschaft. Verängstigt warfen sich unten die Leute zu Boden und suchten Deckung, vor der plötzlichen Gefahr unserer Freudensausbrüche! Nach etlichen Minuten Tiefflug ging der Verband wieder auf Höhe und Tuchfühlung um den Rest des Fluges diszipliniert auf unseren Zielhafen zuzustreben.

Gegen 14.08 Uhr landeten wir alle glatt in Illesheim bei Nürnberg. Mit der Zwischenlandung in Krakau war es ein Flug über 343 Flugminuten. Ein Flug, der Zeit genug ließ, Gedanken zu entwickeln, Eindrücke von der Landschaft zu gewinnen und Erinnerungen wachzurufen.

Nach Inspektion und Übernahme der Unterkünfte ging die ganze Gruppe geschlossen in Urlaub und anschließend in Kur. Nach Ablauf dieser wohl schönsten Urlaubstage für uns abgewirtschafteten Kampffliegerbesatzungen wurden wir im Juli 1943 mit unseren neuen Aufgaben vertraut gemacht und bei der Zerstörerschule in Memmingen auf die Me 110 eingewiesen.«

Leider nicht ohne Abschiedsschmerz. Beobachter und Heckschützen aller Besatzungen wurden durch die in der neuen Maschine geringere Besatzungsstärke frei. Eine bei vielen Feindflügen gefestigte Kameradschaft und Freundschaft mußte nun ein plötzlich dienstlich erforderliches Ende nehmen.

Fallschirmjäger, Feldjäger, Flugzeugführerschulen und manche andere Einheit nahm die alten, erfahrenen Füchse auf. Ihr Schicksal konnte nicht immer verfolgt und aufgeklärt werden.

Der beliebte Ritterkreuzträger, Oberfeldwebel Albert Spieth, sollte am 4. Oktober 1943 mit der geschwadereigenen Verbindungsmaschine He 111 von Bobruisk das Nachkommando des Geschwaders abholen, wurde aber in der Truppenunterkunft einziges Opfer eines nächtlichen sowjetischen Bombenangriffs.

DER FLUG INS GLÜCK

Zwiegespräche und Gedanken eines Meteorologen mit Fliegerherz: Leicht schwingt sich mein ›Vogel‹ in die Luft . . . Noch eine Abschiedsrunde und immer kleiner werden die Gestalten dort unten auf dem Platze ... mein stolzer Nachfolger, meine erfreuten Herrn Inspektoren, die wieder freie Morgenluft witternden Helferinnen — und ein kleines, blondgelocktes Mädel ...

»Viel Zeit haben wir nicht, auch empfiehlt es sich, sowieso auf Kurs zu bleiben, da der Iwan um diese Zeit gerne kleine Verdauungsflüge nach Westen unternimmt«, meint mein Flugzeugführer trokken. »Ziehen wir deshalb gleich durch die Wolken und gehen auf südwestlichen Kurs. Nach ihrer Vorhersage haben wir ja durchgehend Zwischenschichtung bis Berlin ...«

Werde ich mit meiner Prophezeiung rechtbehalten? geht es mir durch den Sinn ...

»Dieser Schweineregen steht aber nicht in ihrer Beratung, Herr Regierungsrat«, unterbricht mein Flugzeugführer meinen Gedankengang.

»Das allerdings nicht. Habe ich ihnen aber geraten, durch alle Wolkenbrüche zu ziehen«.

»Weich wie Gummi, nur nicht zum Kauen, das war schon immer das Erfolgssystem der Herren Meteorologen!«

»Dafür haben sie ja auch Wetterkundeunterricht gehabt. Oder haben sie damals gerade Höhenflug gemacht, als die ›Warmfront‹ besprochen wurde«, brüllte ich durch den Motorlärm meinem Luftkutscher zu!

»Wissenschaft ist doch etwas Erhabenes; sie läßt sich drehen und wenden wie es gerade angebracht erscheint, wie ein Hut mit drei Ecken — und bleibt doch immer am Ende, was sie ist.«

»Der eine lernt's, der andre hat's schon vor der Geburt vergessen,« erwidere ich, »der Wissenschaftler war noch immer allein, besonders im Deutschland der jetzigen Zeit. Erfinder und Wissenschaftler an die Front — ja, jetzt ruft man nach ihnen, wenn's nicht mehr weitergeht.«

»Sie mögen recht haben!« meint mein Flugzeugführer nachdenklich, »immerhin eine Erkenntnis«, denke ich, »wenn nur die alle sie hätten, die heute befehlen.« ...

Stunde um Stunde vergeht, fast fallen mir die Augen zu ...

»Hier ist das Wetter Königsberg: 7/10 in 2-500 Meter« schreckt mich der Funker aus meinem Dämmerzustand auf. Rasch gebe ich es weiter ...

»Gehen wir also tiefer«, ruft mein Flugzeugführer mir zu »und schnappen wir etwas ostpreußische Landluft« —

Unter uns liegt Königsberg, von einzelnen Sonnenstrahlen flächen-weise beleuchtet. Und mein Herz öffnet sich weit . . .

. . . Wie war es doch damals gewesen? Es könnte geradesogut gestern gewesen sein! . . . Frohe und freie Studentenzeit, Zeit des Werdens und Reifens in erster überschäumender Jugendlust — Zeit des idealen Wollens: »Ja, wir werden eine Lösung finden, werden gemeinsam mit unserem östlichen Nachbarn, den beschwer-lichen, aber sicheren Weg in eine bessere, friedliche Zukunft gehen. Das sei mein Wunsch an der ersten Schwelle meines Lebens glaubte ich, es müßte immer sein! Und heute? Millionen liegen einander im Felde, sich zerfleischend, gegenüber. Menschen die sich in ihrem Leben noch nie sahen, nichts gegeneinander hatten! — Als ich das sah, habe ich mir sagen müssen: Wenn es einen Gott gibt, so ist dieser Gott der größte Räuber und Mörder, den es je auf Erden gegeben hat und ich wäre der erste, der ihn erschießen würde«, gehen mir unwillkürlich die Worte durch den Sinn, die einst Max Hölz in meiner Heimatstadt auf einer Parteiversammlung — der bislang einzigen meines Lebens! — im Jahre 1927 von der Zeit des Weltkrieges sagte . . . Und schon entweichen diese Bilder meinem Gedächtnis wieder.

Leben in der Vergangenheit, wenn die Gegenwart nichts Schales mehr zu bieten vermag! Glücklich sein können wie damals in des Lebens Mai! Was war es doch, das dieser Gegend den geheimnis-vollen Reiz im Innern verlieh, was sie, mit Ausnahme der Heimat am fernen Bodensee über alle erhob? . . . !

Wo sind sie alle, die hier mit mir schwärmten und scherzten »wie's ein freier Bursche tut?!« Wo sind sie?!

Doch niemand gibt mir Antwort, umsonst sucht mein Herz Er-füllung . . . eintönig summen die Motoren ihr Lied und hüllen mich endlich in den dämmrig kühlen Schlaf der Erlösung, als kurz nach Überfliegen der Hochfeste Marienburg Erde und Himmel im wiederaufziehenden Wolkenmeer in ein wohltuendes Nichts zer-rinnen . . .

Endlich haben wir Berlin erreicht. Im Lärm der Großstadt ver-gessen zu können, vergessen wollen — oder doch nicht, ich bin mir selbst nicht im Klaren darüber . . .«

UMSCHULUNG AUF ME 410

Aus Kampffliegern sollten nun Jagd- oder Schlachtflieger werden. Der Tenor der neuen Aufgabe hieß: »Reichsverteidigung«.

Mit neuen Maschinen vom Typ Me 410, ausgerüstet zunächst mit vier Nebel-Granatwerfer-Rohren, ›Dödel‹ genannt, unter den Tragflächen und einer beachtlichen Feuerkraft an schweren MG's und zwei Bordkanonen, sollten die alliierten Bomberflotten angegriffen und mit den Nebelwerfer-Granaten die Bomberpulks spürbar gelichtet werden. Die Umschulung begann. Die neuen Maschinen waren wendig, schnell und enorm steigfähig, außerdem konnten sie im Rumpf alternativ eine 1 000 kg Spezial-Sprengbombe mit Bremsfallschirm aufnehmen. Schon nach ganz kurzer Zeit galt die Me 410 als eine echte Verbesserung gegenüber der alten, langsameren Ju 88.

Die ersten drei Me 410 trafen Mitte Juni 1943 beim Geschwader in Illesheim ein. Als die Gruppen mit den nur tropfenweise eintreffenden, neuen Maschinen ausgerüstet worden waren, und die Umschulung auslief, sollte die erste Konfrontation mit den Bomberverbänden erfolgen. Dieser Tag wurde mit Spannung, und die erste Begegnung mit Herzklopfen erwartet. Am 6. 9. 1943 war es soweit: die I. Gruppe, mit ca. 10 bis 12 Me 410, ausgestattet mit Nebelwerfergranaten, flog den Bomberpulks entgegen, die über den Kanal, Holland, Belgien und Frankreich eingeflogen waren und in der Höhe des Schwarzwaldes mit dem Verband zusammentrafen. Es waren 200 viermotorige US-Bomber, die engaufgeschlossen ihre konzentrierte Abwehr auf die Angreifer richteten. Schon im Anflug prasselten die Leuchtspurgeschoße gefährlich nah und ausgesprochen üppig auf die Anfliegenden zu. Etwas überhöht griffen sie mit Ausweichbewegungen die zweite Welle des Pulks in 5 000 m Höhe an. Die Granaten wurden ausgelöst und rasten den Maschinen in leicht gekrümmter ballistischer Kurve voraus. Ein Feuerball im Pulk ließ den ersten Erfolg erkennen. Ein Bomber legte sich auf die Seite und stürzte brennend ab. In der Nähe fliegende Bomber wirbelten vom Detonationsdruck etwas durcheinander, fingen sich aber wieder und setzten ihren Flug fort. Im selben Moment war man auch schon mitten im Bomberstrom. Die Bomber schossen wie wild aus allen Rohren. Auch unsere Maschinen bekamen Treffer.

Hptm. Rudolf Henne (RK 12. 4. 1942),
verstorben nach dem Kriege.

Ofw. Albert Spieth (RK 24. 3. 1943),
gef. in Saporoshje am 4. 10. 1943.

Einige Ritterkreuzträger des KG 51

Oblt. Eberhard Schaefer, (RK 8. 4.
1944), gef. 9. 4. 1944 in Zamoćs.

Hptm. Siegfried Barth (RK 2. 10.
1942), »Balbo« genannt.

Während auf dem Gefechtsstand der II. Gruppe in Saloniki Major Barth die Einsätze . . .

in der Ägäis vorbereitet . . .

verlegen die I. und III. Gruppe zurück ins Reich zur Übernahme neuer Aufgaben.

Ruhepause für
die bewährten
Ritterkreuz-
träger des
KG 51 in Illes-
heim 1943.
v. l. n. r.:
Hptm. Josef
Schölß
Hptm. Klaus
Häberlen
Oblt. Dietrich
Puttfarken
(† 23. 4. 1944).

Bei der Zer-
störerschule
Memmingen
wurden die
ersten Um-
schulungsflüge
auf der Me 110
durchgeführt.

Vor dem Start
zum Einsatz mit
Me 410 in
Illesheim,
Herbst 1943.
v. l. n. r.:
Ofw. Hogel
Ofw. Capitain
Hptm. Häberlen
Hptm. Unrau
Ofw. Lösel
Ofw. Puls
(ganz rechts).

Hauptmann Klaus Häberlen, Kommandeur der I./KG 51 und Ritterkreuzträger (20. 6. 1943).

Me 410 im Fluge, wie sie das KG 51 gegen England und in der Reichsverteidigung flog (rechts oben).

Der Reichsmarschall in Fels am Wagram im Gespräch mit Hauptmann Häberlen.

Mit 21 cm Nebelgranaten (Dödel genannt) sollten die US-Viermot-Bomber mit der Me 410 gekämpft werden.

Bei Hptm. Winkel fiel ein Motor aus. Er zog nach unten weg, um einen nahegelegenen Landeplatz auszumachen. In Ermangelung einer günstigen Landepiste, befahl der »Kutscher« notdürftige »Marscherleichterung«. Zunächst wurde der Sprit aus dem Reservetank abgelassen, alsdann Munition und Panzerplatten hinausgeworfen. So konnte man den Höhenverlust ausgleichen und mit letzter Reserve im direkten Anflug den Heimatplatz in Illesheim mit Einmotorenlandung erreichen.

Das Resumée: sämtlichen Besatzungen ist es ähnlich ergangen! Das Erfolgsverhältnis lag jämmerlich schief! Die Abschüsse wogen sich mit eigenen Verlusten auf und die Gruppe war schon nach dem ersten Einsatz nicht mehr einsatzklar! Die Gruppe wurde wieder aufgefrischt. Es trafen neue Besatzungen ein. Sehr zögernd auch neue Maschinen. Die industriellen Engpaßlagen wirkten sich schon aus.

Noch im September wurde aus taktischen Gründen nach Hörsching bei Linz verlegt und man erwartete voller Spannung neue Einsätze. Am 2. 10. 1943 wurde erneut zum Einsatz gestartet und über den Alpen gesammelt, in 7 000 m Höhe über Zeltweg. Die über Italien einfliegenden Bomberverbände drehten leider ab und die Kampferpichten landeten enttäuscht ohne Feindberührung wieder in Hörsching.

SCHWEINFURT

Am 14. 10. 1943 wurde wieder Einsatzbefehl gegeben. Die Männer rasten zu ihren Maschinen. Der Massenstart begann: eine der hinteren Maschinen brach im Wirbel der Startböen, bei hoher Rollgeschwindigkeit, kurz vor dem Abheben aus, säbelte mit dem linken Propeller den Rumpf der nebenan rollenden Maschine ca. 1 m vor dem Leitwerk ab. Die so »verkürzte« Maschine knickte nach hinten ab, rollte lädiert über den Platz und blieb, wie die ausgebrochene Maschine, sich um sich selbst drehend, irgendwo stehen. Für beide Besatzungen war dieser Einsatz zu Ende, ehe er begonnen hatte. Ein seltenes Glück und Schauspiel: zwei Maschinen blieben zerstört am Boden zurück, die Besatzungen hatten die Karambolage mit viel Glück, lediglich mit dem Schrecken in den Gliedern überstanden.

Die Besatzungen wurden zunächst vom Bodenfunk auf Westkurs

gebracht und gewannen laufend an Höhe. Der Gruppenverband flog in aufgelockerter Formation, jeder für sich, dem jetzt gemeldeten Bomberpulk der 8. USAAF, mit 291 Maschinen, im Frankfurter Raum entgegen. Im Raume Schweinfurt kam es endlich zur Sichtverbindung mit den Bombern, die die Kugellagerwerke bereits angegriffen und zerstört hatten. Die Maschinen verfolgten die Bomber, setzten die Nebelgranaten ab und griffen weiter an. Wieder fanden sie sich mitten im Feuerball dichtgeschlossener Bomberverbände.

Es war ein erfolgreicher Tag für die deutsche Abwehr. Eigene Flak, Jäger und unsere Maschinen schossen 50 bis 60 der Bomber ab. Ein guter Erfolg wurde im Rundfunk gemeldet, aber wieder ein schwarzer Tag für die Gruppen. Fast alle Maschinen hatten Treffer und waren nicht mehr einsatzklar. 77 US-Maschinen wurden insgesamt abgeschossen, 121 beschädigt. Ein großer Erfolg für die Luftwaffe an diesem Tage. Vielleicht der letzte?

Offenbar hatten die Einsätze und Verluste im Vergleich zu dem erwarteten Erfolg der obersten Führung erhebliche Kopfschmerzen bereitet. Darum machte sich der Herr Reichsmarschall persönlich auf den Weg, um den Kommandeuren »den Marsch zu blasen«. Man munkelte von dicken Zigarren, die Hermann Göring verpaßte. Dazu seine Äußerungen, wie »Feigheit vor dem Feind« und die üblichen, wenig überzeugenden markigen Worte. Der Erfolg waren allgemeine Ablösungen von diesem Kampfgeschehen und »Strafversetzung« zum England-Einsatz. Aus Kampffliegern konnte man eben nicht so schnell Jagdflieger machen.

Die ›Dödel‹ hatten mit ihren neuen Zündern die Eigenschaft, nach längerem Höhenflug wegen der dort herrschenden niedrigen Temperaturen zwar zu fliegen aber beim Aufschlag nicht zu detonieren. Die Zündermechanismen froren ein! Betätigte ein Flugzeugführer beim Heimflug die Auslöseknöpfe, so konnte es geschehen, daß diese merkwürdigen Waffen losgingen und nur Ärger brachten. Die deutsche Bevölkerung hatte kein Verständnis für derartige »Wunderwaffen«.

DER REICHSMARSCHALL IN FELS AM WAGRAM

Für Montag, den 11. Oktober 1943, hatte sich der Oberbefehlshaber der Luftwaffe, Reichsmarschall Hermann Göring, zu einem Truppenbesuch der in Fels am Wagram stationierten Jagdverbände angesagt.

Major Klaus Häberlen, Kommandeur I./KG 51, wurde mit seinem Adjutanten, Oberleutnant Werner Pape, vom Geschwader als Vertreter dorthin befohlen. In einer Me 108 ›Taifun‹ flogen sie um 9.10 Uhr in Hörsching ab. Der nach Fels zu fliegende Kurs forderte geradezu einen 70-minütigen »Lustflug« in der schönen Wachau heraus. Bis zum Antreten war ohnehin noch genügend Zeit.

Zwei Jagdgruppen waren angetreten. Häberlen meldete als dienstältester Offizier dem Reichsmarschall die angetretenen Einheiten. Dabei entwickelte sich zwischen beiden das übliche Gespräch über Erfolge und Einsätze.

Auf Probleme angesprochen, stellte Häberlen mit Sachlichkeit und persönlichem Engagement die technische Unterlegenheit der Me 410 mit zwei Motoren und nur einstufigem Höhenlader gegenüber den US-Viermot-Bombern mit zweistufigen Höhenladern bei Volleistung in 4-6000 m Höhe dar, wohl gar nicht zur Freude des ObdL und seiner Begleiter! Im Verlaufe des Disputs bezichtigte Göring diesen schneidigen, in vielen Fronteinsätzen bewährten Ritterkreuzträger vor versammelter Mannschaft der Feigheit!

Auf Veranlassung Görings war der General der Kampfflieger, Oberst i.G. Dieter Peltz, daraufhin gezwungen, die Ablösung Häberlens als Kommandeur vorzunehmen.

In fairer Art und Weise flogen Peltz und Häberlen gemeinsam am 15. Oktober — einen Tag nach der Luftschlacht bei Schweinfurt — in einer Ju 88, über Ainring kommend nach Hörsching, wo Peltz angemessen und in aller Form die Gruppenübergabe an Major Meister vollzog.

Häberlen war einer der vielen tapferen Frontoffiziere, denen man ihre Offenheit, die schon lange nicht mehr in höchsten Kreisen gewünscht war, nicht verzieh und von Verbandsführerposten entfernte. Er diente später beim Feldluftgaukommando XXVI in Italien unter General der Flieger Alfred Mahncke.

ALS JÄGER UNGEEIGNET

Schweinfurt war der letzte Einsatz in der Reichsverteidigung. Am 6. 11. 1943 verlegte die Gruppe nach Lagerlechfeld und schulte mit der sehr sympathischen Me 410 auf Blind- und Nachtflug um — für den Englandeinsatz. Eigentlich war die Maschine dafür nicht gedacht, aber mit dem zusätzlichen Einbau einiger Geräte und dem Abbau der Nebelwerferrohre unter den Tragflächen, wurden die ersten Nachtplatzrunden geflogen sowie Nachtüberlandflüge und Scheineinsätze im süddeutschen Raum geprobt.

Die erforderliche höhere Landegeschwindigkeit gegenüber der Ju 88 und verschiedene Automatiken für Landeklappen und Fahrwerk bereiteten den jungen Nachwuchsfliegern, die jetzt zum Geschwader kamen, große Schwierigkeiten. So kam es z. B. vor, daß in einer Woche bei der Nachtumschulung drei Maschinen Bauchlandungen auf der Betonpiste machten, obwohl die Flugzeugführer glaubten, normale Radlandungen gemacht zu haben!

Jede Bauchlandung war ein großer Verlust für den ohnehin knappen Maschinenpark — und jedesmal stellte eine Untersuchungskommission fest, ob wohl auch kein Sabotageakt vorliege. Bestraft wurde dann wegen leichtfertigen Umgangs und Zerstörung von Wehrmachtseigentum. Und so wanderten manche Flugzeugführer, sehr tüchtige junge Leute, für acht Tage in den »Bau«.

Angesichts der Kriegslage waren derartige Strafen einfach lächerlich. Die Arrestzellen in Lagerlechfeld waren zu dieser Zeit mehr mit frontbewährten, intelligenten Flugzeugführern besetzt, als mit wirklichen Sündenböcken und »Schlitzohren«.

WIEDERUM GEGEN ENGLAND

Am 6. Dezember 1943 verlegte der erste Teil der I. Gruppe nach Evreux, Frankreich, und flog nun ausgerüstet mit einer 1 000 kg schweren, durch Fallschirm flugstabilisierten Spezialbombe im Englandeinsatz.

Die 1./51 lag in St. André, die 2./51 in Dreux, die 3./51 beim Gruppenstab in Evreux. Wieder wurde der Verband mit neuen Schwierigkeiten konfrontiert, die es zu überwinden galt.

Die englische Flak und Nachtjagdabwehr mit ihren hervorragenden Ortungsgeräten hatten die selbst in großen Höhen fliegenden Maschinen bald erfaßt und entsprechend schnell unter massiven Beschuß genommen. Die feindlichen Scheinwerferbatterien gaben stets bis zum angegebenen Angriffsziel das Geleit. Selbst in 7 000 m Höhe war es taghell in der Kabine. Die mitgeführten Taschenlampen zum Kartenlesen wurden nicht benötigt. Es mußten also neue Abwehrmethoden und -kniffe ausgedacht werden, um aus diesem technisch hochorganisierten Hexenkessel wieder herauszukommen.

Inzwischen wurde die III. Gruppe aufgelöst. Gruppenkommandeur Major Rath ging als Kommodore zum KG 2, die Männer der III. kamen zur I., II. und IV. Gruppe und teilweise in Luftwaffenfelddivisionen, wo sie als ungeübte Infanteristen viele Verluste erlitten. Ein weiterer Bericht von Adolf Schwachenwald aus dieser Zeit hellt das Leben und tägliche Brot des Geschwaders auf:

»Am 20. 2. 1944 flogen wir, mein Flugzeugführer Hauptmann Winkel und ich als Vorkommando für unsere Staffel, 1./51, ebenfalls nach St. André. Als die vorausgesagte Wetterlage einen Nachteinsatz über England zuließ, hingen wir uns, freiwillig, am 23. 2. als Gast der anderen Staffel an, und flogen unseren ersten Einsatz über den Kanal zum Großangriff auf die Stadt London mit. Der Nachtstart der Maschinen erfolgte im Abstand von zwei Minuten, in dieser Zeit wurde die Platz- und Startbefeuerung nur kurz eingeschaltet, dann verschlang uns die dunkle Nacht. Der Anflug ging in genau einzuhaltendem Zick-Zack-Kurs, mit vorgeschriebenen Höhenangaben auf das Ziel London zu. Dort wartete zur genauen Angriffszeit in großer Höhe, ca. 10 000 m, ein über Funkstrahlen gesteuertes Leuchtbombenflugzeug. Der ganze Einsatz lief vom Start an wie ein präzises Uhrwerk ab. Über dem Kanal wurden wir bereits von der englischen Schiffsflak empfangen und mit einem gigantischen Feuerwerk begrüßt. Dann kamen die Scheinwerfer, die wie Geisterhände im Nachthimmel nach uns griffen. Es folgten die schweren Küstenbatterien mit ihren Salven, die durchweg in der Richtung zu uns stimmten, jedoch meist in den Höhenlagen abwichen. Es knallte und explodierte über und unter uns, und es gehörten schon eiserne Nerven dazu, den vorgeschriebenen Auftrag kursrichtig auszuführen und das Ziel mit dem Leuchtzeichen zur angegebenen Zeit, unter diesen mörderischen Bedingungen zu erreichen. Die Angriffszeit und die Zielausleuchtung wurde für eine Zeitdifferenz von wenigen Minuten angegeben. Dabei wurden ständig neue Leuchtbomben von unserem »Obermann« in 10 000 m Höhe gesetzt. Bei diesem, unserem ersten Englandeinsatz waren wir etwas zu früh über dem Ziel, drehten über der nördlichen Stadt eine 360 Grad Kurve mit unserer Bombe und warfen dann genau nach Leuchtzeichen »rot« unsere Fracht in die unter uns liegende, *an vielen Stellen brennende Stadt. Erleichtert machte unsere Maschine einen Hüpfer nach oben und im schnellen Gleitflug (600 bis 700 km/h), ging es dem Kanal und der französischen Küstenlandschaft, weiterhin unter ständigem Beschuß, entgegen.*

Über dem Kanal spiegelte sich im Feuerschein die unruhige Wasseroberfläche. Durch gegenseitigen Schiffs- und Schnellbootbeschuß zogen wie an Perlenketten aufgereiht Leuchtspurgeschosse durch den Nachthimmel.

Wenige 100 m neben uns wird ein langsamer fliegendes deutsches Flugzeug auf dem Heimweg von Nachtjägern abgeschossen und stürzt brennend in den Kanal. Eine Gänsehaut überkommt uns, als wir in der Bordsprechanlage den letzten Notruf dieser Kameraden mithören. »Ju 88 . . . Kennzeichen . . . SOS . . . wir stürzen brennend ab! . . .«

In wenigen Minuten weiteren Gleitfluges haben wir wieder Festland unter uns und bereiten mittels Funksprechverbindung unsere Landung vor. Wieder wird, wie beim Start, nur kurz flackernd die Platzbefeuerung aufgehellt, und die Landung durchgeführt. Als wir Boden unter uns spürten, atmeten wir erregt, zitternd, naßgeschwitzt, aber erleichtert auf. Um 23.28 Uhr, nach 118 Flugminuten und einem bisher nie erlebten Fluggeschehen, entsteigen wir unserer Maschine.

Unser Urteil: wer weitere Feindflüge zu dieser Zeit über England überlebt, hatte unsagbares Glück und den lieben Gott auf seiner Seite!« —

Schon am nächsten Tag flog diese Besatzung nach Lechfeld zurück und berichtete über die Erfahrungen und Eindrücke vom ersten Englandflug. Am 29. 2. 1944 verlegte dann die gesamte 1. Staffel in die vorbereiteten Unterkünfte nach Evreux, nahe St. André, wo der Kommandeur I./KG 51, Hauptmann Unrau, mit dem Gruppenstab eingetroffen war, nachdem er kurz zuvor seine 1. Staffel an Oberleutnant Werner Pape übergeben hatte. Inzwischen führte der frischbeförderte Oberstleutnant Wolf Meister als Kommodore das Geschwader.

Zusammen mit der V./KG 2, die nachher in der II./KG 51 aufging, flog die I. Gruppe des ›Edelweißgeschwaders‹ regelmäßig Nachteinsätze gegen das britische Inselreich.

Das Wetter war schlecht. Darum begannen erst am 13. März 1944 die Einsätze in den englischen Feuerkessel. Jeder Einsatz war für sich, bei der immer stärker werdenden massiven englischen Abwehr, ein Todeskommando. Es folgten etwa zehn weitere Einsätze auf Brighton, London, Bristol und Portsmouth — und jedesmal blieben 2-3 Besatzungen, gute Freunde und Kameraden in den Maschen der englischen Abwehr hängen. Es gab kaum Überlebende. Wer ausblieb, war tot und die Maschine ein Totalverlust.

Um der englischen Funkortung den jeweiligen Standort in der Luft zu verschleiern, warfen die Flugzeuge während des ganzen Fluges bündelweise, meterlange Stanniolstreifen ab. Angriffs- und Landezeiten richteten sich nach dem Stand des Mondes und waren überwiegend von abends 23 bis 3 Uhr morgens angesetzt. Außer Flaktreffern entgingen die Besatzungen nur mit großem Glück und fliegerischem Können der Flugzeugführer dem sicheren Abschuß durch verfolgende Nachtjäger.

Unter dem Ritterkreuzträger, Major Dietrich Puttfarken, wurde die Fernnachtjägerstaffel/KG 51 aufgestellt. Die Männer dieser besonderen Staffel hatten den Auftrag, die bei Nacht ihre Heimathorste anfliegenden, englischen Nachtjäger kurz vor der Landung zu stellen und abzuschießen. Puttfarken fiel bei einem dieser Einsätze am 23. April 1944 in der Nähe von Cambridge.

Am 24. März, Start 23.15 Uhr, wurde wieder London angegriffen. Auf dem Rückflug wurde Schlechtwetterwarnung und aufliegender Nebel für den Starthafen durchgegeben. Hauptmann Winkel in der 9K+CL wich, nach Westen über Holland einfliegend, dem Schlechtwettergebiet aus, erbat mittels Leuchtspurmunition in unbekannter Gegend Platzbefeuerung. Kurzzeitig leuchtete eine Landebahnbefeuerung auf. Er landete unter einer Hochspannungsleitung hindurch in Mönchen-Gladbach, einem für die Me 410 viel zu kleinen Platz, und kam bremsend kurz vor dem Flugplatzrand zum Stehen. Feuerwehr und Hilfsmannschaften waren bereits aufgefahren, um erste Hilfe zu leisten. Wie zu erfahren war, wurde wenige Minuten zuvor eine hereinlandende deutsche Maschine von einem englischen Nachtjäger abgeschossen. Auch in Deutschland waren die Flieger selbst bei Nacht nicht mehr sicher vor Abschüssen durch Alliierte.

Als die Gruppe in diesen Einsätzen fast aufgerieben worden war verlegte sie kurz vor der Invasion zurück ins Reich. Am 3. Juni 1944 empfing Kommodore Oberst Wolf-Dietrich Meister seine Leute mit den Worten, daß nunmehr auf den Strahljäger Me 262 umgeschult werde.

Die II. Gruppe schulte ordnungsgemäß noch in Hildesheim bei der

IV. Gruppe unter Major Josef Schölß auf Me 410 um. Diese Ausbildungsgruppe verlegte später nach München-Riem. Die Verluste während der Umschulung lagen nach Aussage von Wolfgang Baetz bei etwa 50 %. Ein Teil der Besatzungen der II. Gruppe kam nach Chartres in Frankreich und Gilze-Rijen in Holland zum Fern-Nachtjägereinsatz gegen von Angriffen aus dem Reichsgebiet zurückkehrende alliierte Bomberverbände. Besonders Feldwebel Beier und Oberfeldwebel Trenke schossen mehrere Viermots kurz vor der Landung auf ihren Plätzen über England ab.

Wegen gewisser Kompetenzschwierigkeiten zwischen dem General der Kampfflieger und dem General der Nachtjäger wurde die Gruppe wieder aus dem Einsatz gelöst und von der Me 410-Umschulung vollends entbunden. Sie schulte im Oktober 1944 dann auch auf Me 262-2a um.

Am 30. Juni 1944 wurde die I./SKG 10, mit Fw 190 ausgerüstet, als III. Gruppe vorläufig eingegliedert und erhielt am 20. Oktober die offizielle Bezeichnung III./KG 51 mit Aufgaben als Nachtschlachtgruppe, um dann ab 31. Oktober 1944 bereits wieder herausgelöst zu werden und den selbständigen Verband Nachtschlachtgruppe 20 zu bilden. Die meisten Geschwaderangehörigen wußten nichts über diese Verstärkung des ›Edelweißgeschwaders‹, sie währte zu kurz und entsprang wohl nur globalen Planungen und Truppenverschiebungen im RLM.

Innerhalb nur eines dreiviertel Jahres, solange etwa flog das Geschwader die Me 410, fielen 138 Soldaten des KG 51, davon:

45 Offiziere
72 Unteroffiziere
21 Mannschaften

Der Einsatz mit dem Strahlflugzeug
›Sturmvogel‹ Me 262

UMSCHULUNG AUF ME 262

Die Geschichte um den ›Wundervogel‹ Me 262 ist vielfach beschrieben worden. Ein epochemachendes, potentielles und leistungsfähiges Jagdflugzeug wurde durch Führerbefehl zum Einsatz als Kampfflugzeug — genannt ›Blitzbomber‹ — gezwungen. Der erste einsatzfähige Düsenjäger der Welt, diese Messerschmitt-Konstruktion mit zwei Jumo-004 Strahltriebwerken, sollte als überlegenes Flugzeug in die Kämpfe eingreifen und einen neuen Abschnitt in der Luftfahrtgeschichte eröffnen, nur nicht für Deutschland!

Flugkapitän Wendel, Halter des Geschwindigkeitsweltrekordes für Motorflugzeuge, der nachmalige technische Berater beim KG 51, erklärte dem General der Jagdflieger, Adolf Galland, die Handhabung im Mai 1943.

Nach dem Fluge stellte Galland nüchtern, sachlich und doch begeistert fest: »Es ist, als wenn ein Engel schiebt.«

In der Tat konnte diese Neukonstruktion nicht treffender charakterisiert werden. Die Me 262 war ein Flugzeug mit gutmütigen Flugeigenschaften. Allerdings war es notwendig, die Prüfliste sowie die Anweisungen und Ergebnisse aus Erfahrungsberichten des Herstellerwerkes genau zu beachten.

Diese Maschine erforderte von ihrem Piloten eine Handhabung mit Präzision und technischem Einfühlungsvermögen. Erfüllte er diese Voraussetzungen, wurde ihm ein Flugerlebnis zuteil, wie es damals auch eine kühne Phantasie kaum zu träumen wagte.

Schon im Steigflug nach dem Start kletterte die Nadel des Geschwindigkeitsmessers rasch auf Werte, die bislang selbst bei verwegenen Sturzflügen nicht erreicht werden konnten. Und dann umgab den Piloten eine Ruhe im Cockpit, als ob er in einem motorlosen Gleiter sitzen würde.

Die aerodynamischen Flugeigenschaften waren vorzüglich. Der

breite Vorflügel gab Sicherheit bei Start und Landung. Eine Vernachlässigung der Gewichtsverteilung konnte jedoch tödlich sein.

Ursprünglich war die Me 262 als Jagdflugzeug konzipiert. Es waren zwei Treibstoffbehälter mit je 900 Liter Fassungsvermögen und vier Maschinenkanonen vom Kaliber 3 cm vorgesehen. Als Hitler ihren Einsatz als Bombenträger befahl, waren einige gravierende Änderungen erforderlich, die die ursprüngliche Leistungsfähigkeit minderten.

So wurden außer den beiden Haupttanks mit je 900 Liter, die vor und hinter dem Cockpit lagen, zwei weitere Tanks eingebaut, um die Reichweite zu vergrößern. Der eine faßte 250 Liter und lag direkt unter dem Pilotensitz. Für den anderen mit 600 Liter Inhalt blieb nur noch Platz im Rumpf hinter dem rückwärtigen Haupttank, also weit entfernt vom Schwerpunkt der Maschine.

Den Gewichtsausgleich bildeten im Einsatz zwei Bomben mit je 250 Kilogramm, wobei aber zwei der vier Maschinenkanonen ausgebaut werden mußten. Ohne die Bomben war das Flugzeug mit einem vollen 600-Liter-Tank so schwanzlastig, daß es gefährlich war, damit zu fliegen. Deshalb durfte bei einem Flug ohne Bomben der hinterste Tank nicht gefüllt werden. Außerdem mußte er im Einsatz mit Bomben zuerst leergeflogen werden. Vermutlich sind einige Abstürze verursacht worden, weil der Pilot in der Hitze des Gefechts die Tankschaltung falsch betätigte. Wurde versehentlich der vordere Haupttank zuerst leergepumpt und anschließend im Bahnneigungsflug die Bomben geworfen, so bäumte sich das Flugzeug — total schwanzlastig geworden — jäh auf, die Vorflügel konnten wegreißen, und die Wirkung des Höhenruders reichte nicht mehr aus, eine horizontale Fluglage herbeizuführen.

Auch in hohen Geschwindigkeitsbereichen waren der Me 262 Grenzen gesetzt. Bis 900 km/h traten keinerlei Störungen in der Ruderwirkung auf. Im Bereich zwischen 930 und 1000 km/h konnte das Flugzeug jedoch nicht mehr gesteuert werden. Es ist zu vermuten, daß auch durch Überschreitung der aerodynamisch zulässigen Höchstgeschwindigkeit einige Abstürze verursacht wurden. Problematischer als die aerodynamische Handhabung war die Bedienung der Triebwerke. Die meisten Piloten, die im KG 51 auf dieses neue Flugzeug umschulten, hatten reiche Flugerfahrungen. Turbinentriebwerke aber waren für jeden Neuland. Sie zwangen auch alte Hasen zu gründlichem Umlernen.

Vorne im Lufteinlaß saß auf der Turbine ein kleiner ›Riedel‹-

Zweitaktmotor. Er hatte die Aufgabe, die Turbine auf 2000 U/min. hochzudrehen, denn erst dann konnte sie mit eigener Kraft weiterlaufen. Dieser ›Riedel‹ war unberechenbar und launisch. Er mußte mit einem elektrischen Anlasser oder mittels Seilzug angelassen werden. Das gelang aber oft erst nach gutem Zureden, verbunden mit technischen Tricks. Manchmal gelang es auch gar nicht.

War die ›Unterstützung‹ des ›Riedels‹ gesichert, wurde er mit der Turbine gekuppelt. Bei 800 U/min wurde das Triebwerk gezündet, bei 2000 U/min der ›Riedel‹ wieder ausgekuppelt. Dann konnte die Turbine langsam bis zur Höchstdrehzahl von 8300 U/min hochgefahren werden.

Anlassen, Hochfahren, Abbremsen, besonders aber das Beschleunigen beim Start erforderten Gefühl und Geduld. Zu schnelles Gasgeben bedeutete den Tod der Turbine; geschah es beim Start, war es tödlich für das Flugzeug und den Piloten. Das Turbinenrad am Ende des Triebwerkes, wegen Rohstoffmangel aus einer Legierung hergestellt, die den Anforderungen nur bei schonendster Behandlung gewachsen war, verglühte bei geringer Fehldosierung der Kraftstoffeinspritzung. Das wurde manchem Piloten, der gewohnt war, den Gashebel nach vorne zu schlagen und zurückzureißen, zum Verhängnis.

Rückblickend ist zu sagen, daß die Me 262 aerodynamisch und hinsichtlich der Zelle eine geniale Schöpfung darstellte. Sie war ihrer Zeit voraus. Eine Aufsetzgeschwindigkeit von 180 km/h, eine Dauergeschwindigkeit von 820 km/h bei einer Flugzeit von über einer Stunde, waren damals phantastische Leistungen. Es ist schade, daß keine zuverlässigeren Triebwerke zur Verfügung standen.

In Lechfeld wurde zentral die Umschulung auf Me 262 durchgeführt. Messerschmitt, das Herstellerwerk mit seinen Fachleuten, insbesondere Flugkapitän Fritz Wendel als fliegerisch-technischem Berater, wies unermüdlich das zahlreich zulaufende fliegende und technische Personal in die Feinheiten des ›Wundervogels‹ ein. Oberst Meister bezog mit dem Geschwaderstab dort am 2. Juni 1944 Quartier und erwartete seine ›Mannen‹, die beschäftigt waren, ihre Me 410 abzugeben und sich langsam am Platze einfanden. Wiederum wurde das KG 51 dazu ausersehen, als einer der ersten Verbände der Luftwaffe auf das modernste Fluggerät umzurüsten. Die Me 262 war nicht, wie zum Beispiel die Ju 88, mit einem Sturzvisier für den Bombenwurf ausgerüstet, sondern lediglich mit dem

Reflexvisier, das eigentlich nur zum Schießen konstruiert war. Geübte Piloten konnten jedoch auch mit dieser Behelfsvorrichtung gute Trefferergebnisse im Bombenwurf erzielen.

Die gegnerische Flak vermochte sich bis Kriegsende wenig auf die neuen Geschwindigkeitsbereiche dieses Flugzeugs einzustellen. Meistens schoß sie hinter die angreifenden Maschinen, wie an der Leuchtspur-Munition zu erkennen war.

Hingegen gelang es feindlichen Jägern, vor allem den ›Tempests‹, aus überhöhter Position vereinzelt an die Me 262 heranzukommen, insbesondere, wenn sie noch mit Bomben beladen war. Die große Chance der gegnerischen Jäger war jedoch der Angriff auf startende Me 262 und vor allem auf landende Flugzeuge, die mit einer Kraftstoffreserve von wenigen Minuten zu ihren Horsten zurückkehrten. Hier kam die Luftraumbeherrschung durch den Gegner in den letzten Kriegsmonaten voll zur Auswirkung.

Bis zum Eintritt einiger tragischer Verluste fehlte dem Flugzeug eine rückwärtige Kopfschutz-Panzerplatte. Diese wurde erst im März 1945 eingebaut.

Eine Überraschung war im November/Dezember 1944 das Auftreten von schweren Vergiftungserscheinungen bei Piloten, die nach Beschuß Verbrennungen erlitten hatten. So starb Oberfeldwebel Kohler (?), beerdigt in Bremen, an solchen Vergiftungen nach scheinbar geringen Verbrennungen an den Händen. Ursächlich dafür war der Kraftstoff, der für die Turbinen verwendet wurde. Nach dieser Erfahrung wurden alle Piloten mit hochwertiger Lederbekleidung und mit dicken Lederhandschuhen ausgestattet.

Nach kurzer technischer Einweisung wurde mit den ersten Übungsflügen begonnen. Einen Doppelsitzer gab es noch nicht. Der Fluglehrer gab seine Anweisungen vor dem Start, überwachte das kritische Anlassen und half dem Flugzeugführer mit Hilfe der aus der eigenen Besatzung stammenden Funker im Notfall über Funk in der Handhabung des Flugzeuges. Das Staunen über die fliegerischen Leistungen war groß.

Mittlerweile waren die Alliierten am 6. Juni 1944 an der nordfranzösischen Küste zwischen Cherbourg und Caen gelandet; das war der Beginn der erwarteten Invasion. Die ›Blitzbomber‹ waren aber noch nicht ganz einsatzbereit.

In den ersten Tagen der Invasion standen den 8149 alliierten Flugzeugen nur 350 deutsche gegenüber, ein Verhältnis von 23:1! Teile der 3. Staffel wurden unter dem Eichenlaubträger Major

Wolfgang Schenck, der vom ZG 26 kam und als schneidig und scharf galt, als Teil des KG 51 zum E-Kdo Schenck (auch Sonderkommando E-51) umbenannt. Es hatte umgehend an die Invasionsfront zu verlegen und dort zur Unterstützung der Kämpfe einzugreifen. In die Zeit der Umschulung fiel auch das Ereignis des 20. Juli 1944, dem mißlungenen Attentat des Obersten im Generalstab des Heeres, Graf Schenck von Stauffenberg. Was den Frontkämpfern damals durch den Sinn ging und sie beschäftigte ist vielfältig und nur aus der Zeit, in der sie standen, zu verstehen. Die bewegenden Gedanken sind hinreichend bekannt.

Lechfeld wurde auch bald den Alliierten ein Dorn im Auge. Man wußte durch gut arbeitende Spionage, daß hier eine neue Waffe erprobt wurde, die man erst gar nicht über das Erprobungsstadium hinausgelangen lassen durfte. So schreibt Galland von einem Angriff auf den Platz, wobei alleine 60 Me 262 vom Erprobungskommando und KG 51 am Boden zerstört oder beschädigt wurden.

Die ersten Flugzeuge trugen keine Verbandsbezeichnung am Rumpf, sondern nur große, gut sichtbare Buchstaben von A bis Z.

Verschiedene Probleme entstanden durch die Umrüstung des Flugzeuges für den Bombereinsatz. In Schwäbisch Hall wurden Fahrwerke und Reifen verstärkt, Zusatzbehälter mußten eingebaut werden, die bei mangelnder Sorgfalt im Umpumpen zu »hoffnungsloser« Schwerpunktverlagerung, Schwanzlastigkeit und Unstabilität führten. Es fehlte an erprobten Bombenaufhängungen (›Schiffchen‹) und Visieren. Im Sturzflug konnte nicht genau geworfen werden. Ein Führerbefehl (!) verbat den Sturzflug, mehr als 850 km/h zu fliegen und über Feindgebiet keinesfalls unter 4000 m Flughöhe zu gehen, um der feindlichen Flak geringere Chancen zur Bekämpfung bieten und kein Flugzeug in Feindeshand fallen zu lassen. Damit war das Geschwader von vorneherein zum Mißerfolg verurteilt; die schlechten Trefferergebnisse waren unvermeidlich und deprimierend. Im Dezember 1944 wurden die einschränkenden Befehle endlich wieder aufgehoben. Und wenn gar im Landserjargon der Ausdruck »Flurschadengeschwader« fiel, trug es zur Hebung der Stimmung vollends nicht bei. Mancher ›Vogel‹, der nach Schwäbisch Hall zur Umrüstung geflogen wurde, kehrte nicht zurück, weil er ein Opfer alliierter Bombenangriffe wurde. Auf Schritt und Tritt wurden die ›Sturmvögel‹ — mit Decknamen ›Silber‹ — gejagt. Jeder Start, Flug und jede Landung waren ein kleines Himmelfahrtskommando und zehrte an den ohnehin strapazierten Nerven.

E-KDO SCHENCK VERLEGT NACH FRANKREICH

Der Schulbetrieb begann am 20. Juni 1944, zwei Wochen nachdem die Alliierten in Frankreich gelandet waren. Bis zum 20. Juli waren etwa zwölf Flugzeugführer der 3. Staffel mit dem neuen Flugzeug nach nur vier Einweisungsflügen halbwegs vertraut; für damalige Verhältnisse unter dem Druck des Frontgeschehens, einsatzbereit. Der 20. Juli 1944 ließ keine Zeit über die Tagesereignisse nachzudenken. Es wurde mit neun Flugzeugen nach Châteaudun verlegt. Sofort mußten Einsätze nach England geflogen werden. Mit der Aufgabe des Brückenkopfes von Caen (10. Juli) begann die Räumung Frankreichs, der Rückzug. Dem feindlichen Druck auf schwache Fronten konnte nicht standgehalten werden. Schon am 12. August mußte auf den Platz Étampes verlegt werden.

Das technische Personal leistete Außerordentliches. Da die Jumo Triebwerke der Me 262 nur eine durchschnittliche Lebensdauer von ca. acht Stunden hatten, war irgendwo in Frankreich immer ein kleiner, besonders getarnter, gesicherter Konvoi mit Triebwerken und Ersatzteilen und vielfältigen Sondervollmachten und Bescheinigungen auf dem Wege, um das Sonderkommando E-51 zu finden und zu versorgen. Die um eine Lösung nie verlegenen, augenblicklich »arbeitslosen« und fronterfahrenen Funker aus Ju 88- und Me 410-Zeiten fanden immer einen Weg, zum Ziel, ihrem Verband, zu kommen. Am 15. August ging es weiter nach Creil. Als auch dort der Boden heiß wurde, verlegte man das Kommando am 22. August nach Juvincourt bei Reims. Einer der Triebwerktransporte erfuhr dies zu spät, weil noch auf dem Weg nach Creil, und fiel unversehrt in die Hände alliierter Truppen.

Die Engländer waren bei Falaise durchgebrochen, Fontainebleau mußte geräumt werden, die Besetzung von Paris durch De Gaulles französische Truppen stand unmittelbar bevor.

Teile der 3. Staffel wurden am 23. August zur Auffüllung des Kommandos Schenck in Marsch gesetzt. Von neun Flugzeugen kamen nur fünf an. Zwei Brüche gab es wegen Bedienungsfehlern der Flugzeugführer schon beim Start, die dritte Maschine ging bei der Zwischenlandung in Schwäbisch Hall zu Bruch, der vierte Mann fand Juvincourt nicht und legte einen glimpflich verlaufenden Bruch hin, nicht weit vom Zielplatz.

Von Juvincourt griff das kleine Kommando mehrmals täglich Ziele an der Seine nordwestlich Paris und um Melun an.

Als dann bei Soissons, Chalons-sur-Marne und Vitry-le-François der Gegner durchgebrochen war und im nahen Juvincourt Straßenkämpfe entbrannten, wurde Hals über Kopf am 28. 8. die Verlegung nach Ath-Chièvres in Belgien befohlen. Feldwebel ›Ronny‹ Lauer wurde in Haltert bei Brüssel von vier Spitfire-Jägern gejagt und zur Notlandung gezwungen. Glücklicherweise ließ sich die Me 262 sehr gut auf dem Bauche landen, so schnell brannte sie nicht. Immer war der Verband auf der Flucht vor feindlichen Jägern und Bombern. Nur zwei Tage hielt der Aufenthalt in Chièvres vor. Bereits am 30. August hießen die neuen Standorte Volkel und Eindhoven in Holland. In aller inzwischen gewohnten Hetze wurden noch Einsätze auf Ziele bei Löwen und Antwerpen und gegen die Abwehrlinie am Albert-Kanal geflogen. Als Volkel am hellichten Tag von Lancaster- und Halifax Bombern angegriffen wurde, mußte zwischen 4. auf 5. September bei Nacht und Nebel in aller Eile zurück ins Reich verlegt werden. Nachts um 2 Uhr überquerten alle wohlbehalten den Rhein bei Wesel. In und um Rheine/Westfalen richtete sich die I. Gruppe, in die das ›Kdo Schenck‹ inzwischen aufgegangen war, mit Quartieren in Rheine-Bentlage, Hörstel, Dreierwalde und Hopsten ein. So langsam wurde die Gruppe auch wieder mit von Lechfeld kommenden Maschinen aufgefüllt. Sie trugen endlich wieder die vertraute taktische Kennung 9K+ am Rumpf. Das Edelweiß prangte immer am Rumpf unterhalb der Kanzel. Oberstleutnant Schenck übernahm als Kommodore die Geschwaderführung. Die II. Gruppe mit ihrem Kommandeur Major Grundmann war inzwischen in Schwäbisch Hall soweit aufgestellt worden, daß sie auch als Schnellbomber bei Hesepe in der Nähe des Horstes Achmer zum Einsatz kommen konnte.

RHEINE, HOPSTEN UND HESEPE

Seit dem Herbst 1944 grübelte Hitler über einer neuen, großen, alles entscheidenden Offensive im Westen. Immer wieder wurde der Angriffstermin verschoben. Um 5.30 Uhr des 16. Dezembers begann dann die Operation ›Wacht am Rhein‹ bzw. ›Herbstnebel‹, die als Ardennenoffensive in die Kriegsgeschichte eingehen sollte.

Schlechtes Wetter behinderte die Luftwaffe zunächst am Eingreifen. Am 22. Dezember klarte das Wetter auf. Erbitterte Kämpfe entbrannten um Bastogne und westlich Rochefort. Die alliierte Luftüberlegenheit war erdrückend. Die wenigen deutschen Kampfflugzeuge kamen dagegen nicht an und hatten schwerste Verluste zu verzeichnen. Nur in Baumwipfelhöhe konnten die Ziele bekämpft werden. Die einzige Möglichkeit, ein wenig Schutz vor feindlichen Jägern zu finden. Die hohe Fluggeschwindigkeit der Me 262 war oftmals die letzte Rettung vor angreifenden, stets lauernden Tempest-Jägern, die sich meist im Raume Hopsten/Achmer und Rheine aufhielten und nur darauf warteten, die vom Einsatz zurückkommenden ›Blitzbomber‹ abzuschießen, gerade dann, wenn sie beim Landeanflug am verwundbarsten waren.

Unsere Plätze wurden mit bis zu 160 Flak 20-mm-Vierlingen gespickt wie z. B. an der Ost-West verlaufenden Piste von Rheine. Dadurch wurden die Abschußchancen der Alliierten erheblich reduziert. Zusätzlich lagen eigene Jagdverbände zum Schutze der Turbo-Verbände immer in der Nähe. Die Alliierten richteten sehr bald ihre Angriffstaktiken darauf ein.

Die Ardennenoffensive versackte schnell im Schlamm und Morast. Es fehlte an Treibstoff und Munition, was selbst durch Mut und Tapferkeit des deutschen Heeres nicht ausgeglichen werden konnte. Das Nachdrücken der Alliierten ins Reich ließ nicht lange auf sich warten.

Laufend wurde das Geschwader an den zahlreichen Brennpunkten eingesetzt. Die Männer waren das schon von Rußland her gewohnt. Die IV. Gruppe bildete in München-Riem und Erding die sich aus allen Kampfverbänden freiwillig meldenden Flugzeugführer aus. Manch alter, erfahrener Ju 88- oder Me 410-Kommandant dagegen fand kein Verhältnis zu der neuen Maschine und zog andere Verwendungen vor. Sie trauten der neuen, »heulenden« Antriebsquelle nicht so recht und hatten teilweise erhebliche »Manschetten«. Der ständige Treibstoffmangel behinderte die Ausbildung nicht unwesentlich. 65 Tonnen waren erforderlich, um nur einen Nachwuchspiloten auszubilden. Ähnlich den Flugzeugwerken wurden die deutschen Hydrierwerke seit langem regelmäßig und sehr nachhaltig von den Alliierten bombardiert. Die Rohstoffengpässe nahmen laufend zu.

Die II. Gruppe operierte — wenngleich nicht besonders erfolgreich — von Hesepe und Achmer aus mit dem KG 76, das den zwei-

Bei der Verleihung des Ritterkreuzes an Hptm. Löffelbein am 3. 10. 1943 in Hildesheim. v. l. n. r.: Stabsarzt Dr. Bahnsen, Hptm. Löffelbein, Major Schölß, Kdr. IV./KG 51, Oblt. Dr. Roder, Adjutant.

Kommodore Oberstleutnant Hanns Heise, Mai 1944, in St. Georges Môtel, Frankreich.

V. l. n. r.: Kommodore Oberstleutnant Meister mit Adjutant Hptm. Sartor und Hptm. Grundmann, Kdr. II./KG 51, Juli 1944.

Eine Rotte
Me 262 der
I./KG 51 am
Start in Juvin-
court bei Reims,
kurz nach der
Invasion, im
Juli 1944.

Rheine, Sep-
tember 1944.
v. r.: Major
Wolfgang
Schenck, Ober-
feldwebel Gerd
Gittmann,
Oberfeldwebel
»Ronny« Lauer,
Hauptmann
Eberhard Win-
kel, Oberfeld-
webel Adolf
Schwachenwald
(den Rücken
zugekehrt).

Eine Me 262 des
»Edelweiß-
Geschwaders« in
regnerischer
Abenddämme-
rung, Hopsten
1944.

Kommandeur der I./KG 51 Major Unrau (M.) läßt sich im Gefechtsstand Rheine von Hauptmann Winkel (r.) den Beschuß durch feindliche Jäger berichten. Stabsarzt Dr. Denkhaus (l.) hatte ihn zuvor gut verarztet.

Kritischen Blickes im Unterstand des Gefechtsstandes Rheine, Herbst 1944. Von links: Leutnant Batel, Leutnant Haefner, Leutnant Ritter von Rittersheim (gef. 14. 1. 1945), Hauptmann Abrahamczik, Hauptmann Rösch (gef. 28. 11. 1944), Leutnant Maser.

Der General der Jagdflieger, Adolf Galland, bespricht mit Major Unrau aktuelle Probleme um den Einsatz der Me 262. (Rheine, 8. 10. 1944, am Tage, als der berühmte Jagdflieger Nowotny fiel).

Die letzte Kriegsweihnacht 1944 in Rheine, v. l. n. r.: Oblt. Hovestadt, Major Unrau, Stabsint. Hoiß.

Hptm. Hans Gutzmer, Staffelkapitän der 7. Eisenbahnbekämpfungsstaffel im KG 51 (Ritterkreuz am 29. 2. 1944).

In Giebelstadt fielen am 21. 3. 1945 Hptm. Winkel und Ltn. Gietmann; das Ordenskissen trägt Bordfunker Ofw. Schwachenwald aus der Besatzung Winkel.

strahligen Bomber Arado 234 ›Blitz‹ vor allem im holländisch-belgischen Raum zum Einsatz brachte.

Als am 13. November 1944 ein großer Bombenteppich über Rheine gelegt wurde, fielen einige schwere Bomben auch in das RAD-Lager, das teilweise zerstört wurde, und raffte viele Geschwaderangehörige dahin, abgesehen von den zahlreichen Schwer- und Leichtverwundeten. Vom fliegenden Personal fanden Oberleutnant Merlau und Feldwebel Hoffmann den Tod. Unter den Schwerverwundeten ist auch der Flieger- und Truppenarzt der I. Gruppe, Stabsarzt Dr. Denkhaus.

Auch in Hesepe wurden viele Männer der 5. Staffel ein Opfer feindlicher Bomben. Die Angehörigen der Strahlverbände waren immer auf der Flucht. Sie waren Gejagte, wo immer sie sich einfanden. Der Gruppenstab verlegte daraufhin in die Nähe von Hopsten und bezog wechselweise Unterkunft in Hörstel, Dreierwalde und Esch.

Die Einsätze richteten sich in erster Linie gegen Ziele im Raume Lüttich, Antwerpen, Nijmwegen, Volkel, Eindhoven und auf die Truppenansammlungen nach der verlustreichen Luftlandung bei Arnheim. Die II. Gruppe wurde vom Horst Essen-Mülheim — mit einer relativ kurzen Startbahn — hauptsächlich gegen feindliche Stellungen bei Euskirchen, Düren und Jülich eingesetzt, wo hart um den Reichswald und den Hürtgen-Wald gekämpft wurde. Vom Platz Essen-Mülheim konnten die Me 262 nur mit Starthilfsraketen starten.

Am Silvesterabend des Jahres 1944 galt für alle deutschen Luftwaffenverbände Zapfenstreich um 19.00 Uhr. Etwas Besonderes, allen Geheimgehaltenes war geplant. Selbst die Kommandeure wußten nicht, welche Ziele auf dem Programm standen. Niemand konnte recht schlafen. So auch bei der I. Gruppe, wo der TO der 3. Staffel in Rheine, Leutnant Maser, bis tief in die Nacht in der Halle bei den Technikern weilte, um einen möglichst hohen Klarstand der Maschinen zu erreichen. Immerhin konnten von 30 Maschinen 21 klar gemeldet werden. Um drei Uhr morgens wurde geweckt. Die Kommandeure und Kapitäne hielten im Flugbesprechungsraum geheimnisvolle Umschläge für die Besatzungen bereit — Zielmappen für einen großangelegten Tiefangriff auf Flugplätze im belgisch-holländischen Raum.

Jeder Pilot erhielt eine wohlvorbereitete Karte, auf der Stützpunkte, Flugplätze, Flakschwerpunkte im Hinterland der Alliierten eingetragen waren, auch Flugkurse für die Rückkehr waren bereits berechnet. Startzeit 7.45 Uhr. Die Verbände wurden von Ju 188 ›Pfadfindern‹ zur Front geführt. Ein Großverband auf Richtung Brüssel, der zweite Richtung Arnheim-Eindhoven, der letzte Richtung Venlo. Die I./KG 51 bekämpfte an diesem kalten Wintermorgen die Flugplätze Eindhoven und Hertogenbusch in Holland. Die Amerikaner und Engländer schliefen noch, als die Sonne am Horizont aufging. Die feuchtfröhliche Neujahrsfeier stak ihnen wohl noch in den Knochen. Wer dachte je an einen derartigen Schlag der Luftwaffe, dieser Luftwaffe, die man schon in den letzten Zügen glaubte. Die Flugplätze lagen ruhig da und waren mit Maschinen aller Art vollbelegt.

Schon standen Maschinen, Tanklager, Werften und Bauten in Flammen. Der Überraschungsangriff gelang. Dunkle Rauchsäulen markierten den Erfolg.

Der Rückflug führte durch eine erwachende Flakhölle. Luftkämpfe begannen, rotglühende Punkte im Schnee zeigten die Abstürze an. Der Materialschaden beim Feind war groß, er verlor 810 Maschinen, bei 800 von der Luftwaffe eingesetzten eigenen Flugzeugen. 293 deutsche Maschinen gingen verloren, darunter 59 besetzt mit erfahrenen Verbandsführern! Ein nicht zu ersetzender Aderlaß an wichtigem Führungspersonal.

200 Flugzeuge alleine schoß die feindliche Flak ab. Diese Maschinen flogen entlang einer ›Flakstraße‹, die die Alliierten errichteten, um V-1 Flugkörper abzuschießen. Bei diesem Einsatz fiel auch einer der ältesten, erfahrensten Flugzeugführer des Geschwaders, Oberfeldwebel Erich Kaiser.

Nur eine Woche lang war die alliierte Luftwaffe empfindlich geschwächt. Bereits am Nachmittag des 1. Januar verlegten die fliegenden Teile der Gruppe nach Giebelstadt. Auch Frankfurt-Rhein/Main wurde für die Aufnahme von Flugzeugen vorbereitet. Aus dieser Verlegung wurde aber wegen der sich überschlagenden Frontereignisse nichts. Bereits Ende Februar verlegte man zurück nach Hopsten. Die Briten standen im Raum nördlich Kalkar am Rhein, die Amerikaner hatten bereits an der Ruhr ihren Großangriff begonnen. Nachdem die Amerikaner die nur leicht beschädigte Rheinbrücke bei Remagen am 7. März nehmen konnten und einen Brückenkopf bildeten, erreichte den diensthabenden Offizier der I./KG 51 in Hopsten nachts um 2 Uhr ein persönlicher Anruf des Reichsmarschalls Göring mit dem Befehl, der Verband solle

unverzüglich Freiwillige stellen, um sich auf die umkämpfte Rheinbrücke zu stürzen, ganz im Sinne der japanischen Kamikadseflieger,
selbstverständlich! Nur zwei Tollkühne meldeten sich. Glücklicherweise wurde der Einsatz nicht durchgeführt.
Es war zu spät!

DIE LETZTEN EINSÄTZE IN SÜDDEUTSCHLAND

Am 13. März verlegten die Ersten nach Leipheim, wo man auf der
Autobahn startete und auf dem Rollfeld des Flugplatzes landete,
um danach schnellstens zur Tarnung unter Bäumen Schutz zu
suchen. Als Gefechtsstand bezogen die schnellen Kampfflieger das
Autobahnrasthaus Leipheim/Günzburg.
Auch in Giebelstadt lagen noch Teile des Verbandes. Der Schwerpunkt der Einsätze lag im Unter-Elsaß in der Gegend des Hage-
nauer Forstes. Hier fand Leutnant Ritter von Rittersheim bei
Rittershofen den Fliegertod. Leutnant Batel schoß bei einem dieser
Einsätze über Karlsruhe eine amerikanische Thunderbolt ab, auch
das konnten die ›Kämpfer‹ im Notfall.
In Leipheim ereignete sich ein tragisches Mißgeschick. Der Verband
wurde durch die immer mehr um sich greifende Desorganisation
innerhalb der Luftwaffe — die rechte Hand wußte nicht, was die
linke tat — von zwei Kommodores geführt. Major Barth besaß
ein offizielles Papier, das ihn als Kommodore auswies, genauso wie
Oberstleutnant von Halensleben. Als von Halensleben in seinem
Dienstfahrzeug über die Autobahnbrücke bei Leipheim zum Gefechtsstand fuhr, wurden er und drei weitere Soldaten ein Opfer
amerikanischer Jabos. Sie wurden in Leipheim beerdigt.
Barth führte von nun an das Geschwader bis zum bitteren Ende.
Von Leipheim wurden Ziele im Raume Würzburg, Tauberbischofs-
heim, Crailsheim, also im gesamten schwäbisch-fränkischen Raum,
bekämpft, während die II. Gruppe von Schwäbisch Hall aus am
Rhein bei Speyer und in der Pfalz um Kaiserlautern eingriff. Am
21. März fand der beliebte, bewährte Staffelkapitän der 3./51,
Hauptmann Winkel, gerade zum 300. Feindflug gestartet, durch
das verirrte Geschoß einer amerikanischen Thunderbolt am Platzrand von Giebelstadt den Tod. Er fiel durch Kopfschuß. Als Sofort-
maßnahme wurde daraufhin in alle Me 262 eine dicke Panzerplatte
in der Kabine hinter dem Nacken des Piloten angebracht.

Schon bald hörte man wieder den Geschützdonner der Alliierten in den Ohren. In schon gewohnter Hast und Eile wurde verlegt. Die Ereignisse überschlugen sich. Laufend wurden die Turbojägerplätze von den Alliierten bombardiert. Es ging dem Ende entgegen. Die I. Gruppe verschlug es am 21. April nach Memmingen. Die II. Gruppe floh über Nürnberg-Fürth nach Linz/Hörsching. Die Amerikaner standen vor Ulm und München. Die Auflösungserscheinungen einer bisher so festgefügten Armee waren deprimierend mitzuerleben. Überall ging der ›Heldenklau‹ für örtliche Verteidigungsverbände um. Mit viel Glück entgingen die Flieger trotz Sonderausweis ». . . ist Angehöriger eines Strahlverbandes und gemäß Führerbefehl nicht zum Erdeinsatz heranzuziehen!« den Häschern des Volkssturms nur mit Müh und Not.

Bei Straßkirchen, in der Nähe von Landau/Isar, gerieten 80 % der II. Gruppe unter Major Grundmann in amerikanische Gefangenschaft. Die Reste der Gruppe wurden von Oberleutnant Baetz in Kammern bei Landau nach Hause geschickt.

Nur die I. Gruppe konnte mit Flugzeugen und Bodenpersonal im letzten Augenblick nach Memmingen entkommen. Gegen die Donaubrücken bei Dillingen wurden noch Einsatzflüge als letztes Aufbegehren geflogen. Als am Nachmittag des 23. April der Ruf »Franzosen vor Memmingen« durch den Memminger Horst gellte, stürzten die Besatzungen aus dem Kasino und überführten ihre Maschinen nach München-Riem, wo die Me 262 an den Jagdverband Galland abgegeben wurden. Sofort nach der Landung wurden sie zur Tarnung weit aus dem Platz herausgeschleppt. Ein Fliegeralarm jagte den anderen.

Der Bau von Einmannlöchern im steinigen Boden von Riem kostete den die körperliche Arbeit nicht gewohnten Fliegern viel Schweiß und Nerven. Nicht selten hüpften zwei Flieger gleichzeitig in eines der engen Einmannlöcher und wunderten sich, daß es darin so eng war, und das angesichts der rechts und links krepierenden Bomben. Während sich das Gros der I. Gruppe auf Gut Schönegg-Nordhof nach Dietramszell bei Holzkirchen zurückzog, mußte noch eine besondere Aufgabe von wenigen anderen übernommen werden. Der TO der IV./KG 51, Dr. Woernle, mußte Ende April 1945 schweren Herzens etwa 50 Me 262 in Neuburg/Donau sprengen, als der Platz unter amerikanischen Artilleriebeschuß geriet.

AUSSENKOMMANDO IN PRAG-RUSIN

Als auch München unter dem Beschuß amerikanischer Artillerie erzitterte, war der 30. April angebrochen. In der Tschechoslowakei brach ein Aufstand los, die bisher verbündeten Wlassow-Truppen schlossen sich an. Hier wollte und sollte die Wehrmacht eingreifen, um den Rückzug eigener Truppen und flüchtender Deutscher zu decken und zu schützen. Es spielten sich erschütternde Szenen ab, vielfältig geschildert und der Nachwelt unbegreiflich. Sieben aufrechte Freiwillige übernahmen im Rauch der Geschoßeinschläge in München-Riem unter Hauptmann Abrahamczik ihre vertrauten Maschinen und verlegten über Hörsching nach Prag-Rusin. Eine kleine Mannschaft von tapferen Mechanikern folgte unter Mühen und vielgeübter Improvisation per Achse mit einigen, wenigen Werkstattwagen zur Betreuung der Flugzeuge. Der Jagdverband Galland wich nach Salzburg aus.

In Prag wurde dieser kleine Haufen dem ›Gefechtsverband Hogeback‹ unterstellt. Man griff in die Kämpfe in und um Prag ein und lernte den schwierigen Häuserkampf und Straßenkampf aus der Luft kennen. Leutnant Schimmel fiel am 6. Mai, Oberleutnant Strothmann und Uffz. Poling am 7. Mai 1945 im Einsatz.

Die Lage wurde immer unhaltbarer. Prag-Rusin wurde am 6. Mai geräumt. Die neue Basis hieß Saaz (Zatec). Hier gab es nichts mehr zu bekämpfen, man verteidigte sich rundum so gut es eben ging. Es fehlte an Treibstoff und Ersatzteilen. Die Männer des Bodenpersonals kamen nicht mehr nach. Sie gingen in Prag, Saaz und Pilsen zu den Amerikanern über, um der russischen oder tschechischen Gefangenschaft zu entgehen. Viele wurden teilweise später an die Russen ausgeliefert und sahen die Heimat nie wieder.

Hauptmann Abrahamczik gab seinen verbliebenen Fliegern in Saaz am 8. Mai den Auftrag, nur bei westlichen Truppen zu landen, nachdem bekanntgeworden war, daß die deutschen Truppen an der britischen Front schon die Kapitulation unterzeichnet hatten.

Am frühen Morgen des 7. Mai um 02.41 Uhr war in Reims die Gesamtkapitulation der deutschen Wehrmacht vollzogen und als offizielles Datum für die Beendigung der Kriegshandlungen der 9. Mai 00.01 Uhr festgesetzt worden.

Jeder stand plötzlich vor dem Nichts. Eine Welt brach zusammen.

241

Überleben hieß von nun an die Parole.

Die vier auf sich alleine gestellten Flieger überlegten, wie sie aus dieser fast auswegslosen Lage wohl das Beste machen konnten. Der letzte Flug in einem bewegten Flieger- und Soldatenleben stand bevor.

Strahlendblauer Himmel ließ bei den bisher nie um Ausweichlösungen verlegenen Männern Trübsinn gar nicht erst aufkommen. Trotz allem war man doch irgendwie zuversichtlich. Es mußte unter allen noch so widrigen Umständen weitergehen, — nur nicht in Richtung Osten, den man ja kannte. —

DER LETZTE FLUG

Am 8. Mai, dem Tag der Kapitulation stand der deutsche Soldat nicht vor der Frage: »Was tun?«, sondern nur »Wohin?«. Die Antwort konnte für Leutnant Wilhelm Batel nur lauten: »Wenn möglich nach Hause, andernfalls auf einen Flugplatz bei den Engländern.« So verlief auch sein Flug:

Am 8. Mai 1945 um 14.30 Uhr startete er in Saaz in der 9K+FB mit direktem Kurs auf Lüneburg. Es war herrliches Wetter mit guter Fernsicht. Die Flughöhe lag im Mittel bei etwa 3000 m. Dieser Flug blieb in seiner Erinnerung recht lebendig, und dies hatte seinen Grund. Die Verhältnisse hatten sich für ihn noch nicht vorstellbar, über Nacht, völlig geändert. Es fehlten insbesondere die Gefahren des Krieges. Sein Flugzeug war voll munitioniert, aber wozu? Völlig ungewohnt die Landschaft, keine Flakgeschosse, keine Brände von Luftangriffen, keine dampfenden Lokomotiven, um nur einige Beispiele zu nennen. Auf den Flugplätzen bei Dresden, Leipzig (in Machern hatte er den Blindflug erlernt) und Magdeburg standen die Flugzeuge der Alliierten wie zu Paraden aufgestellt. Kurz nach 15.00 Uhr erreichte er den Flugplatz Lüneburg, der offenbar von Engländern belegt war. 30 km entfernt davon lebten seine Eltern auf einem landwirtschaftlichen Gut. Die Absicht, wenigstens durch Überfliegen ein Lebenszeichen zu geben, erschwerten zunächst Schwierigkeiten mit der Navigation. Er hatte seine Heimat im wesentlichen durch Wanderungen und nicht durch Fliegen räumlich erschlossen. So hatte er in der Me 262 ein falsches Raumgefühl für dieses Gebiet. Aber dieses Mißverhältnis baute er durch Anpassung bald ab.

Beim Überflug des kleinen Landgutes mußte er feststellen, daß in dem Ort und auch auf den anliegenden Reichsstraßen starker Truppenverkehr mit Jeeps und LKWs herrschte. Eine Landung in unmittelbarer Nähe war daher nicht sinnvoll. Er hatte sich aus diesem Grunde in etwa 3 km Entfernung ein an einen Wald angrenzendes Feld ausgesucht, in dessen Nähe auch keine Truppen- und Menschenansammlungen zu erkennen waren. Um 15.28 Uhr schwebte er zu seiner letzten Landung an. Die Bauchlandung auf dem Getreidefeld klappte recht gut. Das Flugzeug lag etwa 8 m vom Waldrand entfernt. Mit seiner Aktentasche und dem Fallschirm konnte er schnell ein schützendes Gebiet erreichen. Vorher versuchte er noch, das Flugzeug in Brand zu setzen, aber das Feuer in den Triebwerken, nach Zündung des eingespritzten Kraftstoffs, war relativ harmlos. Dabei beließ er es denn auch.

Anschließend nahm er den Marsch in Richtung auf sein Elternhaus auf, aber bereits unweit des Landeplatzes traf er beim Überqueren eines Waldweges einen Bauern, der ihn nicht erkannte. Er fragte ihn daraufhin nach einem Ort, der entgegengesetzt von seinem Landeort lag. Dies war insofern günstig, als später von den Engländern eine doch sehr intensive Suchaktion begonnen wurde. Die weitergegebene Information des Bauern verschonte ihn dann vor dieser Suchaktion. Gegen 16.30 Uhr erreichte er den sogenannten ›Weißen Berg‹, von dem er Einblick in die Gemeinde seiner Eltern hatte, aber nicht in den Ortsteil, wo seine Eltern lebten. Dann nahm er ein Sonnenbad und beobachtete den Betrieb im Ort und auf den Straßen. Mit Einbruch der Dämmerung, unter dem Schutz von Bäumen, Hecken und Zäunen, schlich er sich über das freie Feld zum etwa 1 km entfernt gelegenen Ortsteil und erreichte sein Elternhaus unbehelligt. Angemeldet haben ihn die anschlagenden Schäferhunde seiner Eltern.

Es gab ein freudiges, nur sehr leises Wiedersehen, denn im Hause wohnten zahlreiche Flüchtlinge. Nach einigen Tagen verließ Wilhelm Batel sein Versteck und erklärte, er sei offiziell entlassen worden.

Staffelkapitän Abrahamczik begleitete in seiner Me 262 Oberleutnant Haeffner, der das Fahrwerk seiner Maschine wegen eines technischen Fehlers nicht einfahren konnte. Ihr Ziel war München-Riem, woher sie einst zu ihrem abenteuerlichen Unternehmen in der Tschechoslowakei kamen. Die Amerikaner übernahmen erfreut die beiden Turbojäger, die Flieger kamen in Gefangenschaft.

Der vierte im Bunde, Oberleutnant Fröhlich, wählte als Landeplatz Faßberg. Auch er landete unbehelligt. Die dort liegenden Engländer staunten nicht schlecht über diesen ungeahnten Zugang. Man feierte bereits feucht und laut den Waffenstillstand und nahm den verdutzten Deutschen fröhlich in der Runde auf. Zwei Tage dauerte es, bis sie wieder halbwegs klar im Kopf waren und bemerkten, daß es an der Zeit sei, dem deutschen ›Feindflieger‹ die Pistole abzunehmen und ihn der Armee zu übergeben. Auch er konnte dem Schicksal vieler deutscher Soldaten, der Kriegsgefangenschaft, nicht entgehen.

Der Krieg war aus. Deutschland zerschlagen. Das Fliegen für Deutsche wohl für immer zu Ende. —

Während des relativ kurzen Einsatzzeitraumes mit der Me 262 fanden 172 Geschwaderangehörige den Tod, davon:

> 53 Offiziere
> 91 Unteroffiziere
> 28 Mannschaften

Das bittere Ende

Für die meisten Geschwaderangehörigen endete der Krieg in den letzten Apriltagen des Jahres 1945. Die offizielle Entlassung erfolgte durch den Geschwaderbefehl vom 24. April 1945. Danach war ein jeder gehalten, sich am neuen Aufenthaltsort beim Bürgermeisteramt zur Arbeitseinteilung zu melden. Entschädigungen wurden nicht ausgezahlt, die Ausrüstung mit Wäsche und Schuhen den Soldaten überlassen. Dienstsiegel zur Bestätigung gab es schon lange nicht mehr.

Die III. Gruppe war bereits aufgelöst, der Rest der II. Gruppe geriet bei der Verteidigung der Isarstellungen nahe Landau in Gefangenschaft. Nur Teile der 2. Staffel unter Staffelkapitän Hauptmann Abrahamczik kämpften bis zuletzt in Prag-Rusin und Saaz.

Das Gros der I. Gruppe verlegte am 30. April zunächst nach Dietramszell bei Holzkirchen auf Gut Schönegg-Nordhof und die umliegenden Ortschaften. Hier wurden sie dem ›Feldjagdkommando Schomann‹ der Luftwaffen-Feldjagdabteilung 103 (mot.) eingegliedert. Von nun an bildeten Flieger und Techniker eine Ordnungsgruppe zur Disziplinierung der in die ›Alpenfestung‹ zurückflutenden deutschen Soldaten. Zunächst wurden Panzerfäuste ausgegeben und die erforderlichen Handgriffe zur Anwendung dieser Waffe erklärt. Hervorragend ausgerüstet mit diesen Waffen, Kraftfahrzeugen, zahlreichen, mit vielen Stempeln wichtig erscheinenden Papieren, und versorgt mit lang entbehrter, guter Verpflegung, war diese Tätigkeit, trotz aller Annehmlichkeiten für den Einzelnen kein Zuckerschlecken.

Von Dietramszell zogen nun die Reste der bisher fliegenden Verbände geordnet, als ob der Krieg erst an diesem Tag begonnen hätte, bewaffnet und mit Kettenkrädern (Zugmaschinen unserer Me 262), geräuschvoll rollend über Bad Tölz nach Winkel, südlich Lenggries. Auf Befehl des örtlichen SS-Einsatzleiters (ein Offizier im Majorsrang mit vielen hohen Orden und Ehrenzeichen) sollten wir sämtlichen, in Richtung Süden strebenden Landsern und Offizieren Einhalt gebieten, Waffen und Gerät abnehmen und diese dann später, einer in Bad Tölz letzten Widerstand leistenden Einheit zuführen. Welch miserable Aufgabe angesichts des nahen Zusammenbruchs!

Ein weiterer Einsatzbefehl veranlaßte den »schneidigen Haufen«, über den Achenpaß auf die Tratzburg bei Jenbach/Tirol zu verlegen. Hier empfingen Professor Heinkel und einige seiner Direktoren die ehemaligen Kampfflieger im Werkskasino der Heinkel-Werke. Beim gemeinsamen Essen drückte sich im Gespräch die Niedergeschlagenheit, Angst und Hilflosigkeit dieser Menschen aus. Man erfuhr so manche bisher unbekannte Einzelheit, warum in der technischen Organisation der Flugzeugentwicklung soviel schiefging. Warum Heinkel, Focke-Wulf oder Messerschmitt einmal mehr einmal weniger in der Gunst des Reichsmarschalls standen, warum Um- und Einbauten an den Maschinen vorgenommen werden mußten, um bewußt den einen Flugzeugtyp gegenüber einem anderen zu benachteiligen. Angst vor Hitlers Gestapo, Machtkämpfe im Beschaffungswesen, persönliche Geldgier, vielleicht ein wenig Korruption und Sabotage schufen unlautere Machenschaften im Konkurrenzkampf zur Erzielung eines Produktionsauftrages.

Schon am 3. Mai verschlug es die Männer weiter nach Seegatterl bei Reit im Winkl, wo die 3. Staffel teilweise aufgelöst wurde; einige zogen sich auf die Scheibelbergalm bei der Winkelmoosalm zurück, nachdem auf dem Wege dorthin österreichische Heckenschützen entgegen der bisher gepflegten, gemeinsamen Waffenbrüderschaft sich den deutschen Soldaten gegenüber feindlich verhielten. Es spielte sicher eine gehörige Portion Opportunismus dabei mit! Nur durch die tägliche Entsendung von Spähern ins Tal konnten sich die Versprengten halbwegs absichern. Dank der Tatsache, daß kein Offizier diesen versprengten, labilen Verband vorzeitig und unerlaubt verließ, trug zum Zusammenhalt bei.

Das Restkommando teilte sich. Ein Teil blieb in Reit im Winkl. Ein anderer sollte unter Oberleutnant Stephan und Leutnant Maser einer SS-Einheit Hilfe leisten. Dazu kam es aber nicht mehr. Er wurde am 9. Mai von den Amerikanern gefangengenommen und ins Lager Blindau bei Reit gebracht. Ganz ähnlich erging es den Männern der 2. Staffel in Heutal bei Unken/Tirol.

Die kleinen Kommandos traten vor dem Weg in die Gefangenschaft meist noch auf irgendeiner Wiese zum letzten Male militärisch-

diszipliniert an. Einige kurze, manchmal recht markige Worte noch des Dienstältesten beendeten eine lange, erlebnisreiche und oft entbehrungsvolle Dienstzeit. Die letzte Verpflegung der Gruppe wurde aufgeteilt, die wohlgehüteten Wehrpässe zurückgegeben. So endete für Viele auf einer Alm in den Alpen mit nur wenigen Zuschauern, überwiegend ›Rindviechern‹, und gemischten Gefühlen ein fast gewonnener Krieg, eine Idee, eine Illusion. —
Als den auf den Almen lebenden Geschwaderangehörigen langsam und stetig die Verpflegung ausging, schickten sie zu den Besatzungstruppen Kontaktsucher ins Tal. Dort lag eine amerikanische Luftlande-Division. Sie hatte in Frankreich bei Bastogne sehr schlechte Erfahrungen mit den deutschen SS-Truppen gesammelt. Wer immer aber von ihnen als kurzfristiger Kriegsgefangener in Lagern der Luftwaffe war, hatte stets nur einen guten Eindruck von der ordnungsgemäßen Behandlung gewonnen.
Im Lager Blindau, einem Gehöft mit großem Wiesenbestand, lebten die Männer als Kriegsgefangene etwa drei Wochen. Offiziere durften ihre Waffen behalten.
Natürlich wurden die Flieger der Me 262 häufig verhört. Man glaubte ihren Gefechts- und Frontberichten wenig. Als z. B. Oberfeldwebel Werschnik bei einer der Vernehmungen erklärte, er habe etwa 330 Feindflüge inklusive auf Me 262, gab es bei den gut deutschsprechenden amerikanischen Offizieren ungläubige Gesichter. Man traute ihm nicht und veranlaßte einen psychologischen Test mit Hilfe eines der neuartigen ›Lügendetektoren‹. Als sich die Angaben doch als richtig erwiesen, wurde Werschnik von den amerikanischen Kampftruppen wie ein Halbgott verehrt und hofiert. Für amerikanische Verhältnisse war es eben unfaßbar, daß ein Flugzeugführer länger als für einhundert Einsätze im Frontgeschehen belassen wurde.
Zwischen Hallein und Bischofshofen, bei Werfen im Blühnbachtal, hielt sich ein großer Teil der I./KG 51 auf. Sie lebten zeitweilig wohlversorgt im Jagdschloß der Krupps. Nach der Kapitulation meldete sich Major Unrau beim Kommandeur des 15. US-Infanterieregiments, Colonel Edson, in Werfen. Dieser begrüßte ihn mit Handschlag und verpflichtete die sich in diesem Raum aufhaltenden Teile der I. Gruppe als Ordnungstruppe, um die einfließenden ehemaligen deutschen Soldaten aller Waffengattungen in bestimmte Auffangräume zu leiten.
Ein anderer Teil der Gruppe betreute technisch und fliegerisch eine

Vielzahl von Beuteflugzeugen, insbesondere Fieseler ›Störche‹, dieser Infanterieeinheit.

Ende Mai wurde ihr Verantwortungsbereich nach Feldkirchen/Bayern verlegt. General Korte, einer der ersten Gruppenkommandeure im KG 255, setzte seine Ordnungstruppe der Luftwaffe ein, um die aus den Alpen zurückkehrenden deutschen Soldaten in Entlassungslager der Besatzungsmächte einzuweisen. Die Entlassungsaktionen sollten reibungslos und so schnell wie möglich abgewickelt werden.

Nicht unerwähnt dürfen die kameradschaftlichen ›Machenschaften‹ der mit allen Wassern gewaschenen Frontsoldaten bleiben. Das Lager Bad Aibling war für schlechte Behandlung bekannt. Dort dauerte der Entlassungsgang etwa acht Tage, mit allen möglichen Schikanen. Dagegen ging es im Lager Rosenheim humaner zu. Innerhalb von drei Stunden hatte man seine Entlassungspapiere in der Hand. Was Wunder, daß sich unsere Männer meist in Rosenheim wiederfanden und schnellstens durchgeschleust wurden!

An der Mangfallbrücke bei Weyarn, im Kloster St. Peter und Paul, empfing eines Tages der berühmte Ozeanflieger, Oberst der US-Luftwaffe Charles Lindbergh, fast alle bekannten Me 262 Flieger. Die freundliche Art, in der er jeden Einzelnen mit Handschlag begrüßte und unter vier Augen über die Erfahrungen mit diesem modernen, epochemachenden Flugzeug befragte, war zu dieser Zeit ungewohnt und nicht üblich. Seine Umgangsart hob sich angenehm von der jetzt gepflegten ab. Ein jeder, der mit dieser Persönlichkeit zusammentreffen konnte, hat ganz sicher den besten Eindruck von der Einstellung und Handlungsweise der amerikanischen Luftstreitkräfte insgesamt bekommen. Es sei bemerkt, daß die kriegsgefangenen Piloten zuvor beraten und beschlossen hatten, diesem feinen Offizier die Aussage nicht zu verweigern.

Flieger aller Zeiten, Nationen und Weltanschauungen verkehrten schon immer auf ganz anderer ›Frequenz‹ miteinander. Die dritte Dimension überspannte stets Welten und kurze Horizonte. —

Gegen Ende Juni/Anfang Juli 1945 war das Gros der Geschwaderangehörigen aus amerikanischer Kriegsgefangenschaft entlassen worden. Einige schmachteten in Kerkern oder gar russischen Lagern jedoch noch jahrelang.

Es hieß von nun an, eine neue Welt, eine Existenz aufzubauen.

Die deutsche Luftwaffe hatte bis zum Kriegsende insgesamt etwa 140 000 Mann verloren, etwa 155 000 Mann waren vermißt,

40 000 wurden verwundet oder verletzt.

Von insgesamt 94 435 Maschinen verloren alleine die Kampfflieger 21 807 Flugzeuge.

Eine Welt brach zusammen. Irgendwie mußte es weitergehen.

Deutschland lag in Trümmern. Der Krieg war zu Ende.

Die Überlebenden mußten und sollten Deutschland wiederaufbauen. Ein neues, hoffentlich für immer geläutertes Deutschland. —

Die Traditionsgemeinschaft des KG 51

Bereits im Jahre 1951 reifte bei einzelnen Kameraden, die sich zufällig in Penzing bzw. in Landsberg trafen, der Gedanke, ob die alten Kameraden nicht wieder einmal zusammenkommen sollten. Gedacht war hier zunächst an jene Kameraden, die in der Gegend von Landsberg wohnen. Dabei blieb es zunächst, weil jeder die Vorbereitungsarbeiten fürchtete.

Anläßlich eines zufälligen Zusammentreffens der Kameraden Delles und Graffenberger im Frühjahr 1955 wurden wiederum alte Erinnerungen ausgetauscht und der Entschluß gefaßt, auf eigene Kappe einmal die ›Ehemaligen‹ zusammenzurufen. Hermann Schneider, erklärte sich sofort bereit mitzumachen. Damit es aber nicht wieder bei einem Vorsatz blieb, verabredete man sich auf den folgenden Sonntag. Es war der 6. März 1955.

Gemeinsam wurde ein Rundschreiben verfaßt, das den Kameraden, deren Anschriften bekannt waren, zugeschickt wurde. Der Erfolg war, daß die Anregung lebhaften Widerhall fand und die Zahl der Zuschriften rasch anstieg. Als Termin für das erste Kameradentreffen wurde Samstag, der 30. Juli 1955, 19.30 Uhr, im Gasthaus Frank zu Penzing festgesetzt.

Mit zweifelhaften Gefühlen ging man diesem Tag entgegen. Während Einzelne schon am frühen Nachmittag eintrudelten, entstand um 19.15 Uhr der Eindruck, daß sich jeder so gut er kann blamiert, denn keine 20 Personen waren im Saale anwesend. Allen Gewalten zum Trotz wurde um 19.45 Uhr die vorgesehene Gefallenenehrung am Kriegerdenkmal in Penzing durchgeführt, Helmut Rammig hielt die Gedenkrede. Niemand traute seinen Augen so recht, als sich der Platz um das Kriegerdenkmal immer dichter füllte, so daß der Straßenverkehr nahezu zum Erliegen kam.

Nach der Kranzniederlegung begaben sich die Kameraden wieder in den Saal und stellten — wie aus allen Wolken gefallen — fest, daß der Saal voll besetzt war. Weit über 100 Kameraden aus nah und fern waren gekommen. Freudige gegenseitige Begrüßungen ließen den alten Geist bald wach werden. Als dann noch ein Film aus dem Geschwaderleben gezeigt wurde, stieg das Barometer gleich hoch.

Im Laufe des Abends wurde von Hennry Barsch der Vorschlag eingebracht, man möge doch eine Traditionsgemeinschaft gründen. Dieser Vorschlag wurde sofort angenommen. Wer die Geschäftsführung übernehmen sollte, darüber machte man sich keine weiteren großen Sorgen und beauftragte kurzerhand jene Kameraden, die auch dieses Treffen organisiert hatten, nämlich Rammig, Delles und Graffenberger. Der Vorschlag von Rammig, man solle doch die alte Kapelle beim Höschl-Hof als Ehrenmal wieder herrichten, wurde auf das lebhafteste begrüßt und angenommen.

Um die gleiche Zeit, als man sich in Penzing zu einer Traditionsgemeinschaft zusammenschloß, faßten die im Raume München Lebenden ebenfalls den Entschluß, sich wieder näher zu kommen. So blieb es auch nicht aus, daß dem altbekannten Rundsprechverfahren entsprechend, sehr bald gegenseitige Fühlung aufgenommen wurde mit dem Ziele, am 26. 11. 1955 eine Aussprache in kleinem Kreise in Landsberg stattfinden zu lassen. Nachdem bis zu diesem Zeitpunkt Rammig, Graffenberger und Delles die Geschäfte abgewickelt hatten, wurde der kommissarische Vorstand an diesem Tage durch Unrau, der dem Münchener Kreise angehörte, erweitert. Durch die Überreichung des kleinen Kassenbestandes des Münchener Kreises an die Landsberger wurde die Verschmelzung auch symbolisch vollzogen.

Die noch junge Traditionsgemeinschaft verlangte viel Arbeit, die man zunächst unterschätzte. Galt es doch, das gesteckte Ziel, für 1956 ein Geschwadertreffen vorzubereiten, und vor allem die Errichtung einer Gedächtnisstätte für unsere gefallenen und vermißten Kameraden zu verwirklichen. Gedacht war hier an die Kapelle beim ehemaligen Höschl-Hof. Der damalige Kommandeur I./KG 255, Oberstleutnant Kurt Mälzer, und die örtliche Bauleitung hatten trotz bereits erteilten Befehls den Abbruch der Kapelle zu verhindern gewußt und sie zu einer Gedenkstätte für jene Kameraden umgestaltet, die in Ausübung ihres Dienstes den Tod fanden. Entsprechend wurde in der Folgezeit die Kapelle von allen am Flugplatz stationierten Kommandeuren stets gepflegt und betreut. Bis über das Kriegsende hinaus war die Kapelle diesem Zwecke gewidmet. Erst im Jahre 1946 oder 1947 wurde sie, nachdem sich niemand mehr um die Kapelle kümmern konnte, von der auf dem

Flugplatz liegenden US-Einheit als Lagerraum für Munition ›umgestaltet‹.

Eine gelegentliche Besichtigung im Winter 1955/56 ließ den Betrachter, der die Kapelle von früher her kannte, etwas wehmütig an bessere Tage denken. Eine Ruine im wahrsten Sinne des Wortes. Vergittert und verpanzert, mit überhohen Stacheldrahtzäunen umgeben, so daß eine Annäherung unmöglich geworden war. Höher als der Zaun um die Kapelle waren die Schwierigkeiten, dieselbe für den gefaßten Plan frei zu bekommen. Wie sollte dies erreicht werden? Alle eingeleiteten Verhandlungen blieben erfolglos. Niemand glaubte im Ernst daran, daß das Ziel schon im Jahre 1956 erreicht werden könnte.

Von immerwährender Hoffnung beseelt, scheute Delles keine Mühe, die Freigabe zu erwirken. Die ersten kalten Abfuhren konnten ihn nicht erschüttern. Als die Verhandlungen auf gütigem Wege fehlgeschlagen waren, wurde ein Weg der List beschritten mit dem Erfolg, daß wenigstens die in der Kapelle gelagerten Güter entfernt wurden. Damit war aber die Freigabe noch nicht erreicht. Also wurde Verbindung mit Persönlichkeiten und ehemaligen Geschwaderangehörigen, die an einflußreicher Stelle ihren Mann standen, aufgenommen. In die Geheimnisse eingeweiht und um Unterstützung ersucht, blieb diese nicht aus. Im Februar erfolgte dann auch die Freigabe der Kapelle. Der Zaun wurde niedergerissen.

Von dem Gedanken getragen, wer A sagt, muß auch B sagen, wurde nicht lange überlegt, sondern gehandelt. Ohne architektonische Beratung getraute sich niemand an die Gestaltung. Vertrauensvoll wurde Architekt Peter Zorzi aus Regensburg zu Rate gezogen. Ohne viele Worte zu machen, fertigte er Pläne nach seinen Gedanken, die allgemeine Zustimmung fanden.

Während Architekt Zorzi über dem Zeichenbrett seine Gedanken entwickelte, erlebte die Traditionsgemeinschaft einen weiteren wichtigen Tag in ihrer Geschichte. Am Samstag, den 10. März 1956 fand in Landsberg eine Arbeitstagung statt, zu welcher eine stattliche Anzahl von Kameraden sogar weit aus dem Rheinland gekommen war. Nach Abgabe eines kurzen Geschäftsberichtes wurde viel Zeit der Gestaltung der Kapelle und dem geplanten Treffen gewidmet. Bis dahin herrschte die Meinung, daß die Zahl der zu beklagenden Kameraden auf mindestens 600 geschätzt werden müsse. All diese Namen übersichtlich in der Kapelle zu verewigen war mit das am schwierigsten zu nennende Problem.

»Es ist, als wenn ein Engel schiebt« sagte General Adolf Galland nach seinem
ersten Flug in der Me 262. Hier eine A 2 mit gut sichtbarer Zahl (13) wie sie
üblicherweise an Schulen der Luftwaffe zur besseren Identifizierung zusätzlich
zur taktischen Kennung angebracht waren. (Das Hakenkreuz wurde aus
dem Original retuschiert.)

Mit der 9 K + FB landete Oberleutnant Wilhelm Batel am 8. Mai 1945 um
15.28 Uhr von Saaz (Zatec) kommend auf einem Acker bei Pommoißel, ganz
in der Nähe des väterlichen Hofes (Amateuraufnahme).

Flugbetrieb mit "Silber". Prüf - Nr.

I. Anlassen.

1. Selbstschalter für Generator links und rechts, Anlasszündung und Meßgeräte eindrücken (Achtung bei allen Flugzeugen nicht gleich angeordnet!). Beim Anlassen mit Außenbord Fernselbstschalter "Aus". Riedelanlasser 3 - 5 Sekunden tupfen, in Tätigkeit bringen. Bei 800 U. Zündung drücken. Bei 2000 U. Riedelanlasser loslassen, Bedienhebel mit gedrückter Zündung langsam vorschieben, Brandhahn öffnen, Förderpumpen "Ein", Leerlaufsperre einrasten, bei 3000 U. Zündung loslassen.
3. Tankpumpen einschalten.

II. Nach dem Anlassen.

1. Fernselbstschalter "Ein", Selbstschalter für Wendehorizont. Flossentrimmung, Steuerohrheizung (wenn erforderlich) "Ein".
Fu.G. 16 "Ein".
3. Für Sprechverkehr am Platz Raste 3.
4. Wendehorizont auf "Los".

III. Abbremsen.

1. Achtung, ob Bremsklötze vorhanden.
2. Jedes Triebwerk einzeln hochfahren.
3. Langsam am Bedienhebel vorschieben, bis 6000 U. (auf Temperatur achten), dann zügig bis Vollast.
4. Bei 8100 U. muß Düsennadel voll ausgefahren sein.(Kontrolle am ausgefahrenen Düsennadel sehen).
5. Gasdifferenzdruck 0,6 - 0,7.
6. Kraftstoffdruck 60, Schmierstoffdruck 1 - 4, Temperatur nicht über rote Marke.
7. Zügig Bedienhebel zurücknehmen.

IV. Rollen.

1. Kabinendach richtig schließen (Achtung, ob Verschlußhebel eingerastet).
2. Langsam Bedienhebel nach vorn, Temperatur beachten, darf nicht über die rote Marke steigen.
3. Langsam gerade anrollen lassen.
4. Kurven mit Bremsen rollen (darauf achten, daß nicht zu langsam gerollt wird, da sonst Schwierigkeiten mit dem Bugrad).
5. Bremsen müssen einwandfrei ziehen (sonst Flugzeug unklar).

V. Vorbereitung zum Start.

1. Flugzeug am Start gerade hinstellen.
2. Beide Bremsen betätigen.
3. Flossenstellung je nach Betankung bis 3° kopflastig.
4. Landeklappen auf 20°.
5. Sprechprobe mit Bodenstelle.

VI. Start.

1. Stoppuhr drücken.
2. Bedienhebel nach vorn bis 7000 U.
3. Bremsen loslassen, Bedienhebel bis Vollast vorschieben.
4. Anzeigewerte für beide Triebwerke überwachen.
5. Steuerknüppel in Normalstellung, Flugzeug rollt gerade aus. Bei Abweichen mit Bremsen korrigieren.
6. Bei 180 - 200 km/h Flugzeug vom Boden wegnehmen, nicht zu stark ziehen, da Anstellwinkel zu groß, und kurz wieder nachdrücken.
7. Räder abbremsen.
8. Fahrwerkknopf "Ein" eindrücken, dabei Sperre nach links schieben, Knopf springt heraus, wenn Einfahrvorgang beendet. (Fahrt möglichst nicht über 250 km/h beim Fahrwerk einfahren.)
9. Drehzahlen auf Reiseflug 8000-8300 U, bei Platzflug 8000 U.
10. Landeklappen "Ein", Fahrt nicht über 350 km/h.
11. Flugzeug in Normallage austrimmen.

VII. Im Fluge.

1. Triebwerksinstrumente beachten.
2. Kraftstoffvorrat beachten.
3. Selbstschalterknöpfe überwachen.

VIII. Vorbereitung zur Landung.

1. Drehzahlen bis 6500 U. zurücknehmen.
2. Fahrt durch Ziehen vermindern (bis 320 - 350 km/h.)
3. Fahrwerkknopf "Aus" drücken (Achtung, beim Fahrwerk ausfahren wird Flugzeug ruckartig schwanzlastig), nachdrücken 300 km/h halten.
4. Schauzeichen für Fahrwerk und Bugrad müssen aufleuchten "Aus" (da sonst keine weitere Kontrolle).
5. Landeklappen auf 20°.
6. Kurven mit Fahrwerk "Aus" nicht unter 260 km/h.
7. Steuerdrücke durch Trimmen ausgleichen.

IX. Landung.

1. Normal Gleitwinkel anschweben.
2. Landeklappe ganz ausfahren, 250 km/h halten, in Platznähe 230 - 220 km/h.
3. Am Platzrand ran an den Boden gehen (Aufsetzen mit 200-180 km/h!
4. Bedienhebel zurück auf Leerlaufstellung (Achtung, nicht auf Stopp zurückziehen, da sonst Orkane brennen).
5. Normal den Knüppel durchziehen, bis Flugzeug aufsetzt. Das Bugrad hochhalten, dabei langsam nach vorn übergeben lassen.
6. Ausrollen, wenn erforderlich bremsen, Landeklappe "Ein".

X. Verhalten in besonderen Fällen.

1. Bei Triebwerksausfall Brandhahn zu, Bedienhebel auf Stopp, Förderpumpe aus, mit Seitenrudertrimmung nachtrimmen.
2. Eintriebwerkflug ohne weiteres möglich, kann über laufendes und stehendes Triebwerk kurven, Steigen gut möglich.
3. Eintriebwerklandung ohne weiteres möglich (Achtung, bei links ausgefallenen Triebwerk, Fahrwerk und Landeklappe mit Preßluft ausfahren, Landung normal. Anschweben nicht unter 260 km/h. Durchstarten Langsam Bedienhebel nach vorn, Fahrwerk einfahren über 300 km/h Landeklappen stufenweise einfahren.
4. Ausstieg. Wenn möglich auf 350 km/h zurückgehen. Kopfhaubenabschluß von Trennstelle lösen, nach abwerfen, loschnallen. (Die Art des Aussteigens ist jedem Flugzeugführer selbst überlassen)

Mit dieser »Prüfliste« flogen manche Flugzeugführer der IV./KG 51 (Schulgruppe) ihre ersten Einsätze in der Me 262 (Deckname »Silber«). So war die komplizierte, neue Technik der Turbojäger besser zu beherrschen, vergleich die Norverfahren

Generalleutnant Josef Kammhuber, der erste Inspekteur der Luftwaffe nach dem Krieg und ehemaliger Kommodore des KG 51 »Edelweiß«, hielt am 30. September 1956 die Festrede zur Einweihung der Gedächtniskapelle in Landsberg.

Der Höschlhof wich 1936 dem Bau des Fliegerhorstes Landsberg; die dazugehörige Kapelle konnte als Gedächtnisstätte für gefallene Kameraden erhalten werden. Nach dem Kriege mußte eine vollständige Renovierung vorgenommen werden. Die Kapelle ist heute der Ort, wo sich jung und alt der dem Geschwader Verbundenen jährlich am Volkstrauertag trifft.

Mögen ihre Opfer nicht vergebens sein! — Und jeden der Lebenden vor den Folgen eines Kriegs warnen!

Rammig war jener Mann, der den Vorschlag einbrachte, ein Buch aus Pergament anfertigen zu lassen und in dieses alle Namen einzutragen. Der Vorstandschaft wurde die Marschrichtung angedeutet und das Vertrauen entgegengebracht, wonach das, was auch gemacht werde, Anerkennung finden soll.

Gestärkt in dem Bewußtsein, daß die Kameraden zu ihrem Worte stehen, begann nun eine umfangreiche Arbeit. Rundschreiben wurden verschickt. Antworten kamen und mußten wieder beantwortet werden. Der Architekt legte seine Entwürfe und gleichzeitig eine Kostenberechnung vor. Letztere konnten den stärksten Mann knieweich machen. Frisch gewagt ist halb gewonnen war die Parole und so wurden sofort Verhandlungen mit Handwerkern geführt, Kostenvoranschläge eingeholt und Aufträge erteilt. Die Frage, wer das bezahlen soll, wurde von allen Handwerkern aufgeworfen. Wer bestellt, der bezahlt, war die kurze Antwort und das genügte jedem. Nun begann auch schon ein fieberhaftes Arbeiten an der Kapelle. Doch wie sollte das notwendige Geld in die Kasse kommen? Hier wußte die Vorstandschaft, daß sie sich auf die Kameraden verlassen konnte, so wie auch zu früheren Zeiten auf jeden einzelnen Verlaß war. Die vom Architekt angestellte Berechnung, wonach die Gesamtkosten sich auf mindestens 10 000,— DM belaufen werden, versetzte das Stimmungsbarometer auf Sturmtief. Also wurde der Beschluß der Arbeitstagung verwirklicht und Bausteine in Druck gegeben. Der Versand an die Kameraden sollte jedem einen Eindruck vermitteln, welche Arbeit und Kosten zu leisten sind. Die enge und wirklich kameradschaftliche Zusammenarbeit mit den Kameraden der Münchener Kreise muß lobend erwähnt werden. Besuche und Gegenbesuche, bei welchen Filme aus dem Geschwaderleben gezeigt wurden, gaben neuen Auftrieb. Die Vorwürfe aber, es sei unverantwortlich, solch kostspieliges Projekt ohne Geldmittel in Angriff zu nehmen, waren nicht dazu angetan, die Stimmung zu heben und die Sorgen zu erleichtern. Trotzdem ließ man sich nicht entmutigen. Der Gedanke, entweder schaffen wir es oder wir gehen mit wehender Fahne unter, trieb uns zu neuen Taten. Hier sei besonders unserem Kameraden Wittmann aus München gedankt, der sich bereiterklärte, die doppelflüglige Gittertür in seinem Betrieb kostenlos anzufertigen und zu liefern. Mit diesem Angebot stieg sofort die Stimmung. Schölß und Wieczoreck hatten es mustergültig verstanden, in der Folgezeit den Kreis der Münchener Kameraden zu begeistern und schließlich die Kosten für die Kupfertafel am Altar durch die Kameraden von München zu übernehmen. Seitens des Gemeinderates von Penzing unter Führung von Bürgermeister Steichele wurde ein ansehnlicher Geldbetrag zur Verfügung gestellt, der Mut gab. Auch ein entsprechendes Ersuchen an den Stadtrat von Landsberg und den Landkreis Landsberg blieb nicht ohne Erfolg. Schneller jedoch als das Geld liefen die Rechnungen ein. Immer wieder gelang es, teils durch persönliche Vorschüsse, teils durch Kredite, die notwendigen Geldmittel zur Verfügung zu stellen. Auch der Gemeinderat Memmingerberg unter Führung von Bürgermeister Kratzert steuerte etwas bei. Der Appell an die Kameraden und Angehörigen im Lande, die Bausteine einzulösen, blieb großenteils nicht ungehört. Laufend kamen Spenden für die gute Sache. Damit war auch gewährleistet, daß die Arbeiten an der Kapelle keine wesentliche Stockung erfuhren.

Während der größte Teil der Maurerarbeiten und die Zimmermannsarbeiten von der Fa. Lutz in Landsberg zur vollsten Zufriedenheit ausgeführt wurden, wurden die Eichentür am Eingang, die Decke, der Altar und die Bänke in der Kapelle von Schreinermeister Baumann in Landsberg gefertigt. Den Altar versah der freischaffende Künstler und Bildhauer Albert Prochaska aus Landsberg mit den notwendigen Schnitzereien. Besonderer Dank gebührt auch Col. R. O. Mosher und Lt. Col. Marcel Lind von der amerikanischen Flugplatzleitung, die große Unterstützung gewährten, gleichermaßen der Ausbildungsleitung der deutschen Luftwaffe. Nicht zuletzt aber auch den Werkstätten und Handwerkern und deren Verantwortlichen aus dem Fliegerhorst Penzing, die wirklich gute Arbeit leisteten. Nur so war es möglich, die Gestaltungskosten so niedrig wie nur möglich zu halten.

Am Montag, den 24. 9. 1956 erhielten wir die erfreuliche Nachricht, daß Alfried Krupp von Bohlen und Halbach eine passende Glocke für die Gedächtniskapelle gestiftet habe.

Alle sich in den Weg stellenden Schwierigkeiten konnten aber nur dank der Spenden aus allen Schichten unserer Kameraden, den Angehörigen unserer Gefallenen und Vermißten sowie der Gönner der guten Sache überwunden werden.

Mit Bestürzung mußten wir feststellen, daß die Zahl der gefallenen und vermißten Kameraden unseres Geschwaders über 1500 Mann umfaßt. All diese Namen wurden in einem Buch aus Pergament, das in der Klosterbuchbinderei von St. Ottilien hergestellt wurde, festgehalten. Daß wir eine solch große Zahl von einwandfreien Angaben besitzen, verdanken wir der fleißigen Unterstützung unserer Kameraden, den Angehörigen und vor allem der Auskunftsstelle für Gefallene und Vermißte in Berlin-Wittenau und dem Roten Kreuz.

Neben dieser Arbeit lief aber auch noch die Aufgabe, das Geschwadertreffen vorzubereiten. Um hier einen kleinen Überblick zu geben, sollen nur wenige Zahlen sprechen: Über 200 persönliche Briefe und über 5000 Drucksachen wurden verschickt, rund 1000 Karteikarten von Lebenden und 1400 Karteikarten von Gefallenen und Vermißten wurden angelegt und laufend ergänzt bzw. berichtigt. Aus vielen Einzelzuschriften als auch aus Listen mußten die Einzelheiten zusammengetragen werden. Die Zusammenstellung der Festschrift machte es erforderlich, daß alle vorhandenen Namen in einer Liste zusammengestellt wurden. Desgleichen das Anschriftenverzeichnis, das jeder Angehörige erhält.

Die anfallenden Arbeiten wurden alle natürlich ehrenamtlich verrichtet. Einstmal viel gesprochene und abgelegte Versprechen, Kameradschaft und Treue auch über den Tod hinaus zu bewahren und die Kameraden, die ihr Leben ließen, niemals zu vergessen, dürfen als eingelöst betrachtet werden. In diesem Sinne möge jeder mit Ehrfurcht die Gedächtniskapelle der Traditionsgemeinschaft des Kampfgeschwaders 51 betreten. Mögen die vielen Namen in dem Ehrenbuch jeden zur Besinnung und Mahnung rufen. Die Kapelle selbst sei dem besonderen Schutze der Bevölkerung und den Kameraden der Luftwaffe der Bundeswehr anvertraut.

Das jährliche Treffen zum Volkstrauertag an unserer Kapelle wird uns allen stete Verpflichtung bleiben, so lange es uns möglich ist, den Weg in den Fliegerhorst Landsberg/Lech zu tun — als bescheidenen und dankbaren Treuebeweis für alle unsere toten Fliegerkameraden.

Das Edelweiß der III. Gruppe des Alpengeschwaders ist heute Wappen der 2. Staffel des Jagdbombergeschwaders 34 in Memmingerberg. Die Namen der Flieger dieses Verbandes, die ihr junges Leben im Flugdienst der Bundeswehr ließen sind in unserem Totenbuch mit verzeichnet und knüpfen das Band zwischen Jung und Alt wie es alter Soldatentradition entspricht.

»Und wir, die in der wohligen, friedlichen Wärme zurückbleiben, wir senken die Köpfe . . .«

Antoine de Saint-Exupéry (aus »Flug nach Arras«).

VERLUSTE DES KG 51 ›EDELWEISS‹

Das Kampfgeschwader ›Edelweiß‹ verlor im zweiten Weltkrieg insgesamt ca. 1 500 Soldaten, davon etwa:

330 Offiziere
800 Unteroffiziere
300 Mannschaften
70 unbekannte Dienstgrade

Das Schicksal der Gefallenen und Vermißten wurde dank der Hilfe des Suchdienstes des DRK, der Deutschen Dienststelle (WAST) Berlin, des Volksbund Deutsche Kriegsgräberfürsorge und zahlreicher Zuschriften ehemaliger Geschwaderangehöriger soweit wie möglich lückenlos zu klären versucht.
Bei Durchsicht der Namensaufstellung werden noch Fehler offenkundig werden, die nur in Zusammenarbeit mit dem Leser zu verbessern sein werden.
Wo genaue Daten nicht zu erfahren waren, wurde nur der Jahres- bzw. Monatszeitraum angegeben. Von einer alphabetischen Namensreihenfolge wurde bewußt abgesehen, um die Zeiten schwerer Einsätze und hoher Verluste übersichtlicher herauszustellen.
Hinweise und Ergänzungen zur Klärung von Gefallenen- und Vermißtenschicksalen nimmt jederzeit entgegen:

Traditionsgemeinschaft
Kampfgeschwader 51
891 Landsberg/Lech
Postfach 247

1937/38

25.	4.	Kretschmer		Uffz.	†	Neu-Ulm abgest.
25.	5.	Stüsser	Klemens	Flg.	†	Penzing

1938

	?	Willer		Oblt.	†	Spanien
	?	Pawelcik	Hans	Oblt.	†	Spanien

1938/39

	?	Schmidt	Joachim	Ltn.	†	Memmingen abgest.	
	?	Grunwald	Gerhard	Uffz.	†	Neubiberg	9.
13.	1.	Popp	Albrecht	Gefr.	†		
20.	1.	Dönig		Ofw.	†	Innsbruck	
26.	1.	Weichenberger	Ernst	Uffz.	†		
28.	4.	Peters		Uffz.	†	Aalen Übungsfl. mit Do 17	
28.	4.	Hunger	Paul	Uffz.	†	Aalen	
28.	4.	Heinrich		Uffz.	†	Aalen	
3.	5.	Schirmer	Erwin	Gefr.	†		
3.	5.	Stahlforth	Friedrich	Ltn.	†		
3.	5.	Grosche	Heinz	Uffz.	†		
8.	5.	Wölfing	Willi	Uffz.	†	Unterschlauersbach abgest.	
8.	5.	Wicke		Ltn.	†	Unterschlauersbach abgest.	
8.	5.	Kretschmer		Uffz.	†	Unterschlauersbach abgest.	
17.	6.	Halter	Siegmund	Ltn.	†	Gunzenhausen	
17.	6.	Beilharz	Gottlob	Fw.	†	Gunzenhausen	
17.	6.	Fischer	Erwin	Fw.	†	Gunzenhausen	
1.	8.	Grote	Rudolf	Ltn.	†	Landsberg	
11.	8.	Stockinger	Willibald	Ogefr	†		
12.	11.	Häder	Herbert	Uffz.	†		
12.	11.	Kampa	Ernst	Uffz.	†		
13.	12.	Galle	Hans	Fw.	†		

1939

20.	2.	Sewalda	Johann	Techn. Insp.	†	Österreich	
20.	2.	Mazeth	Andreas	Uffz.	†	Österreich	
20.	2.	Urban	Fritz	Uffz.	†	Österreich	
8.	3.	Stritzel	Kurt	Ogefr.	†	Österreich	
11.	3.	Redenbacher	Walter	Ltn.	†		
17.	5.	Sippel		Uffz.	†	Schw. Alb	9.
17.	5.	Libor		Uffz.	†	Schw. Alb	9.
17.	5.	Ebert		Uffz.	†	Schw. Alb	9.
17.	5.	Fleig		Uffz.	†	Schw. Alb	9.
12.	6.	Beulig	Erich	Uffz.	†		
15.	8.	Pawlizek	Josef	Uffz.	†	Königgrätz	
15.	8.	Karo	Hans	Uffz.	†	Königgrätz	
15.	9.	Wagner	Johann	Uffz.	†	Polen	
27.	9.	Wittmer	Helmut	Uffz.	†	Neuhausen o. E.	
27.	9.	Schwitz	Heinrich	Flg.	†	Neuhausen o. E.	
27.	9.	Albrecht	Georg	Uffz.	†	Neuhausen o. E.	
27.	9.	Bergmann	Franz	Flg.	†	Neuhausen o. E.	
27.	9.	Fischer	Kurt	Gefr.	†	Neuhausen o. E. alle 7. FBK	
27.	9.	Graser	Hermann	Flg.	†	Neuhausen o. E.	

1939/40

27. 9.	Grünsch	Alfred	Flg.	†	Neuhausen o. E.	
27. 9.	Reichel	Richard	Gefr.	†	Neuhausen o. E.	
27. 9.	Hauk	Paulus	Flg.	†	Neuhausen o. E.	
27. 9.	Hering	Otto	Uffz.	†	Neuhausen o. E.	
27. 9.	Schaale	Waldemar	Ofw.	†	Neuhausen o. E.	
7. 11.	Neuenfeld	Otto	Major	†	Frankreich	
17. 11.	Altmann	Wilhelm	Uffz.	†	Salzburg (auf Feindflug nach Frankreich)	
17. 11.	Trautner	Wilhelm	Fw.	†	Salzburg (auf Feindflug nach Frankreich)	
17. 11.	Tesch	Erhard	Uffz.	†	Salzburg (auf Feindflug nach Frankreich)	
17. 11.	Domke	Helmut	Ltn.	†	Salzburg (auf Feindflug nach Frankreich)	
17. 11.	Hössl	Karl	Uffz.	†	Italien (auf Feindflug nach Frankreich)	
17. 11.	Pfordese	Klaus	Obl:.	†	Italien (auf Feindflug nach Frankreich)	
17. 11.	Reschke	Heinz	Uffz.	†	Italien (auf Feindflug nach Frankreich)	
17. 11.	Plischke	Gerhard	Hptm.	†	Frankreich (höhenkrank)	

1940

?	Dürr		Gefr.	†	England	
?	Grocke		Uffz.	†	München-Riem	8.
?	Stölzle		Ofw.	†	Echterdingen	
?	Happert	Max	Gefr.	†	England	
?	Richter		Gefr.	†	England	
?	Peukert		Uffz.	†	Frankreich	
?	Troh		Gefr.	†	England	

Januar:

16. 1.	Torenz	Gustav	Uffz.	†	Affing	2.
16. 1.	Borrmann	Alfred	Uffz.	†	Affing	2.
16. 1.	Eschenbach	Günther	Ltn.	†	Affing	2.
16. 1.	Ochs	Heinrich	Uffz.	†	Affing	2.
16. 1.	Wagner		Flg.	†	Affing	2.

Februar:

17. 2.	Gönner	Hans	Ofw.	†	Memmingen	7.
17. 2.	Müller	Joachim	Uffz.	†	Memmingen	7.
17. 2.	Knobelspieß	Bernhard	Ofw.	†	Memmingen	7.
17. 2.	Klinke	Rudolf	Ofw.	†	Memmingen	7.

März:

10. 3.	Threiner		Ofw.	†	Frankreich	
19. 3.	Karl Dr.	Erich	Uffz.	†	Landsberg	7.
19. 3.	Draheim	Artur	Uffz.	†	Landsberg	7.

Mai:

5.	Labermeier	Konrad	Uffz.	†	Frankreich	
1. 5.	Wolf	Artur	Ltn.	†	Oberpfaffenhofen	3.
1. 5.	Haberl	Lorenz	Gefr.	†	Oberpfaffenhofen	3.
1. 5.	Plotteg von	Arthur Wolff	Ltn.	†	Oberpfaffenhofen	3.
10. 5.	Müller	Ludwig	Fw.	†	Frankreich	9.
10. 5.	Groche	Gerhard		†	Frankreich	9.

10.	5.	Treutle	Max	Uffz.	† Frankreich	2.
10.	5.	Spengler	Valentin	Uffz.	† Frankreich	Stab I.
11.	5.	Niedermayer	Franz	Uffz.	† Frankreich	7.
14.	5.	Schildt	Gerhardt	Uffz.	† Frankreich	Stab
14.	5.	Schäkel	Wilhelm	Uffz.	† Frankreich	8.
14.	5.	Eckrich	Willi	Gefr.	† Frankreich	8.
14.	5.	Schneider II		Uffz.	† Ehingen	
14.	5.	Kroll	Franz	Uffz.	† Zwiefalten	3.
14.	5.	Holtfurth	Paul	Gefr.	† Zwiefalten	3.
15.	5.	Dimpfl	Eugen	Fw.	† Frankreich	9.
15.	5.	Fläming	Heinz	Fw.	† Frankreich	9.
15.	5.	Glufke	Günther	Fw.	† Frankreich	9.
15.	5.	Lamm	Toni	Fw.	† Frankreich	9.
15.	5.	Landmann	Karl	Gefr.	† Frankreich	9.
15.	5.	Richter	Alfred	Uffz.	† Frankreich	9.
15.	5.	Straub	Josef	Fw.	† Frankreich	9.
15.	5.	Hauff	Kurt		† Frankreich	
15.	5.	Stufke	Günther	Fw.	† England	
15.	5.	Schwarz	Walter	Flg.	†	
19.	5.	Putzbach	Joachim	Uffz.	† Bobingen	2.
19.	5.	Böttcher	Alfred	Uffz.	† Bobingen	2.
19.	5.	Stretz	Sebastian	Uffz.	† Bobingen	2.
19.	5.	Sturzbach		Fw.	† Bobingen	2.
19.	5.	De Maas	Ernst	Uffz.	† Frankreich	III.
19.	5.	Baake	Edmund	Gefr.	† Frankreich	III.
19.	5.	Heil	Walter	Uffz.	† Frankreich	III.
19.	5.	Lang	Karl	Fw.	† Frankreich	3.
19.	5.	Graml	Richard	Flg.	† Frankreich	
19.	5.	Thelen	Franz	Ltn.	† Frankreich	
19.	5.	Badura	Heinrich	Fw.	† Frankreich	
19.	5.	Pfeiffer	Maximilian	Fw.	† Frankreich	3.
19.	5.	Schallenberg	Walter	Oblt.	† Frankreich	3.
19.	5.	Lomy	Fritz	Flg.	† Frankreich	
19.	5.	Lang	Fritz	Flg.	† Frankreich	
27.	5.	Kassegger	Alfred	Gefr.	† Frankreich	7.
27.	5.	Bartelt	Paul	Gefr.	† Frankreich	7.
27.	5.	Gild	Rudolf	Ltn.	† Frankreich	7.
27.	5.	Göttlicher	Alfred	Fw.	V Frankreich	7.
27.	5.	Kannenwurf	Heinz	Uffz.	V England	
25.	5.	Lackinger	Gustav	Uffz.	† Erding	II.
25.	5.	Stein	Gustav	Uffz.	† Erding	II.
29.	5.	Ruthmann	Heinrich	Ofw.	† Norwegen	1.
Juni:						
2.	6.	Kiebele	Paul	Oblt.	† Frankreich	3.
2.	6.	Köppel	Georg	Fw.	† Frankreich	3.
2.	6.	Schultzki	Max	Ofw.	† Frankreich	3.
5.	6.	Hepp	Rudolf	Ltn.	† Frankreich	4.
5.	6.	Hohenstein	Fritz	Ltn.	† Frankreich	4.
5.	6.	Geiger	Kurt	Gefr.	V Frankreich	
9.	6.	Wühle	Otto	Gefr.	† Lechfeld	2.
9.	6.	Frey	Alois	Gefr.	† Lechfeld	2.
9.	6.	Müller	Georg	Uffz.	† Lechfeld	2.

1940

9. 6.	Kaun	Heinrich	Ltn.	†	Lechfeld	2.
9. 6.	Hauptmeier	Günther	Uffz.	†	Lechfeld	2.
11. 6.	Meier	Rudolf	Uffz.	†	Gilching	Stab
14. 6.	Ziger	Johannes	Flg.	†	Frankreich	2.
18. 6.	Vitt	Erich	Ofw.	†	Bad Nauheim	
19. 6.	Swoboda	Kurt	Fw.	†	Weilheim/Teck	1.
23. 6.	Groß	Eduard	Fw.	†	Birkenfeld	II.
23. 6.	Schmidt	Anton	Uffz.	†	Birkenfeld	II.

Juli:

4. 7.	Bischoff	Gerhard	Uffz.	†	England	7.
9. 7.	Heinrich		Ltn.	†	England	7.
9. 7.	Becher	Josef	Uffz.	†	England	4.
12. 7.	Rattel	Josef	Ofw.	†	Frankreich	3.
13. 7.	Kesper	Fritz	Oblt.	†	Kanal	6.
17. 7.	Rechenberg	Dieter	Oblt.	†	Kanal	3.
20. 7.	Steszyn	Roman	Hptm.	†	England	1.
22. 7.	Pagel	Wolfgang	Oblt.	†	England	1.
25. 7.	Theiner	Walter		†	England	
30. 7.	Böhmisch		Gefr.	†	Frankreich	7.
30. 7.	Kurzweg	Emil	Fw.	†	Frankreich	7.
30. 7.	Jörg	Wilhelm	Fw.	†	Frankreich	7.
30. 7.	Oschließ	Ewald	Fw.	†	Frankreich	7.

August:

8. 8.	Berghammer	Josef	Uffz.	V	Barth	
8. 8.	Schifferings	Ernst	Oblt.	†	Frankreich	9.
12. 8.	Rösch	Konrad	Uffz.	†	England	8.
12. 8.	Nölken	Wilhelm	Oblt.	†	England	7.
12. 8.	Lokuschuß		Fw.	†	England	8.
12. 8.	Gundlach	Otto	Fw.	†	England	8.
12. 8.	Graf	Hans	Oblt.	†	England	3.
12. 8.	Floeter	Walter	Uffz.	†	England	3.
12. 8.	Czepik	Horst	Gefr.	†	England	3.
12. 8.	Hochstätter	Heinrich	Ltn.	†	England	III.
12. 8.	Keffel	Karl	Ofw.	†	England	8.
12. 8.	Dr. Fisser	Johann	Oberst	†	England	Kommodore
12. 8.	Flegel		Oblt.	†	England	6.
12. 8.	Storeck	Herbert	Ogefr.	†	England	4.
12. 8.	Kessel		Ofw.	†	England	4.
12. 8.	Kastner	Karl	Uffz.	†	England	4.
12. 8.	Merker		Gefr.	V	England	4.
12. 8.	Stahr	Alfred	Uffz.	†	England	4.
12. 8.	Schuß		Fw.	†	England	4.
12. 8.	Noetel	Siebo	Gefr.	†	England	
12. 8.	Nowak	Gottfried	Uffz.	†	England	
12. 8.	Fischer		Uffz.	†	England	8.
12. 8.	Bigalke		S.Fhr.	†	England	8.
12. 8.	Velten		Fw.	†	England	8.
12. 8.	Seidel	Paul	Ltn.	†	England	8.
12. 8.	Hausen	Georg	Uffz.	†	England	
12. 8.	Lange	Hans	Oblt.	†	England	8.
12. 8.	Reiser	Heinrich	Uffz.	†	England	
14. 8.	Stoeckl	Alois	Oberst	†	Engl. als Kommodore KG 55	

16.	8.	Schwärzler	Josef	Fw.	† England	
16.	8.	Stangel	Sebastian	Fw.	† England	
18.	8.	Kirchhoff	Hans-Jürgen	Oblt.	† England	9.
19.	8.	Schachtner	Max	Fw.	† England	7.
19.	8.	Bachauer		Fw.	† England	7.
19.	8.	Moser	Johann	Fw.	† England	7.
19.	8.	Haag		Fw.	† England	7.
21.	8.	Haak	Wilhelm	Uffz.	† England	
24.	8.	Schulze		Uffz.	† England	
25.	8.	Maurer		Uffz.	† England	7.
25.	8.	Schulz		Uffz.	† England	7.
25.	8.	Pfaff		Gefr.	† England	7.
26.	8.	Roy	Walter	Ltn.	† England	5.
26.	8.	Rückert	Emil	Flg.	† England	5.

September:

12.	9.	Rueba		Ogefr.	† England	9.
12.	9.	Gutberlet		Uffz.	† England	9.
12.	9.	Hölzner	Wilhelm	Uffz.	† England	2.
12.	9.	Kirch	Helmut	Uffz.	† England	2.
12.	9.	Köhler		Gefr.	† England	2.
12.	9.	Wöhler	Fritz	Uffz.	† England	2.
12.	9.	Hennike	Karl	Uffz.	† England	2.
15.	9.	Kupfernagel	Walter	Uffz.	† England	4.
15.	9.	Richter	Wilhelm	Ltn.	† England	I.
15.	9.	Schubert	Konrad	Uffz.	† England	I.
15.	9.	de Vivanco		Oblt.	† England	II.
15.	9.	Stelzner		Gefr.	† England	II.
15.	9.	Vogel	Kurt	Fw.	† England	II.
15.	9.	Breuker	Heinz	Fw.	† England	1.
15.	9.	Hirschfeld		Uffz.	† England	I.
18.	9.	Friedel	Erhard	Fw.	† England	
19.	9.	Luckhardt	Heinrich	Ofw.	† England	3.
19.	9.	Walter	Wilhelm	Fw.	† England	3.
19.	9.	Henker	Woldemar	Uffz.	† England	3.
19.	9.	Röder		Uffz.	† England	I.
25.	9.	Eimers		Fw.	† England	7.
25.	9.	Altmann		Gefr.	† England	7.
25.	9.	Maier	Gustav	Ltn.	† England	7.
25.	9.	Herich		Gefr.	† England	7.
25.	9.	Meiser		Ltn.	† Frankreich	
25.	9.	Andree		Gefr.	† Frankreich	
27.	9.	Hartmann		Uffz.	† England	
27.	9.	Maier		Uffz.	† Frankreich	7.
27.	9.	Conrad		Fw.	† Frankreich	7.
27.	9.	Brünningsen		Fw.	† Frankreich	7.
27.	9.	Israel	Kurt	Gefr.	† Frankreich	7.
27.	9.	Jung		Gefr.	† Frankreich	7.
27.	9.	Kienbauer	Erwin	Gefr.	† Frankreich	7.
27.	9.	Bender	Emil	Uffz.	† Frankreich	7.
27.	9.	Gravenreuth v.	Ullrich	Oblt.	† England	1.
30.	9.	Geyer	Willy	Ogefr.	† England	
30.	9.	Roppert		Gefr.	† England	I.

1940

30. 9.	Dürrschmidt	Eduard	Gefr.	† England	I.
30. 9.	Peuka		Gefr.	† England	I.
30. 9.	Paczinski	Fritz	Fw.	† England	1.

Oktober:

1. 10.	Kaltenhauser	Alois		† England	I.
1. 10.	Heinig	Günther	Oblt.	† England	I.
1. 10.	Muche	Helmut	Fw.	† England	I.
1. 10.	Kussin	Hans	Fw.	† England	I.
6. 10.	Kurzer	Albert		† England	
6. 10.	Stadlbauer	Franz	Gefr.	† England	
6. 10.	Vogel	Kurt	Fw.	† England	
6. 10.	Rieder		Oblt.	† England	
7. 10.	Heye	Sigmund	Oblt.	† England	II.
7. 10.	Bein	Fritz	Ltn.	† England	II.
7. 10.	König		Ofw.	† England	II.
7. 10.	Krell		Ofw.	† England	II.
8. 10.	Sepmer	Gerhard	Uffz.	† England	4.
8. 10.	Bittner		Gefr.	† England	4.
8. 10.	Döttlinger		Ltn.	† England	4.
8. 10.	Kühne	Siegfried	Gefr.	† England	4.
9. 10.	Wagner	Johann	Fw.	† England	3.
10. 10.	Metschulat		Uffz.	V England	
10. 10.	Wolff		Fw.	† England	
10. 10.	Schragel		Uffz.	V England	
10. 10.	Kafka		Uffz.	† England	
12. 10.	Torprzisseck	Bruno	Fw.	† England	7.
18. 10.	Stegmüller	Anton	Ofw.	† England	4.
18. 10.	Sonntag	Siegfried	Ltn.	† England	4.
18. 10.	Claer von	Helmut	Oblt.	† England	4.
20. 10.	Reisach	Hermann		† Lechfeld	
20. 10.	Apfelbeck	Johannes	Fw.	† Lechfeld	
21. 10.	Scholz	Max	Uffz.	† England	1.
21. 10.	Wilhelm	Ernst	Uffz.	† England	1.
21. 10.	Fabian	Maximilian	Oblt.	† England	1.
21. 10.	Stadelbauer		Gefr.	† England	I.
28. 10.	Hauff	Arnold	Gefr.	† England	
28. 10.	König	Erich	Gefr.	† England	
28. 10.	Krämer	Ernst	Uffz.	† England	
28. 10.	Zimmermann		Gefr.	† England	

November:

6. 11.	Geilenkirchen	Hans	Ltn.	† England	8.
6. 11.	Schulze		Uffz.	† England	8.
6. 11.	Mathias		Oblt.	† England	8.
6. 11.	Mader	Eusebius	Gefr.	† England	8.
9. 11.	Hinterlang	Gustav	Uffz.	† England	6.
9. 11.	Knoll	Leonhard	Gefr.	† England	6.
9. 11.	Laube	Erich	Fw.	† England	6.
9. 11.	Lemke	Fritz	Fw.	† England	6.
10. 11.	Besenbeck			† England	
17. 11.	Freundl	Hans	Uffz.	† England	
18. 11.	Rothhäußer	Friedrich	Gefr.	† Frankreich	7.
18. 11.	Wolf		Gefr.	† Frankreich	7.

1940/41

18. 11.	Effler		Gefr.	†	Frankreich	7.
18. 11.	Meißner	Helmut	Uffz.	†	Frankreich	7.
20. 11.	Burmeister	Herbert	Gefr.	†	Kaufering	
20. 11.	Gosch	Hans-Jürgen	Gefr.	†	Kaufering	
20. 11.	Kahmann	Heinz	Uffz.	†	Kaufering	
26. 11.	Vogel	Josef		†	Frankreich	
Dezember:						
1. 12.	Jedicke	Rudi	Gefr.	†	England	4.
7. 12.	Baussart	Armin	Ofw.	†	England	4.
7. 12.	Helms	Hugo	Ofw.	†	England	4.
20. 12.	Zimmermann	Willi		†	England	
21. 12.	Rieber	Ludwig	Oblt.	†	Frankreich	2.
21. 12.	Pahl	Karl-Heinz	Fhr.	†	Frankreich	9.
21. 12.	Dorn		Uffz.	†	Frankreich	9.
21. 12.	Reibel		Gefr.	†	Frankreich	9.
21. 12.	Bier		Gefr.	†	Frankreich	9.

1941

. 41	Blusch		Fw.	†	Frankreich	6.
. 41	Dürrschmidt	Walter	Gefr.	†	England	
. 41	Uhlig		Ofw.	†	Kreta	
. 41	Weigel		Uffz.	†	Kreta	
Januar:						
17. 1.	Gülzow	Friedrich	Fw.	†	Kanal	2.
Februar:						
20. 2.	Berger	Johann	Uffz.	†	Frankreich	4.
21. 2.	Keiler	Heinrich	Uffz.	†	Frankreich	4.
März:						
4. 3.	Rödiger	Kurt	Uffz.	†	Frankreich	I.
10. 3.	Giersch	Harry	Hptm.	†	Schlesien	III.
15. 3.	Hoffmann		Uffz.	†	Frankreich	8.
16. 3.	Lindemeier	Karl	Uffz.	†	Frankreich	III.
16. 3.	Ettig	Fritz	Gefr.	†	Frankreich	3.
20. 3.	Meyer	Johannes	Hptm.	†	Frankreich	5.
20. 3.	Mehl	Eberhard	StFw.	†	Frankreich	5.
20. 3.	Karlhofer	Franz	Ofw.	†	Frankreich	5.
20. 3.	Natusch	Ernst	Fw.	†	Frankreich	5.
21. 3.	Unruh	Gustav	Uffz.	†	Frankreich	7.
21. 3.	Murra		Ogefr.	†	Frankreich	7.
21. 3.	Niestädt	Hinrich	Gefr.	†	Frankreich	7.
21. 3.	Neikes	Josef	Uffz.	†	Frankreich	7.
23. 3.	Behnke	Hermann	Uffz.	†	Rumänien	z.bV.
24. 3.	Selbert		Uffz.	†	Frankreich	9.
24. 3.	Glier		Gefr.	†	Frankreich	9.
24. 3.	Jenkel		Uffz.	†	Frankreich	9.
24. 3.	Knoth		Uffz.	†	Frankreich	9.
28. 3.	Müller		Ogefr.	†	England	6.
28. 3.	Müller		Ogefr.	†	Rastatt	8.
28. 3.	Hinzpeter		Ogefr.	†	Rastatt	8.
28. 3.	Emmert		Uffz.	†	Rastatt	8.
30. 3.	Gerhardt		Uffz.	†	Schwarzwald	5.
30. 3.	Erdmann	Reinhold	Uffz.	†	Schwarzwald	5.

268

1941

30. 3.	Klappert	Walter	Fw.	† Frankreich	
30. 3.	Döring		Uffz.	† Schwarzwald	5.

April:

. 4.	Hannig		Uffz.	† Jugoslawien	5.
. 4.	Harles	Erwin	Fw.	† Jugoslawien	5.
1. 4.	Weigl	Johann	Uffz.	† Schwarzwald	1. FBK
1. 4.	Linke	Fritz	Fw.	† Schwarzwald	1. FBK
1. 4.	Leutert	Hans	Fw.	† Schwarzwald	1. FBK
7. 4.	Richtsteiger	Erich	Fw.	† Rumänien	6.
7. 4.	Böhme	John-Harry	Gefr.	†	2.
7. 4.	Voigtländer	Werner	Ltn.	† Frankreich	NK
7. 4.	Krüger	Hans-Jürgen	Ltn.	† Ungarn	1.
7. 4.	Kierig	Heinz	Fw.	† Ungarn	1.
7. 4.	Ohme		Fw.	† Belgrad	1.
7. 4.	Lehmann	Georg	Uffz.	† Ungarn	1.
11. 4.	Vossen		Uffz.	† Jugoslawien	6.
11. 4.	Zur Westen	Helmut	Oblt.	† Jugoslawien	6.
11. 4.	Langlotz	Heinrich	Fw.	† Jugoslawien	6.
11. 4.	Berlin	Hans	Hptm.	† Jugoslawien	6.
13. 4.	Schneider	Wilhelm	Fw.	† Ungarn	2.
16. 4.	Rohrmann	Heinrich	Gefr.	† Bulgarien	1.
16. 4.	Fuchs	Gerhard	Uffz.	† Bulgarien	1.
16. 4.	Fredebeul	Wilhelm	Uffz.	† Bulgarien	1.
19. 4.	Martin	Karl	Fw.	† Griechenland	4.
21. 4.	Sachweh		Ltn.	† Afrika	4.

Mai:

3. 5.	Conre	Hans	Uffz.	† Kreta	1.
3. 5.	Illgner	Dietrich	Hptm.	† Kreta	1.
3. 5.	Konze	Hans	Uffz.	† Kreta	
3. 5.	Beckmann	Ernst	Uffz.	† Kreta	1.
10. 5.	Kretschmann	Reinhold	Uffz.	† Nordsee	5.
10. 5.	Ante	Eduard	Uffz.	V Nordsee	
15. 5.	Rose	Robert		† Frankreich	
21. 5.	Wuthenau von	Hilmar	Oblt.	† Kreta	8.
23. 5.	Balzer	Alfred	Uffz.	† Ungarn	8.
23. 5.	Flach	Johannes	Uffz.	† Ungarn	8.
23. 5.	Maletz	Gerhard	Oblt.	† Ungarn	8.
23. 5.	Reutzel	Heinrich	Fw.	† Ungarn	8.

Juni:

. 6.	Müller	Friedr. Wilh.	Ltn.	V Galizien	5.
16. 6.	Hamburger	Franz	Flg.	†	
22. 6.	Wagner	Ludwig	Gefr.	† Krim.	
22. 6.	Pohle		Ltn.	† Rußland	
22. 6.	Ludwig	Helmut	Ofw.	† Rußland	4.
22. 6.	Steglich	Hermann	Ofw.	† Rußland	4.
22. 6.	Salzberger			† Rußland	1.
22. 6.	Els		Uffz.	V Rußland	2.
22. 6.	Berz	Ludwig	Uffz.	V Rußland	2.
22. 6.	König	Willibald	Uffz.	V Rußland	2.
22. 6.	Küster		Uffz.	† Rußland	9.
22. 6.	Ungericht		Fw.	† Rußland	9.
22. 6.	Dorr	Sepp	Fw.	† Rußland	9.

1941

22. 6.	Maier	Georg	Fw.	†	Rußland	9.
22. 6.	Lyker	Franz	Uffz.	†	Rußland	9.
22. 6.	Lobinger		Gefr.	†	Rußland	9.
22. 6.	Kutalek		Gefr.	†	Rußland	9.
22. 6.	Krauss		Gefr.	†	Rußland	9.
22. 6.	Holm	Heinrich	Uffz.	†	Rußland	9.
22. 6.	Evers		Uffz.	†	Rußland	9.
22. 6.	Böhm		Oblt.	†	Rußland	9.
22. 6.	Bobinger		Gefr.	†	Rußland	9.
22. 6.	Arens		Gefr.	†	Rußland	9.
22. 6.	Wagner		Fw.	†	Rußland	9.
22. 6.	Dittmer	Hermann	Uffz.	†	Rußland	8.
22. 6.	Kärner	Willi	Fw.	†	Rußland	8.
22. 6.	Lehmann	Werner	Uffz.	†	Rußland	8.
22. 6.	Schote		Gefr.	†	Rußland	8.
22. 6.	Knoch	Fritz	Fw.	†	Rußland	8.
22. 6.	Smolka		Gefr.	†	Rußland	8.
22. 6.	Herrmann		Ltn.	†	Rußland	8.
22. 6.	Plücker		Uffz.	†	Rußland	8.
22. 6.	Hermann	Christoph	Ltn.	†	Rußland	4.
22. 6.	Klopsch		Fw.	†	Rußland	4.
22. 6.	Müller	Ludwig	Ofw.	V	Rußland	4.
22. 6.	Maier		Fw.	V	Rußland	4.
22. 6.	Kürner	Wilhelm	Fw.	†	Rußland	4.
22. 6.	Wiedmann		Fw.	†	Rußland	4.
22. 6.	Steinbach		Uffz.	†	Rußland	4.
22. 6.	Schmidt	Heinz	Ltn.	†	Rußland	4.
22. 6.	Stadelmeier	Max	Hptm.	†	Rußland	II. Kdr.
22. 6.	Müller	Gerhard	Ltn.	†	Rußland	5.
22. 6.	Wulf		Gefr.	†	Rußland	5.
22. 6.	Waske	Walter	Gefr.	†	Rußland	5.
22. 6.	Schwerdt		Ofw.	†	Rußland	5.
22. 6.	Sorgenfrei	Johann	Uffz.	†	Rußland	5.
22. 6.	Kinagel		Gefr.	†	Rußland	5.
22. 6.	Gries		Uffz.	†	Rußland	5.
22. 6.	Fritze	Arno	Uffz.	†	Rußland	5.
22. 6.	Eschle		Ltn.	†	Rußland	5.
22. 6.	Döring		Fw.	†	Rußland	5.
22. 6.	Thobias		Oblt.	†	Rußland	7.
22. 6.	Buckenmayer		Uffz.	†	Rußland	7.
22. 6.	Körner		Uffz.	†	Rußland	III.
22. 6.	Steinmetz	Herbert	Oblt.	†	Rußland	III.
22. 6.	Deisinger	Reimund	Ofw.	†	Rußland	7.
22. 6.	Hark	Franz	Uffz.	V	Rußland	4.
22. 6.	Kruse	Günther	Uffz.	V	Rußland	4.
22. 6.	Weidele	Karl	Uffz.	V	Rußland	4.
22. 6.	Schneider	Hans	Gefr.	V	Rußland	4.
25. 6.	Harenburg	Karl	Ofw.	†	Rußland	8.
25. 6.	Ober	Fritz	Ofw.	†	Rußland	8.
25. 6.	Wellnitz		Uffz.	†	Rußland	4.
25. 6.	Brandt	Willi	Hptm.	V	Rußland	6.
25. 6.	Kümper	Herbert	Ofw.	†	Rußland	6.

25. 6.	Schwarz		Uffz.	†	Rußland	4.
25. 6.	Müller	Karl	Ofw.	†	Rußland	
25. 6.	Bauschulte	Paul	Fw.	V	Rußland	4.
25. 6.	Teischmannn	Willy	Ltn.	†	Rußland	8.
25. 6.	Wallnitz		Uffz.	†	Rußland	8.
25. 6.	Pfaff	Karl	Fw.	†	Rußland	8.
25. 6.	Brauneder	Franz	Ofw.	†	Rußland	8.
25. 6.	Bußmann		Fw.	†	Rußland	7.
25. 6.	Scholz	Alfred	Ofw.	†	Rußland	7.
25. 6.	Müller	Karl	Ofw.	†	Rußland	7.
25. 6.	Lohnes	Adam	Fw.	†	Rußland	7.
27. 6.	Herz		Uffz.	†	Rußland	4.
27. 6.	Rading	Kurt	Uffz.	†	Rußland	4.
27. 6.	Grodeck			†	Rußland	4.
27. 6.	Rottbacher		Uffz.	†	Rußland	8.
27. 6.	Bullrich		Uffz.	†	Rußland	9.
27. 6.	Günther	Heinrich	Fw.	†	Rußland	III.
27. 6.	Käding		Uffz.	†	Rußland	9.
27. 6.	Küchle	Fritz	Oblt.	†	Rußland	9.
28. 6.	Franke		Fw.	†	Rußland	9.
28. 6.	Niederbäumer		Gefr.	†	Rußland	9.
28. 6.	Hecker		Uffz.	†	Rußland	9.
28. 6.	Schröter		Uffz.	†	Rußland	9.
30. 6.	Schneider		Uffz.	†	Rußland	4.
30. 6.	Habermann	Heino	Fw.	†	Rußland	4.
30. 6.	Dickhut	Paul	Fw.	†	Rußland	4.
30. 6.	Priebsch		Ltn.	†	Rußland	4.
30. 6.	Bonn		Uffz.	†	Rußland	
Juli:						
. 7.	Wenchowsky von		Oblt.	†	Rußland	5.
. 7.	Herrmann	Otto	Ofw.	V	Rußland	8.
. 7.	Dohr	Theodor	Flg.	V	Rußland	1. FBK
6. 7.	Serschen		Major	†	Rußland	4.
6. 7.	Rintelen	Werner	Ltn.	†	Rußland	8.
7. 7.	Werthner	Leonhard	Ofw.	†	Rußland	8.
7. 7.	Kress	Alfred	StFw.	†	Rußland	8.
7. 7.	Wolf		Uffz.	V	Rußland	4.
7. 7.	Helm		Uffz.	V	Rußland	4.
7. 7.	Spannheimer	Rudolf	Ofw.	†	Rußland	4.
7. 7.	Haug	Karl-Wilh.	Uffz.	V	Rußland	4.
7. 7.	Schwerdt	Paul	Ofw.	†	Nordsee	1.
8. 7.	Ehrenstein	Ernst	Fw.	†	Nordsee	1.
8. 7.	Krieg	Wilhelm	Uffz.	†	Rußland	
13. 7.	Gerhard	Franz	Uffz.	†	Rußland	8.
15. 7.	Mayer	Georg	Uffz.	†	Rußland	4.
15. 7.	Mayer	Wilhelm	Prüfmstr.	†	Rußland	2.
15. 7.	Albrecht	Reinhold	Uffz.	†	Rußland	1.
15. 7.	Otto	Herbert	Fw.	†	Rußland	3.
18. 7.	Sliwka		Fw.	†	Rußland	3.
18. 7.	Scholand	Egon	Gefr.	†	Rußland	3.
18. 7.	Caessar	Siegfried	Oblt.	†	Rußland	3.
20. 7.	Wauer	Gerhard	Ofw.	†	England	4.

1941

23.	7.	Gilg	Josef	Uffz.	† Kanal	3.
23.	7.	Öchsle	Simon	Oblt.	† Rußland	4.
26.	7.	Kutschbach	Kurt	Ogefr.	† Rußland	1.
26.	7.	Krause	Walter	Uffz.	† Rußland	4.
26.	7.	Bertera	Rudolf	Gefr.	† Rußland	4.
26.	7.	Berger	Gerhard	Gefr.	† Rußland	4.

August:

.	8.	Ortmann	Bruno	Ofw.	V Rußland	4.
9.	8.	Knothe	Josef	Flg.	† Rußland	4. FBK
9.	8.	Pfefferer	Karl	Oblt.	† Nordafrika (Kurierstaffel)	4.
9.	8.	Thormann	Siegfried	Ltn.	† Nordafrika (Kurierstaffel)	4.
10.	8.	Flohrmann	Eduard	Uffz.	† Wilna	Stab

September:

2.	9.	Roth		Fw.	† Rußland	III.
2.	9.	Hoestermann	Wilhelm	Uffz.	V Rußland	III.
2.	9.	Dorn	Willi	Uffz.	† Rußland	
2.	9.	Uxa	Guido	Ltn.	† Rußland	9.
2.	9.	Klodt		Uffz.	† Frankreich	4. (Kurierflug)
2.	9.	Moosblech		Ofw.	† Frankreich	4. (Kurierflug)
8.	9.	Andree	Heinz	Gefr.	† Rußland	8.
14.	9.	Schmid		Ltn.	† Rußland	4.
14.	9.	Bargenda	Heinz	Ltn.	V Rußland	4.
14.	9.	Zehrt		Gefr.	† Rußland	8.
14.	9.	Woraczek		Uffz.	† Rußland	8.
15.	9.	Hoffmann	Heinz	Ltn.	† Rußland	4.
17.	9.	Schmied	Hans	Ltn.	† Rußland	8.
18.	9.	Kühnast	Arthur	Fw.	† Rußland	5.
19.	9.	Hennig		Gefr.	† Rußland	
19.	9.	Ebers	Hermann	Uffz.	† Windsheim	
23.	9.	Janser	Josef	Ofw.	† Rußland	

Oktober:

.	10.	Bersch	Walter	Fw.	V Rußland	5.
.	10.	Garbe	Rudi	Fw.	† Rußland	4.
.	10.	Weiß		Ltn.	† Rußland	4.
8.	10.	Ebensing	Otto	Uffz.	† Rußland	
12.	10.	Eibig		Gefr.	† Rußland	7.

November:

.	11.	Essig	Erwin	Fw.	V Rußland	I.
.	11.	Heipp	H. Gustav	Fw.	V Wien	
.	11.	Lasch	Hans	Uffz.	V	I.
2.	11.	Hellberg	Karl-Hans	Ofw.	V Rußland	7.
2.	11.	Koch		Uffz.	† Rußland	7.
2.	11.	Leibinger	Hans	Uffz.	V Rußland	7.
2.	11.	Seifert		Ofw.	† Rußland	7.
6.	11.	Daubach	Franz	Uffz.	† Rußland	
15.	11.	Geuß	Theodor	Uffz.	† Rußland	8.
15.	11.	Beckert	Siegfried	Uffz.	† Rußland	8.
18.	11.	Antesberger	Franz	Uffz.	† Seligenstadt	
25.	11.	Zeep	Gerhard	Hptm.	V Rußland	7.
25.	11.	Mayerhoefer	Hans	Fw.	V Rußland	7.

1941/42

25. 11.	Bischof	Karl	Ltn.	V	Rußland	7.
25. 11.	Eberlein		Ofw.	†	Rußland	7.

Dezember:

5. 12.	Schieferdecker	Kurt	Gefr.	V	Rußland	2.
5. 12.	Zuellich	Karl	Ltn.	V	Rußland	2.
5. 12.	Fillmann	Erwin	Gefr.	V	Rußland	2.
5. 12.	Griebke	August	Gefr.	V	Rußland	2.
8. 12.	Vogt		Uffz.	†	Rußland	
8. 12.	Lange		Uffz.	†	Rußland	
10. 12.	Wildies	Karl	Ltn.	†	Österreich	
12. 12.	Vüllers	Franz	Oblt.	†	Frankreich	4.
13. 12.	Hochreuther	Fritz	Gefr.	†	Rußland	
25. 12.	Bischoff	Paul	Ltn.	V	Rußland	III.
26. 12.	Danigel		Fw.	†	Rußland	9.
26. 12.	Eichhorn	Franz	Uffz.	†	Rußland	9.
26. 12.	Plumhoff		Gefr.	†	Rußland	9.
26. 12.	Hille		Ofw.	†	Rußland	9.

1942

. 42	Bauer		Uffz.	†		3.
. 42	Meier		Fw.	†	Rußland	II.
. 42	Mergelsberger	Rolf	Ltn.	†	Rußland	10.
. 42	Reimann		Ogefr.	†	Rußland	LN
. 42	Raguse		Ofw.	†	England	
. 42	Schulte	Fritz	Uffz.	V	England	
. 42	Seyfert		Ofw.	†	Rußland	7.
. 42	Sommer		Oblt.	†	Rußland	II.
. 42	Völkl	Hans	Ofw.	†	Rußland	
. 42	Wangelin von	Joachim	Oblt.	†	England	6.

Januar:

. 1.	Hohmann	Leopold	Fw.	V		5.
. 1.	Kühner	Karl	Ogefr.	V	Rußland	
1. 1.	Wolf		Uffz.	†	Rußland	Stab
1. 1.	Knäb		Uffz.	†	Rußland	Stab
1. 1.	Kosel		Gefr.	†	Rußland	Stab
1. 1.	Häseling	Pit	Ltn.	†	Rußland	5.
4. 1.	Brase	Alex	Ltn.	†	Rußland	
10. 1.	Stöffler	Ernst	Fw.	†	Rußland	5.
10. 1.	Lutz	Karl	Fw.	†	Rußland	5.
10. 1.	Herzau		Fw.	†	Rußland	5.
10. 1.	Born		Fw.	†	Rußland	5.
12. 1.	Schweiger	Karl	Uffz.	†	Rußland	
13. 1.	Hug	Xaver	Ofw.	†	Rußland	
16. 1.	Dietrich		Ogefr.	†	Rußland	7.
16. 1.	Sälzle		Ogefr.	†	Rußland	7.
16. 1.	Mattes		Ogefr.	†	Rußland	7.
16. 1.	Haller		Fw.	†	Rußland	7.
20. 1.	Girrbach	Friedrich	Fw.	†	Rußland	
21. 1.	Ventrop		Ogefr.	†	Rußland	5.
30. 1.	Zeitler		Gefr.	†	Rußland	5.
30. 1.	Spundflasche		Ogefr.	†	Rußland	5.
30. 1.	Schaaf		Ogefr.	†	Rußland	5.

30.	1.	Pipereit		Ogefr.	† Rußland	5.
31.	1.	Tillheim		Uffz.	† Penzing	
31.	1.	Rückert	Otto	Ofw.	† Penzing	

Februar:

.	2.	Lischka	Ferdinand	Uffz.	V Rußland	5.
3.	2.	Hahn	Heinrich	Hptm.	† Rußland	2.
3.	2.	Graichen	Reinhard	Fw.	† Rußland	2.
10.	2.	Schneider	Artur	Gefr.	† Rußland	10.
13.	2.	Venjakob	Bernhard	Uffz.	V Rußland	9.
13.	2.	Homfeld		Fw.	† Rußland	9.
13.	2.	Herr	Peter	Oblt.	† Rußland	9.
13.	2.	Reichfeld		Gefr.	† Rußland	9.
21.	2.	Wolf	Roman	Uffz.	† Rußland	5.
21.	2.	Sterken	Jupp	Ogefr.	† Rußland	5.
21.	2.	Frentrop	Heinz	Ogefr.	† Rußland	5.
21.	2.	Wendt	Hans	Ltn.	† Rußland	5.
21.	2.	Jellen	Hans	Uffz.	† Rußland	5.
25.	2.	Schnabel		Ogefr.	† Rußland	5.
25.	2.	Krügel		Ogefr.	† Rußland	5.
25.	2.	Hüter		Ogefr.	† Rußland	5.
28.	2.	Püst		Ofw.	† Rußland	4.

März:

.	3.	Apel	Robert	Uffz.	V Rußland	I.
.	3.	Brückner	Erich	Ogefr.	V Rußland	III.
1.	3.	Seifert	Rudolf	Oblt.	V Rußland	8.
1.	3.	Garms	Werner	Oblt.	V Rußland	10.
1.	3.	Hofmann		Gefr.	† Rußland	8.
1.	3.	Groher	Manfred	Ofw.	† Rußland	8.
1.	3.	Graher	Siegfried	Ofw.	† Rußland	
3.	3.	Winhard	Fritz	Gefr.	V Rußland	4.
8.	3.	Haberger	Josef	Gefr.	† Rußland	
15.	3.	Meierhofer		Oblt.	† Rußland	III.
18.	3.	Meck	Heinz	Fw.	† Rußland	1.
20.	3.	Bühl	Richard	Ogefr.	† Rußland	
26.	3.	Lind	Wolfgang	Gefr.	V Rußland	7.
26.	3.	Lampsch	Friedrich	Uffz.	V Rußland	7.
26.	3.	Effmann		Uffz.	† Rußland	7.
26.	3.	Delf		Ogefr.	† Rußland	7.

April:

.	4.	Dockborn	Hans	Ofw.	V Rußland	II.
.	4.	Friedrich	Heinz	Uffz.	V Rußland	II.
.	4.	Gürtler	Manfred	Uffz.	V Rußland	II.
.	4.	Hilgarth	Franz	Uffz.	V Rußland	II.
.	4.	Koeser	Ernst	Ofw.	V Rußland	I.
.	4.	Prell	Karl	Uffz.	V Rußland	1.
.	4.	Schneidbauer	Edgar	Ltn.	V Rußland	II.
8.	4.	Schlippenbach Frh. v.	Wendt	Hptm.	† Nordsee	4.
8.	4.	Thiele		Ofw.	† Nordsee	4.
8.	4.	Schulz	Paul	Ofw.	† Nordsee	4.
8.	4.	Schmidt	Konrad	Ofw.	† Nordsee	4.
19.	4.	Plesse	Rolf	Uffz.	† Rußland	2.

21.	4.	Schmidmeister		Ofw.	† Rußland	5.
21.	4.	Rambacher	Alois	Uffz.	† Rußland	5.
21.	4.	Kaufner	Friedr. Wilh.	Major	† Rußland	5.
21.	4.	Heimann		Fw.	† Rußland	5.
22.	4.	Kaufmann		Major	† Rußland	II.
23.	4.	Lorbach	Franz	Gefr.	† Rußland	4.
25.	4.	Huber	Max	Uffz.	† Rußland	
28.	4.	Köser	Ernst	Ofw.	V Rußland	2.
28.	4.	Klingenbiehl	Friedrich	Fw.	V Rußland	2.
28.	4.	Preiser	Walter	Fw.	V Rußland	2.
28.	4.	Geusen	Josef	Gefr.	V Rußland	2.
28.	4.	Pfneisl	Ernst	Oblt.	† Rußland	1.
29.	4.	Sommer	Erwin	Ofw.	† Finnland	6.

Mai:

2.	5.	Miekina	Rudolf	Fw.	† Rußland	2.
2.	5.	Prorok	Odilo	Uffz.	† Rußland	2.
2.	5.	Ahrens	Josef	Oblt.	† Rußland	2.
2.	5.	Brockmann		Uffz.	† Rußland	2.
3.	5.	Baumgärtner	Ernst	Reg.Insp.	† Wien Lazarett gestorben	
7.	5.	Schmidt	Rudi	Flg.	† Rußland	
8.	5.	Witte	Günther	Ogefr.	† Rußland	1.
8.	5.	Rück	Thomas	Uffz.	† Rußland	1. FBK
10.	5.	Katzmann	Horst	Uffz.	† Rußland	
10.	5.	Herrmann	Martin	Uffz.	† Rußland	
10.	5.	Hecht	Hubert	Ogefr.	† Rußland	
10.	5.	Richter	Armin	Hptm.	† Rußland	5.
10.	5.	Fuchsluger	Stefan	Uffz.	† Rußland	
10.	5.	Bertele von		Fw.	† Rußland	5.
10.	5.	Boos		Uffz.	† Rußland	
11.	5.	Herrling	Josef	Fw.	† Rußland	4.
13.	5.	Schmikaly	Peter	Ltn.	† Rußland	4.
13.	5.	Schick	Gerhard	Gefr.	† Rußland	4.
13.	5.	Lechermaier	Josef	Gefr.	† Rußland	4.
13.	5.	Riedel	Heinz	Ogefr.	† Rußland	4.
16.	5.	Schreiber	Gustav	Ofw.	† Rußland	1.
17.	5.	Lippek	Wilhelm	Uffz.	† Rußland	4.
23.	5.	Müller	Christoph	Ofw.	† Rußland	2.
23.	5.	Blume	Gerd	Oblt.	† Rußland	1.
23.	5.	Deussen	Heinrich	Fw.	† Rußland	2.
23.	5.	Drage von	Werner	Uffz.	† Rußland	1.
26.	5.	Kühn	Hubert	Ofw.	V Rußland	2.
26.	5.	Rüther	Hermann	Fw.	V Rußland	2.
26.	5.	Christossek	Franz	Uffz.	V Rußland	2.
26.	5.	Geritzer	Johann	Ofw.	V Rußland	2.
27.	5.	Zollhöfer	Hans	Fw.	† Rußland	LN

Juni:

.	6.	John	Alfred	Uffz.	V Rußland	2. FBK
.	6.	Prepens	Horst	Fw.	V Rußland	
2.	6.	Lachenmaier	Fritz	Fw.	† Rußland	7.
2.	6.	Kühn	Herbert	Ofw.	† Rußland	7.
2.	6.	Flieger	Sebastian	Uffz.	† Rußland	7.
2.	6.	Drechsler	Siegfried	Ltn.	† Rußland	7.

2. 6.	Drechsler	Artur	Fw.	†	Rußland	9.
3. 6.	Selter	Erwin	Fw.	†	Rußland	4.
3. 6.	Wagner	Ludwig	Uffz.	†	Rußland	4.
3. 6.	Rudzinski	Franz	Gefr.	†	Rußland	4.
3. 6.	Grubba	Josef	Gefr.	†	Rußland	4.
11. 6.	Heimayer	Albert	Oblt.	†	Rußland	4.
18. 6.	Lange	Hans	Hptm.	†	Rußland	2.
22. 6.	Branneder	Franz	Ofw.	V	Rußland	9.
23. 6.	Zoglmann	Karl	Ofw.	†	Rußland	

Juli:

. 7.	Albrecht	Georg	Uffz.	V	Rußland	5.
. 7.	Drasdo	Paul	Uffz.	V	Rußland	
. 7.	Gotsche	Heinz	Flg.	V	Rußland	4. FBK
. 7.	Haase	Karl	Gefr.	†	Rußland	9.
. 7.	Kuber	Hans	Oblt.	V	Rußland	5.
. 7.	Nadler	Anton	Uffz.	V	Rußland	
. 7.	Oswald	Josef	Ogefr.	V	Rußland	IV.
. 7.	Otto	Erwin	Gefr.	V	Rußland	
. 7.	Petzold	Kurt	Fw.	V	Rußland	
. 7.	Pokorny	Adolf	Gefr.	V	Rußland	IV.
2. 7.	Wistuba	Erich	Gefr.	†	Rußland	
2. 7.	Poetscher	Wilhelm	Ogefr.	†	Rußland	7.
2. 7.	Gburek	Kurt	Uffz.	†	Rußland	7.
2. 7.	Becker	Edwin	Gefr.	†	Rußland	7.
10. 7.	Schramm	Karl	Ofw.	†	Rußland	4.
10. 7.	Höcke	Martin	Oblt.	†	Rußland	4.
10. 7.	Windstruth		Uffz.	†	Rußland	4.
11. 7.	Scholterer	Wilhelm	Uffz.	†	Afrika	4.
12. 7.	Klischat	Helmut	Oblt.	†	Rußland	2.
12. 7.	Pinne	Gert	Uffz.	†	Rußland	2.
14. 7.	Winter	Helmut	Ofw.	†	Rußland	
15. 7.	Mandel		Gefr.	†	Rußland	8.
15. 7.	Josupeit		Uffz.	†	Rußland	8.
15. 7.	Haseneder	Max	Oblt.	†	Rußland	
15. 7.	Petersen		Ogefr.	†	Rußland	8.
15. 7.	Berg		Gefr.	†	Rußland	8.
21. 7.	Sixl		Uffz.	†	Rußland	7.
21. 7.	Welpers	Heinz	Ofw.	V	England	5.
21. 7.	Schmidt		Fw.	V	England	5.
21. 7.	Frank		Hptm.	V	England	5.
21. 7.	Eyrich		Ofw.	V	England	5.
21. 7.	Wildemann		Uffz.	†	Rußland	7.
21. 7.	Wanke		Fw.	†	Rußland	7.
21. 7.	Kielhorn	Gerhard	Oblt.	†	Rußland	7.
22. 7.	Otto	Günther	Ogefr.	V	Rußland	2.
22. 7.	Ditmann		Ogefr.	V	Rußland	2.
22. 7.	Eckardt	Herbert	Uffz.	V	Rußland	2.
23. 7.	Ochs	Helmut	Uffz.	†	Rußland	7.
26. 7.	Jahn		Ltn.	†	Rußland	5.
27. 7.	Focke		Ltn.	†	Rußland	
29. 7.	Dobler	Ernst	Uffz.	†	Rußland	
29. 7.	Koops	Heinrich	Oberstlt.	†	Rußland	Stab

276

August:

. 8.	Farwich	Theodor	Uffz.	V Rußland		5.
. 8.	Fürstenberg	Kurt	Uffz.	V Rußland		
. 8.	Hubert	Johann	Ogefr.	V Rußland		
. 8.	Lippe	Alfred	Uffz.	V Rußland		III.
. 8.	Mainka	Alfred	Ogefr.	V Rußland		III.
. 8.	Pallaschke	Emil	Fw.	V Rußland		5.
. 8.	Schneider	Karl	Ofw.	V Rußland		5.
. 8.	Wemann	Hans	Gefr.	V Rußland		III.
. 8.	Wisser	Heinz	Fw.	V Rußland		II.
2. 8.	Kreuter		Fw.	V Rußland		Stab
2. 8.	Klamroth	Ekehard	Oblt.	V Rußland		Stab
2. 8.	Rühlmann		Uffz.	† Rußland		Stab
8. 8.	Schulz	Friedrich	Ogefr.	V Rußland		2.
8. 8.	Schenk	Hans	Ltn.	V Rußland		2.
8. 8.	Leder	Heinz	Ogefr.	V Rußland		2.
8. 8.	Krist	Bruno	Ogefr.	V Rußland		2.
8. 8.	Emminger	Herbert	Ogefr.	V Rußland		2.
8. 8.	Damm	Werner	Ltn.	V Rußland		2.
8. 8.	Borchert	Hans	Ogefr.	V Rußland		2.
8. 8.	Geither	Florian	Ogefr.	V Rußland		2.
13. 8.	Pinkerneil	Ernst	Uffz.	† Rußland		6.
13. 8.	Gernert	Albin	Ogefr.	† Rußland		2.
13. 8.	Meyer		Ltn.	† Rußland		3.
13. 8.	Kellner	Heinz	Uffz.	† Rußland		
13. 8.	Sahl	Josef	Gefr.	† Rußland		10.
13. 8.	Krebs	Alfred	Ltn.	V Rußland		7.
13. 8.	Müller	Detlef	Ogefr.	† Rußland		10.
13. 8.	Kühnath	Helmut	Gefr.	† Rußland		10.
13. 8.	Ksienzyk	Georg	Uffz.	† Rußland		7.
13. 8.	Kettner	Heinz	Uffz.	† Rußland		7.
13. 8.	Radau	Willi	Uffz.	† Rußland		7.
13. 8.	Brönimann	Heinz	Ltn.	† Rußland		10.
15. 8.	Seel	Ingo	Uffz.	† Rußland		
15. 8.	Schwenk		Ltn.	† Rußland		
15. 8.	Damm		Ltn.	† Rußland		2.
19. 8.	Schodl	Mathias	Ogefr.	† Rußland		6.
28. 8.	Kolodzie	Paul	Ofw.	† England		4.
29. 8.	Schwarz	Karl	Ofw.	† Rußland		

September:

. 9.	Albers	Alfons	Ogefr.	V		III.
. 9.	Jahn		Fw.	† Rußland		
. 9.	Nadler	Franz	Flg.	V Rußland		I.
. 9.	Schaefer	Erich	Uffz.	V Rußland		I.
. 9.	Wengel	Fritz	Fw.	V Rußland		5.
3. 9.	Keppler	Hans	Major	† Rußland		Stab
5. 9.	Köppel	Richard	Ofw.	† Rechlin		1.
7. 9.	Stader	Alfons	Ofw.	V Rußland		2.
7. 9.	Plaumann	Eitel	Ofw.	† Rußland		2.
7. 9.	Benz	Alfons	Ofw.	V Rußland		2.
7. 9.	Buhmannn	Georg	Ofw.	V Rußland		2.
12. 9.	Huber	Albert	Gefr.	† Rußland		7.

1942

12. 9.	Heilmann	Walter	Hptm.	†	Rußland	7.
12. 9.	Haase	Heinz	Uffz.	†	Rußland	7.
12. 9.	Rehling	Horst	Flg.	†	Rußland	7.
17. 9.	Richter	Johannes	Oblt.	†	Rußland	III.
24. 9.	Hillebrandt	Jakob		†	Baden-Baden	
30. 9.	Johannsen		Ltn.	†	Kaukasus	II.

Oktober:

. 10.	Frank	Theodor		†	Sizilien	
. 10.	Höcker	Karl	Uffz.	V	Rußland	
. 10.	Jenner	Georg	Uffz.	V	Rußland	
. 10.	Kästel	Lothar	Gefr.	V	Rußland	
. 10.	Mierzowski	Albert	Gefr.	V	Rußland	
9. 10.	Würschinger	Hans	Ofw.	†	Mittelmeer	6.
12. 10.	Roy	Walter	Oblt.	†	Rußland	
24. 10.	Weber	Hans	Oblt.	†	Rußland	

November:

. 11.	Dietsche	Rudolf	Uffz.	V	Rußland	
. 11.	Grosch	Richard	Ogefr.	V	Rußland	
. 11.	Kall	Fritz	Uffz.	V	Rußland	I.
. 11.	Kolmanitsch	Bruno	Ltn.	V	Rußland	3.
. 11.	Pape	Wilhelm	Uffz.	V	Rußland	III.
. 11.	Voges	Fritz	Uffz.	V	Rußland	
. 11.	Wittig	Gerhard	Ogefr.	V	Rußland	I.
3. 11.	Korthals	Gerd	Hptm.	V	Rußland	III.
6. 11.	Warcescha	Franz	Ofw.	†	Rußland	4.
17. 11.	Seidler	Heinz	Uffz.	†	Rußland	2.
17. 11.	Nebelung	Harald	Oblt.	†	Rußland	2.
17. 11.	Buge	Werner	Uffz.	†	Rußland	2.
17. 11.	Fahrner	Richard	Ofw.	†	Rußland	2.
22. 11.	Wegmann	Willi	Uffz.	V	Rußland	2.
22. 11.	Jahn	Joachim	Ltn.	V	Rußland	2.
22. 11.	Herwig	Reinhard	Uffz.	V	Rußland	2.
22. 11.	Nadler	Franz	Gefr.	V	Rußland	2.
23. 11.	Tautz	Erich	Uffz.	†	Rußland	
23. 11.	Mitzelfeld		Uffz.	V	Rußland	2.
23. 11.	Hirneise	Josef	Ofw.	†	Rußland	2.
23. 11.	Rautz		Uffz.	†	Rußland	2.
28. 11.	Brandt	Kurt	Major	†	Mittelmeer	9.

Dezember:

. 12.	Brinkmann	Harry	Uffz.	V		IV.
. 12.	Dingel	Jakob	Uffz.	V		III.
. 12.	Galgon	Josef	Uffz.	V		III.
. 12.	Jaeckel	Gerhard	Gefr.	V		I.
. 12.	Krabbenhoeft	Heinz	Ltn.	V		II.
. 12.	Kunert	Rudolf	Ogefr.	V		I.
. 12.	Schmidt	Hermann	Uffz.	V	Rußland	
. 12.	Schneider	Karl-Heinz	Oblt.	†	Rußland	
. 12.	Woche	Fritz	Ogefr.	V		I.
. 12.	Zöttl	Josef	Uffz.	V	Rußland	
2. 12.	Borutta	Wilhelm	Fw.	†	Afrika	II.
7. 12.	Walter	Anton	Fw.	†	Sizilien	II.
7. 12.	Waller	Alois	Uffz.	†	Sizilien	II.

1942/43

7. 12.	Freitag	Oskar	Ltn.	† Sizilien	II.
17. 12.	Lessle		Ofw.	† Rußland	5.
31. 12.	Schweter	Rudolf	Uffz.	† Rußland	
31. 12.	Lorenz	Rudolf	Uffz.	† Sizilien	II.

1943

. 43	Roßmaier		Fw.	† Rußland	4.
. 43	Kolb		Ltn.	† England	II.
. 43	Slozik		Fw.	† England	6.
. 43	Andresen		Uffz.	† Rußland	
. 43	Winkler		Major	† Paris	

Januar:

. 1.	Sturm	Willi	Ofw.	V Rußland	I.
. 1.	Dickert	Kurt	Ofw.	V Rußland	I.
. 1.	Blass	Fritz	Uffz.	V	I.
. 1.	Homann	Anton	Ogefr.	V	I.
. 1.	Gebauer	Werner	Ogefr.	V Rußland	
. 1.	Ussart	Bernhard	Flg.	V	1. FBK
. 1.	Ochner	Wilhelm	Fw.	V	III.
. 1.	Weber	Heinrich	Uffz.	V	III.
. 1.	Schulz	Erich	Fw.	V	III.
. 1.	Gedauer	Werner	Fw.	V	III.
. 1.	Bordan	Hans	Ogefr.	V	III.
. 1.	Braig	Karl	Uffz.	V	III.
. 1.	Delf	Alfred	Uffz.	V	III.
. 1.	Wilmers	Karl-Heinz	Fw.	V	III.
. 1.	Sturen	Wilhelm	Ofw.	V	IV.
. 1.	Bauer	Friedrich	Uffz.	V Rußland	
. 1.	Dühring	Adolf	Ofw.	V Rußland	
. 1.	Wannemacher	Josef	Uffz.	V Rußland	
. 1.	Winkler	Josef	Ogefr.	V Rußland	
. 1.	Lesert	Franz	Uffz.	V Rußland	
. 1.	Helbing	Fritz	Ofw.	V	IV.
2. 1.	Wandel	Siegfried	Feuer-werker	† Kreta	4.
5. 1.	Vilsmeier		Ltn.	† Burgbernheim	9.
6. 1.	Haustein		ObFhr.	† Burgbernheim	9.
7. 1.	Ikrath		Uffz.	† Schweinfurt	12.
7. 1.	Heymann		Uffz.	† Schweinfurt	12.
8. 1.	Schröter	Hermann	Uffz.	† Rußland	
8. 1.	Helm	Joachim	Ltn.	V	III.
9. 1.	Conrady	Heinrich	Oberst	† Rußland	Kommodore
11. 1.	Howald	Bruno	Ofw.	† Mittelmeer	
11. 1.	Müller	Hugo	Ogefr.	† Rußland	
11. 1.	Ising	Wilhelm	Uffz.	† Rußland	2.
11. 1.	Peuker	Friedrich	Ltn.	† Rußland	2.
11. 1.	Paschke	Heinz	Fw.	† Rußland	2.
11. 1.	Bräck	Hermann	Oblt.	V Rußland	III.
13. 1.	Finkenzeller	Wilhelm	Uffz.	† Rußland	2.
13. 1.	Hönnicke	Kurt	Ltn.	† Rußland	2.
16. 1.	Wistuba	Günther	Ltn.	†	
19. 1.	Knapp	Willi	Uffz.	V Rußland	

20.	1.	Lawatscheck	Gerhard	Oblt.	†	Rußland	2.
27.	1.	Sachs	Hans	Uffz.	†	Rußland	2.
27.	1.	Berger	Alfons	Hptm.	†	Rußland	1.
27.	1.	Weiss	Erich	Gefr.	†	Rußland	
28.	1.	Sprandel	Theodor	Ogefr.	†	Rußland	2.
28.	1.	Irmscher	Heinz	Uffz.	†	Rußland	2.
28.	1.	Bangel	Gerhard	Ogefr.	†	Rußland	2.
28.	1.	Balls		Uffz.	†	Rußland	2.

Februar:

.	2.	Alleborn	Phil. Heinr.	Uffz.	V		III.
.	2.	Borantzky	Günther	Uffz.	V	Rußland	
.	2.	Borsutzky	Gustav	Uffz.	V	Rußland	I.
.	2.	Gröning		Uffz.	†		
.	2.	Krocker		Uffz.	†		
.	2.	Römer	Dieter	Ltn.	†	Rußland	
.	2.	Schleth	Kurt	Uffz.	V		I.
.	2.	Schmitt	Franz	Ofw.	V	Rußland	I.
.	2.	Welling	Wilhelm	Fw.	V	Rußland	I.
.	2.	Wildner	Werner	Uffz.	V		5.
15.	2.	Woinke	Kurt	Uffz.	V		I.
15.	2.	Bibra Frhr. von	Ernst	Major	V	Rußland	III. Kdr.
15.	2.	Mayerhofer	Karl	Oblt.	V	Rußland	III.
16.	2.	Peukert	Martin	Ofw.	†	Sardinien	7. FBK
16.	2.	Dold	Nikolaus	Ltn.	†	Rußland	
19.	2.	Honrich	Oscar	Uffz.	†	Rußland	7.
19.	2.	Brehm		Uffz.	†	Rußland	7.
19.	2.	Flachskamp	Karl	Ogefr.	†	Rußland	2.
24.	2.	Bönig		Ofw.	†	Jalta	7.
24.	2.	Meyer		Fw.	†	Jalta	7.
24.	2.	Michaelis		Ogefr.	†	Jalta	7.
24.	2.	Wolf		Fw.	†	Jalta	7.
24.	2.	Giebelmann		Ogefr.	†	Rußland	8.
24.	2.	Rössner		Uffz.	†	Rußland	8.
24.	2.	Müller	Bruno	Oblt.	†	Rußland	8.
24.	2.	Würstle	Anton	Uffz.	V	Rußland	8.
26.	2.	Becker	Julius	Fw.	†	Tuapse	4.
26.	2.	Baier	Emil	Fw.	†	Tuapse	4.
26.	2.	Ellmerich	Josef	Uffz.	†	Tuapse	4.
26.	2.	Frohnert	Helmut	Uffz.	†	Tuapse	9.
26.	2.	Jordan	Willi	Ogefr.	†	Tuapse	4.
26.	2.	Krüger	Karl-Heinz	Ltn.	V	Tuapse	9.
26.	2.	Wallmeyer	Theodor	Uffz.	V	Tuapse	9.
26.	2.	Walther	Otto	Uffz.	V	Tuapse	4.
27.	2.	Holle	Georg	Hptm.	†	Rußland	3.
27.	2.	Binder	Johann	Fw.	†	Rußland	3.
28.	2.	Schlegel		Ogefr.	†	Rußland	4.
28.	2.	Sonnenschein	Rüdiger	Fw.	V	Rußland	4.
28.	2.	Noehoff	Paul	Uffz.	V	Rußland	4.

März:

.	3.	Andersen	Aristides	Uffz.	V		I.
.	3.	Arentz	Helmut	Ogefr.	V		I.
.	3.	Bormann	Willy	Gefr.	V		I.

280

.	3.	Fischbacher	Karl	Ltn.	V	I.
.	3.	Jans	Kurt	Uffz.	V	I.
.	3.	Küfner	Martin	Fw.	V	II.
.	3.	Rausche	Fritz	Uffz.	V	I.
1.	3.	Hagedorn		Fw.	† Rußland	8.
1.	3.	Kluck		Ogefr.	† Rußland	8.
1.	3.	Richter		Uffz.	† Rußland	8.
1.	3.	Brosius		Uffz.	† Rußland	8.
3.	3.	Silberbauer	Herbert	Uffz.	† Rußland	2.
3.	3.	Geruschke	Karl-Heinz	Ltn.	† Rußland	2.
3.	3.	Flögel	Gotthard	Uffz.	† Rußland	2.
3.	3.	Borrmann	Günther	Oblt.	† Rußland	III.
3.	3.	Bröggelwirt	Josef	Uffz.	† Rußland	2.
10.	3.	Boelcke		Fw.	† Rußland	
10.	3.	Bormann		Ltn.	† Rußland	
10.	3.	Wagner		Uffz.	† Rußland	
10.	3.	Walther		Uffz.	† Rußland	
10.	3.	Weindl		Ofw.	† Rußland	
10.	3.	Noack	Otto	Uffz.	V	III.
10.	3.	Behm	Werner	Uffz.	V Rußland	9.
10.	3.	Nonck	Friedrich	Uffz.	† Rußland	9.
10.	3.	Hosse	Wilhelm	Gefr.	V Rußland	9.
10.	3.	Schweizer		Fw.	† Rußland	9.
10.	3.	Schuh	Helmut	Ltn.	V Rußland	9.
10.	3.	Suchland		Uffz.	† Rußland	9.
11.	3.	Seipp	Karl	Hptm.	V Rußland	8.
19.	3.	Andriani	Heinz	Uffz.	† Rußland	7.
24.	3.	Lang	Fritz	Ofw.	† England	
24.	3.	Kleih	Karl	Ofw.	† England	4.
26.	3.	Heckel	Friedrich	Uffz.	† Rußland	
28.	3.	Thorley	Gottfried	Oblt.	† England	8.

April:

.	4.	Ruhland		Uffz.	† Rußland	4.
.	4.	Brandt	Peter	Hptm.	† Rußland	I.
.	4.	Hein	Erich	Ofw.	V Rußland	
.	4.	Schönauer	Walter	Ogefr.	V	5.
.	4.	Stein	Erich	Ofw.	V	Stab
1.	4.	Nowak		Fw.	† Rußland	
1.	4.	Frank		Uffz.	† Rußland	
1.	4.	Günther		Uffz.	† Rußland	
1.	4.	Kainz		Ltn.	V Rußland	
2.	4.	Breuer		Ogefr.	† Rußland	
2.	4.	Kubitscheck		Uffz.	† Rußland	7.
2.	4.	Horny		Uffz.	† Rußland	7.
2.	4.	Dormann		Gefr.	† Rußland	7.
2.	4.	Brauer		Ogefr.	† Rußland	7.
4.	4.	Sommer	Joachim	Major	† Rußland	7.
4.	4.	Vogt	Herbert	Fw.	† Rußland	7.
4.	4.	Maier		Fw.	† Rußland	7.
4.	4.	Lampe		Fw.	† Rußland	7.
9.	4.	Lange		Fw.	† Rußland	II.

15.	4.	Smettana	Erich	Techn. Insp.	† Sizilien	II.
26.	4.	Kase		Ofw.	† Kaukasus	7.
26.	4.	Ponzew		Ofw.	† Kaukasus	7.
26.	4.	Faßbender		Uffz.	† Kaukasus	7.
27.	4.	Schmitz	Heinz	Fw.	† Seegebiet Nordafrika	5.
28.	4.	Schilling	August	Uffz.	V Kaukasus	7.
28.	4.	Hofmeister	Leopold	Uffz.	V Kaukasus	7.
28.	4.	Enders	Franz	Fw.	V Kaukasus	7.
30.	4.	Reichelt	Rudolf	Oblt.	† Rußland	

Mai:

.	5.	Dannegger	Ernst	Gefr.	V Rußland	5.
..	5.	Harth	Karl	Uffz.	V Rußland	II.
.	5.	Koch	Heinrich	Uffz.	V Rußland	III.
.	5.	Martin	Heinrich	Fw.	V Rußland	
.	5.	Pospiech	Herbert	Uffz.	V Rußland	II.
.	5.	Preugschat	Arno	Gefr.	V Rußland	5.
.	5.	Schwitanski	Erich	Uffz.	V Rußland	5.
4.	5.	Schweter		Fw.	† Rußland	7.
4.	5.	Zelsacher	Adolf	Ltn.	† Rußland	7.
4.	5.	Kunkel	Fritz	Fw.	† Rußland	7.
4.	5.	Bandl		Uffz.	† Rußland	7.
9.	5.	Zuischke		Ogefr.	† Rußland	8.
9.	5.	Xoch		Uffz.	† Rußland	8.
9.	5.	Lindemann		Uffz.	† Rußland	8.
9.	5.	Gossing		Uffz.	† Rußland	8.
22.	5.	Wagner	Karl	Hptm.	† Rußland	IV.
26.	5.	Reinfelder	Franz	Fw.	† Italien	4.
27.	5.	Schmidt		Ltn.	† Rußland	9.
27.	5.	Steinrück	Helmut	Uffz.	V Rußland	9.
27.	5.	Neimcke	Rudolf	Uffz.	V Rußland	9.
27.	5.	Sixl	Franz	Uffz.	† Rußland	
29.	5.	Fischer	Hans	Ltn.	† Rußland	9.

Juni:

.	6.	Meggenhofer	Kurt	Uffz.	V Rußland	III.
4.	6.	Hille	Walter	Ltn.	† Rußland	
21.	6.	Drzewicke	Willi	Ogefr.	† Rußland	
28.	6.	Henningsen	Helmut	Uffz.	† Frankreich	

Juli:

.	7.	Echtle	Karl	Uffz.	V	III.
.	7.	Grube	Hubert	Uffz.	V Rußland	II.
.	7.	Heggenhofen	Kurt	Uffz.	V Rußland	IV.
.	7.	Helsberg	Josef	Oblt.	V Rußland	Stab
.	7.	König	Helmut	Fw.	V Rußland	
.	7.	Kowollik	Friedrich	Uffz.	V Rußland	
.	7.	Kratzer	Karl	Fw.	V Rußland	III.
.	7.	Krisch	Heinrich	Ofw.	V Rußland	III.
.	7.	Kröger	Willi	Uffz.	V Rußland	II.
.	7.	Leitner	Alois	Ogefr.	V Rußland	III.
.	7.	Pause	Hans	Uffz.	V Rußland	III.
.	7.	Rien	Hans	Gefr.	V Rußland	III.
.	7.	Schreiber	Helmut	Uffz.	V Rußland	

. 7.	Schulz	Erich	Oblt.	V Rußland	III.
. 7.	Schweitzer	Waldemar	Ltn.	V Rußland	IV.
. 7.	Thaler	Georg	Fw.	V Rußland	
. 7.	Walbroel	Willi	Ogefr.	V Rußland	III.
. 7.	Wittmann	Helmut	Ogefr.	V Rußland	III.
6. 7.	Schleicher	Viktor	Fw.	† Rußland	5.
7. 7.	Schmidt	Erwin	Ltn.	V Rußland	III.
7. 7.	Richter	Udo	Oberstlt.	V Rußland	III.
8. 7.	Protz	Kurt	Ltn.	† Rußland	
9. 7.	Winter	Helmuth	Hptm.	† Kroatien	4.
13. 7.	Uelsberg	Josef	Oblt.	V Rußland	LN-Komp.
25. 7.	Maess	Ernst	Major	† Sizilien	9.
27. 7.	Finke	Gustav	Uffz.	† Rußland	4.
27. 7.	Chorus	Hans	Ltn.	† Rußland	4.
28. 7.	Lansky			† Rußland	
29. 7.	Jahl	Josef	Uffz.	† Wien	
August:					
. 8.	Bachmann	Fritz	Uffz.	V Rußland	
. 8.	Frisch	Karl-Heinz	ObFhr.	V Rußland	IV.
. 8.	Gerke	Heinrich	Ltn.	V Rußland	
. 8.	Krieg	Hanns	Uffz.	V Rußland	II.
. 8.	Oertel	Johann	Uffz.	V Rußland	II.
. 8.	Pieper	Erich	Uffz.	V Rußland	II.
. 8.	Reimers	Hermann	Uffz.	V Rußland	6.
. 8.	Starke	Alfred	Ogefr.	V Rußland	III.
. 8.	Stoffels	Karl	Ogefr.	V Rußland	III.
. 8.	Theiss	Otto	Ogefr.	V Rußland	
. 8.	Wegener	Heinz	Fw.	V Rußland	III.
6. 8.	Gruber	Wilhelm	Fw.	† Bergheim	
7. 8.	Siegel	Werner		† Rußland	IV.
7. 8.	Eberwein		Ltn.	† Rußland	IV.
8. 8.	Ilg	Robert	Ltn.	† Rußland	9.
10. 8.	Kahnenbley	Willy	Ogefr.	† Rußland	9.
12. 8.	Hille	Wilhelm	Ltn.	† Rußland	9.
16. 8.	Hepp	Rudolf	Oberstlt.	† Frankreich	4.
18. 8.	Nösslböck	Gerhard	Uffz.	† Penzing	1.
25. 8.	Hippler	Ekkard	Ltn.	† Rußland	
September:					
. 9.	Kruse	Heinrich	Ogefr.	V Rußland	
6. 9.	Ebert	Heinz	Uffz.	† Freudenstadt abgesch.	
17. 9.	Strube		Fw.	† Rußland	
20. 9.	Schultheis	Johannes	Ofw.	† Illesheim	2.
Oktober:					
. 10.	Brogmus	Hans	Uffz.	V Rußland	5.
. 10.	Stodczyk	Georg	Ofw.	V Rußland	5.
4. 10.	Spieth	Albert	Ofw.	† Rußland	10.
8. 10.	Simon	Erich	Major	† Nordsee	7.
12. 10.	Wolpert	Hans	Hptm.	† Rußland	
15. 10.	Kappel	Hans	Fw.	† Regensburg	
15. 10.	Hartwig		Ltn.	† Regensburg	
20. 10.	Horker	Alfons		† Lechfeld	
20. 10.	Türpisch	Gustav	Ltn.	† Saloniki	II.

1943/44

25. 10.	Penner	Horst	Uffz.	† Lechfeld	1.
26. 10.	Kleinfeld		Ogefr.	† Sudetenland	
26. 10.	Hurka	Heiner	Ltn.	† Sudetenland	

November:

. 11.	Blachse	Franz	Uffz.	V Frankreich	4. FBK
. 11.	Blechschmid	Adalbert	Fw.	V Frankreich	
. 11.	Fischer	Wilfried	Uffz.	V	II.
. 11.	Haack	Werner		† Wiener-Neustadt	
. 11.	Heinzinger	Felix	Uffz.	V Rußland	5.
. 11.	Leinweber	Fritz	Uffz.	V Rußland	
. 11.	Schmitter	Wilhelm	Major	V Rußland	5.
1. 11.	Pfeiler	Arthur	Ofw.	† Serbien	4.
4. 11.	Götz	Werner	Uffz.	† Krim	4.
13. 11.	Venske	Gerhard	Uffz.	† Fürstenfeldbruck	4.
13. 11.	Stefka	Gerhard	Ltn.	† Fürstenfeldbruck	4.
22. 11.	Thomann	Klaus	Ltn.	† Wiener-Neustadt	
22. 11.	Bräth		Uffz.	† Wiener-Neustadt	
22. 11.	Caak		Uffz.	† Wiener-Neustadt	

Dezember:

. 12.	Jansen	Karl	Uffz.	V Rußland	II.
. 12.	Steigleder	Hellmuth	Ogefr.	V Rußland	
3. 12.	Helbig	Heinrich	Hptm.	† Winniza	4.
18. 12.	Tobias	Hans	Hptm.	† Wiener-Neustadt	IV.
19. 12.	Eidel	Heinrich	Stfw.	† Eisenburg	
29. 12.	Schobert	Georg-Heinr.	Hptm.	† Atlantik	
31. 12.	Linau	Günter	Fw.	† Rußland	
31. 12.	Große	Günther	Fw.	† Rußland	
31. 12.	Jakobs		Gefr.	† Rußland	9.
31. 12.	Hälbich	Wilhelm	Hptm.	† Rußland	4.

1944

. 44	Dörfer	Gerhard	Ltn.	† Krim	
. 44	Hampe	Paul	Ogefr.	†	II.
. 44	Klein	Johann	Uffz.	† England	6.
. 44	Lapschies	Erich	Ogefr.	† München-Riem	IV.
. 44	Müller		Uffz.	† England	6.
. 44	Pahl	Karl	Ltn.	† England	
. 44	Quatfasel		Uffz.	† England	6.
. 44	Runge		Ofw.	† England	II.
. 44	Schönberger		Uffz.	† England	6.
. 44	Kimba			† Frankreich	

Januar:

. 1.	Becher	Hans	Gefr.	V	5.
. 1.	Forster	Ludwig	Ogefr.	V	II.
. 1.	Gabelt	Franz	Uffz.	V Rußland	
. 1.	Hess	Friedel	Fw.	V	6.
. 1.	Rosenau	Heinz	Uffz.	V Rußland	
. 1.	Uecker	Hans	Ltn.	V Rußland	6.
3. 1.	Rox	Rudolf	Ofw.	† Holland	
22. 1.	Heintz	Kurt	Hptm.	† England	Stab

1944

Februar:

. 2.	Zimmer	Erich	Uffz.	†	Memmingen	
3. 2.	Treml	Alois	Ofw.	†	Cisterna/Afrika	4.
8. 2.	Rattke	Heinz	Fw.	†	Italien	
12. 2.	Rieder	Walter	Major	†	Atlantik	4.
16. 2.	Pfarius		Ogefr.	†	Kitzingen	
22. 2.	Muschler	Günther	Uffz.	†	Lechfeld	2.
22. 2.	Drescher	Georg	Uffz.	†	Lechfeld	2.
22. 2.	Milbrad		Oblt.	†	Lechfeld	10.
22. 2.	Vornberger		Gefr.	†	Lechfeld	
22. 2.	Buschmann		Ltn.	†	Lechfeld	
23. 2.	Delp	Gustav	Fw.	†	England	6.
23. 2.	Ebeling	Heinz	Uffz.	†	England	6.
23. 2.	Keilholz	Kurt	Ogefr.	†	England	3.
29. 2.	Fuhrhop	Helmut	Major	†	Nordfrankreich	2.
29. 2.	Schachtschabel	Wilhelm	Oblt.	†	Nordfrankreich	3.
29. 2.	Rehfeld	Walter	StFw.	†	Belgien	

März:

. 3.	Kwiatkowski	Rudolf	Uffz.	V		IV.
. 3.	Ritter	Adam	Ofw.	V	Brodny	
. 3.	Thönes	Werner	Ogefr.	V	Lemberg	
2. 3.	Abel	Fritz	Hptm.	†	Rheine	
3. 3.	Strobel	Hubert	Fhj.Uffz.	†	Mering	
3. 3.	Kalmar	Ludwig	Gefr.	†	Mering	
3. 3.	Heinrich	Helmut	Gefr.	†	Mering	
3. 3.	Döring	Ernst	Gefr.	†	Mering	
4. 3.	Jürka		Fw.	†	Illesheim	III.
4. 3.	Naser		Uffz.	†	Illesheim	III.
14. 3.	Eppendorf von	Horst	Ltn.	†	Frankreich	2.
15. 3.	Zabrodsky	Günther	Uffz.	†	Frankreich	2.
15. 3.	Pape von	Werner	Oblt.	†	Frankreich	1.
16. 3.	Scott	Walter	Ltn.	†	Zainingen	
23. 3.	Krause	Willi	Uffz.	†		2.
24. 3.	Hübner	Joachim	Fw.	†	St. Andre	1.
24. 3.	Bitzer	Hermann	Uffz.	†	Evreux	2.
26. 3.	Feldner		Ltn.	†	Hildesheim	IV.
28. 3.	Schneider	Leopold		†	Ingolstadt	4.
28. 3.	Brillmann	Detlef	Uffz.	†	Ingolstadt	4.
28. 3.	Heinze	Otmar	Oblt.	†	Ingolstadt	4.

April:

5. 4.	Zickler	Helmut	Gefr.	†	Lengenfeld (Luftkampf)	
5. 4.	Renatus	Walter	Ltn.	†	Frankreich	3.
6. 4.	Briel	Johann	Prüfmstr.	†	Rennes	
9. 4.	Schäfer	Eberhard	Oblt.	†	Rußland	II.
14. 4.	Zähmisch	Heinz	Uffz.	†	England	3.
14. 4.	Kierstein	Heinz	Uffz.	†	England	3.
18. 4.	Trunsperger	Alban	Stfw.	†	Frankreich	
19. 4.	Leidel	Siegfried	Oblt.	†	Hohenstein	II.
19. 4.	Wenk		Ofw.	†	Hohenstein	
19. 4.	Schuberth	Wilhelm	Fw.	†	England	
19. 4.	Seeland		Ogefr.	†	England	3.
19. 4.	Witt		Ltn.	†	England	2.

1944

19. 4.	Märte	Heinrich	Ofw.	†	Greifswald	
19. 4.	Pahl	Richard	Oblt.	†	England	2.
23. 4.	Lux	Willi	Ofw.	†	England	
23. 4.	Puttfarken	Dietrich	Major	†	England	
24. 4.	Rischke	Rudolf	Uffz.	†	Erding	
27. 4.	Wenning	Wolfgang	Ltn.	†	England	6.

Mai:

. 5.	Friedel	Anton	Ogefr.	V		8. FBK
. 5.	Künzig	Paul	Uffz.	V		8. FBK
. 5.	Nießler	Gerhard	Ltn.	†		II.
13. 5.	Hungershausen	Helmut		†	Reppen	
13. 5.	Roß	Karl-Heinz	Fhj.Uffz.	†	Reppen	
20. 5.	Dietrich	Karl-Heinz	Ltn.	†	Dietmannsried	
22. 5.	Rath	Wilhelm	Major	†	England Kommodore KG 2.	
22. 5.	Trauth	Sepp	Ofw.	†	England	
24. 5.	Hörner	Nikolaus	Uffz.	†	Königsberg	
28. 5.	Reil	Franz	Oblt.	†	Hohenstein	
28. 5.	Appel	Karl	Ofw.	†	Wangerode	
29. 5.	Schwenk	Adolf	Uffz.	†	Rußland	
30. 5.	Kratel	Erwin	Ltn.	†		

Juni:

. 6.	Brügel	Walter	Uffz.	V		II.
. 6.	Duero	Werner	Hptm.	V		II.
. 6.	Eidenmüller	Karl-Friedr.	Ogefr.	V		8. FBK
. 6.	Heinemann	Walter	Fw.	†	Frankreich	II.
. 6.	Schlötzer	Alois	Uffz.	V		8. FBK
. 6.	Weiss	Wilhelm	Ofw.	V		8. FBK
7. 6.	Koller	Josef	Fw.	†	Caseaux/Frankreich	
7. 6.	Mono	Karl-Heinz	Uffz.	†	Insel Juist	3.
7. 6.	Hagel	Hugo	Uffz.	†	Insel Juist	3.
8. 6.	Marizy	Walter	Ltn.	†	Caen	
10. 6.	Pradzynski von	Alex	Ofw.	†	Isny, Lazarett gestorben	
20. 6.	Peter		Fw.	†	Lingen	
21. 6.	Borkert	Günther	Ltn.	†		
28. 6.	Sehrbrock	Karl	Uffz.	†		2.

Juli:

. 7.	Barth	Helmut	Ogefr.	V		I.
. 7.	Bock	Karl	Ogefr.	†	Sizilien	
. 7.	Brückner	Eugen	Uffz.	V		II.
. 7.	Denk	Karl	Ltn.	†	Invasionsfront	5.
. 7.	Markau		Ltn.	†	Invasionsfront	5.
. 7.	Pieper	Heinz	Ltn.	†	Invasionsfront	II.
. 7.	Schmidt	Heinz	Uffz.	V	Rußland	II.
. 7.	Schorer	Alban	Uffz.	V		II.
. 7.	Seufert	Kurt	Uffz.	V		II.
. 7.	Sperlich	Rudolf	Uffz.	V	Belgien	II.
. 7.	Wekwart		Ltn.	†	München-Riem	IV.
5. 7.	Mayer	Rudolf	Uffz.	†	Holland	
6. 7.	Ziegler	Hans-Joachim	Uffz.	†	Frankreich Luftkampf	4.
8. 7.	Kroth	Albert	Uffz.	†	Frankreich Luftkampf	4.
16. 7.	Richter	Winfried	ObFhr.	†	Kohlgrub	

Date	Surname	First name	Rank		Place	
18. 7.	Ellerbrock	Heinz		†	Memmingen	
18. 7.	Schreithofer	Ferdinand		†	Bordeaux	
20. 7.	Horn	Martin	Uffz.	†	Allexon/Frankreich	
21. 7.	Winkler	Herbert	Uffz.	†	Lechfeld	2.
21. 7.	Borkert	Günther	Ltn.	†	Prenzlau	5.
23. 7.	Dingfelder	Ferdinand	ObFhr.	V		
31. 7.	Schultz	Werner	Ltn.	†	Rußland	
August:						
. 8.	Chrobak	Anton	Uffz.	V		I.
. 8.	Fink		ObFhr.	†	Invasionsfront	II.
1. 8.	Laas	Uwe	Ltn.	†	Frankreich	
10. 8.	Berger	Johann		†	Ostsee	
29. 8.	Uebach	Heinrich	Ogefr.	†	Rußland	
30. 8.	Bidoli	Herbert	Hfw.	†	Athen	
September:						
. 9.	Bonnet	Günther	Oblt.	V		II.
. 9.	Denig	Helmut	Ltn.	V		II.
. 9.	Kern	Franz	Fw.	V		II.
. 9.	Regnet	Karl	Gefr.	V		II.
. 9.	Rupp	Karl	Gefr.	V		II.
. 9.	Sieber	Artur	Fw.	V		II.
8. 9.	Weidemann	Rolf	Ltn.	†	Lüttich	3.
9. 9.	Gärtner		Oblt.	†	Soesterberg	3.
11. 9.	Mündlein	Ernst	Fw.	†	Erzgebirge	4.
17. 9.	Bertelsbeck		Fw.	†	Leipheim	I.
20. 9.	Winter	Karl	Hptm.	†	Cadore/Italien	
20. 9.	Baumann	Peter	Major	†	Stargard	
27. 9.	Erk	Wilhelm	Uffz.	†	Lechfeld	2.
Oktober:						
. 10.	Junghans	Edkar	Fw.	†	Rheine	
. 10.	Krüger	Edith	Stabs-helferin	V	Limburg	
5. 10.	Buttmann		Hptm.	†	Nijmwegen	3.
5. 10.	Franke		Uffz.	†	Nijmwegen	3.
16. 10.	Gravenreuth Frhr. von	Siegesmund	Oberst	†	Breslau	
23. 10.	Marienfeld	Walter	Oberstlt.	†	Rhein/Main	III.
November:						
. 11.	Lutz	Josef	Flg.	V		8. FBK
. 11.	Sander	Hans	Ofw.	†	Göppingen	
. 11.	Zimmermann		Uffz.	†	Schwäbisch Hall	
2. 11.	Herterich	Emil	Ofw.	†	Aachen	
13. 11.	Merlau	Heinz	Oblt.	†	Rheine	I.
13. 11.	Hoffmannn		Fw.	†	Rheine	II.
26. 11.	Lehmann	Heinz-Artur	Oblt.	†	Helmond	2.
28. 11.	Rösch	Rudolf	Hptm.	†	Helmond	2.
30. 11.	Sanio	Horst	Uffz.	†	Helmond	2.
Dezember:						
. 12.	Hampel	Erhard	Hfw.	V	Nordsee	
. 12.	Lübke		Ltn.	†		II.
. 12.	Maass	Karl-Heinz	Ogefr.	V		
. 12.	Schneider	Gustav	Uffz.	†	Posen	

1944/45

Datum	Name	Vorname	Dienstgrad		
. 12.	Thoma	Johannes	Fw.	† Stalingrad	
2. 12.	Freistedt		Hptm.	† Schwäbisch Hall	5.
3. 12.	Valet	Hans-Joachim	Oblt.	† Rheine	1.
5. 12.	Petersen	Karl-Heinz	Ofw.	† Burgsteinfurt	
7. 12.	Brocke	Helmut	Hptm.	† Schwäbisch Hall	4.
7. 12.	Mecklenburg		Uffz.	† Schwäbisch Hall	
8. 12.	Peters	Ernst	Ofw.	†	2.
10. 12.	Zenk	Herbert	Fw.	†	
10. 12.	Lenk	Helmut	Fw.	† Rheine	I.
12. 12.	Kohler	Hans	Ofw.	V Rußland	I.
13. 12.	Niedermeier	Werner	Ogefr.	† Landsberg	
13. 12.	Berckes	Wilhelm	Uffz.	† Landsberg	
25. 12.	Meyer	Hans	Fw.	† Lüttich	2.
26. 12.	Lamle	Hans-Georg	Oblt.	† Rheine	II.
29. 12.	Raith	Max	Hptm.	† Neuburg	II.
29. 12.	Bock	Emil	Ofw.	† Bregenz, Lazarett verstorben	

1945

Datum	Name	Vorname	Dienstgrad		
. 45	Köhler	Hans	Ofw.	† Rheine	
. 45	Krautner	Gustav	Uffz.	† Ostfront	
. 45	Neußer	Ludwig	Uffz.	† Aachen	
. 45	Poppenburg	Werner	Oblt.	† Berlin	7.
. 45	Willmann	Ottmar	Hptm.	† bei Aachen	III.

Januar:

Datum	Name	Vorname	Dienstgrad		
. 1.	Nedele	Kurt	Fw.	† Breslau	
. 1.	Abel	Herbert	Sold.	V	3. FBK
. 1.	Adam	Peter	Uffz.	V Rußland	
. 1.	Bier	Ernst	Ltn.	† München-Riem	
. 1.	Hoge	Walter	Ogefr.	V	4. FBK
. 1.	Hoffmann	Rudi	Fw.	†	
. 1.	Koch	Walter	Ogefr.	V	3. FBK
. 1.	Müller	Otto	Flg.	† Leipheim	
. 1.	Niedworok	Alfred	Gefr.	V	1. FBK
. 1.	Schulz	Willi	Sold.	V Hertegen	
. 1.	Schulz		Fw.	† Rheine	I.
. 1.	Steger	Heinrich	Uffz.	† Breslau	
. 1.	Schwaiger	Martin		V Breslau	
1. 1.	Kaiser	Erich	Ofw.	† Rheine	2.
1. 1.	Hettlich	Josef	Ltn.	† Holland	
3. 1.	Schoch	Albert	St.Gefr.	V München	IV.
5. 1.	Steinbrückner	Wilhelm	Ofw.	† Vahrenwald	
14. 1.	Frhr. Ritter v.	Rittersheim	Ltn.	† Rittershofen	2.
23. 1.	Holzwarth	Hans	Oblt.	† Hopsten	12.
29. 1.	Brenner	Karl	Ofw.	† Ostfront	
30. 1.	Geiger	Konrad	Ogefr.	† Würringen	

Februar:

Datum	Name	Vorname	Dienstgrad		
. 2.	Benkert	Helmut		† Bad Aibling	
. 2.	Chermin	Stefan	Fw.	V	IV.
. 2.	Gatys	Gerhard	Ogefr.	† Memmingen	
. 2.	Greitsch	Max	Uffz.	V	4. FBK
. 2.	Hinz	Aloisiua	Uffz.	V	1. FBK

288

. 2.	Neuenfeld	Rudolf	Schütze	† Landsberg	
. 2.	Seidel	Helmut	Uffz.	V		I.
. 2.	Wilke	Paul	Flg.	V		4. FBK
2. 2.	Bührich		Hptm.	† Mergentheim		3.
11. 2.	Sauter	Kurt	Fw.	† Gütersloh		III.
16. 2.	Spiess	Robert	Ofw.	† Cosel	
16. 2.	Schütz	Adolf	Ltn.	† Kitzingen	
22. 2.	Piel	Kurt	Ltn.	† Hopsten		2.
23. 2.	Stölzle	Karl	Ofw.	† Belgien		I.
27. 2.	Mayrl	Michael	Fw.	† Zobten	

März:

. 3.	Abel	Fritz	Hptm.	V		5.
. 3.	Brückner	Karl	Ogefr.	V		4. FBK
. 3.	Hoehne	Jürgen	O.Fhr.	V		I.
. 3.	Kowal	Paul	Ogefr.	V		4. FBK
. 3.	Pöhling	Eberhard	Uffz.	† Wimborn	
. 3.	Pollak	Armund	Uffz.	† Göttingen	
. 3.	Wilde	Mathias	Ogefr.	V		4. FBK
. 3.	Woestenbrück	Bernhard	Fw.	V		4. FBK
. 3.	Würrge	Helmut	Fw.	V		4. FBK
9. 3.	Benninger	Alfred	Uffz.	† Remagen	
21. 3.	Winkel	Eberhard	Hptm.	† Giebelstadt		3.
21. 3.	Erben	Heinz	Uffz.	† Wertheim		2.
21. 3.	Gietmann		Ltn.	† Giebelstadt		3.

April:

. 4.	Bloteck	Karl	Fw.	V Rußland	
. 4.	Geisler	Horst	Uffz.	V		4. FBK
. 4.	Heiligtag	Walter	Uffz.	V		II.
. 4.	Keilbach	Friedrich	Fw.	V		4. FBK
. 4.	Korfkamp	Dietrich	Gefr.	† Landsberg	
. 4.	Mühlbacher	Lorenz	Gefr.	V		4. FBK
. 4.	Müller	Fritz	Uffz.	V		4. FBK
. 4.	Reichardt	Horst	Uffz.	V		4. FBK
. 4.	Ruf		Ofw.	† Lagerlechfeld	
. 4.	Woithe	Gerhard	Ogefr.	V		I.
4. 4.	Dannhoff	Robert	Uffz.	† Oberkirchen	
4. 4.	Filser	Mathias	Ofw.	V		2. FBK
15. 4.	Schenk	Johann		†
17. 4.	Lampert	August	Oblt.	† Hoyerswerda	
18. 4.	Lubrich	Hans	Ltn.	† Afrika	
18. 4.	Schwegler	Mathias	Major	† Neuses/Ansbach		III.
23. 4.	Haußner	Horst	Ofw.	† Italien	
20. 4.	Müller	Gottlob	General	† Berlin	
24. 4.	Amelung		Ltn.	† Neuburg		IV.
25. 4.	Werntgen	Heinz	Uffz.	† Leipheim		2.
28. 4.	Haller	Hans	Uffz.	† Penzing		3. FBK

Mai:

. 5.	Preuss	Herbert	Ogefr.	V		4. FBK
. 5.	Ortlepp	Ernst	Fw.	V		I.
6. 5.	Schimmel		Ltn.	† Prag		2.
7. 5.	Strothmann	Heinz	Oblt.	† Saaz		2.
7. 5.	Pöling		Uffz.	† Prag		2.

1945/52

8. 5.	Herberger	Ernst	Uffz.	† Berlin
13. 5.	Guggenberg	Michael	Ofw.	† Belgien

Nach dem Kriege

5. 6.	Schubert	Herbert	Ofw.	† engl. Gef. gest.
15. 9.	Volger	Karl	Hfw.	† Landsberg/Warthe i. Gef.

1946

12. 9.	Bock	Ludwig	Fw.	† Rußland
? 1947	Ebermann	Erich	Stfw.	† Rußland

1952

24. 3.	Mälzer	Kurt	Gen.Ltn.	† Werl

Gefallene und Vermißte, über die nähere Daten fehlen:

Bark		Ltn.	†		
Becker	Julius	Gefr.	†		
Beckmann von			†		
Böttcher	Heinz	Fw.	†	III. Bes. Gallermann	
Bargstädt	Karl-Heinz	Uffz.	†	Frankreich	
Bereiter		Uffz.	†	Rußland, Nikolajew	
Brandenburg		Uffz.	†		
Brücke		Hptm.	†		
Dumke		Ltn.	†	Frankreich	3.
Dotzer			†	Rußland	
Dippel	Heinz	Ogefr.	†	Rußland	
Fernberg			†		
Gallermann		Uffz.	†		III. Bes. Böttcher
Garus		Oblt.	†	Rußland, Kertsch	
Gress		Ofw.	†		
Höll		Oblt.	†	Balti	
Höhle		Oblt.	†	Rumänien	
Hellinger	Hans	O.Zahl-mstr.	†	Frankreich	II.
Helbig		Oblt.	†	Rußland	4.
Heinze	Otmar	Oblt.	†		
Hohendahl	Hans	Ltn.	†		
Holz	Wolfgang	Ltn.	†		
Holzmann		Fw.	†		
Jung	Herbert	Gefr.	†	Frankreich	
Katte	Joachim	Ofw.	†		
Kleinschmidt		Fw.	†		
Kaak			†		
Kutschmann			†		
Kunze	Helmut	Ltn.	†	England	III.
Köhler	Egon	Gefr.	†	Rußland erschossen	IV.
Kärkel	Lothar		†	Rußland	
Lahs		OFhr.	†		
Lehmann		Gefr.	†		
Lütke van Daltrop		Gefr.	†		

Lutz	Paul		†		
Lenkheit		Ltn.	†		
Lönecker	Heinz		†		
Moser	Jakob	Uffz.	†		7.
Mühlenberg		Fw.	†		
Neumeier	Rudolf	Ogefr.	†	England	
Ochsenbauer	Fritz		†		
Ramm	Heinrich	Uffz.	†	England	
Redchen	Felix	Fw.	†	Rußland	Stab
Ratl	Wilhelm	Oberstlt.	†		
Seibold	Wilhelm		†	Südfrankreich	Werft
Sorg		Oblt.	†		
Sieber		Oblt.	†		
Sippe	Alfred	Uffz.	†		
Schneez	Albert	Hptm.	†		
Schoen	Gerhard	Major	†		
Schneider		Ltn.	†	Rußland, Don-Bogen	
Schöppe		Uffz.	†	Rußland, Nikolajew	
Schenk Frhr. zu	Schweinsberg	Major	†		
Thoma	Klaus	Ltn.	†		
Tilli	Hubert	Ogefr.	†		
Weichselberger			†	Rußland	
Westerhoff	Josef		†		
Wittig	Hermann	Ofw.	†	Rußland/Jalta	
Ziegler		Gefr.	†		
Zingraff	Emil		V	Rußland	4. FBK
Saborowski		Uffz.	†		

Jabo G 34

Czechowsky	Joachim	Oblt.	†	31. 8.1959 Steinheim	2./34
Häse	Klaus	Stuffz.	†	19.10.1961 Memmingen	2./34
Tetzner	Michael	Oblt.	†	23. 4.1963 Siegenburg	1./34
Klatt	Günter	Hptm.	†	14.10.1964 Bad Wurzach	1./34
Thormeyer	Dieter	Hptm.	†	5.11.1965 Sontheim	1./34
Klenk	Karl-Oskar	Oblt.	†	11. 6.1968 Hochgrat	2./34
Vaterrodt	Gustav	Hfw.	†	21. 9.1968 Bernbach	1./34
Kunz	Georg	Oostln.	†	19. 4.1970 Karlsruhe	K'dore
Drescher	Werner	Hfw.	†	19. 4.1970 Karlsruhe	2./34
Dr. Bachlehner	Oskar	Oblt. a.D.	†	19. 4.1970 Karlsruhe	
Augustin Wolf-Dietrich		Oblt.	†	23. 3.1971 Jever	2./34
Müller	Klaus	Major	†	1.12.1972 Luke AFB	Stab

Das Ritterkreuz zum Eisernen Kreuz war im zweiten Weltkrieg die begehrteste soldatische Auszeichnung der Deutschen Wehrmacht. Dieser für »besondere Tapferkeit vor dem Feind« am 1. September 1939 gestiftete Orden war eine Erweiterung der Ordensstiftung des Eisernen Kreuzes vom 10. März 1813; weitere Stufen wie Eichenlaub, Schwerter und Brillanten kamen im Laufe des Krieges hinzu.

Von 7 500 Ritterkreuzverleihungen entfielen ca. 1 730 auf die Luftwaffe, wovon das fliegende Personal aller Dienstgrade in den verschiedenen Stufen etwa 1 320 Ritterkreuze verliehen bekam.

Den 538 Ritterkreuzverleihungen an Tag/Nachtjäger und Zerstörer stehen 640 Verleihungen an Kampf-, Stuka- und Schlachtflieger gegenüber.

Die Verleihungsbedingungen änderten sich im Laufe des Krieges und richteten sich hauptsächlich an der Zahl der Feindflüge aus. Im März 1943 galt z. B.:

15 Feindflüge	*EK II.*
20 Feindflüge	*Frontflugspange in Bronze*
25—40 Feindflüge	*EK I.*
60 Feindflüge	*Frontflugspange in Silber*
80 Feindflüge	*Ehrenpokal*
110 Feindflüge	*Frontflugspange in Gold*
140 Feindflüge	*Deutsches Kreuz in Gold*
200—400 Feindflüge	*Ritterkreuz des Eisernen Kreuzes*

Betrachtet man die Verleihungen an die »Kämpfer«, so findet man im Jahre 1940 fast überwiegend Geschwaderkommodores und Gruppenkommandeure, die zumeist namens ihrer Verbände für die gezeigten Leistungen in den verschiedenen Feldzügen ausgezeichnet wurden. (Erste Verleihung an Oberst Robert Fuchs, Kommodore KG 26). Für alle übrigen Flugzeugführer galten ca. 100 Tag- und Nachteinsätze, vor allem gegen England.

1941 stieg die »interessante« Feindflugzahl schon auf 200.

In den weiteren Kriegsjahren lag sie zwischen 200 und 400, die Mehrzahl erhielt das RK bei etwa 300 Einsätzen. Insbesondere die gegen Rußland eingesetzten Besatzungen hatte so hohe und oft noch weit höhere Zahlen bei der Verleihung. Beobachter, Bordfunker,

-mechaniker, und -schützen hatten fast alle weit über 300 Feind-flüge und waren oft Besatzungsangehörige sehr erfolgreicher Flug-zeugführer oder von Verbandsführern, die selbst bereits das RK hatten.

Die höheren Stufen des RK (4x Schwerter, 27x Eichenlaub) er-hielten nur außerordentlich bewährte Flugzeugführer, die in der Regel auch Verbandsführer (Staffelkapitän, Gruppenkommandeur, Kommodore) waren und viele Feindflüge überlebt bzw. mit ihren Verbänden hervorragende Erfolge erzielt hatten.

Ritterkreuze wurden auch posthum und sogar noch nach offizieller Beendigung des Krieges verliehen.

RITTERKREUZTRÄGER DES KG 51 »EDELWEISS«

Dienst-grad bei der Ver-leihung	Name	Verleihungs-Datum	Einheit	gefallen/verstorben
Obltn.	Matthias Schwegler	18. 12. 1941	Kpt. in der I./51	18. 4. 1945
Feldw.	Georg Fanderl	24. 1. 1942	Fl.-Fhr. 1./51	4. 1. 1953
Hptm.	Rudolf Henne	12. 4. 1942	Kpt. 9./51	13. 4. 1962
Obltn.	Ernst Hinrichs	25. 7. 1942	Fl.-Fhr. 2./51	
Hptm.	Siegfried Barth	2. 10. 1942	Kpt. 4./51	
Hptm.	Gerd Korthals	2. 10. 1942	Kpt. 8./51	3. 11. 1942
Obltn.	Dietrich Puttfarken	7. 10. 1942	Fl.-Fhr. 1./51	23. 4. 1944
Major	Ernst Frhr. v. Bibra	23. 12. 1942	Gr.-Kdr. III./51	15. 2. 1943
Hptm.	Hellmuth Hauser	23. 12. 1942	Kpt. in der I./51	
Ofeldw.	Alberth Spieth	24. 3. 1943	Fl.-Fhr. 3./51	4. 10. 1943
Obltn.	Georg Holle	3. 4. 1943	St.-Fhr. 2./51	27. 2. 1943
Hptm.	Klaus Häberlen	20. 6. 1943	Gr.-Kdr. I./51	
Hptm.	Josef Schölß	25. 5. 1943	St.-Kpt. 3./51	
Oberltn.	Günther Löffelbein	19. 9. 1943	Kpt. in der I./51	
Major	Herbert Voß	5. 2. 1944	Gr.-Kdr. II./51	
Hptm.	Hans Gutzmer	29. 2. 1944	Kpt. 3./51	
Oberltn.	Rudolf Roesch	26. 3. 1944	Kpt. in der III./51	28. 11. 1964
Oberltn.	Bernhard Sartor	20. 7. 1944	Beob. im Stab KG 51	
Ofeldw.	Hans Frach	29. 10. 1944	Fl.-Fhr. 6./51	

Nach der Geschwaderangehörigkeit verliehen

Major	Martin Vetter	16. 5. 1940	Gr.-Kdr. II./KG 126	
Oberst	Alois Stoeckl	4. 7. 1940	Kommodore KG 55	14. 8. 1940
Feldw.	Otto Eichloff	16. 8. 1940	Fl.-Fhr. 4./KG 30	
Oberltn.	Sigmar Frhr. von Gravenreuth als Oberstltn. = EL. Nr. 692, »posthum« verliehen	24. 11. 1940 / 9. 1. 1945	Fl.-Fhr. 1./KG 30 / Kdre. KG 30	16. 10. 1944

Gen.-M.	Josef Kammhuber	9. 7. 1941	Kdr. 1. Nacht-jagddiv.	
Oberltn.	Wolfgang Schenck als Hauptmann = *EL. Nr.* 139	14. 8. 1941 30. 10. 1942	Kpt. 1./SKG 210 Kdr. I./ZG 1	
Ofeldw.	Wilhelm Bender	8. 9. 1941	Fl.-Fhr. 5./KG 3	
Oberstltn.	Dr. Ernst Bormann als Oberst = *EL. Nr.* 119	5. 10. 1941 3. 9. 1942	Kommodore KG 76 Kommodore Gefechtsverband »Bormann« = verst. KG 76	1. 8. 1960
Oberstltn.	Walter Marienfeld	27. 11. 1941	Kommodore KG 54	23. 10. 1944
Hptm.	Joachim Poetter	16. 4. 1942	Kdr. I./KG 77	
Major	Hans Keppler	20. 8. 1942	Gr.-Kdr. III./KG 1	3. 9. 1942
Hptm.	Hanns Heise	3. 9. 1942	Gr.-Kdr. I./KG 76	
Hptm.	Heinrich Prinz zu Sayn-Wittgenstein als Hauptmann = *EL. Nr.* 290, »posthum« als Major = *Schw. Nr.* 44	2. 10. 1942 31. 8. 1943 23. 1. 1944	St.-Kpt. 9./NJG 2 Gr.-Kdr. I./NJG 100 Kommodore NJG 2	21. 1. 1944
Major	Paul Darjes	14. 10. 1942	Gr.-Kdr. II./ Sch.-G. 1	
Major	Friedolin Fath	23. 12. 1942	Gr.-Kdr. IV./KG z. b. V. 1	
Gen.-M.	Gottlob Müller	8. 6. 1943	Bef.-haber Tunis	20. 4. 1945
Major	Helmut Fuhrhop	22. 11. 1943	Gr.-Kdr. I./KG 6	29. 2. 1944
Hptm.	Rudolf Abrahamczik	29. 2. 1944	Kpt. 14./KG 2	
Oberltn.	Eberhard Schaefer	7. 4. 1944	Fl.-Fhr. II./KG 51	9. 4. 1944
Oberltn.	Hans-Joachim Valet	28. 4. 1944	Fl.-Fhr. I./TG 2; *bei der I./KG (J) 51*	3. 12. 1944
Hptm.	Kurt Dahlmann als Major = *EL. Nr.* 711	11. 6. 1944 24. 1. 1945	Gr.Kdr. I./SKG 10 Kdr. NS-Gr. 20	
Fahnenjk. Feldw.	Hanns Trenke	5. 9. 1944	Fl.-Fhr. 6./KG 1	29. 4. 1957
Gen.-M.	Hans Korte	30. 9. 1944	Kdr. 2 (Torpedo-) Flieger-Div.	
Hptm.	Kurt Capesius	21. 12. 1944	Kdr. III./KG 66	*verst. im Oktober 1958*
Hptm.	Helmut Eberspächer	24. 1. 1945	St.-Kpt. 3./NS-Gr. 20	

Dankbarerweise von Herrn Ernst Obermaier ergänzt und zusammengestellt.

294

FÜHRUNGSPERSONAL
DES ›EDELWEISS‹ GESCHWADERS

Leider sind die Personalveränderungsmeldungen des Luftwaffen-
personalamtes nur unvollständig vorhanden, so daß sich die Stellen-
besetzungen für die Staffeln, Gruppen und den Geschwaderstab aus
diesen Unterlagen nicht lückenlos rekonstruieren lassen. Vermutlich
gingen diese Unterlagen durch Kriegsereignisse in Verlust. Mit
dankbarer, unermüdlicher Hilfe der Zentralnachweisstelle des Bun-
desarchivs in Kornelimünster und Befragung der noch lebenden
Angehörigen des Geschwaders wurde die folgende Zusammenstellung so genau wie möglich, wie eine Mosaikarbeit, zusammen-
gefügt. Bei den Staffelkapitänen lassen sich genaue Zeitangaben
nicht mehr zurückverfolgen. Die nach den Daten aufgeführten
Kreuze (†) bedeuten, daß die Betreffenden an diesem Datum im
Einsatz gefallen sind, nach den Namen aufgeführte Kreuze (†),
daß die Betreffenden später gefallen oder verstorben sind.

Geschwader Kommodore

15. 3. 1937— 1. 11. 1938	Oberst Willibald Spang
1. 11. 1938— 1. 2. 1939	Oberst Ritter von Lex †
1. 2. 1939—26. 3. 1940	Oberst Dr. Johann-Volkmar Fisser
26. 3. 1940— 3. 6. 1940	Oberst Josef Kammhuber
3. 6. 1940—12. 8. 1940 †	Oberst Dr. Johann-Volkmar Fisser
12. 8. 1940—31. 8. 1941	Major Hans Bruno Schulz-Heyn
1. 9. 1941— 4. 7. 1942	Oberst Paul Koester
4. 7. 1942—30. 11. 1942	Major Wilhelm von Friedburg
1. 12. 1942— 8. 1. 1943 †	Oberst Heinrich Conrady
8. 1. 1943— 9. 5. 1943	Major Egbert von Frankenberg und Proschlitz
9. 5. 1943—25. 2. 1944	Major Hanns Heise
25. 2. 1944— 4. 12. 1944	Oberstleutnant Wolf Dietrich Meister
5. 12. 1944—31. 1. 1945	Major Wolfgang Schenck
1. 2. 1945—21. 3. 1945 †	Oberstleutnant von Halensleben
21. 3. 1945—28. 4. 1945	Oberstleutnant Siegfried Barth

Gruppenkommandeure und Staffelkapitäne

I. Gruppe

Kommandeure

15. 3. 1937—31. 3. 1938	Oberstleutnant Kurt Mälzer †
31. 3. 1938—18. 12. 1939	Oberstleutnant Hans Korte
19. 12. 1939—12. 8. 1940	Major Hans Bruno Schulz-Heyn
12. 8. 1940—14. 2. 1941	Hauptmann von Greiff
14. 2. 1941— 3. 2. 1942 †	Hauptmann Heinrich Hahn
3. 2. 1942— 6. 10. 1942	Major Hans-Joachim Ritter
6. 10. 1942— 5. 2. 1943	Major Fritzherbert Dierich
5. 2. 1943—11. 10. 1943	Major Klaus Häberlen
11. 10. 1943—25. 2. 1944	Major Wolf Dietrich Meister
25. 2. 1944— 8. 5. 1945	Major Heinz Unrau

Staffelkapitäne

1. Staffel	2. Staffel	3. Staffel
Hptm. Schlüter	Hptm. Pfister	Major Neuenfeld †
Hptm. Petersen	Hptm. Keppler	Hptm. Pflüger
Hptm. Muggenthaler	Hptm. von Groddeck	Oblt. Lange †
Hptm. von Greiff	Hptm. von Sichart	Hptm. Schölß
Hptm. Panitzki	Hptm. Hahn †	Oblt. Löffelbein
Oblt. Illgner †	Hptm. Fuhrhop †	Oblt. Holle
Hptm. Schwegler †	Oblt. Hinrichs	Oblt. Berger †
Major Ebert †	Hptm. Häberlen	Hptm. Winkel †
Oblt. Puttfarken †	Hptm. Müller	Oblt. Stephan
Oblt. Berger †	Hptm. Abrahamczik	
Hptm. Unrau		
Oblt. Pape †		
Oblt. Pahl †		
Hptm. Chiuruski		

II. Gruppe

Kommandeure

1. 3. 1937— 1. 2. 1939	Oberstleutnant Dr. Johann Fisser †
1. 2. 1939— 1. 5. 1939	Oberst Wolf von Sutterheim †
15. 4. 1940—31. 3. 1941	Major Winkler
31. 1. 1941—22. 6. 1941	Hauptmann Max Stadelmeier †
22. 6. 1941— 1. 4. 1942	Major Wilhelm von Friedeburg
1. 4. 1942—21. 5. 1942 †	Major Friedrich Wilhelm Kaufner
21. 5. 1942—26. 2. 1943	Hauptmann Rudolf Henne †
26. 2. 1943—31. 12. 1944	Major Herbert Voß
1. 1. 1945— 6. 2. 1945	Major Martin Vetter
21. 3. 1945— 8. 5. 1945	Hauptmann Hans-Joachim Grundmann

4. Staffel	5. Staffel	6. Staffel
Hptm. Pilger	Oblt. Maier †	Hptm. Berlin †
Oblt. von Greiff	Oblt. von Wenchowsky +	Hptm. Grundmann
Oblt. Bretschneider	Oblt. Bülow	Oblt. Vetter
Oblt. Stemmler †	Oblt. Henne †	Oblt. Guth
Hptm. Schölß	Hptm. Kaufner †	Oblt. Baetz
Hptm. Keppler †	Oblt. Nebelung †	
Hptm. Barth	Oblt. Henning †	
Oblt. Hälbich †	Oblt. Baetz	
Lt. Türpisch †	Hptm. Abel †	
Oblt. Chiuruski		

III. Gruppe
Kommandeure   (aufgelöst am 31. 12. 1943)

1. 3.1937— 1. 4. 1937	Oberst Gottlob Müller †
1. 4.1937— 7. 3. 1940	Oberst Alois Stoeckl †
7. 3.1940—24. 6. 1940	Major Johann-Wilhelm Kind
24. 6.1940—23.11. 1941	Major Walter Marienfeld †
23.11.1941—15. 2. 1943 †	Major Ernst Freiherr von Bibra
15. 2.1943—31.12. 1943	Hauptmann Wilhelm Rath †

Staffelkapitäne

7. Staffel	8. Staffel	9. Staffel
Major Schroeder	Hptm. Plischke †	Hptm. Möst
Hptm. Poetter	Hptm. Schenk von	Hptm. Brandt †
Hptm. Zeep †	Schweinsberg †	Hptm. Serschen †
Hptm. von Bibra †	Hptm. Bretschneider	Hptm. Henne †
Hptm. Rath †	Hptm. Korthals †	Oblt. Raith
Hptm. Heilmann †	Oblt. Seipp †	Oblt. Roesch
Hptm. Gutzmer	Lt. Kainz †	

IV. Gruppe
Kommandeure   (ab 29. 12. 1944 IV./Erg. KG 1)

1940— 6. 4. 1941	Hauptmann Martin Vetter
6. 4. 1941—25. 2. 1942	Hauptmann Hans-Joachim Ritter
25. 2. 1942—13.12. 1942	Hauptmann Wilhelm Stemmler †
13.12. 1942—31. 1. 1944	Hauptmannn Josef Schölß
1. 2. 1944—21. 3. 1945	Major Siegfried Barth
22. 3. 1945— 8. 5. 1945	Major »Mile« Bender

Staffelkapitäne

10. Staffel	11. Staffel	12. Staffel
Oblt. Capesius †	Oblt. Berger †	Oblt. Schwegler †
Oblt. Häberlen	Hptm. Puttfarken †	Hptm. Vetter
Hptm. Rath †	Hptm. Träuptmann	Oblt. Löffelbein
Hptm. Hinrichs		
Oblt. Löffelbein		

STANDORTE DES GESCHWADERS (AB 1. APRIL 1937)

Geschwaderstab	I. Gruppe	II. Gruppe	III. Gruppe	IV. Gruppe
Landsberg/Lech (1. 4. 1937—20. 6. 1940)	Landsberg (1. 4. 1937—20. 8. 1939) Memmingen (20. 8. 1939—6. 5. 1940) Lechfeld (6. 5. 1940—20. 6. 1940)	aufgelöst (zu KG 77) München-Riem (1. 4. 1940—14. 6. 1940)	Memmingen (1. 4. 1937—6. 11. 1939) Landsberg (6. 11. 1939—20. 6. 1940)	— — —
Paris-Orly (20. 6. 1940—30. 3. 1941)	Paris-Orly (20. 6. 1940—1. 8. 1940) Villaroche (1. 8. 1940—30. 3. 1941) Wiener-Neustadt (30. 3. 1941—16. 4. 1941) Krumovo (16. 4. 1941—14. 5. 1941) Wiener-Neustadt (14. 5. 1941—4. 6. 1941)	Stuttgart-Echterdingen (14. 6. 1940—18. 6. 1940) Étampes-Mondésir (20. 6. 1940—24. 8. 1940) Paris-Orly (24. 8. 1940—12. 4. 1941) Wiener-Neustadt (12. 4. 1941—20. 6. 1941)	Étampes-Mondésir (20. 6. 1940—3. 11. 1940) Brétigny (3. 11. 1940—30. 3. 1941) Wiener-Neustadt (30. 3. 1941—18. 6. 1941)	Lechfeld (10. 1. 1941—22. 4. 1941) Wiener-Neustadt (22. 4. 1941—24. 12. 1941)
Wiener-Neustadt (30. 3. 1941—16. 4. 1941)				
Krosno (4. 6. 1941—15. 7. 1941)	Krosno (4. 6. 1941—4. 7. 1941) Luck (4. 7. 1941—15. 7. 1941)	Krosno (20. 6. 1941—27. 6. 1941) Balti (27. 6. 1941—8. 9. 1941)	Lezany (18. 6. 1941—5. 7. 1941) Wlodzimierz (5. 7. 1941—18. 7. 1941) Wiener-Neustadt (Wiederauffrischung bis 30. 8. 1941)	Wiener-Neustadt

Geschwaderstab	I. Gruppe	II. Gruppe	III. Gruppe	IV. Gruppe
Zilistea/Balti (15.7.1941—17.10.1941)	Zilistea (15.7.1941—10.10.1941)	Wiener-Neustadt Wiederauffrischung bis 4.12.1941	Balti (30.8.1941—23.10.1941)	Wiener-Neustadt
Nikolajew (17.10.1941—3.4.1942)	Tiraspol (10.10.1941—24.1.1942) Wiederauffrischung bis 3.4.1942 (Odessa)	Nikolajew, Kitaj (4.12.1941—12.12.1941)	Nikolajew (23.10.1941—24.3.1942) Wiederauffrischung bis 15.5.1942 (Odessa)	Wiener-Neustadt
Saporoshje (3.4.1942—10.7.1942)	Saporoshje (3.4.1942—30.5.1942) Charkow-W (30.5.1942—10.7.1942)	Saporoshje (12.12.1941—7.9.1942)	Saporoshje (15.5.1942—29.5.1942) Charkow-W (29.5.1942—10.7.1942)	Bobruisk (24.12.1941—11.8.1943)
Stalino (10.7.1942—12.9.1942)	Stalino (10.7.1942—5.8.1942) Kertsch (5.8.1942—19.8.1942) Tazinskaja (19.8.1942—23.9.1942)	Stalino (7.9.1942—20.9.1942)	Stalino (10.7.1942—5.8.1942) Kertsch (5.8.1942—20.8.1942) Tazinskaja (20.8.1942—28.9.1942)	Bobruisk
Bagerowo (12.9.1942—8.10.1942)	Tazinskaja	Bagerowo (20.9.1942—25.10.1942) Armawir (25.10.1942—6.11.1942)	Tazinskaja	Bobruisk
Sarabus (8.10.1942—7.12.1942)	Sarabus (6.10.1942—3.11.1942) Tazinskaja (3.11.1942—7.12.1942)		Sarabus (28.9.1942—20.12.1942) — ohne Flugzeuge —	Bobruisk
Rostow (7.12.1942—5.2.1943)	Rostow (7.12.1942—5.2.1943) Saporoshje (5.2.1943—2.4.1943) Bagerowo (2.4.1943—8.5.1943)	Bagerowo — ohne Flugzeuge — Saporoshje (6.2.1943—8.5.1943) Brjansk (8.5.1943—26.7.1943)	Rostow (20.12.1942—6.2.1943) Saporoshje (6.2.1943—27.2.1943) Bagerowo (27.2.1942—10.5.1943)	Bobruisk
Saporoshje (5.2.1943—27.2.1943)				Bobruisk
Bagerowo (27.2.1943—8.5.1943)				Bobruisk

Geschwaderstab	I. Gruppe	II. Gruppe	III. Gruppe	IV. Gruppe
Brjansk (8.5.1943—26.7.1943)	Illesheim (8.5.1943—6.8.1943)	Brjansk	Brjansk (10.5.1943—21.7.1943)	Bobruisk
Sjeschtschinskaja (26.7.1943—16.8.1943)	Memmingen/Lechfeld (6.8.1943—30.8.1943)	Sjeschtschinskaja (26.7.1943—1.8.1943)	Sjeschtschinskaja (21.7.1943—9.8.1943)	Hildesheim (11.8.1943—1.4.1944)
		Bobruisk (1.8.1943—1.9.1943)		
Kirowograd (16.8.1943—7.9.1943)	Illesheim (30.8.1943—29.9.1943)	Kirowograd, Charkow, Shitomir (1.9.1943—18.9.1943)	Kirowograd (9.8.1943—31.8.1943)	Hildesheim
Illesheim (7.9.1943—6.12.1943)	Hörsching (29.9.1943—6.12.1943)	Saloniki (18.9.1943—28.11.1943)	Illesheim (31.8.1943—31.12.1943) aufgelöst am 31.12.1943	Hildesheim
Evreux (6.12.1943—15.2.1944)	Evreux (6.12.1943—25.5.1944)	Kalinowka (28.11.1943—4.1.1944)		München-Riem (1.4.1944—29.12.1944) unbenannt in IV/(Erg) KG 1 — auch in Neuburg,
		Winniza (4.1.1944—8.1.1944)		
		Lublin (8.1.1944—April 1944)		Erding stationiert
St. Georges-Môtel (15.2.1944—23.5.1944)	Dreux/St. André (25.4.1944—23.5.1944)	Gilze Rijen (April 1944—August 1944)	I./SKG 10 als	
Lechfeld (23.5.1944—5.9.1944)	Lechfeld/Leipheim (23.5.1944—20.7.1944)	Schwäbisch Hall (August 1944—Sept. 1944)	III./KG 51 eingegliedert	München-Riem
	Châteaudun (20.7.1944—12.8.1944)	Schwäbisch Hall	aufgelöst	
	Étampes (12.8.1944—15.8.1944)			
	Creil (15.8.1944—27.8.1944)	Achmer/Hesepe		
	Corbeny Juvincourt (27.8.1944—28.8.1944)			

Geschwaderstab	I. Gruppe	II. Gruppe	III. Gruppe	IV. Gruppe
	Ath-Chièvres (28. 8. 1944—30. 8. 1944) Volkel (30. 8. 1944—5. 9. 1944)			
Rheine/Hörstel/Hopsten (5. 9. 1944—20. 3. 1945)	Rheine/Hörstel/Hopsten (5. 9. 1944—20. 3. 1945)	Essen-Mülheim	aufgelöst	München-Riem, Neuburg 30. 3. 1945 — Gruppe gibt Flugzeuge ab an JV 44
Giebelstadt (20. 3. 1945—30. 3. 1945)	Giebelstadt (20. 3. 1945—30. 3. 1945)	Schwäbisch Hall Fürth Linz/Hörsching		
Leipheim (30. 3. 1945—21. 4. 1945) Memmingen (21. 4. 1945—24. 4. 1945) Holzkirchen (24. 4. 1945—30. 4. 1945) danach bei Luftwaffen-Feldjagdabteilung 103 (mot)	Leipheim (30. 3. 1945—21. 4. 1945) Memmingen (21. 4. 1945—24. 4. 1945) München-Riem (24. 4. 1945—30. 4. 1945)	Landau/Isar Gruppe wird am 24. 4. 1945 aufgelöst und einem Grenadierregiment für den Erdeinsatz unterstellt.		
	Prag-Rusin (30. 4. 1945—6. 5. 1945) Saaz (6. 5. 1945—8. 5. 1945) Restkommando aufgelöst 30. 4. 1945 bei Luftwaffen- — Feldjagdkommando Teile der Gruppe seit und »Ordnungstruppe der Luftwaffe« in der »Alpenfestung« —			

Im Kriege beherrschte das tägliche Einsatzgeschehen alles. Nur wenige Kampfflieger hatten Zeit und Möglichkeit, sich mit der Organisation eines Geschwaders zu befassen. Jedem Soldaten, der einmal in einem Stab gearbeitet hat, sind die Begriffe ›Stellennachweisung‹ (StN) bzw. ›Kriegsstellennachweisung‹ (KStN) bekannt. Sie schrieben für einen Stab, eine Gruppe, Staffel oder sonstige Einheit nach Planstellen Art und Zahl der zustehenden Offiziere, Unteroffiziere, Mannschaften und Beamte, ihre Ausrüstung und Bewaffnung genau vor. Nur zu oft war die Wirklichkeit aufgrund der Kriegsereignisse anders als die vorgesehene KStN.

Ein Kampfgeschwader bestand aus drei Kampfgruppen und einer (IV.) Ergänzungsgruppe für Ersatzschulungsaufgaben. Jede Gruppe verfügte über eine zugeordnete unterstützende Flughafenbetriebskompanie (FBK) und eine Stabskompanie.

Die Gruppe gliederte sich in drei Kampfstaffeln zu je neun bis zwölf Flugzeugen mit fliegenden Besatzungen und technischem Bodenpersonal und nichttechnischem Truppendienstpersonal. Mit den Geschwader- und Gruppenaufklärer(stabs)schwärmen standen maximal 200 Kampfflugzeuge zur Verfügung, durchschnittlich waren ca. 110 — 120 Flugzeuge einsatzklar bzw. in der Front verfügbar, die übrigen befanden sich in Grundüberholungen und Instandsetzung. Ein Kampfgeschwader hatte etwa 2500 Mann Personal.

Zum Folgenden einige Erklärungen der römischen Ziffern, Abkürzungen und Funktionen:

Major beim Stabe (Offz. z.b.v.)	— Nichtfliegender Offizier für Routineangelegenheiten (»ruhender Pol«)
I a	— Einsatzfragen
I c	— Feindlage und -erkenntnisse (z. B. feindliche Flugzeugtypen, Waffen, Stärken etc.) jedoch keine nachrichtendienstlichen Spionageaufgaben!
II a	— Offiziersangelegenheiten
II b	— Mannschaftsangelegenheiten Adjutant
I N/NVW	— Navigation/Nachrichtenverbindungswesen
I TO	— Technischer Offizier (fliegendes Personal)

IV a	—	Beamte der Gruppe Verwaltung (zuständig für Verpflegung, Verwaltung, Marketenderei)
IV b	—	Truppen-/Fliegerarzt
LnO	—	Luftnachrichtenoffizier (Fernmeldewesen)

(Die Aufstellungen erheben mangels geeigneter Unterlagen keinen Anspruch auf Vollständigkeit.)

Gliederung eines Kampfgeschwaders

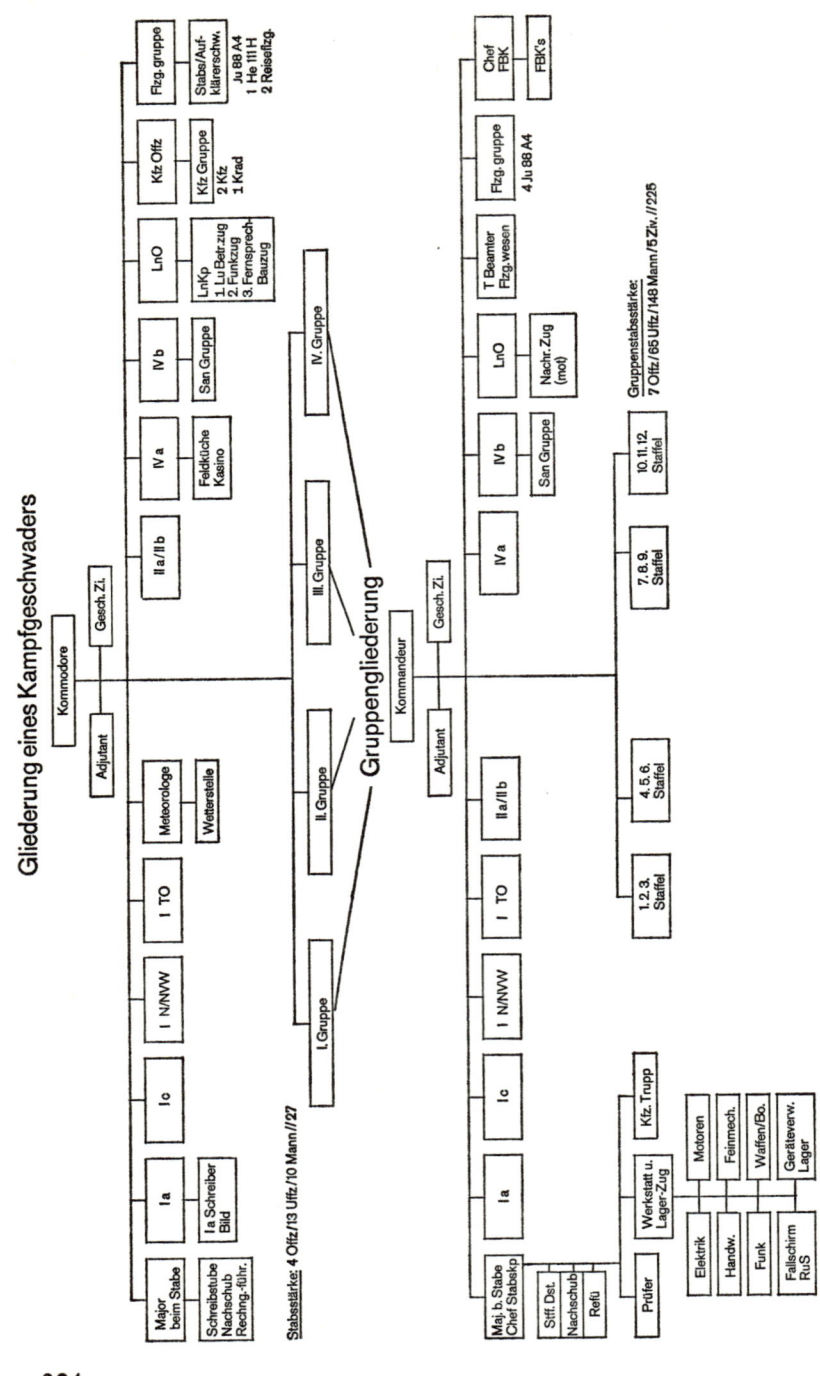

Kommodore

Adjutant — Gesch. Zi.

Ia | Ia Schreiber Bild
Major beim Stabe | Schreibstube Nachschub Rechng.-führ.
Ic
I N/NVW
I TO
Meteorologe | Wetterstelle
IIa/IIb
IVa | Feldküche Kasino
IVb | San Gruppe
LnO | LnKp 1. LuBetr.zug 2. Funkzug 3. Fernsprech-Bauzug
Kfz Offz | Kfz Gruppe 2 Kfz 1 Krad
Fltg.gruppe | Stabs/Auf-klärerschw. Ju 88 A4 1 He 111 H 2 Reiseflzg.

Stabsstärke: 4 Offz./13 Uffz./10 Mann.//27

I.Gruppe   II.Gruppe   III.Gruppe   IV.Gruppe

Gruppengliederung

Kommandeur

Adjutant — Gesch. Zi.

Ia | Werkstatt u. Lager-Zug | Kfz. Trupp
Maj. b. Stabe Chef Stabskp. | Stlt. Dst. Nachschub Refu | Prüfer | Elektrik Handw. Funk Fallschirm RuS | Motoren Feinmech. Waffen/Bo. Geräteverw. Lager
Ic
I N/NVW
I TO
IIa/IIb
IVa | 1.2.3. Staffel | 4.5.6. Staffel | 7.8.9. Staffel | 10.11.12. Staffel
IVb | San Gruppe
LnO | Nachr. Zug (mot)
T Beamter Fltzg.wesen
Fltg.gruppe 4 Ju 88 A4
Chef FBK | FBK's

Gruppenstabsstärke: 7 Offz./65 Uffz./148 Mann/5 Ziv.//225

304

Staffelgliederung

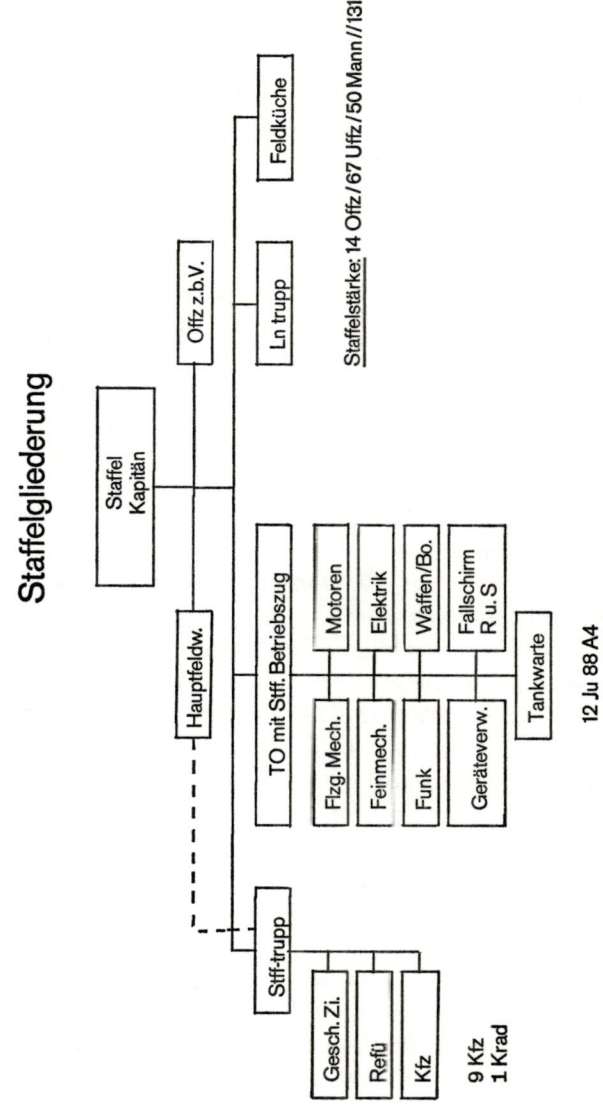

Staffel Kapitän

Offz. z.b.V.

Hauptfeldw.

Ln trupp

Feldküche

Staffelstärke: 14 Offz / 67 Uffz / 50 Mann // 131

TO mit Stff. Betriebszug

Flzg. Mech.	Motoren
Feinmech.	Elektrik
Funk	Waffen/Bo.
Geräteverw.	Fallschirm R u.S
Tankwarte	

12 Ju 88 A4

Stff-trupp

Gesch. Zi.

Refü

Kfz

9 Kfz
1 Krad

DIE FLUGHAFENBETRIEBSKOMPANIE (FBK)

Die Flughafenbetriebskompanien sorgten erst dafür, daß die Kampfgruppen und -staffeln in die Luft und zum Einsatz kamen. Sie wurden Anfang 1938 aus dem Personal der alten Fliegerhorst- und Stabskompanien und Fachpersonal der fliegenden Staffeln gebildet, um als Gesamtkörper technischer Spezialisten funktional und effektiv im Bereich des fliegerischen Einsatzes ein Optimum an Leistung abzugeben. Nicht immer versorgten die FBK's des KG 51 nur »ihren« Verband bzw. ihre Gruppe, auch Jagd- und Zerstörerverbände wurden technisch betreut. Gegen Ende 1943 wurde eine Umbenennung vorgenommen; so erhielt die 1. FBK 51 die Bezeichnung 143. FBK (Qu) und die 8. FBK 51 die Bezeichnung 112. FBK (Qu). Verlegungen gehörten zur Tagesordnung.

Die 150 Mann starke FBK wurde von einem Kompaniechef, meist einem erfahrenen Techniker und Ingenieur-Offizier, geführt. Ihm zur Seite stand ein fähiger Hauptfeldwebel (»Spieß«) mit einem 8 — 10 Mann starken Kompanietrupp (Schreibstube, Rechnungsführer, Köche, Fourier).

Drei Betriebszüge mit je 30 Mann betreuten die Kampfstaffeln. Sie setzten sich zusammen aus:

1 Zugführer (Oberwerkmeister), 12 Flugzeugmechanikern, 2 Motorenschlossern, 1 Feinmechaniker (Bordinstrumente), 6 Bombenwarten, 6 Waffenwarten, 2 Funkwarten und 1 Fallschirmwart (Rettungs- und Sicherheitsgerät, R+S).

Ein Werkstattzug mit Fachpersonal für alle anfallenden kleineren und mittleren Reparaturen unterstützte den Einsatz mit:

1 Zugführer, 12 Flugzeugmotorenschlossern, 4 Flugzeugklempnern, 2 Flugzeugmalern, 1 Flugzeugsattler, 2 Flugzeug-»Tischlern« und einigen wenigen weiteren Fachhandwerkern.

Die militärische Ausbildung wurde diesen Soldaten bei den Fliegerausbildungsregimentern vermittelt. Auf Fachschulen wurde die fliegertechnische Ausbildung vervollkommnet.

Das Durchschnittsalter der Kompanieangehörigen lag zwischen 20 bis 25 Jahren. Alle waren längerdienende Soldaten.

Einen »soliden« Namen machten sich u. a. die:

1. FBK 51 Landsberg   *7. FBK 51 Memmingen*
4. FBK 51 Leipheim   *8. FBK 51 Memmingen*

DIE LUFTNACHRICHTENKOMPANIE (MOT)
KAMPFGESCHWADER 51 (LnKp(mot)/KG 51)

Während im Frieden die Kampfgeschwader mit Ausnahme der zu den fliegenden Besatzungen gehörenden Bordfunker nachrichtenmäßig durch die ortsfesten Ln-Stellen der Fliegerhorstkommandanturen betreut wurden, ergab sich schon bei Beginn des Krieges die Notwendigkeit, eigene Luftnachrichtenkompanien auch bei den Kampfgeschwadern aufzustellen. Deshalb wurden aus Ln-Stellen im sächsischen und süddeutschen Raum Ln-Züge (mot) aufgestellt und dann zur LnKp(mot)/KG 51 zusammengefaßt. Die Kompanie unterstand in jeder Hinsicht dem Geschwaderkommodore und erhielt lediglich fachliche Weisungen vom Nachrichtenführer der Fliegerdivision oder des Fliegerkorps. Im Gegensatz zu den Truppennachrichtenzügen der Flakartillerie oder der Fallschirmtruppe gehörte sie auch nach dieser Eingliederung in den fliegenden Verband zur Luftnachrichtentruppe und trug deren braune Waffenfarbe. Die Kompanie bestand neben der Gruppe Führer aus dem Stabsnachrichtenzug beim Geschwaderstab und drei Zügen, die den Gruppen zugeteilt und nur einsatzmäßig dem Gruppenkommandeur unterstellt waren.

Die Kriegsstärkenachweisung der Kompanie sah vor, daß der Stabsnachrichtenzug neben den Nachrichtentrupps für die Herstellung und den Betrieb der Nachrichtenverbindungen des Geschwaderstabes zu vorgesetzten Kommandostellen und den Gruppen über Funkfeuer-, Leuchtfeuer- und Funkpeiltrupps verfügte. Beim KG 51 waren diese Navigationshilfsmittel jedoch tatsächlich ständig auf die bei den Gruppen eingesetzten Züge aufgeteilt und waren dort voll eingegliedert. Zumindest bis zum Jahre 1943 wurden diese Stärken allerdings weit überschritten. So waren die Züge zeitweise bis zu 120 Mann stark, verfügten über zahlreiches Nachrichtenmaterial, das in der Zeit des ortsfesten Englandeinsatzes zusätzlich zugewiesen worden war, sowie über französische, britische und russische Beutefahrzeuge.

Aufgrund dieser Ausstattung waren die Züge in der Lage, die Gruppen ohne fremde Hilfe auf einem Feldflugplatz nachrichtenmäßig zu versorgen. In der Regel konnten die Ln-Züge sich jedoch

auch im Kriege auf vorhandene Ln-Stellen der Fliegerhorstkom-
mandanturen (E) abstützen.
Wegen der Abhörgefahr wurden die Verbände möglichst unter
Ausnutzung von Fernsprech- und Fernschreibverbindungen ge-
führt. Die Ln-Züge unterhielten in allen Fällen eine eigene Fern-
sprechvermittlung für die Gruppe, an die je nach der Dauer des
Einsatzes auf einem Platz unterschiedlich viele Nebenanschlüsse
des Stabes und der Staffeln angeschlossen wurden. Manchmal war
auch eine Trennung zwischen Liegeplatz- und Unterkunftsver-
mittlung zweckmäßig. Daneben wurden häufig je nach den ört-
lichen Verhältnissen direkte Leitungen vom Gefechtsstand zur
Wetterwarte, zum Peiler oder auch zu den örtlichen Flak-Kräften
gebaut oder geschaltet. Nach außen waren diese Vermittlungen
stets an die Fliegerhorstvermittlung, an die nächste Luftwaffen-
vermittlung und manchmal direkt an die Geschwadervermittlung
oder die Vermittlung des Fliegerkorps oder der Luftflotte ange-
schlossen.
Neben den Fernsprechverbindungen bestanden Fernschreibverbin-
dungen. Die Fernschreibtrupps der LnKp wurden jedoch vor allem
im mobilen Einsatz während des Ostfeldzuges in der Regel nur zur
Verstärkung der Fernschreibstellen des Fliegerhorstes eingesetzt.
Wenn diese Leitungen nicht vorhanden, gestört oder überlastet
waren, waren die Verbände auf die Bodenfunkverbindungen an-
gewiesen. In der Regel wurde ein Geschwaderstern betrieben.
Häufig waren jedoch die Gruppen auch Teilnehmer im Stern-
verkehr des Fliegerkorps oder der Luftflotte.
Mit den Flugzeugen in der Luft bestand eine Tastfunkverbindung
auf Kurzwelle. Als Bodenstation hierfür dienten ein schwerer
Kurzwellensender, das alte bewährte Fu G III oder das von Sol-
daten des Ln-Zuges aus Bruchmaschinen ausgebaute und auf selbst
hergestellte Gerätetafeln montierte modernere Fu G X. Auch das
für den Bord-zu-Bord-Funksprechverkehr (BzB) in der Ju 88
eingebaute Funkgerät Fu G XVI wurde von den Ln-Soldaten
behelfsmäßig als Bodenstelle zusammengebaut. Zuerst diente es
nur zum Mithören des Funksprechverkehrs innerhalb des fliegenden
Verbandes. Die Reichweite war jedoch so gut, daß es auch möglich
war, vom Boden aus Verbindung mit den Verbandsführern auf-
zunehmen, die mit diesen einfachen Mitteln erste Erfolgsmeldungen
und andere Nachrichten verzugslos an den Gefechtsstand geben
konnten.

Bei der III. Gruppe wurden auch Versuche gemacht, mit dem Fu G XVI »Kampffliegerleitverkehr« durchzuführen. Ein erfahrener Kampfbeobachter, der Gruppen I a - Oblt Fritsch und ein Luftnachrichtenoffizier, der Führer des 4. Zuges - Lt Bömer, wurden im Sommer 1942 mit einem kleinen Funktrupp zur 23. Panzer-Division abgestellt, um Anforderungen von Luftunterstützung, Meldungen über die Frontlage usw. an den Verband in der Luft zu geben und gegebenenfalls auch den Bombenabwurf zu leiten. Leider wurde die Gruppe zu dieser Zeit nicht auf frontnahe Ziele eingesetzt, so daß es nicht zur Nutzung dieser Führungskapazität kam.

Die Navigationshilfsmittel der Züge wurden zur Verstärkung und Verbesserung der Anlagen auf den Fliegerhorsten und Feldflugplätzen eingesetzt.

Besondere Anforderungen an Einsatzwillen und Findigkeit der Ln-Soldaten stellten die häufigen Verlegungen. Die Einrichtungen auf den alten Plätzen mußten bis zum Start der letzten Maschine aufrechterhalten werden, während auf dem neuen Horst schon Liegeplätze und Gefechtsstand für das Einfallen der Gruppe vorbereitet wurden. Das war nur möglich, weil die Züge weit mehr als das zustehende Nachrichtengerät mitführten.

Vor allem aber kam es darauf an, daß der Ln-Zug ein ausreichendes Vorkommando mit Gerät auf dem Luftwege vorausschicken konnte. Es hatte sich eingespielt, daß meist zwei der ersten Transportflugzeuge (Ju 52) von den Fernsprechern und Funkern beladen werden konnten. Mit diesen zwei Ju-Ladungen war es möglich, den neuen Gefechtsstand so vorzubereiten, daß die ersten Einsätze geflogen werden konnten. Der restliche Zug folgte im manchmal langwierigen Landmarsch auf überfüllten staubigen, oft aber auch verschlammten und vereisten Straßen bzw. mit der Eisenbahn.

Der Kompaniechef war gleichzeitig Geschwader-Nachrichtenoffizier. In den Gruppenstäben gab es ursprünglich Funk- und Navigationsoffiziere, die der Fliegertruppe angehörten. Sie waren für die Funk- und Navigationsunterlagen, die Kartenversorgung und die Unterrichtung der Bordfunker verantwortlich. Da im Lauf des Krieges nur noch Ln-Offiziere mit Bordfunk- und Peilflugleiterausbildung zu den Ln-Kompanien der Geschwader versetzt wurden, betrauten die Gruppenkommandeure häufig die Ln-Zugführer in Zweitfunktion mit dieser Aufgabe. Auch blieb es nicht aus, daß der N.O., wie er meist genannt wurde, in anderen Stabsfunktionen aushelfen mußte und sich etwa mit dem Gruppen-I a im Gefechtsstand ablöste.

Da die meist gemeinsam ausgebildeten Besatzungen nur ungern einen fremden Bordfunker auf Feindflug mitnahmen, haben die Nachrichtenoffiziere zumeist nur wenige Feindeinsätze mitfliegen können. Trotzdem haben sie sich immer danach gedrängt, und eine ganze Reihe von Offizieren der LnKp (mot)/KG 51 sind von Feindflügen über Frankreich, England, dem Balkan, dem Mittelmeer oder Rußland nicht zurückgekehrt.

Im Einsatz an allen Fronten des Krieges sind die Ln-Kp des Geschwaders und die Ln-Züge der Gruppen feste Bestandteile der Verbände geworden. Ihre unermüdliche Dienstleistung bei Aufbau und Betrieb der Nachrichtenverbindungen bei Hitze und klirrendem Frost, bei Schnee und Schlamm, im Ablösungsdienst rund um die Uhr, manchmal unter Feindeinwirkung, fand Anerkennung und Dank der Führung und der fliegenden Besatzungen, die wußten, daß sie sich auf die Kameraden mit den braunen Spiegeln verlassen konnten.

Auszug aus der Kriegsstärkennachweisung Luftwaffe Nr. 3383 (L) vom 01. 06. 43

1. *Zusammenstellung der Stärken*

Die Kriegsstärkennachweisung (Lw) vom 01. 06. 43 legt die Stärken wie folgt fest:

Grp. Führer	2 Offz	12 Uffz	14 Mann	6 Kfz	2 Anh.	1 Krad
1. StabsNachrZug	1	25	87	25	—	3
2. StN-Zg	1	16	46	14	1	1
3. StN-Zg	1	16	46	14	1	1
4. StN-Zg	1	16	46	14	1	1
Gesamtkriegsstärke ohne San	6	85	239	73	5	7

2. Aufstellung der Trupps in den Zügen

Grp. Führer	1 Sammlerladetrupp (mot)
	1 Kfz-Instandsetzungstrupp
1. Zug	1 Fernsprechvermittlungstrupp
(Stabsnachr. Zug (mot))	2 Fernschreibanschlußtrupps (mot)
	1 Fernschreibanschlußtrupp (G)
	3 Fernsprechbautrupps (FFK) (mot)
	1 leichter Funktrupp (Kzw./Lgw.) (mot)
	2 leichte Leuchtfeuertrupps (mot)
	1 Funkempfangstrupp (mot)
	1 Navigations-Funkpeiltrupp (Lgw.) (mot)
2. Zug	1 schwerer Funktrupp (Kzw.) (mot)
(Ln. Zug (mot))	1 leichter Funktrupp (Kzw.) (mot)
	1 Fernsprechvermittlungstrupp (mot)
	1 leichter Funktrupp (Lgw.) (mot)
	1 Feldkabelbautrupp (mot)
	1 Funkblindlande-Abstimmtrupp
3. und 4. Zug	wie 2. Zug

DIE KAMPFBESATZUNG

... eine fliegende Gemeinschaft auf Gedeih und Verderb —

Zur Besatzung in einem Kampfflugzeug der Luftwaffe gehörten der Flugzeugführer (›Kutscher‹), der Beobachter (›Franz‹), der Bordfunker, der Bordschütze (›Flintenweib‹) und in einigen Bombern noch der Bordmechaniker (›Mixer‹).

In einer Arbeitsteilung, getragen vom Geist der Gemeinsamkeit, mußte der Flugzeugführer sein Flugzeug bei Tag und Nacht, bei Vereisung, Nebel und Wolken führen und die Navigation und das Funken beherrschen, der Beobachter mit und ohne Erdsicht das Flugzeug oder den gesamten Verband an das richtige Ziel leiten und die Bomben treffsicher abwerfen, der Bordfunker nicht nur Kontakt zur Nachbarmaschine sondern auch zu den verschiedenen Bodenfunk- und -peilstellen halten können. Vom Bordmechaniker/ Bordschützen oder dem am Boden verbleibenden 1. Flugzeugwart hing die Sicherheit der Besatzung und die technische Durchführbarkeit des Einsatzes überhaupt ab. Alle mußten außerdem sichere Schützen in der Bedienung der verschiedenen Bordmaschinengewehre und Bordkanonen sein.

Der Luftwaffensoldat begann seinen Dienst mit einer halbjährigen Grundausbildung bei den Fliegerersatzabteilungen. Nach erfolgreicher Teilnahme an einem Unteroffizieranwärterlehrgang folgte die Beförderung zum Unteroffizier.

Die Fahnenjunker und Reserveoffizieranwärter besuchten eine Offizierschule.

Die Flugzeugführerschulen E bei den Fliegerersatzabteilungen nahmen die Anfängerschulung und Auslese des fliegenden Personals wahr und bildeten Bordschützen aus. An den Flugzeugführerschulen A und B erfolgte die Ausbildung auf einmotorigen Schulflugzeugen, an den C-Schulen setzte sich die Ausbildung auf mehrmotorigen Flugzeugen bis zur Blindflugreife fort. Daran schloß sich die weitere Ausbildung bei den Waffenschulen an — z. B. den Kampffliegerschulen Faßberg, Jüterbog, Lechfeld, Prenzlau und Tutow —. Die Ablegung des Luftwaffenflugzeugführerscheins (LF) oder gar des ›Erweiterten Luftwaffenflugzeugführerscheins‹ (ELF) war überhaupt erst Voraussetzung für jeden Offizier, Unteroffizier oder

Mannschaftsdienstgrad, als Pilot in einen fliegenden Verband versetzt zu werden.

Der Beobachter bzw. Hilfsbeobachter gab dem Flugzeugführer Anweisungen für den Zielanflug, erarbeitete die Navigationsunterlagen, bestimmte den Flugkurs, war als Bombenschütze tätig und für die Augen- und Bildaufklärung des Ziels verantwortlich. Die Beobachterausbildung dauerte ein halbes Jahr.

Der Bordfunker war als wichtiger Gehilfe des Flugzeugführers und des navigierenden Beobachters gleichzeitig auch als Bordschütze ausgebildet und eingesetzt. Er wickelte den Flugsicherungsfunkverkehr, den Bord-Bord- und Bord-Boden-Funkverkehr ab und war für den Funknavigations- und Peildienst zuständig. Die Ausbildung dauerte etwa ein volles Jahr (Luftnachrichtenschule, Blindflugschule, Luftschützenausbildung).

Die technische Wartung der Flugzeuge oblag dem Bordmechaniker, der auch Kenntnisse in der terrestrischen Navigation, dem ›Franzen‹, besitzen sollte. Er rekrutierte sich aus den wehrfliegertauglichen Soldaten des fliegertechnischen Personals und erhielt grundsätzlich eine Ausbildung als Fliegerschütze/Bordschütze.

Erst die Gefechts- und Verbandsausbildung bei den Kampffliegerschulen und im Geschwader mit Navigationsflügen bei Tag und Nacht und jedem Wetter verbunden mit intensiver Bombenwurf- und Schießausbildung in allen Höhen schulte die Besatzung. Hier mußten alle eng zusammenwirken und einander genau kennen, um die geforderten Leistungen erbringen zu können.

Das Erreichen der vollen Einsatzbereitschaft einer Kampfbesatzung dauerte verschieden lange und hing maßgeblich von den Fähigkeiten und dem Zusammenspiel der einzelnen Besatzungsmitglieder ab.

›ÜBER DIE KAMPFFLIEGER‹ VON WERNER BAUMBACH

Die Bomber hatten eine vom Jagdflieger verschiedene Einstellung. Die Art ihres Einsatzes über weite Strecken in das Hinterland des Feindes, über See, bei Schlechtwetter und bei Nacht, der geschlossene Angriff im Verbandsflug, überhaupt die Eigenschaften des langsameren Bomberflugzeuges, all das bestimmte das Gesicht des Kampffliegers, der äußerlich ruhiger, ausdauernder gesetzter (in der Jagdfliegersprache: »sturer«) erschien. Im weiteren Verlauf des Krieges wurde auch vom Kampfflieger in der Beherrschung seines Flugzeuges, insbesondere bei Angriff und Abwehr, größere Wendigkeit verlangt.

Die Jagdflieger lernten unsere Nöte bei ihren Jabo- und Schlechtwetter-Einsätzen kennen. So bildete sich gegen Ende des Krieges mehr und mehr ein einheitlicher Typus des Frontfliegers schlechthin heraus. Doch ein guter Jagdflieger wurde selten ein guter Kampfflieger und umgekehrt. Der Kampfflieger mußte immer auf dem Sprung sein, nicht abgeschossen zu werden. Immer nach Aushilfen und Ausweichen suchend, durfte er seine eigentliche Aufgabe, seine Bomben sicher ins Ziel zu bringen, nicht vergessen. Über die inneren Gegensätzlichkeiten zwischen Jägern und Bombern, zu denen auch die Stukas zählten, verband beide eine unausgesprochene herbe Kameradschaft, die sich um so mehr bewährte, je mehr Haare man zusammen gelassen hatte.

Im Gegensatz zur Jagdwaffe bot die Kampffliegertruppe in den ersten Kriegsjahren kein einheitliches Bild. Die meisten Kampfgeschwader hatten bis in das Jahr 1941 hinein mit wenigen Ausnahmen Einsätze geflogen, die gegenüber ihren Übungsflügen wenig grundlegend Neues gebracht hatten. Die Kampfflugzeuge He 111 und Do 217 warfen ihre Bomben meist im Horizontalangriff am Tage im Verbandsflug, bei Nacht im Einzelflug. Diese Einsatzart hatte es begünstigt, daß sich die alten Stabsoffiziere, oftmals sogar durch Generäle ergänzt, gehalten hatten, die nun auf diese Weise ihren ›Ritterkreuz-Lehrgang‹ absolvierten. Tatsächlich übernahm nach dem Start häufig ein junger Oberleutnant oder Hauptmann die Führung über das fliegende Geschwader. Es gab natürlich auch Ausnahmen.

Mit Fug und Recht kann man behaupten, daß die Kampfflieger-

truppe ihre Anfangserfolge im Blitzfeldzug ohne operative oder gar strategische Führung errungen hatte. Im taktischen Rahmen führten die Leutnante und Hauptleute als Flugzeugkommandanten und Staffelkapitäne. Ihre Mentalität, ihr Lebensstil, ihre militärische Formen, ihre jugendliche Ausdrucksweise und ihr, die Mannschaft mitreißender, persönlicher Schwung stachen so kraß von dem Kommißton, dem Hackenklappen, dem an Äußerlichkeiten hängenden Drill der ihnen vorgesetzten, reaktivierten und aufgebügelten Veteranen ab, daß mit zunehmender Kriegsdauer eine unüberbrückbare Kluft die Fliegertruppe in zwei Lager teilte. Dabei standen im Lager der Jugend die »Majore beim Stabe«. Das waren die Kriegsveteranen, die auch in ihrem Zivilberuf der Fliegerei aus Idealismus treu geblieben waren und sich ein jugendliches Herz bewahrt hatten. Was wären wir ohne sie gewesen, die nun als Reserveoffiziere den fliegenden Verbänden als »Mädchen für Alles« zur Seite standen.

Die Technik half noch eifrig mit, den Streit zwischen beiden Generationen zu vertiefen. Bei der Ju 88 wurde der Flugzeugführer der Kommandant. Er führte fliegerisch und taktisch. Er warf im Sturzangriff selbst seine Bomben. Der Beobachter blieb auf die Funktion des Bombenschützen im Horizontalangriff und des Orientierungsgehilfen beschränkt. Das waren außerordentlich hohe Anforderungen an den Flugzeugführerkommandanten. Dadurch wurden aber bei uns ähnliche Verhältnisse wie bei den Jägern geschaffen. Außerdem war die Ju 88 räumlich so eng, daß man kein zusätzliches Besatzungsmitglied, keinen ›Sandsack‹ mitnehmen konnte, wie es bei der He 111 und Do 217 möglich gewesen war. Das letzte Stündlein der alten Geschwaderkommodores schien geschlagen zu haben.

Zudem waren aus dem jungen Generalstabsnachwuchs der Vorkriegszeit Offiziere an die Front kommandiert worden, die den Idealtyp des fliegenden Kommandeurs verkörperte. Leider waren ihrer zu wenige — und sie wurden zu bald vom Fliegerschicksal ereilt. Zu ihnen gehörten, um nur zwei Namen zu nennen, der Kommodore des ersten Ju 88-Geschwaders, Oberstleutnant Loebel, und sein Gruppenkommandeur Major Dönch. Sie prägten das neue Antlitz der deutschen Kampffliegerei. Bei ihnen wurde mit dem Kopf und durch das persönliche Vorbild geführt. Ein neuer soldatischer Stil und eine feste unpathetische Kameradschaft befähigte das Geschwader zu hervorragenden Leistungen. Hier gab sich bald die fliegerische Spitzenklasse der Kampfflieger ein Stelldichein.

Weitere Geschwader wurden im Laufe des Jahres auf die Ju 88 umgerüstet. Doch dort hielten sich die ›Alten‹ teilweise zäh und verbissen. Ihre große Stütze war ein persönlich sehr ehrenwerter, doch übertrieben formaler und verkalkter General, der als Chef des Personalamtes der jungen Luftwaffe wie Methusalem zu Cleopatra paßte. Dort war mit Verjüngungsvorschlägen kein Blumentopf für uns zu gewinnen. So hatte ich mich kurzentschlossen an den Generalstabschef gewandt, der sich mit seinen vierzig Jahren ein junges Herz bewahrt hatte und stets zur Jugend hielt. Er hatte dann auch meinen Vortrag bei Göring vermittelt.

Der direkte Erfolg dieser Intervention, die mit einer gleichartigen Meldung des Hauptmanns Peltz zusammentraf, war, daß noch zu Ende des Jahres 1941 eine Verbandsführerschule für Kampfflieger gegründet wurde, deren Leitung Peltz übertragen wurde, der einer der begabtesten jungen Kampfflieger war. Göring übertrug Peltz unerhörte Vollmachten. Niemand konnte in Zukunft Kommandeur eines fliegenden Verbandes werden, der nicht zuvor diese Schule mit Erfolg durchlaufen hatte. Auch die ›Alten‹ mußten sich dort einer Überprüfung unterziehen. Die Spreu sonderte sich sehr schnell vom Weizen. Bald wurden diese Lehrgänge das Sammelbecken einer jungen Führungsschicht, aber einer starken Opposition gegen alles, was nicht Front hieß: Gegen den Luftwaffenführungsstab, gegen die Stäbe der Luftflotten, gegen das Reichsluftfahrtministerium, gegen die ›Parteibonzen‹. Doch sie hielten dem Führer und ihrem Oberbefehlshaber die Treue. Göring, der in guten Zeiten alles für seine Flieger getan hatte, und dessen menschliche Seiten oft von einer bestechenden Kameradschaftlichkeit, Besorgtheit und Großzügigkeit waren, hätte an diesem Kreis junger Frontoffiziere auch in schlechten Zeiten seinen stärksten Rückhalt finden können.

Mit der Verjüngungskur der Jäger und Kampfflieger an der Front trat auch eine Reorganisation in den Inspektionen der Jagd- und Kampfflieger ein. Nach dem tödlichen Absturz von Mölders wurde Galland Inspekteur der Jagdflieger. Zusammen mit Peltz wurde ich Ende 1942 als Inspizient der Kampfflieger vom Mittelmeer nach Berlin versetzt. Unsere Verantwortlichkeit erstreckte sich nun auch auf die Ausbildung, die taktische und technische Auswertung von Fronterfahrungen, technische Forderungen, sowie die Neubesetzung von Kommandeursstellen. Außerdem war uns ein gewisses Vetorecht gegenüber dem Generalstab beim Oberbefehlshaber der Luftwaffe eingeräumt worden.

316

Aber die tiefen Gegensätze zwischen Front und Führung konnten nicht bereinigt werden. Die Verschiedenheit ihrer Tätigkeit im Kriege ist wohl immer so kraß, daß nur höchste menschliche und fachliche Qualitäten eine dauerhafte Brücke zu schlagen vermögen. Dabei wurden die an die Frontverbände gestellten Anforderungen mit zunehmender Kriegsdauer bei ständiger Ausweitung der Operationsgebiete und wachsender feindlicher Übermacht immer härter. Nur durch überlegene Führung und im Zusammenspiel aller Besatzungen konnte ein Einsatz überhaupt noch Erfolge zeitigen. Die ›Star-Leistung‹ trat in der Kampffliegerei noch mehr zurück. Wer wollte auch feststellen, welche Besatzung bei einem Nachtangriff unter ungünstigen Wetterbedingungen am besten getroffen hatte? Die Gesamtleistung des eingesetzten Verbandes war entscheidend. Von seiner entschlossenen und zweckmäßigen Führung hing der Erfolg ab.

So hatten sich die Begriffe und Vorstellungen aus dem ersten Weltkriege völlig gewandelt. Damals war beispielsweise das Kampfflugzeug der Jäger gewesen, nun war es der Bomber. Diese Wandlung war nicht völlig bedeutungslos, wie etwa nur eine abgeänderte technische Begriffsbestimmung. Sie charakterisierte vielmehr die grundsätzliche Schwerpunktsverschiebung im Luftkriege. Während 1914-1918 der Jagdflieger Hauptträger des Luftkampfes war und daher Kampfflieger hieß, hatte er nun seine Rolle mit dem dazugehörigen Namen an den Bomber abtreten müssen. Die Bomberwaffe sollte schlechthin das Rückgrat der Luftkriegsführung sein. Dieser Auffassung huldigte, beeinflußt von den Theorien Douhets und Rougerons, die deutsche Führung während des Aufbaues der Luftwaffe und im Kriege. Konstrukteure und Techniker hatten unter diesem Aspekt das deutsche Kampfflugzeug geschaffen und waren überzeugt, daß dieses nahezu unverwundbar und unangreifbar, ja, daß es allen ausländischen Jagdflugzeugen überlegen sei. Die Front mußte jedoch schon zu Kriegsbeginn das genaue Gegenteil dieser Auffassung erfahren. Trotzdem verharrte die Führung und auch die überwiegende Mehrzahl der beamteten Techniker in ihren Auffassungen und gedachten den Krieg mit diesen einmal bewährten Bombern zu gewinnen.‹ —

Flugzeugtypen und Leistungen

Das Kampfgeschwader 51 »Edelweiß« nimmt im Hinblick auf seine Ausrüstung an Fluggerät eine besondere Stellung in der Geschichte der deutschen Luftwaffe ein.

Es begann der Krieg mit dem modernsten, schnellsten Kampfflugzeug seiner Zeit, der Dornier Do 17 und ihren Weiterentwicklungen, und beendete den Krieg mit dem epochemachenden Kampf- und Jagdflugzeug mit Strahlantrieb, der Messerschmitt Me 262.

Die folgende kurze Übersicht soll nur als Orientierungshilfe dienen und dem Leser vor Augen führen, welche Flugzeuge in vielfältigen Variationen im KG 51 seit seiner Entstehung aus Merseburger Tagen überhaupt geflogen wurden.

Im Flugzeugpark des Geschwaders fanden sich Ausbildungs-, Verbindungs- und Kampfflugzeuge, die in der Reihenfolge ihrer Verwendung bzw. Indienststellung dargestellt werden.

Zu den Silhouetten gehörige Bilder finden sich im vorhergehenden Teil der Geschwaderentwicklungsgeschichte und Kriegszeit.

Als Beispiel für die dem Geschwader und der Führung zugängliche und ins einzelne gehende Information über ein Flugzeugmuster, seine Leistungsdaten und Ausrüstung, möge das komplette »Kennblatt des technischen Amtes im Reichsluftfahrtministerium für die Flugzeugmuster Junkers Ju 52 und auszugsweise das der Dornier Do 11 A« aus den Jahren 1933 und 1935 dienen und die Typenvorstellung mit einigen wenigen Entwicklungsdaten und Hinweisen einleiten.

KAMPFFLUGZEUGE

Junkers Ju 52

Das erste Flugzeug der Ju 52 Reihe besaß nur einen Motor (Ju 52/1 m) und war nur eine vergrößerte Version der durch den Ost-West-Atlantikflug von Hermann Köhl bekanntgewordenen Junkers W 33 in der typischen Junkers'schen Wellblechbauweise.

Dipl.-Ing. Ernst Zindel, der Vater dieser weltberühmten Schöpfung, konstruierte die Ju 52 auf drei Motoren um, und Flugkapitän Willi Polte gewann 1932 damit den Wettbewerb für Verkehrsflugzeuge beim Internationalen Alpenflug um den Chavez-Bider-Pokal. Die »alte Tante Ju« galt jahrzehntelang als Verkörperung unbedingter Sicherheit und Zuverlässigkeit; in 25 Ländern wurde das Muster bei 30 Flugverkehrsgesellschaften geflogen und fliegt — meist als französischer Nachbau — noch heute.

Während des Krieges diente es hauptsächlich der Luftwaffe als Transportflugzeug. Schon im Mobilmachungsplan der Reichswehr kam nur eine abgeänderte Form dieses Junkers-Verkehrsflugzeuges als weitreichender Bombenträger für die Aufgabe als «Behelfsbomber» in Frage.

Das abgedruckte Kennblatt bildete die Arbeitsgrundlage für erforderliche technische Um- und Einbauten (u. a. Umbau des Fracht-/Passagierraumes für die Aufnahme von Bomben, Einbau eines offenen B-Standes auf dem Rumpfrücken für ein MG 15, Einbau eines Bodenstandes — ausfahrbare Waffentonne als C-Stand für ein weiteres MG 15).

Beim KG 153 wurde die Ju 52/3 mg 3 vor Auslieferung der Dornier Do 11 A/13/23 und danach in erster Linie zur Schulung von Besatzungen verwendet.

318

Kennblatt des Technischen Amtes im Reichsluftfahrtministerium für das Flugzeugmuster Ju 52

1933
Geheime Kommandosache!
L.C.
B.B.Nr. 2763/33 0 1 g. Kdos.

Vorläufiges Kennblatt für das Flugzeugmuster Ju 52

1. Verwendungszweck:	Behelfsbomber (Land)
2. Besatzung:	1 Flugzeugführer 1 Kommandant (Beobachter) zugleich Bombenwerfer und Bodenstandschütze 1 Funker 1 Rumpfschütze
3. Triebwerk:	Motorenmuster: BMW-Hornet A (525 PS) bzw. S 3 D 1 (650 PS) Anzahl der Motoren: 3 Behälterinhalt: Kraftstoff 2500 l für 1500 km Schmierstoff 200 l Flugstrecke
4. Bewaffnung:	Im Rumpf: 1 bewegliches MG 15 in Drehkranz 30 mit 13 Doppeltrommeln für insgesamt 975 Schuß Im Bodenstand: 1 bewegliches MG 15 in Junkers-Drehkranz mit 10 Doppeltrommeln für insgesamt 750 Schuß

5. Bombenausrüstung:	Abwurfvorrichtung für
	a) 6 Stück C-250-kg-Bomben in Doppel-
	   Senkrecht-Aufhängungen in der Kabine
	   stehend
	b) 24 Stück C-50-kg-Bomben in den gleichen
	   Vorrichtungen wie a), jedoch mit Schacht-
	   platten 4 C 50
	c) 96 Stück C-10-kg-Bomben in den gleichen
	   Vorrichtungen und Schachtplatten wie b),
	   jedoch mit Aufhängegeschirr 4 C 10
	d) 864 Stück 1-kg-El-Brandbomben in den
	   Vorrichtungen und Schachtplatten wie b),
	   jedoch mit Schüttkästen 36 El 1
	Bombenlasten:
	a) für 1500 km Flugstrecke 450 kg
	b) für 1200 km Flugstrecke 900 kg
	c) für 1000 km Flugstrecke 1200 kg
	d) für 750 km Flugstrecke 1500 kg (Höchstlast)
	Mischlasten:
	in jeder beliebigen Last, mengen- und
	kalibermäßig begrenzt durch a)—d)
	Richtgerät: Goerz Fl 219 b

6. Fluggewicht:	9200 kg

7. Flugleistungen
(nur teilweise erflogen):

Höchstgeschwindigkeit in Bodennähe:
230 km/h mit Hornet A
250 km/h mit Hornet S 3 D 1
Dienstgipfelhöhe: 4,2 km mit Hornet A
5,2 km mit Hornet S 3 D 1
Steigzeit von 0 auf 3 km:
20 Minuten mit Hornet A
18 Min. mit Hornet S 3 D 1
Größte Flugstrecke:
1500 km (in 3—4 km Höhe einschließlich
Steigen und Gleiten)
Anlaufstrecke bis 20 m Höhe: 600 m
Auslaufstrecke von 20 m Höhe bis Stillstand
(gebremst): 600 m
Landegeschwindigkeit:
(beim Aufsetzen) rd. 100 km/h

Dornier Do 11 A

Der Flugzeugtyp Do 11 stammte noch aus dem geheimen Reichswehrrüstungs-
programm 1929/1933 und leitet sich von der von Dornier 1925 in Japan und der
Schweiz gebauten Do F ab.
Über das von Hand einzukurbelnde Fahrgestell gibt es ausreichend »Flieger-
geschichten«. Flog man zu schnell(!), war es unmöglich, mittels der großen, unförmigen Kurbelräder das Fahrgestell gegen den Fahrtwinddruck ein- bzw.
auszufahren und zu verriegeln. Grund genug dafür, es später festzusetzen und zu
verkleiden.
Die Do 13 hatte einige Flugleistungsverbesserungen zu bieten, wie 2 x 750-PS-
BMW-VI-Motoren, verkleinerte Spannweite mit großen Querrudern und Lande-
klappen, die zu besseren Landeeigenschaften führten.
Die zweite Version der Do 13 erhielt die Bezeichnung Do 23 und erhielt MG-
Drehkränze, Stabilisierungsflossen am Seitenleitwerk, BMW-V-I-Motoren, starre
Vierblatt-Holzluftschrauben und höhere Brenn-/Schmierstoffkapazität (1860 l/
152 l).
Mehrere hundert Dornier Do 23 wurden zwischen 1934 und 1935 für die Luft-
waffe gebaut und später im Laufe des Krieges als »Minenräumer« mit elektrisch
geladenem Minenring unter den Tragflächen eingesetzt.
Das KG 153 quälte sich — im Vergleich zu den Nachfolgetypen — in Sachsen
und Thüringen mit diesen »fliegenden Koffern« durch die Ausbildung.

— auszugsweise —

Kennblatt des Technischen Amtes im Reichsluftfahrtministerium für das Flugzeugmuster Do 11 A 1935
L. C.   100 Ausfertigungen
B.B Nr. 1850/350 1 geh. Kdos   36. Ausfertigung
Kennblatt für das Flugzeugmuster Do 11 A
1. Verwendungszweck: Nachtbomber (Land)
2. Musterbezeichnung: Do 11 A
3. Besatzung: 1 Flugzeugführer
1 Kommandant (Beobachter), zugleich
Bombenwerfer und Kanzelschütze

	1 Rumpfschütze (2. Führer)
	1 Funker, zugleich Rumpfbodenschütze
5. Abmessungen:	Länge des Flugzeugs 18,5 m
	Höhe des Flugzeugs: 4,3 m
	Spannweite der Tragflächen: 28,0 m
6. Triebwerk:	Motormuster: Siemens-Jupiter VI u 6.3 Z

5. Abmessungen:
- Länge des Flugzeugs   18,5 m
- Höhe des Flugzeugs: 4,3 m
- Spannweite der Tragflächen: 28,0 m

6. Triebwerk:

Motormuster: Siemens-Jupiter VI u 6.3 Z
Luftgekühlter Sternmotor
Volleistung rd. 600 PS

Anzahl der Motoren: 2

Luftschrauben: 4flügelig

Anlasser: Druckluftanlasser mit Außenbordanschluß

Behälterinhalt: 2 Kraftstoffbehälter zu je 770 l = 1540 l = 1230 kg
2 Schmierstoffbehälter zu je 73 l = 146 l = 240 kg

7. d) Funkgerät:

Bordfunkgerät Muster C mit Sender und Empfänger für Tastverkehr, Reichweite 600 km, Wellenbereich 500—950 m, Hängeantenne, Peilgerät für Selbstortung, Windgetriebener Generator   **73 kg**

7. g) Bewaffnung:

In der Kanzel:
1 bewegliches MG 15 in Drehkranz 30 mit 10 Doppeltrommeln für insgesamt 750 Patronen
im Rumpf:
1 MG 15 in Bodenlafette mit 7 Doppeltrommeln für insgesamt 525 Patronen   **172 kg**

7. h) Bombenausrüstung:

Abwurfvorrichtung für
- a) 5 Stück 250-kg-Bomben in Einzelrahmen unter dem Rumpf
- b) 30 Stück 50-kg-Bomben in 6 Vertikalmagazinen im Rumpf
- c) 120 Stück 10-kg-Bomben in den gleichen Vertikalmagazinen wie für b), jedoch mit besonderem Aufhängegeschirr
- d) 1080 Stück 1-kg-El-Brandbomben in den gleichen Vertikalmagazinen wie für b), jedoch mit Schüttkästen

Normallast: 1000 kg für größten Flugbereich (1200 km)

Höchstlast: 1500 kg für Flugbereich 690 km, in jeder beliebigen Mischung

Richtgerät: Goerz Fl. 219 b   215 kg

Zusammenstellung der Lasten:
Leergewicht (Flugwerk, Triebwerk, Ständige Ausrüstung):   **4660 kg**
Fluggewicht: **8000 kg**

Dienstgipfelhöhe: 3,65km
Flugbereich:
1200 km (in 3,65 km Höhe einschließlich Steigen und Gleiten). Dies entspricht einer Gesamtflugzeit von rd. 6 Stunden (dabei Vollgashorizontalgeschwindigkeit in

Arbeitshöhe 212 km/h) .
Abflug und Landung:

Anlaufstrecke:	280 m
bis 20 m Höhe:	590 m
Auslaufstrecke:	240 m (gebremst)
von 20 m Höhe bis	
Stillstand:	610 m (gebremst)
Landegeschwindigkeit rd.	100 km/h
(beim Aufsetzen):	

Dornier Do 17

Die Dornier Do 17 wurde Ende 1933 von der Deutschen Lufthansa als schnelles Post- und Reiseflugzeug in Auftrag gegeben. Bereits 1934 flogen die ersten V-Muster mit BMW-VI-Motoren. Weil der Rumpf für sportlich ungeübte Passagiere zu eng und unbequem war, lehnte die DLH verständlicherweise dieses Flugzeug ab. Dank der Anregung von Flugkapitän Untucht und den Befürwortern der Rougeronschen Idee vom unbewaffneten Schnellbomber baute Dornier mit einem RLM-Auftrag die Do 17 V 9 in militärischer Ausführung, jedoch mit Doppelseitenleitwerk, um besseres Schußfeld nach hinten zu gewinnen. Der Erfolg zeigte sich im Juli 1937 während des 4. Internationalen Flugmeetings in Dübendorf bei Zürich, wo die Do 17 M V 1 im Alpenrundflug für Militärflugzeuge schneller als alle teilnehmenden serienmäßigen Jagdflugzeuge des Auslands flog. Durch Aufpfropfen schwerer Waffenladungen wurde aus dem konzipierten »Schnellbomber« ein normaler, mittlerer Bomber, von dem man in den verschiedensten Ausführungen bis 1940 an die Luftwaffe 500 ausliefern konnte (475 als Kampfflugzeuge, 16 als Aufklärungsflugzeuge, 9 als Nachtjagdflugzeuge).
Wegen der schlanken, aerodynamisch günstigen Rumpfform gab man diesem vielversprechenden Kampfflugzeug in Fliegerkreisen den Namen »Fliegender Bleistift«.
Das KG 255 »Alpengeschwader« wurde als erster Verband der Luftwaffe mit diesem Flugzeug ausgerüstet und flog bis zum 8. August 1939 die Typen Do 17 E (später M 1). Die ersten Einsätze wurden ins Sudetenland und nach Österreich damit geflogen.
Folgeentwicklungen waren die verbesserten und verfeinerten Flugzeuge der Do 217-Reihe.
Die hydraulische Fahrwerk- und Landeklappenbetätigung der E 1 wurde bei der M 1 in eine elektrische geändert.

Weitere Unterschiede:

E 1	*M 1*
2 x 750-PS-BMW-VI-12-Zyl.	2 x 840 PS Bramo Fafnir 323 A 19 Zyl.
flüssigkeitsgekühlte V-Motoren	luftgekühlte Sternmotoren mit Höhenlader
starre Dreiflügel-Holzluftschrauben	VDM-Verstelluftschraube
B-Stand offen	B-Stand geschlossen
max. 500 kg Bombenlast	max. 1000 kg Bombenlast
	Siemenskurssteuerung K 4 ü
	Zielgerät Lotfe C 7

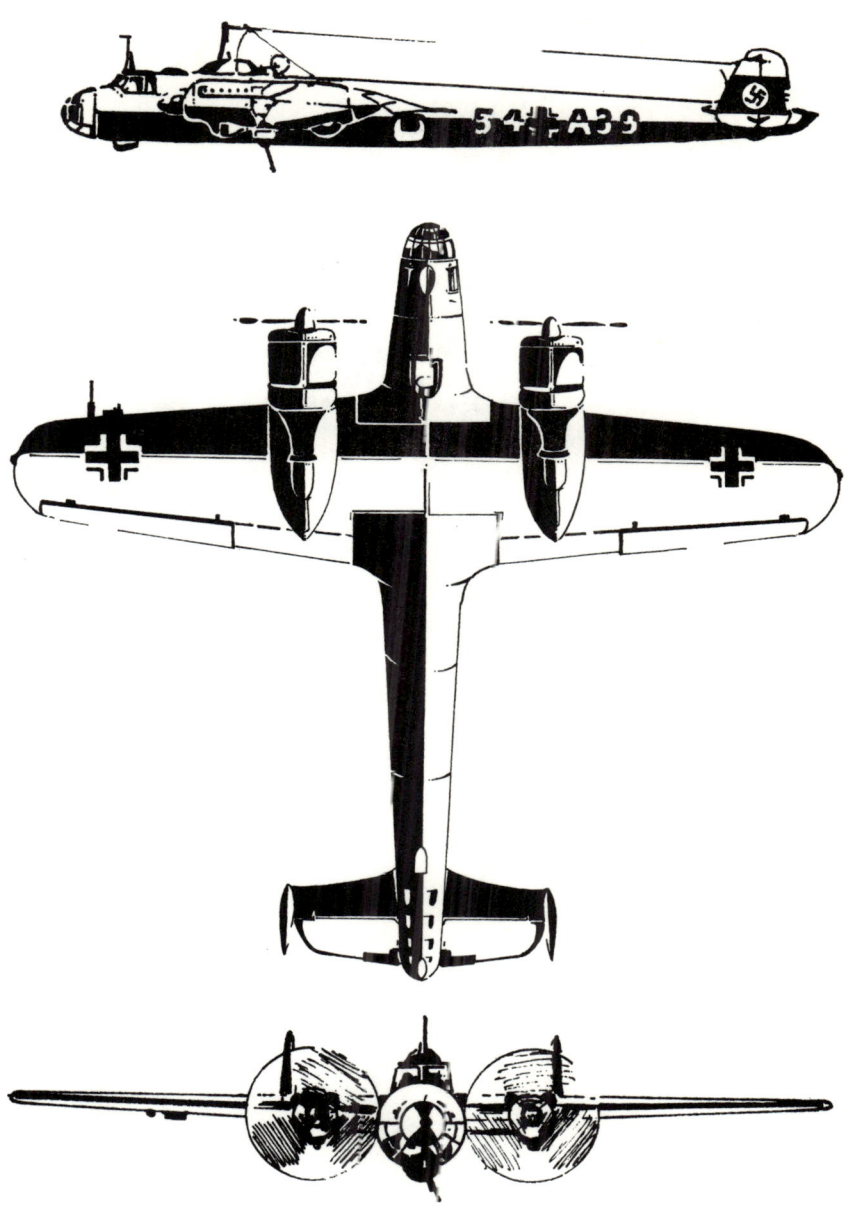

Do 17

Do 17

Spannweite:	18,0 m
Länge:	16,24 m
Höhe:	4,59 m
Abfluggewicht:	E 1 8 840 kg
	M 1 10 000 kg
Besatzung:	3 (Flugzeugführer, Funker/Beobachter, Bombenschütze)
Bewaffnung:	1 x 7,9 mm MG 15 halbstarr in Frontscheibe
	1 x 7,9 mm MG 15 in B-Stand, teilweise
	1 x 7,9 mm MG 15 im Rumpfbug
Bombenzuladung:	10 x 50 kg in zwei Magazinen
	5 x 50 kg oder 1 x 250 kg bzw. 20 x 50 kg
	Elvemag C 10 für Tiefangriff mit 10-kg-Splitterbomben
Reichweite:	E 1: 1590 km; M 1: 2830 km
Gipfelhöhe:	E 1: 5500 m; M 1: 6900 m
Höchstgeschwindigkeit:	E 1: 354 km/h; M 1: 484 km/h

Heinkel He 111

Wiederum war es die DLH, die 1934 den Entwicklungsauftrag für eine Schnellverkehrsmaschine gab, aus der das Standard-Horizontalbombenflugzeug der Luftwaffe werden sollte.

Heinkel schuf in der He 111 eine getreue Weiterentwicklung der He 70 »Blitz« mit dem schnittigen Tropfenrumpf und den typischen elliptischen Flügel- und Leitwerksumrissen.

Die erste He 111 a (V 1) startete am 24. Februar 1935 zum Erstflug, die V 3 ging gleich als Bombenflugzeug mit den nicht sehr leistungsfähigen BMW-VI-Motoren in Erprobung, nicht gerade zur Freude der Rechliner E-Stelle der Luftwaffe.

Erst das Jumo 211 F 12 Zyl. flüssigkeitsgekühlte V-Triebwerk mit 1340 PS und die Junkers-Metall-Verstelluftschrauben verliehen dem zukünftigen Standardbomber der Heinkel-Serien, dem man inzwischen für eine vereinfachte Produktion die Flügel stutzte und begradigte, die geforderte Leistung. Die vier neuen selbstschließenden Flügeltanks trugen wesentlich zur Beschußsicherheit bei.

Insgesamt wurden bis 1944 in den verschiedenen Baureihen 5656 Muster ausgeliefert. Darunter Torpedoträger, Gleitbombenträger (Hs 293, V 1) Ballonsperrenräumer, Fernkampfversionen und nicht zuletzt die He 111-Z-Reihe, wobei man nach dem Motto aus »2 mach 1« zum Schlepp von Lastenseglern aus zwei He 111 H 6 durch Einfügen eines besonderen Mittelflügels mit 3 Motoren ein 5motoriges leistungsfähiges Zwillingsflugzeug schuf für den Dreifachschlepp über weite Entfernungen.

Die Besatzungen flogen dieses Flugzeug gerne, weil es gut zu handhaben und problemlos zu fliegen war und über eine solide Ausrüstung verfügte.

Das Geschwader »Edelweiß« flog die He 111 H 6 vom 6. August 1939 bis Anfang 1941 in Einsätzen gegen Frankreich und England.

He 111 H 6

Spannweite:	22,60 m
Länge:	16,60 m
Höhe:	4,18 m
Abfluggewicht:	14 200 kg
Besatzung:	5 (Flugzeugführer links, Beobachter rechts auf Klappstuhl, Bombenschütze/Bugschütze im Bug liegend, Funker/Schütze im B-Stand, Schütze im C-Stand)
Bewaffnung:	1 x 20 mm MG FF in Kuppellafette A-Stand
	1 x 7,9 mm MG 15 im B-Stand
	2 x 7,9 mm MG 15 im C-Stand
	je ein MG in Linsenlafette im Bug und Heck der Wanne
	2 x 7,9 mm MG 15 in Seitenfenstern des Rumpfes
	1 x 7,9 mm MG 15 starr im Rumpfheck
Bombenzuladung:	8 x 250 kg Innenlast
	2 Außenträger für 1 x 1000 kg und
	1 x 500 kg oder 1 x 1400 kg und
	1 x 1000 kg oder 1 x 1800 kg oder
	1 x 2000 kg
Reichweite:	2800 km (1250 km mit max. 2000 kg Bombenlast)
Gipfelhöhe:	7800 m
Höchstgeschwindigkeit:	415 km/h in 5200 m Flughöhe

He 111

Als im Jahre 1938 am 15. Januar bei den Junkers-Werken in Dessau mit der Konstruktion eines zweimotorigen Schnellbombers begonnen wurde, erhielt das Muster die RLM-Bezeichnung Ju 88. Die magische 88 wurde für die Luftwaffe zum Begriff für Kampfflugzeuge, wie in den USA die »Flying Fortress« oder in Rußland die »Stormowik«.

Bereits am 21. Dezember 1936 startete die Ju 88 V 1 zu ihrem Erstflug, die V 2 mit den schon typischen Ringkühlern folgte am 10. April 1937 und flog über 500 km/h schnell. Was Wunder, daß eine »frisierte« Maschine 1939 zwei von der FAI anerkannte Weltgeschwindigkeitsrekorde mit Nutzlast aufstellte (19. 3. mit 1000 kg über 2000 km mit 517,004 km/h bzw. am 30. 6. mit 2000 kg über 2000 km mit 500,786 km/h).

Als die für die Luftwaffe so unglückliche stete Forderung nach Sturzflugtauglichkeit gestellt wurde, mußte das Flugzeug strukturell erheblich verstärkt werden, gewann an Gewicht und verlor an Geschwindigkeit.

Als mittleres Bombenflugzeug ein großer Wurf, als taktisch operatives Kampfflugzeug an allen Fronten als »Arbeitspferd« bewährt, zum strategischen Bomber nie konzipiert.

Insgesamt wurden 15 000 Flugzeuge (davon 9122 Bombenflugzeuge) der verschiedensten Baureihen dieses flexiblen, anpassungsfähigen Musters gebaut und u. a. als Nachtjagd-, Aufklärungs- und Schlachtflugzeug eingesetzt. Die A-Reihe wurde hauptsächlich vom Geschwader geflogen und verlangte in der Handhabung erfahrene, nicht selten kaltblütige Besatzungen, die wohl ihrer gelegentlichen Tücken und Launen wegen gerade besonders an ihrer »Ju« hingen und noch heute voller Stolz und Respekt von ihr sprechen.

Die erste Großserie hatte die Bezeichnung Ju 88 A-5 mit zwei Jumo 211 B/G 12 Zyl. flüssigkeitsgekühlten hängenden V-Motoren von je 1200 PS bei 2600 upm. Sie hatte mit 20,08 m eine größere Spannweite als die Vorläufer (A-1: 18,38 m), das bekannte Einbein-Federstreben-Fahrwerk, das beim hydraulischen Betätigen um 90° drehte, dreiblättrige VDM-Metall-Verstelluftschrauben, anstelle von vorderen Bombenschächten 4 ETC-Bombenträger unter dem Mittelflügel, die bewährten selbstschließenden, beschußsicheren Brennstofftanks und eine automatische Abfangvorrichtung über Flettnerruder.

Die A-3 diente mit Doppelsteuer und entsprechender Instrumentierung als Schulflugzeug.

Am 1. April 1940 wurde die II./KG 51 mit Ju 88 A-1 neu aufgestellt, während die I./KG 51 vom 9. 4.—10. 5. 1940 in Greifswald und Lechfeld umschulte und nach Beendigung des Frankreichfeldzuges die III./KG 51 im Juni 1940 in Regensburg umrüstete. Die 7. (Eis.)/KG 51 frischte bei Krosno vom 7. 6.—19. 7. 1943 noch mit der Ju 88 C 6 auf.

Die Ju 88 begleitete das Geschwader in den Feldzügen Frankreich, Balkan, Griechenland und Rußland sowie in der Luftschlacht um England. In der nach der A-5 entwickelten Baureihe A-4 erreichte sie einen noch beachtlicheren Leistungsstand.

Ju 88 A-4

Triebwerke:	2 x 1340—1420 PS Jumo 211 F/J
Luftschrauben:	VS 11 Dreiblatt-(Holz-)Verstelluftschrauben
Spannweite:	20,08 m, Länge: 14,36 m, Höhe: 4,85 m
	Abfluggewicht: bis 13 590 kg, mit R-Gerät: 17 600 kg
Besatzung:	4 (Flugzeugführer, Beobachter/Bombenschütze, Funker, Bordschütze in Bodenwanne)

327

Bewaffnung:	1 x 7,9 mm MG 81 in Frontscheibe für den Flugzeugführer oder Beobachter
	1 x 13 mm MG 131 im Bug als A-Stand für den Beobachter
	2 x 7,9 mm MG 81 in Linsenlafette der hinteren Kanzelabdeckung als B-Stand für den Funker
	1 x MG 81 Z (2 x 7,9 mm Zwilling) in der Bodenwanne (Bola 39 bzw. Bola 81 Z) als C-Stand für den Bordschützen
Bombenzuladung:	bis max. 3600 kg; ETC am Mittelflügel 2 x 1000 kg oder 4 x 500 kg bzw. 2 x 1000 kg und 2 x 250/500 kg, dazu 10 x 50 kg im Rumpfbombenschacht. Normalerweise bei Start auf Graspiste: 1000 kg; bei Start auf befestigter Startbahn: 1400 kg.

Die ersten Jumo 211 J wurden noch ohne Ladeluftkühler geliefert. Vom Vorgängermodell A-5 unterschied sich die A-4 äußerlich nur durch die massig wirkenden Holzluftschrauben und die Verkleidung des Ladeluftkühlers unter den Motorgondeln.

Sturzflugbremsen und Abfangautomatik wurden bei den meisten A-4 nicht mehr eingebaut, weil sich die Einsatztaktik im Laufe des Krieges geändert hatte.

Reichweite:	2730 km (1400 km mit max. Bombenlast)
Gipfelhöhe:	max. 8500 m (ohne Bomben), mit Beladung 6000 m
Höchstgeschwindigkeit:	472 km/h in 5300 m Flughöhe (Sturz: 560 km/h)

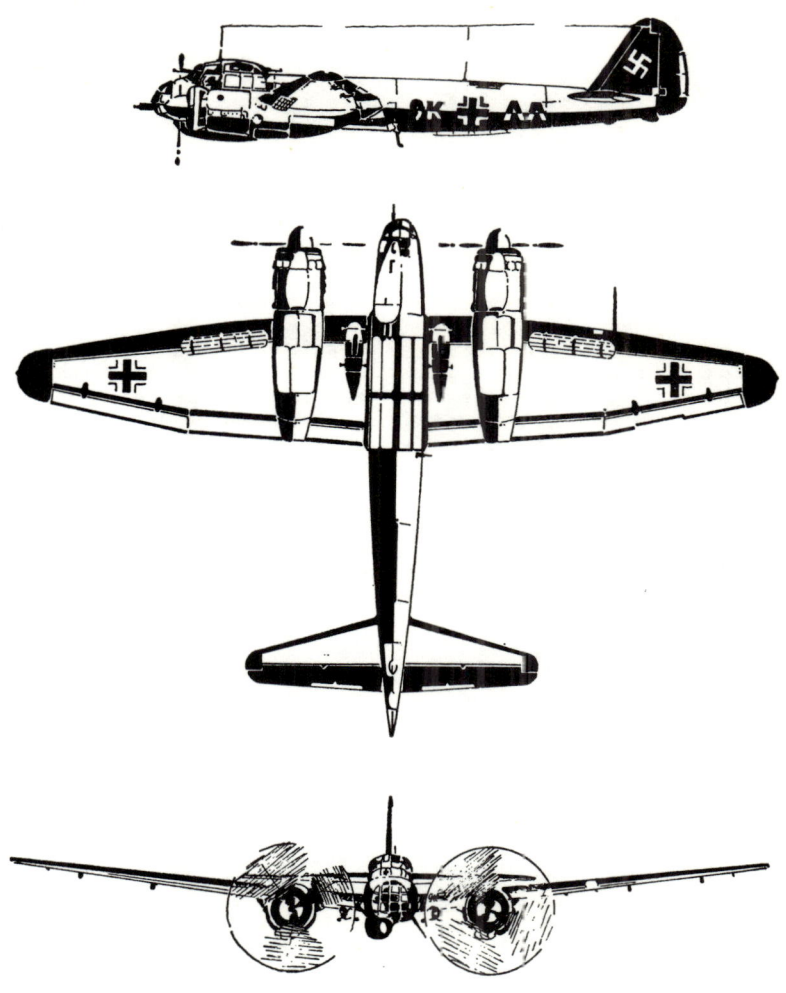

Ju 88

Nicht ganz ein Jahr flog das Geschwader dieses Flugzeugmuster, das aus der unbefriedigenden kopflastigen und zum Flachtrudeln neigenden Me 210 entwickelt wurde.

Messerschmitt baute aus der von der Truppe zurückgegebenen Me 210 A-0 im Herbst 1942 durch Verlängerung des Rumpfes, Neukonstruktion des Außenflügels und Einbau der DB-603 A (später G) 12 Zyl. flüssigkeitsgekühlten hängenden V-Motoren von je 1740 PS und VDM-Verstelluftschrauben das »neue« Flugzeug Me 410, das noch vor Jahresende als A-1-Serie (Schnell-/Jagdbomber) und A-2-Serie (Zerstörer/Nachtjäger) in Produktion ging.

In keiner Einsatzrolle entsprach es den Forderungen und Wünschen der Truppe. Zwar rühmten die Männer des KG 51 und ZG 26 die Schnelligkeit und Steigfähigkeit, verstanden aber nicht die vom OKL vorgeschriebenen Einsatzräume — Schnellbomber an der Westfront, Zerstörer an der Ostfront. Fehlerhafte Rüstsätze —, nicht selten fiel das Wort »Sabotage« — taten ein übriges!

Von 1943 bis 1944 wurden 1013 Flugzeuge dieses Typs gebaut, davon 900 Schnellbomber und Zerstörer ausgeliefert.

Einige Muster wurden mit der schweren BK 5 ausgerüstet und hielten nicht, was man sich versprach.

Das Geschwader wurde Mitte bis Ende 1943 in Illesheim umgerüstet und flog teils Einsätze in der Reichsverteidigung teils gegen England, ohne sichtbaren Erfolg in einer Zeit, wo nur Abschüsse und vernichtete Feindkapazität zählten.

Mehr als ein Intermezzo im grausamen Kriegsgeschehen war die Me 410 »Hornisse« nicht, sie stach nicht tödlich! Die Me 262 ließ sie schnell in Vergessenheit geraten.

Me 410 B-1 (Schnellbomber)

Spannweite:	16,36 m; Länge: 12,48 m; Höhe: 4,28 m Abfluggewicht: 11 237 kg
Besatzung:	2 (Flugzeugführer Rücken an Rücken mit Beobachter/Funker)
Bewaffnung:	2 x 20 mm MG 151/20 (je 250 Schuß) und 2 x 7,9 mm MG 17 (je 1000 Schuß) starr im Rumpfbug und 4 x 13 mm MG 131 (je 500 Schuß) in zwei vom Beobachter ferngesteuerten Gondeln (FDL 131) an den Rumpfseitenwänden. Unter den Flächen 21-cm-Nebelgranaten).
Bombenzuladung:	Im Rumpfbug unter der Kanzel bis zu 1000 kg (8 x 50 kg oder 2 x 250 kg oder 1 x 500 kg oder 1 x 1000 kg Spezial) an Außen ETC 4 x 50 kg
Reichweite:	1500 km
Gipfelhöhe:	9500 m
Höchstgeschwindigkeit:	606 km/h in 6000 m Flughöhe (582 km/h mit max. Bombenlast)

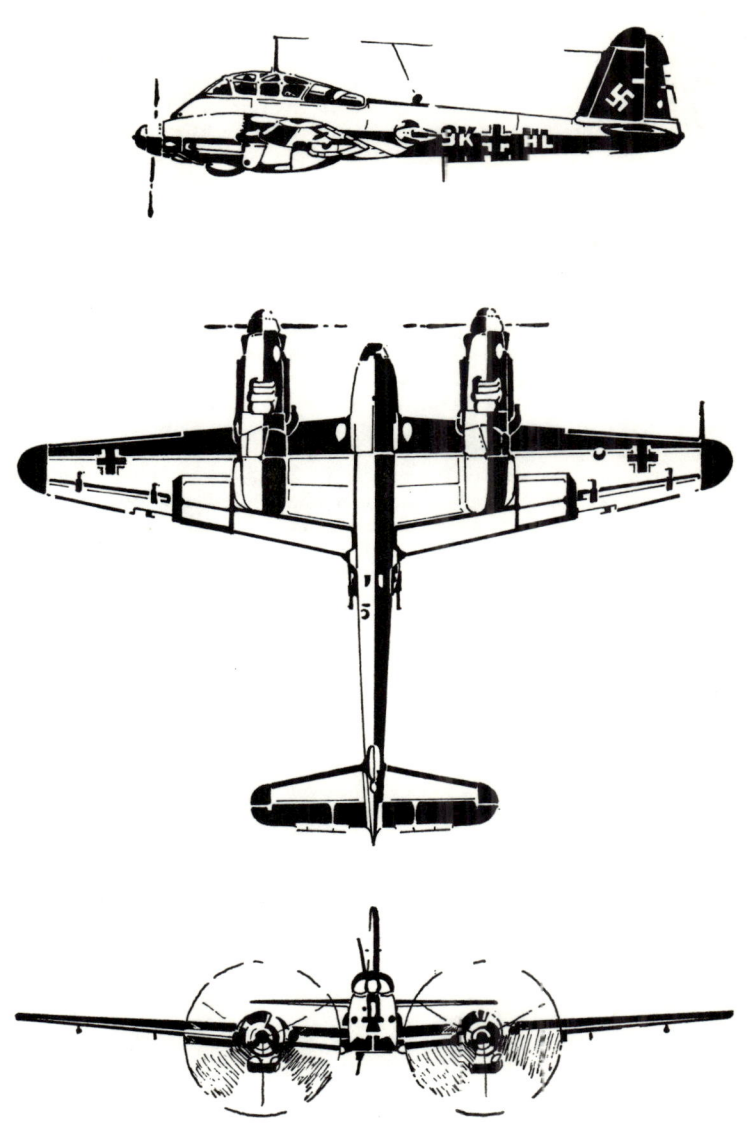

Me 410

»Zu spät« gilt ganz sicher als der richtige Ausdruck, der häufig im Zusammenhang des oft schwierigen Entwicklungsganges des epochemachenden ersten effektiven Strahlflugzeuges der Welt, der Me 262, fiel.

Ursprünglich als Jagdflugzeug ausgelegt — mit zwei Strahlturbinen Jumo 004 B-1 von je 900 kp Schub —, stellte Hitler am 26. November 1943 bei einer Vorführung in Insterburg an Professor Messerschmitt die verhängnisvolle Frage, ob die Me 262 auch mit Bomben ausgerüstet werden könne. Die unbedarfte Bejahung der Frage veranlaßte Hitler zu dem Ausspruch: »Das ist endlich der Blitzbomber!« Damit war jede weitere Diskussion in einem anderen Zusammenhang und anderer Zweckentfremdung verboten.

Ende 1944 hatte die Produktion 568 Flugzeuge von insgesamt 1433 bis Kriegsende erreicht, die überwiegende Zahl ging als Blitzbomber »Sturmvogel« an die Kampfgeschwader KG 51, KG 6, KG 27 und KG 54. Nur wenige Jagdflugzeuge »Schwalbe« erhielt das Spezialkommando Nowotny in Achmer und Hesepe bei Osnabrück und verzeichnete beachtliche alliierte Bomberabschüsse.

Der Prototyp für die Blitz-/Jagdbomberversion war die Me 262 V 10; zur Verkürzung der Startstrecke (ca. 1100 m) konnten zusätzlich zwei abwerfbare RI-502 Startraketen gerüstet werden, die zusätzlich für 6 sec 1000 kp Schub lieferten. Die Landegeschwindigkeit lag bei 175 km/h.

Das KG 51 erhielt als erstes Geschwader die Me 262 A 2 »Sturmvogel« und flog ab Juli 1944 mit der 3. Staffel im »Kommando Schenck« in Frankreich.

Trotz noch lückenhafter, gerne heißlaufender Triebwerke und dank der günstigen aerodynamischen Form und der Vorflügel und Klappen ließ sich das Flugzeug gut fliegen und handhaben. Hydraulische Radbremsen und ein durch Bremsen steuerbares Bugrad trugen wesentlich dazu bei, daß die Besatzungen relativ mühelos in der IV. (Erg.)/51 als Schuleinheit mit später einigen Doppelsitzern B-1 a umgeschult werden konnten.

Für Tief- und Sturzangriffe stand teilweise die TSA (Tief- und Sturzflugangriffs-Anlage) zur Verfügung, die Fahrt, Höhe und Lot integrierte und zur Anzeige im Zielgerät brachte.

Ende April 1945 gab das KG 51 »Edelweiß« die verbliebenen volleinsatzbereiten Flugzeuge nach München-Riem an den von Oberst Steinhoff geführten JV 44 ab.

Me 262 A 2 (Blitzbomber)

Spannweite:	Spannweite: 12,51 m; Länge: 10,60 m; Höhe: 3,83 m
	Abfluggewicht: 6400 kg
Besatzung:	1 (Flugzeugführer/zugleich Beobachter/Bombenschütze)
Bewaffnung *):	2 x 30 mm MK 108 oben im Bug je 100 Schuß
	2 x 30 mm MK 108 unten im Bug je 80 Schuß
	2 x 12 R 4 M »Orkan« 55-mm-Raketen in Rosten unter den Flächen
Bombenzuladung:	2 x 250 kg an ETC 504 »Schiffchen« unter dem Rumpf
Reichweite:	1020 km in 9000 m Flughöhe
Gipfelhöhe:	11400 m
Höchstgeschwindigkeit:	870 km/h in 6000 m Flughöhe (750 km/h mit max. Bombenlast)
	920 km/h in 9000 m Flughöhe, ohne Bomben.

*) Beim Einbau von reichweitenerhöhenden Rumpfzusatztanks mußten zwei der vier 30-mm-Bordkanonen ausgebaut werden, um das maximale Abfluggewicht in den zulässigen Grenzen zu halten.

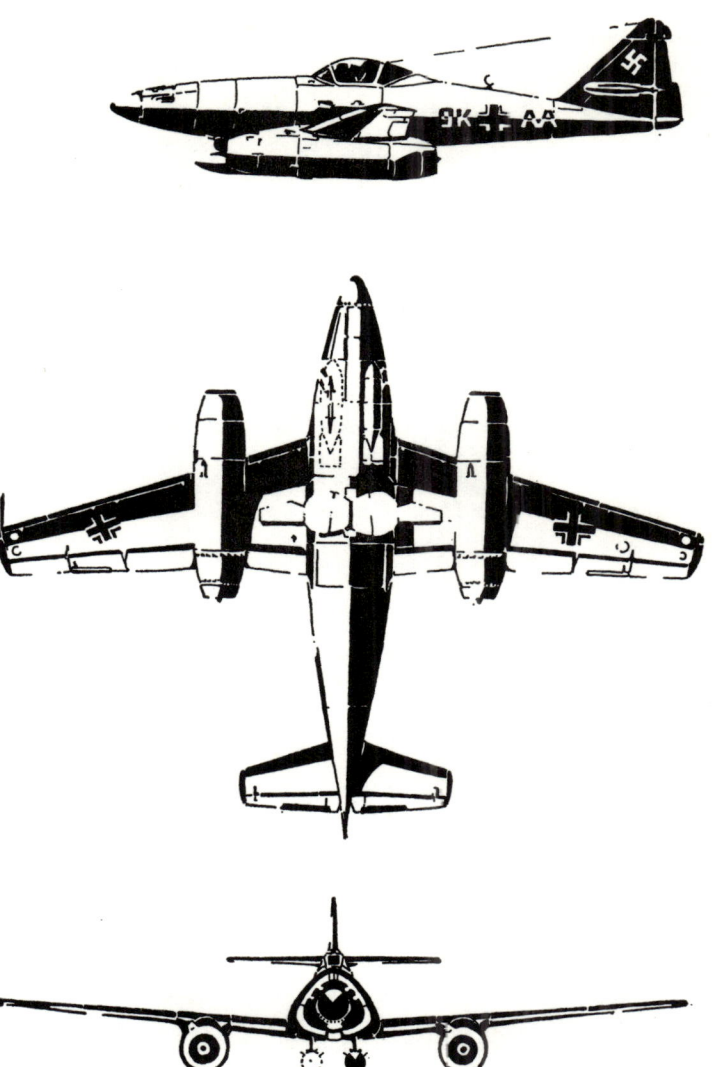

Me 262

AUSBILDUNGSFLUGZEUGE

Focke Wulf Fw 58 B »Weihe«

Auch »Leukoplastbomber« genannnt, wurde dieses universell verwendbare Flugzeug bis Kriegsende in großer Stückzahl gebaut. Es diente zur Umschulung von Flugzeugführern auf mehrmotorige Typen, der FT-Ausbildung, Blind- und Nachtflugschulung, der Einweisung von MG- und Bombenschützen und nicht zuletzt als beliebtes Reiseflugzeug.
Als abgestrebter Tiefdecker verliehen 2 Argus As 10 C 8 Zyl. luftgekühlte hängende V-Motoren mit je 240 PS und starrer zweiblättrigen Holzluftschraube dem Flugzeug gute Flugleistungen und Flugeigenschaften.
Besatzung: 4 (Flugzeugführer, 2 Schüler, 1 Lehrer)
Milit. Ausrüstung: 1 x 7,9 mm MG 15 in Kuppellafette als A-Stand
1 x 7,9 mm MG 15 in offenem Drehkranz als B-Stand
Bombenzielgerät und FT-Einrichtung

Arado 66 c

Dieser einstielige Doppeldecker mit guten Flugeigenschaften diente der Flugzeugführer- und Fortgeschrittenenausbildung. Als Motor hatte dieses Flugzeug denselben Argus wie die »Weihe«.

Besatzung: 2 in offenem Sitz
Milit. Ausrüstung: Blind- und Nachtflugausrüstung, FT-Anlage
Lichtbildgerät

Junkers Ju (W) 34

Als Weiterentwicklung aus den wegweisenden F 13 und W 33 kam 1928 als kombiniertes Personen- und Frachtflugzeug die W 34 auf den Markt und flog bis Kriegsende im Dienst der Luftwaffe als Navigations-, Bild- und Blindflugschulmaschine.
1 BMW 132 A 9 Zyl. luftgekühlter Sternmotor mit 660 PS trieb die he-Version,
1 BMW Bramo 322 die hau-Version an.

Besatzung: 2 nebeneinander (Doppelsteuer) in geschlossener Kanzel,
Kabine für 6 Passagiere.

Junkers Ju 86

Diese Parallelentwicklung zur Heinkel He 111 regte durch das gutes Schußfeld bietende doppelte Seitenleitwerk das RLM an, sie als Bomber in Auftrag zu geben.
Die von Junkers neu entwickelten sicheren Jumo 205 6 Zyl. flüssigkeitsgekühlten Zweitakt-Einreihen-Doppelkolben Dieselmotoren mit je 600 PS bewährten sich in der Ju 86 A, die im Dienste der Deutschen Lufthansa flog.
Die Ju 86 E mit teilverglastem Bug und drei Schützenständen wurden Bomberersatz für die Ju 52 »Behelfsbomber«. Wegen der unter Kampfleistung leicht heißlaufenden Dieselmotoren rüstete man die Ju 86 E-2 auf 2 BMW 132 DC 9 Zyl. luftgekühlte Sternmotoren mit je 845 PS und Dreiblatt-Metallverstellluftschraube um.
Mit Kriegsausbruch wurde dieser Typ nurmehr als Schulflugzeug eingesetzt. Davor schulte manche Besatzung des KG 153 darauf.

334

Besatzung:	4 (Flugzeugführer, Bombenschütze im A-Stand, Funker im B-Stand sowie C-Stand-Schütze im Besatzungsraum hinter dem Bombenschacht)
Milit. Ausrüstung:	1 x 7,9 mm MG 15 als A-Stand in Kuppellafette im Bug 1 x 7,9 mm MG 15 beweglich im halboffenen B-Stand 1 x 7,9 mm MG 15 in ausfahrbarem C-Stand unter dem Rumpf, Bombenschacht für max. 1000 kg

VERBINDUNGSFLUGZEUGE

Dienten alle Kampf- und Ausbildungsflugzeuge im Verband auch als Verbindungsflugzeuge, so waren die Messerschmitt Bf 108 »Taifun« und sogar eine Messerschmitt Me 110 wohl die beliebtesten, weil handlich, bequem, schnell und in der Wartung anspruchslos. Auf jedem festen Acker konnte man mit ihnen landen und störte nur wenig.

TAKTISCHE ZAHLEN UND MARKIERUNGEN

Während der Tarnungszeit flogen die Kampfgeschwader und -gruppen, wie alle Militärflugzeuge — mit den üblichen zivilen Zulassungen (D — vier Buchstaben bzw. Zahlen) und einem hellgrünen Anstrich auf Flugzeugober- und unterseite.
Aus der Buchstabenkombination ließen sich Gewichtsklasse und erforderliche Flugzeugführerscheine erkennen.
Die dreistellige Verbandsbezeichnung wie z. B. KG 153 oder KG 255 sagte dem Vertrauten, mit welcher Aufgabe in welchem Luftkreis dieser betreffende Verband aufgestellt worden ist.

Es bedeuteten die:
1. Zahl   Nummer des Verbandes im Luftkreis
2. Zahl   Verwendungsbereich   1. Nahaufklärungsverband
                                              2. Fernaufklärungsverband
                                              3. Jagdverband
                                              4. schwerer Jagdverband (blieb offen)
                                              5. Kampfverband
                                              6. Sturzkampfverband
                                              7. Behelfsgeschwader
                                              8. Mehrzweckverband
3. Zahl   Nummer des Luftkreises

Das KG 153 war demnach das 1. (Kampf-)Geschwader im Luftkreis III (Dresden), während das KG 255 das 2. (Kampf-)Geschwader im Luftkreis V (München) war.
Am 28. Mai 1936 wurde verfügt, daß alle militärisch aufgerüsteten d. h. mit ständig eingebauten Waffen- oder Bombeneinrichtungen versehenen Flugzeuge das militärische Hoheitsabzeichen (Hakenkreuz), das weißumrandete Balkenkreuz sowie eine Zahlen-/Buchstabenkombination an Rumpf und Tragfläche zur Kennzeichnung ihrer genauen Zugehörigkeit zu führen hatten.

Die zwei Zahlen vor dem Balkenkreuz gaben Aufschluß über die Zuordnung des Geschwaders zum jeweiligen Luftkreis, die Buchstaben und Zahlen hinter dem Balkenkreuz hingegen, das wievielte Flugzeug welcher Staffel es war. Die Buchstaben des Alphabets waren der einfache Kode für die laufende Flugzeugnumerierung.

Die Kennung 32 + A 25 bedeutete: Luftkreis III, 2. Geschwader, 1. Flugzeug, II. Gruppe, 5. Staffel und gehörte zum Standort Finsterwalde, in dem die 5. Staffel des KG 153 lag.

Die Aufklärungsstaffeln (K) eines Kampfgeschwaders erhielten als Gruppennummer die Ziffer 0 und statt der Staffelnummern den Buchstaben K.

So bedeutete 54 + DOK: Luftkreis V, 4. Geschwader, 4. Flugzeug der Aufklärerstaffel in einem Kampfgeschwader, hier ein Flugzeug des KG 255 »Alpengeschwader« aus Landsberg/Lech.

Mit dem 4. Juli 1939 wurde die Kennzeichnung militärischer Frontflugzeuge — außer Jagdflugzeugen — so festgelegt wie sie dann für die gesamte Dauer des Krieges beibehalten wurde.

Diese Regelung ließ wiederum die Geschwader-, Gruppen- und Staffelzugehörigkeit eines Flugzeuges erkennen.

In Blickrichtung auf das Balkenkreuz waren von links nach rechts anzubringen:
— Verbandskennzeichen für einen höheren Stab, ein Geschwader bzw. eine selbständige Gruppe bestehend aus einer Kombination von Zahl und Buchstaben
— schwarzes, weißumrandetes Balkenkreuz
— Kennbuchstabe innerhalb des Stabes bzw. der Staffel
— Kennbuchstabe innnerhalb des Geschwaders bzw. der selbständigen Gruppe

Die Kampfgeschwader erhielten folgende Verbandskennungen zugewiesen:

KG 1	»Hindenburg«	V 4 +
KG 2	(Holzhammergeschwader) *)	U 5 +
KG 3	(Blitzgeschwader)	5 K +
KG 4	»General Wever«	5 J +
KG 6		K 6 +
KG 26	(Löwen-Geschwader)	1 H +
KG 27	»Boelcke«	1 G +
KG 28		1 T +
KG 30	(Adler-Geschwader)	4 D +
KG 40		F 8 +
KG 51	(Edelweiß)	9 K +
KG 53	»Legion Condor«	A 1 +
KG 54	(Totenkopfgeschwader)	B 3 +
KG 55	(Greifen-Geschwader)	G 1 +
KG 66		Z 6 +
KG 76		F 1 +
KG 77		3 Z +
KGr 100		6 N +
KG 200		A 3 +
LG 1		L 1 +
LG 2		L 2 +

*) In Klammern die inoffizielle Bezeichnung, die sich auf das Geschwaderwappen bezog, im Gegensatz zu den offiziell verliehenen Traditionsnamen.

Der Folgebuchstabe nach dem Balkenkreuz zeigte innerhalb der Staffel bzw. des Stabes die Durchnumerierung der Flugzeuge nach dem Alphabet an und wurde wie die Luftschraubenkappen normalerweise in der Staffelfarbe gehalten zur besseren Unterscheidung und Groberkennung im Verbandflug.

Kennfarben für:

Geschwaderstab	blau
Gruppenstäbe	grün
I. Gruppe	weiß
II. Gruppe	rot
III. Gruppe	gelb
IV. Gruppe	blau
erste Staffeln der Gruppen (1./4./7./10. Staffel)	weiß
zweite Staffeln der Gruppen (2./5./8./11. Staffel)	rot
dritte Staffeln der Gruppen (3./6./9./12. Staffel)	gelb

Der zweite Kennbuchstabe (hier ohne G, I, J, O, Q, um Verwechslungen zu vermeiden) nach dem Balkenkreuz wies innerhalb des Geschwaders die Staffeln bzw. Stäbe aus:

A	(Anton)	Geschwaderstab und Stabsstaffel
B	(Berta)	Stab I. Gruppe
C	(Cäsar)	Stab II. Gruppe
D	(Dora)	Stab III. Gruppe
E	(Emil)	Stab IV. Gruppe
F	(Friedrich)	Stab V. Gruppe
H	(Heinrich)	1. Staffel
K	(Konrad)	2. Staffel
L	(Ludwig)	3. Staffel
M	(Marta)	4. Staffel
N	(Nordpol)	5. Staffel
P	(Paula)	6. Staffel
R	(Richard)	7. Staffel
S	(Siegfried)	8. Staffel
T	(Theodor)	9. Staffel
U	(Ulrich)	10. Staffel
V	(Viktor)	11. Staffel
W	(Wilhelm)	12. Staffel
X	(Xanthippe)	13. Staffel
Y	(Ypsillon)	14. Staffel
Z	(Zeppelin)	15. Staffel

Die »gelbe 9 K + Cäsar Theodor« war demnach eindeutig das 3. Flugzeug der 9. Staffel in der III./KG 51.

Die Geschwader-/Staffelkennungen wurden in Verbindung mit dem Balkenkreuz auch in schwarzer Farbe auf den Flächenunterseiten geführt.

Im Laufe des Krieges wurde neben dem Tarnschema der Segmenttarnung dunkelgrün/schwarzgrün immer häufiger der einfachere einfarbig schwarzgrüne Tarnanstrich — unter Beibehaltung der weißblauen Tönung der Rumpf-/Flächenunterseiten — angebracht.

Teilweise nur zeitlich aufgetragene, meist abwaschbare Tarnschemen, waren ferner: schwarzer Nachtschutzfarbenanstrich für Nachtangriffe (besonders gegen England); grau-weiß für den Winterflugbetrieb in Rußland/Finnland; bewegte Wellentarnung für die Seezielbekämpfung; sandfarbene Tönung für den Tropeneinsatz.

Nicht selten wurden dabei die Balkenkreuze und Kennungen mit überstrichen, so daß die Nationalität, soweit nicht vom Flugzeugmuster darauf geschlossen werden konnte, kaum erkennbar war. Farbige Rumpfbänder in weiß, rot oder gelb vor dem Seitenleitwerk waren dann die einzigen Erkennungsmerkmale der Staffeln untereinander in der Luft.

Gegen Ende des Krieges wurden die Hoheits- und Balkenkreuzzeichen nur noch stilisiert, um nicht zu sagen provisorisch angedeutet wiedergegeben. Es fehlte an Zeit und geeigneten Mitteln, um feinsäuberlich ordnungsgemäße Markierungen anzubringen.

Jedes Kampfgeschwader führte wie zum Teil auch die Staffeln oder gar einige Flugzeugführer Wappen/Abzeichen am vorderen Rumpf seiner Flugzeuge. Über Stil, Ausführung und Geschmack konnte man schon immer streiten. Kein Zeichen kam jedoch von ungefähr, sondern beinhaltete Erinnerungen an Orte, Ereignisse oder bedeutende Führerpersönlichkeiten.

Der Verbandsstolz und das entwickelte Zugehörigkeitsgefühl der Männer äußerte sich auch darin, daß sie ihr Feldzeichen stets gerne zeigen wollten, es liebevoll pflegten und nie anzubringen vergaßen, wo auch immer sie sich befanden.

Das Edelweiß führten u. a. als Teil in ihrem Wappen noch die 8./JG 5 (Eismeer), IV./JG 27 und III./TG 3.

WAFFEN UND AUSRÜSTUNG

Waffenstände

Rohrwaffen in einem Bombenflugzeug der Luftwaffe waren in Waffenständen untergebracht, die allgemein je nach ihrer Anordnung mit A-, B- oder C-Stand bezeichnet wurden:

A-Stand   Waffenstand im Rumpfbug
B-Stand   Waffenstand auf der Rumpfoberseite, wobei der
              B-1-Stand der vordere, der
              B-2-Stand der hintere in Flugrichtung gesehen war
C-Stand   Waffenstand unter dem Rumpf, wobei wiederum der
              C-1-Stand der vordere, der
              C-2-Stand der hintere war
H-Stand   Waffenstand im Heck

Zur Waffenführung waren *Lafetten* oder *Waffentürme* eingebaut. In der Anfangszeit der Luftwaffe wählte man für die jeweiligen B-Stände den offenen Drehkranz 30, einen Wiegesitz, der dem Schützen rundum und in der Höhe Bewegungs- und Schußfreiheit bot. Arretierungen bzw. Führungsschienen verhinderten, daß nicht aus Versehen das Leitwerk (Leitwerkabweiser) oder andere flugwichtige Teile des Flugzeuges beschossen wurden. Gab es in den Junkers Ju 52 bzw. Ju 86 noch die nicht ungefährlichen, gelegentlich klemmenden ausfahrbaren Bodenstände (Waffentonne), so sorgte in späterer Zeit die geschlossene Bodenlafette (Bola)-C-Stand für eine gewisse Bequemlichkeit und Sicherheit des Schützen.

Die ungepanzerte Bola 39 nahm alle gängigen Rohrwaffen als Einzelwaffen auf, während die gepanzerte Bola 81 Z für Zwillingswaffen ausgelegt war und zu erheblich besserem Schutz gegen Flugabwehr- und Jägerfeuer beitrug.

Geschlossene Kuppeldrehkranz-(Kupla) und Linsenlafetten (LL) waren dann die häufigsten A- und B-Standausrüstungen, bevor man komplette Waffentürme einführte.

Die elektromotorisch gesteuerte Drehlafette (EDL) entlastete den Schützen beträchtlich und gab ihm die Möglichkeit, konzentrierter den Abwehrkampf zu führen.

Die im Laufe des Krieges entwickelten über Periskop-Visier (PV-1) ferngerichteten Drehringlafetten (z. B. FDL 131) bzw. ferngerichteten drehbaren Hecklafetten (FHL) waren nur eine stete Verbesserung und Verfeinerung in waffentechnischer Sicht.

Eine Besonderheit bildete der wirksame Waffenbehälter WB 81, im Fliegerjargon »Gießkanne« genannt, der speziell für die mit Tiefangriffsauftrag versehenen Ju 88 entwickelt wurde. Diese Behälter wurden unter die Waffenlastträger gehängt und enthielten je 4—6 nach vorne und hinten feuernde MG 81. Die oberen Waffen waren parallel justiert, die unteren schräg nach unten feuernd gerichtet. Erdziele konnten somit im Sturz-, Horizontal- und Steigflug unter dauerndes Feuer genommen werden.

Rohrwaffen

Die Firmen Rheinmetall-Borsig und Mauser haben nach 1933 wegweisende Konstruktionsmerkmale im Flugzeugrohrwaffenbau geschaffen. Ihre Waffen zeichneten sich durch Zuverlässigkeit, Einfachheit in der Bedienung und Wirksamkeit aus.

Die gängigsten Kaliber der Maschinengewehre (MG) umfaßten 7,9 mm, 13,1 mm, 15,1 mm, die der Maschinenkanonen (MK) 20 mm und 30 mm.

Schwerkalibrige Bordkanonen (BK) wie die BK 5 cm, BK 7,5 cm oder gar BK 8,8 cm konnten sich wegen erheblicher technischer Schwierigkeiten nicht durchsetzen.

In den Kampfflugzeugen des KG 51 kamen vor allem folgende Rohrwaffen zum Einsatz:

Typ	Firma	Kaliber (mm)	Kadenz Schuß pro min	v_0 (m/sec)	Einbau in
MG 15	Rh.metall	7,9	1050	755	Do 23, Ju 52, Do 17, He 111
MG 17	Rh.metall	7,9	1200	815	Me 410, Ju 88
MG 81 (Z)	Mauser	7,9	1600	755	Ju 88
MG 131	Rh.metall	13,1	950	750	Ju 88, Me 410
MG 151/20	Mauser	20	720	760	Me 410
MG FF/M	Oerlikon	20	540	595	He 111
MK 108	Rh.metall	30	650	520	Me 262

Abzug, Durchladung und Zündung erfolgte mechanisch, elektrisch oder pneumatisch.

Zusatz- und Sondereinbauten weiterer Waffenkombinationen wurden von einigen technisch versierten Besatzungen (z. B. TO Oberleutnant Dr. Stahl) vor allem in He 111 und Ju 88 Mustern vorgenommen, diese Flugzeuge boten sich dafür »provozierend« an. In diesem Zusammenhang ist auch das »Stahl'sche Flammrohr« erwähnenswert.

Abwurfwaffen

Galten die Rohrwaffen in erster Linie als Abwehrwaffen, so sind die Abwurf-waffen, auch Bomben genannt, das eigentümliche vernichtungbringende Kriegs-mittel von Kampfflugzeugen.

Eine Vielzahl von Sonderanfertigungen in allen Größen- und Gewichtsklassen für alle erdenklichen Zielarten kam zum Einsatz, wobei jedoch zu bemerken ist, daß gerade die Deutsche Luftwaffe eine außerordentliche Standardisierung ihrer Waffen erreichte.

Man unterschied nach ihrer Wirkung vier große Bombengruppen:

Splitterbomben	SC — Splitterbombe, cylindrisch
	SD — Splitterbombe, Dickwand
	SB — Sprengbombe
	SBe — Sprengbombe, Beton
Brandbomben	B — Brandbombe
	Flam BC — Flammbrandbombe, cylindrisch
	LC — Leuchtbombe, cylindrisch
Minenbomben	PC — Panzerbombe, cylindrisch
Panzerdurchschlagbomben	BM — Bombenmine
	PD — Panzerbombe, Dickwand

Die Abwurfbehälter (AB) konnten Flugblätter, Munition, Verpflegung, Splitter-oder Brandbomben enthalten, während die Bombenschüttbehälter (BSB) und Brandbombenschüttkästen (BSK) nur Splitter- bzw. Brandbomben faßten. Die Zahlen nach den Kurzbezeichnungen geben die jeweilige Typen- und Gewichts-klasse in kg an.

Die Bombenzünder der Luftwaffe waren ihrer Zeit weit voraus, besonders er-wähnt seien die elektrischen Aufschlagzünder der Reihe EL AZ C 50, ein auf dem Speicherkondensatorprinzip arbeitender Glühzünder, der noch während des Fluges kurz vor dem Abwurf eingestellt werden konnte und die Bomben erst nach Auslösen vom Träger schärfte. Dadurch wurde ein Optimum an Beschuß- und Bediensicherheit erreicht.

Im Verlauf des Krieges verwendete das KG 51 folgende Bombenarten:

AB 23
AB 26
BM 1000 »Monika« mit Bremsschirm
BSB 700
Flam BC 250
SB 1000/410 — Spezialausführung mit elliptischem Querschnitt und Bremsschirm
für die Me 410

SBe 50	SD 50
SC 10	SD 250
SC 50	PC 500
SC 250	PC 1000
SC 500	PC 1400
SC 1000 »Hermann«	PC 1800 »Satan«
SD 2	

Am Bombenleitwerk konnten sogenannte »Jericho-Pfeifen« befestigt werden, die beim Massenabwurf einen ohrenbetäubenden Lärm verursachten und »moralisch« wirken sollten. Zunächst aus Blech gefertigt, wich man bald auf Pappmaché aus, um wertvolles Material zu sparen. Im Laufe des Krieges verzichtete man auf diese von Frontkämpfern als »Unsinn« bezeichneten psychologischen Tricks.

Abwurfvorrichtungen

Die Bombenaufhängung war entweder im Rumpf oder außerhalb der Zelle unter Tragflächen oder Rumpf möglich.
Im Rumpfbombenschacht gab es Senkrecht- oder Horizontalabwurfmagazine für den Massen-/Reihenabwurf z. B.:
VeKuMag 6 C 10 (Vertikalkurzmagazin für 6 cylindrische 10-kg-Bomben)
ElVeMag 5 C 50 (elektrisch betätigtes Vertikalmagazin für 5 cylindrische 50-kg-Bomben)
ESAC 250 (elektrisch betätigte Senkrechtaufhängung für cylindrische 250-kg-Bomben)
Außerhalb des Rumpfes wurden die Bomben an elektrisch absprengbaren Horizontalaufhängevorrichtungen — Waffenlastträgern — getragen (sogenannte ETC — elektrische Trägervorrichtung für cylindrische Bomben).
Reihenabwurfautomaten (z. B. RAB 14 oder Reikow A 16) regelten den automatischen Bombenabwurf in bestimmten Zeitintervallen manuell oder über das Bordzielgerät (BZG) gesteuert. Eine Notwurfsicherung war immer enthalten.

Zielgeräte

Die bis 1941 eingesetzten mechanisch-optischen Bombenzielgeräte der Firmen Goerz-Boykow (z. B. G. V. 219 d, G. F. 218, Lotfernrohr Lotfe C 7 a/b, Lotfe 2 d) wurden später durch gyroskopische Spiegelreflexkreiselvisiere (Revi oder Lotfe 7 H), die automatisch mit dem Bordfunkmeßgerät gekuppelt werden konnten, abgelöst.
Eine sehr fortgeschrittene Zielanlage war in der Me 262 die Tief- und Sturzangriffsanlage (TSA), die bereits Fahrt, Flughöhe und Lotwinkel als Zielwerte verarbeitete und auf dem Revi anzeigte und wohl als wegweisend für zukünftige Zielgeräte angesehen werden darf.
Zur Erfolgs- und Zielbestätigung verwendeten unsere Kampfbesatzungen die bewährte, zuverlässige und einfach bedienbare Robot-Kamera. Die Aufklärungsschwärme in den Kampfgeschwadern nutzten für die Gefechtserkundung handbediente Reihenbildgeräte (Rb).

QUELLENNACHWEIS

Wie im Untertitel der Geschichte des Kampfgeschwaders 51 bereits vermerkt, hat der Bearbeiter eine Chronik aus Dokumenten und Berichten des Geschwaders und seiner Angehörigen zusammenzustellen versucht. Da er selbst nicht zur Kriegsgeneration gehört und die Ereignisse an der Front nicht miterlebt hat, war es nur selbstverständlich, eine Fülle zusätzlicher Literatur mit auszuwerten und zu verarbeiten. Außer den Unterlagen der teilweise sehr fleißigen und kooperativen Mitarbeiter aus dem ehemaligen Geschwader »Edelweiß« wurden folgende Werke zur Abrundung des Ganzen herangezogen:

Kriegstagebuch III./Kampfgeschwader 51 (Abschrift)
Karl Bartz »Als der Himmel brannte«
    Hannover 1955
Werner Baumbach »Zu spät?«
    München 1949
Cajus Bekker »Angriffshöhe 4000«
    Oldenburg 1964
Wulf Bley »Deutschland zur Luft«
    Stuttgart 1939
Paul Carell »Unternehmen Barbarossa«
    Berlin 1963
»Verbrannte Erde«, dto. 1966
Hellmuth Günther Dahms »Der zweite Weltkrieg«, BMVg 1966
J. Diakow »Generaloberst Alexander Löhr«
    Freiburg 1964
Georg W. Feuchter »Geschichte des Luftkrieges«
    Bonn 1954
Adolf Galland »Die Ersten und die Letzten«
    Darmstadt 1953
Galland-Ries-Ahnert »Die Deutsche Luftwaffe 1939—1945«
    Bad Nauheim ohne Jahrgang
Hans-Adolf Jacobsen »Der zweite Weltkrieg in Chronik und Dokumenten«
    Darmstadt 1959
Kens-Nowarra »Die deutschen Flugzeuge 1933—1945«
    München 1961
Ploetz »Geschichte des Zweiten Weltkrieges«
    Würzburg 1960
Josef Priller »Geschichte eines Jagdgeschwaders«
    Heidelberg 1962
Karl Ries jr. »Markierungen und Tarnanstriche der Luftwaffe im Zweiten Weltkrieg« Band 1–4, Mainz 1963
»Dora Kurfürst und die rote 13«, Band 1—4, dto. 1966
Hans-Detlef Herhudt von Rohden »Die Luftwaffe ringt um Stalingrad«
    Wiesbaden 1950
Gerhard von Seemen »Die Ritterkreuzträger 1939—1945«
    Bad Nauheim 1955
Karl-Heinz Völker »Die Deutsche Luftwaffe 1933—1939«
    Stuttgart 1967
Dr. Theo Weber »Die Luftschlacht um England«
    CH Frauenfeld 1956

MITARBEITER

Der Bearbeiter dankt für Mitarbeit, Hinweise und Unterstützung ganz besonders: Dem Deutschen Roten Kreuz, Abteilung Suchdienst, dem Volksbund Deutsche Kriegsgräberfürsorge, der Deutschen Dienststelle für die Benachrichtigung der nächsten Angehörigen von Gefallenen der ehemaligen Deutschen Wehrmacht (WAST), dem Bundesarchiv-Zentralnachweisstelle, dem Militärgeschichtlichen Forschungsamt Fachgruppe VI »Luftwaffen- und Luftkriegsgeschichte« und folgen persönlichen Mitarbeitern:

Rudolf Abrahamczik
Egon Arz
Wolfgang Baetz
Siegfried Barth
Prof. Dr. Ing. Wilhelm Batel
Helmut Bernhardt
Hans Heinrich Bömer
Buck
Christian Burkhardt
Alfred Delles
Fritzherbert Dierich
Fridl Fath
Karl-Heinz Feldmann
Heinz Fietze
Alfred Fritsch
Dr. Karl Gundelach
Dr. Hans Gutzmer
Klaus Häberlen
Hanns Heise
Ernst Hinrichs
Hans Hoiß
Hans Holzwarth
Theo Jäger
Reinhold Joos
Josef Kammhuber
Ludwig Kliebenstein
Dr. Hermann Kölbel
Heinrich Kratzert
Helmut Kroll
Walter Lau
Siegfried Lauterwasser

Ronny Lauer
Günther Löffelbein
Fritz Lutz
Alfred Mahncke
Albert Maser
Wolf Meister
Herbert Meyer
Albert Mittelmann
Hans Moser
Ernst Obermaier
Cornelie Pfeiffer
Ernst Pflüger
Ludwig Piller
Joachim Poetter
Horst Puls
Dr. Else Rath
Bernd Sartor
Friedrich Scheel
Lothar Schilling
Josef Schölß
Adolf Schwachenwald
Gerda Schwiegk/Scholz
Heinrich Schwipp
Wolfgang Seils
Dr. Karl-Heinz Stahl
Klaus Thoms
Heinz Unrau
Dr. Rolf Woernle
Georg Zepf
Uwe Zimmermann
Hans-Joachim Zogel

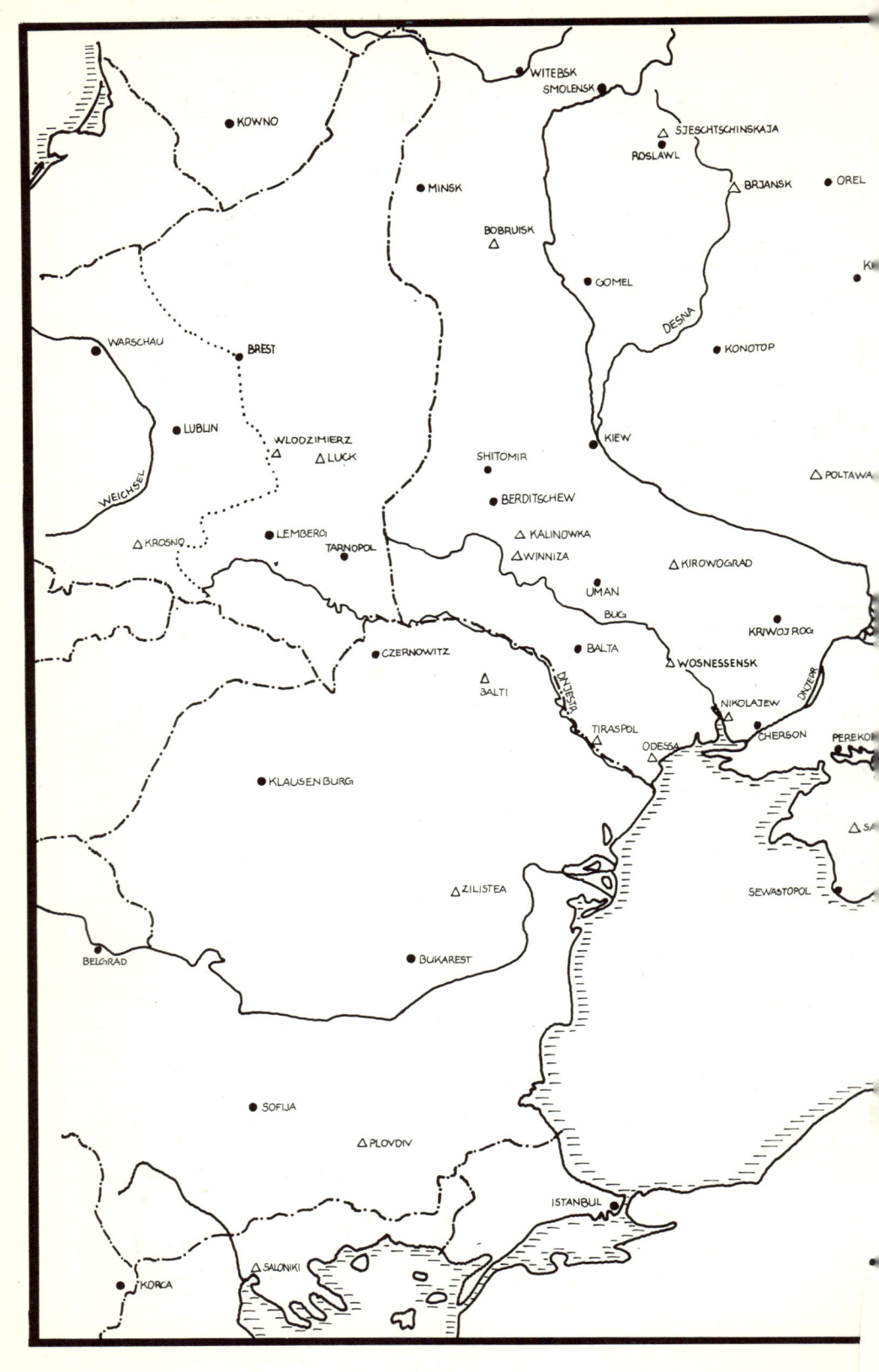